高等院校"十三五"规划教材·经济管理类

项目管理学

孙彩　高晶　安宁　主编

哈尔滨工业大学出版社

内 容 简 介

本书从项目全生命周期管理的角度出发,系统全面地对项目管理过程中的理论、方法以及应用进行了阐述。使读者对项目管理有一个整体的认识,并能够掌握项目管理的基本精髓。全书共分12章,主要内容包括:项目与项目管理,项目识别与构思,项目可行性分析与评估,项目启动,项目范围管理,项目进度管理,项目成本管理,项目沟通管理,项目采购管理,项目质量管理,项目风险管理,项目收尾与项目后评价。

本书内容丰富、体系完整、实用性强,突出对基本理论、基本技能的掌握和应用能力的培养。本书可作为工程教育认证背景下高等院校非管理专业开设项目管理课程(人文素质选修课)的教材,也可作为工商管理专业项目管理课程的教材和教学参考书,还可作为从事项目管理的人员以及参加各类项目管理资格认证考试人员的参考书。

图书在版编目(CIP)数据

项目管理学/孙彩,高晶,安宁主编. —哈尔滨:
哈尔滨工业大学出版社,2020.5(2024.8 重印)
ISBN 978 − 7 − 5603 − 8782 − 6

Ⅰ. ①项⋯　Ⅱ. ①孙⋯ ②高⋯ ③安⋯　Ⅲ. ①项目管理
Ⅳ. ①F224.5

中国版本图书馆 CIP 数据核字(2020)第 068626 号

策划编辑　丁桂焱
责任编辑　苗金英
封面设计　刘长友
出版发行　哈尔滨工业大学出版社
社　　址　哈尔滨市南岗区复华四道街 10 号　邮编 150006
传　　真　0451 − 86414749
网　　址　http://hitpress.hit.edu.cn
印　　刷　哈尔滨市工大节能印刷厂
开　　本　787mm×1092mm　1/16　印张 20.5　字数 497 千字
版　　次　2020 年 5 月第 1 版　2024 年 8 月第 3 次印刷
书　　号　ISBN 978 − 7 − 5603 − 8782 − 6
定　　价　52.00 元

(如因印装质量问题影响阅读,我社负责调换)

前 言

我们已经步入项目化的社会,项目无处不在,很多项目与我们的生活息息相关:城市地铁、京沪高速公路、铁路、城中村改造、南水北调、开发新产品、改造生产线、装修房屋、组织一次拓展训练……这种泛项目化的发展趋势正逐渐改变着组织的管理方式,使项目管理受到前所未有的关注。很多使用传统组织方法难以实现的目标,可以通过项目管理的方式达成,项目管理已成为每个组织管理模式中不可或缺的部分。同时,也是企业在激烈的市场竞争中,保持竞争优势并立于不败之地的利器。

本书从项目全生命周期管理的角度出发,系统全面地对项目管理过程中的理论、方法以及应用进行了阐述。使读者对项目管理有一个整体的认识,并能够掌握项目管理的基本精髓。全书共分12章,主要内容包括:项目与项目管理,项目识别与构思,项目可行性分析与评估,项目启动,项目范围管理,项目进度管理,项目成本管理,项目沟通管理,项目采购管理,项目质量管理,项目风险管理,项目收尾与项目后评价。

本书特色如下:

(1)强调对项目全生命周期理论和项目管理知识体系框架的总体认识,对管理方法和技术的全面了解和重点把握,保证了体系的先进性、内容的全面性和方法的实用性。

(2)注重理论和实际案例相结合,强调培养学生的实际操作能力,解决项目管理实际问题。在知识点上注重与国家各类执业资格考试相关内容的衔接,选取IPMP资质认证考试综合案例贯穿全书重要章节,帮助读者深入了解项目管理理论知识的具体应用。

(3)区别于其他的项目管理教材,本书丰富了项目论证和项目决策的方法的阐述与实际应用,可满足工程教育认证背景下非管理专业本科毕业生需具备的工程经济分析和项目管理知识及能力的要求。

本书由孙彩统稿和审定。其中,孙彩负责编写第5章、第6章、第7章、第10章、第11章,高晶负责编写第1章、第3章、第4章、第8章(第1、2节)、第9章,安宁负责编写第2章、第8章(第3、4节)、第12章及附录部分的相关内容。

本书内容丰富、体系完整、实用性强,突出对基本理论、基本技能的掌握和应用能力的培养。本书可作为工程教育认证背景下高等院校非管理专业开设项目管理课程(人文素质选修课)的教材,也可作为工商管理专业项目管理课程的教材和教学参考书,还可作为从事项目管理的人员以及参加各类项目管理资格认证考试人员的参考书。

  本书在编写过程中,参考借鉴了国内外专家学者的研究成果和典型案例,在此谨向这些文献资料的作者致以诚挚的谢意!限于编者水平,本书难免存在不足之处,恳请广大同行和读者批评指正,以便今后改进。

编 者

2020 年 1 月

目 录

第1章 项目与项目管理 ··· 1
  1.1 项目 ··· 1
  1.2 项目管理 ··· 7
  1.3 项目的生命周期 ·· 11
  1.4 项目环境 ·· 14
  1.5 项目整合管理 ··· 17

第2章 项目识别与构思 ··· 23
  2.1 需求识别 ·· 23
  2.2 项目识别 ·· 26
  2.3 项目构思 ·· 27
  2.4 项目选择 ·· 32

第3章 项目可行性分析与评估 ·· 37
  3.1 项目的可行性分析 ·· 37
  3.2 可行性研究的方法 ·· 44
  3.3 项目评估 ·· 86
  3.4 项目决策 ·· 88

第4章 项目启动 ·· 92
  4.1 项目启动概述 ··· 92
  4.2 确定项目目标 ··· 97
  4.3 任命项目经理 ··· 100
  4.4 组建项目团队 ··· 104
  4.5 选择项目组织结构 ·· 110
  4.6 识别项目干系人 ·· 121
  4.7 项目融资 ·· 125

第5章 项目范围管理 ·· 130
  5.1 项目范围管理概述 ·· 130
  5.2 规划范围管理 ··· 132
  5.3 收集需求 ·· 134

5.4　定义范围 ·· 137
　　5.5　创建工作分解结构 ·· 139
　　5.6　确认范围 ·· 146
　　5.7　控制范围 ·· 147

第6章　项目进度管理 ·· 153
　　6.1　项目进度管理概述 ·· 153
　　6.2　规划进度管理 ··· 154
　　6.3　定义活动 ·· 155
　　6.4　排列活动顺序 ··· 156
　　6.5　估算活动资源与时间 ··· 162
　　6.6　制订进度计划 ··· 166
　　6.7　优化项目进度计划 ·· 177
　　6.8　控制进度 ·· 190

第7章　项目成本管理 ·· 199
　　7.1　项目成本管理概述 ·· 199
　　7.2　规划成本管理 ··· 201
　　7.3　估算成本 ·· 202
　　7.4　制定预算 ·· 205
　　7.5　控制成本 ·· 211

第8章　项目沟通管理 ·· 223
　　8.1　项目沟通管理概述 ·· 223
　　8.2　规划沟通管理 ··· 228
　　8.3　管理沟通 ·· 230
　　8.4　控制沟通 ·· 232

第9章　项目采购管理 ·· 236
　　9.1　项目采购管理概述 ·· 236
　　9.2　规划采购管理 ··· 239
　　9.3　实施采购 ·· 242
　　9.4　控制采购—项目合同管理 ··· 245
　　9.5　结束采购—项目合同收尾 ··· 252

第10章　项目质量管理 ··· 254
　　10.1　项目质量管理概述 ··· 254
　　10.2　规划质量管理 ·· 256
　　10.3　实施质量保证 ·· 260

10.4 实施质量控制 ……………………………………………………………… 263

第 11 章 项目风险管理 ………………………………………………………… 272

11.1 项目风险管理概述 …………………………………………………………… 272
11.2 规划风险管理 ………………………………………………………………… 274
11.3 识别风险 ……………………………………………………………………… 276
11.4 实施风险分析 ………………………………………………………………… 280
11.5 规划风险应对 ………………………………………………………………… 286
11.6 控制风险 ……………………………………………………………………… 288

第 12 章 项目收尾与项目后评价 ……………………………………………… 292

12.1 项目收尾 ……………………………………………………………………… 292
12.2 项目验收 ……………………………………………………………………… 294
12.3 项目后评价 …………………………………………………………………… 298

附录 1 项目管理综合案例 ……………………………………………………… 305

附录 2 复利系数表 ……………………………………………………………… 312

参考文献 …………………………………………………………………………… 318

第1章 项目与项目管理

【学习目标】

1. 掌握项目的概念、特征及相关概念的区分；
2. 掌握项目管理的概念、特征；
3. 了解项目生命周期阶段划分的意义；
4. 了解项目实施的内部环境和外部环境；
5. 了解项目管理知识体系与项目整体管理。

1.1 项 目

项目作为国民经济及企业发展的基本元素，一直在人类社会的经济发展中扮演着重要角色。实际上，自从有组织的人类活动出现至今，人类就一直在执行着各种规模的"项目"。中国的长城、埃及的金字塔及古罗马的尼姆水道都是历史上人类运作大型复杂项目的范例。在日常生活中，我们也被各类项目所包围，例如装修家居、举办运动会、开发新软件、修筑道路、建设水运通道、建设港站、研制新型飞机、建设巨型水利枢纽等。第二次世界大战爆发后，战争需要新式武器、探测需要雷达设备等，这些从未做过的项目接踵而至，不但技术复杂、参与的人员众多，而且时间非常紧迫，因此，人们开始关注如何通过有效的项目管理来实现既定的目标。

1.1.1 项目的含义

关于项目，许多项目管理组织及学者从不同的角度对其进行过定义。比较有代表性的有以下三种：

（1）美国项目管理协会（PMI）在《项目管理知识体系指南》（*A Guide to the Project Management Body of Knowledge, Third Edition*）中指出：项目是为完成某一独特的产品、服务或任务所做的临时性努力。临时性是指每一个项目都有明确的开始和结束；独特性是指任何产品或服务以一些显著的方式区别于其他任何相类似的产品或服务。

（2）英国项目管理协会（APM）提出：项目是为了在规定的时间、费用和性能参数下满足特定的目标而由个人或组织所进行的具有规定的开始和结束日期、相互协调的独特的活动集合。这个定义后来被确定为英国国家标准（BS），并被国际标准化组织（ISO）采用。

（3）中国项目管理知识体系纲要（2002年版）提出：项目是创造独特产品、服务或其他成果的一次性工作任务。纲要认为任何项目均有许多共性，例如项目由个人或组织机构来完成，受制于有限的资源，遵循某种程序，要进行计划、执行和控制等。

结合多方观点，本书认为：项目是在一定的时间、资源、环境等约束条件下，为了达到特定的目标所做的一次性任务。这个定义包含以下三层含义：

第一，项目是一项有待完成的任务，有特定的环境与要求。这一点明确了项目自身的动态概念，即项目是指一个过程，而不是指过程终结后所形成的成果。例如，人们把哈尔滨大剧院的建设过程称为一个项目，而不把哈尔滨大剧院本身称为一个项目。

第二，项目必须在一定的组织机构内或跨越多个组织，利用有限的资源（人、材料、资金等）在规定的时间内完成任务。任何项目的实施都会受到一定的条件约束。在众多的约束条件中，质量、进度、费用是项目普遍存在的三个主要约束条件。

第三，项目任务必须要满足一定性能、质量、数量、技术指标的要求。这是项目能否实现，能否交付用户的必备条件。功能的实现、质量的可靠、数量的饱满、技术指标的稳定，是任何可交付项目必须满足的要求，项目合同对于这些内容均具有严格的要求。

1.1.2 项目的特征

虽然不同组织或者个人对项目定义的角度和描述各不相同，但是通常都体现出以下几个特征：

1. 一次性

一次性是项目与其他重复性运行或操作工作最大的区别。项目的其他属性也是从这些主要的特征衍生出来的。每个项目都有明确的起点和终点，没有可以完全照搬的先例，也不会有完全相同的复制。当一个项目的目标都已经达到，或者已经明确知道该项目的目标不再需要或者不可能实现时，该项目即达到了它的终点。一次性并不意味着持续的时间短，实际上许多项目会持续好几年。然而，在任何情况下一个项目持续的时间都是有限的，它是不具备连续性的。此外，由项目所创造的产品或服务通常是不受项目的一次性影响的，大多数项目的实施是为了创造一个具有延续性的成果。例如，一个竖立英雄纪念碑的项目需要经过前期策划、计划、设计施工、收尾等一系列阶段才能完成，无论整个时间需要一年还是更长的时间，项目最终的结果是建成英雄纪念碑，但是，英雄纪念碑对整个社会产生的深远影响可能会延续好几个世纪。

2. 唯一性

每个项目都是唯一的。项目所涉及的某些内容是以前没有被做过的，也就是说这些内容是唯一的，或者其提供的产品或服务有自身的特点，或者其提供的产品或服务与其他项目类似，然而其时间和地点，内部和外部的环境，自然和社会条件有别于其他项目，因此项目的过程总是独一无二的，具有重复的要素并不能够改变其整体根本的唯一性。例如，一家大型的中成药生产企业为了扩大产能需要新建两条"×××口服液"生产线，虽然这两条新的生产线生产相同的产品、具有相同的产能和相同的技术工艺，但是在建设时间、地点、环境、项目组织、风险等方面却不可能完全相同。所以，项目与项目之间是无法等同和相互替代的。

3. 多目标性

项目的目标不是单一的，从项目涉及的要素看，一个项目除了要完成预定的产品或服务以外，也要符合时间、成本和质量的要求，还要满足项目干系人的要求等，项目团队所要实现的目标是多重的。项目的目标一般分为成果性目标和约束性目标两类。其中成果性目标就是指项目所要实现的产品或服务，通常由一系列技术指标来定义。而约束性目标的范围就要宽泛得多,既包括如在规定的时段内或规定的时点之前完成之类的时间性约束,也包括不超过规定的资源限制等资源性约束,甚至还可能会受到其他条件的限制。各目标相互之间需要平衡,但在项目的实施中实现多目标的平衡是困难的。

4. 整体性

项目是为实现目标而开展任务的集合,它不是一项孤立的活动。项目往往由多个单项任务组成,项目中的一切活动都是相关联的,构成一个有机整体。强调项目的整体性也就是强调项目的过程性和系统性。项目实现过程是非常复杂的,只有通过对每个单项任务在时间、费用、优先权和执行计划等方面进行充分的协调和控制才能使之完成。同时,项目本身必须与同一个上级组织的其他项目协调好,项目组织中各职能部门以及项目组织与外部机构之间也要保持良好的关系,多余的活动是不必要的,但是缺少某些活动必将损害项目目标的实现。

【例 1.1】 一家化学加工厂往往首先要确定工艺流程的性质和特点,这些性质和特点将用来设计主要加工环节。这种信息资料是工程设计图的基础,而工程设计图需要明确工厂布局细节、工艺流程以及辅助设备的机械特征。这些工作可以使我们完善工程初步设计,再将工程初步设计进一步具体化,变成建筑施工图。在建造过程中,根据需要在许可的范围内进行解释和修改,并取得有关方面的批准,这些特征的逐步完善最终将反映在竣工图中。在检测和移交阶段,通常还以调整运行的方式进一步完善这些特征。

5. 组织的临时性和开放性

项目组织在项目的全过程中,其人数成员、职责是在不断变化的。某些项目班子的成员是借调来的,项目终结后班子要解散,人员要转移。参与项目的组织往往有多个,多数为矩阵组织,甚至几十个或更多。他们相互之间或者同其他的社会关系组织通过协议或合同组合到一起,在项目的不同时段,不同程度地介入项目活动。可以说,项目组织没有严格的边界,是临时性和开放性的,这一点与一般企事业单位和政府机构组织很不一样。

6. 成果的不可逆转性

项目的一次性属性决定了项目不像其他事情那样,做坏了可以重来;也不像流水线上的产品那样,能达到99%的合格率就算很好了。一旦实施项目,必须要确保其成功。这是因为人力资源、财务资源都具有稀缺性,都具有自身的机会成本,某一项目一旦实施失败,就永远失去了重新实施原项目的可能性。因此,在项目的实施进程中,要充分预计到各种可能的不确定性,以确保预期目标的实现。

7. 冲突性

项目团队通常在复杂的跨学科的情景下工作,因此在解决项目问题时,项目成员几乎一直是处于资源和领导问题的冲突中,项目与项目之间为争夺组织有限的资源也存在着争斗。当冲突频繁发生并且处理不恰当时,势必对项目的效率造成负面影响,或许还会引起客户的不满,以致波及为未来开拓的新机遇。冲突的根源在于不确定性,冲突源于缺乏事先的定义,而项目根本无法事先定义清楚,即使现代项目管理设计了许多复杂的方法工具,也无法有效地将很多不确定因素事先定义清楚。所以,如何处理项目团队同组织内部其他部门之间的关系,已经成为项目管理中最令人心动而又非常具有挑战意义的一个问题。

1.1.3 项目和日常运作的区别

现代项目管理理论把人类有组织的活动分为两类：一类是连续不断、周而复始、重复性的活动，如工厂流水线上生产产品的活动、企业日常财务工作、邮递员每天送报纸、银行的存取款业务、某公司的行政管理工作等，这些活动的内容固定不变，或变化很少，有稳定的模式和规律，周而复始，往复不断。一般情况下，这类活动的结束时间并不明确，或至少短时间内不会结束，这些被称为"日常运作"（on-going operations）。另一类是临时性、一次性的活动，如举办奥运会、建设大型煤矿、某信息系统开发活动、某产品的营销活动、举行婚礼、开个朋友聚会等，都有明确的开始时间和结束时间，即所谓的临时性，以区别于上述重复性的活动，这些被称为项目。

从某种角度来说，项目与日常运作之间并没有严格的界限，二者有许多共同点，比如都要由人来进行，都消耗资源，都需要计划、执行和控制等。二者可以相互转化，日常运作可以用项目的方式管理，以实现更好的结果，项目也可以用日常运作的方式实施，以追求更高的效率。项目的某个阶段或局部可能就具有日常运作的特征，如建筑一幢大楼，可以看作是一个项目，但是工人们的施工，却是典型的日常运作过程。同样，对于典型的日常运作活动，从方便管理和追求结果的角度，可以当作一个项目来进行。例如，可以给某种日常操作活动确定一个时间段，给出明确的目标，再限定具体的费用和资源投入，此时的日常运作也就变成了一个项目。项目管理区分项目与日常运作的目的，只是为了更好地说明项目这一类活动的特点。为了更好地理解项目的内涵，可以进一步从表1.1了解项目与日常运作的区别。

表1.1 项目与日常运作的区别

比较	名称	
	项目	日常运作
目的	特殊的	常规的
负责人	项目经理	职能经理
时间	有限的	相对无限的
持续性	一次性	重复性
管理方法	风险型	确定型
资源需求	多变性	稳定性
任务特性	独特性	普遍性
组织机构	项目组织	职能部门
考核指标	以目标为导向	效率和有效性

1.1.4 项目的分类

项目可以按多个标准进行分类。目前，已提出的项目分类方法有以下两种：

1. 综合性分类

①按照项目所在的产业门类，项目可分为工业项目、农业项目、商业项目、服务项目等。
②按照项目的规模大小，项目可分为大型项目、中型项目、小型项目。

③按照项目的期限长短,项目可分为长期项目、短平快项目、紧急项目、一般项目。
④按照项目的服务对象,项目可分为生产项目、生活项目、服务项目、科研项目等。
⑤按照项目的区域性,项目可分为地区性项目、跨地区性项目、国际性项目等。
⑥按照项目的资金来源,项目可分为国家项目、地方项目、独资项目、集资项目、合资项目。

2. 按投资特点分类

①按照资金来源,项目可分为国家预算拨款项目、银行贷款项目、自筹资金项目、外资项目。
②按照投资管理权限,项目可分为基本建设项目、技术改造项目、世界银行援助项目。
③按照投资的用途,项目可分为生产性项目、非生产性项目。
④按照投资的性质,项目可分为新建项目、扩建项目、改建项目。
⑤按照投资的阶段,项目可分为预备项目、筹建项目、施工项目、收尾项目、投产项目。

对项目进行分类是为了更好地认识项目,掌握各种项目的特点和规律,为进行科学的项目管理,提高项目的成功率和效益打下基础。

1.1.5 项目的相关术语

1. 项目群

项目群(Program),又称项目集,通常是以协调方式进行管理,以便获取单独管理多个项目时无法取得的收益和控制的一组相关联的项目。

项目群包含以下三个特征:

(1)多个相关项目。项目群由若干个同时发生或部分搭接的项目构成。这些项目相互之间,要么具有一定逻辑关系,要么虽没有逻辑关系但具有类似特征。逻辑关系并不是构成项目群的必要条件,项目群中一个项目的推迟可能影响到另一个项目,如著名阿波罗计划中的项目;也可能不会影响到另一个项目,如南水北调工程的东、中、西线工程项目。

(2)统一的战略目标。项目群拥有一个明确的战略目标。组成项目群的多个项目虽然各自拥有具体目标,但总体上都是为项目集的统一战略目标服务的。例如,南水北调工程的东、中、西线工程项目都是为了解决中国北方水资源短缺这个总目标的。不具有统一战略目标的多个项目只能算作项目组合(Project Portfolio),而不能称为项目群。因此,在项目群中不应该出现各个子项目目标顺利完成后,总体目标却支离破碎的结果。

(3)统一配置资源。项目群范围内系统化地合理安排资源。由于目标的统一性,多个项目可能同时使用同一资源,或同一资源供若干个不同项目调用。这就需要在单个项目资源合理配置的基础上,从项目群系统角度出发,在不同项目之间合理调配资源。

2. 子项目

子项目(Subproject)是一个项目中的更小的和更易于管理的部分。子项目与项目的特性相同,通常是指外包给一个外部企业的一个单元或者项目执行组织中的其他职能单位完成一个单元。以下是一些子项目的举例:在建筑项目中的水泵安装或电路铺设;一个软件开发项目中的程序自动测试;一个药物研发项目中提供临床检验用药的批量生产。从实施者的角度来看,子项目常常被视作一种服务而非产品,而且这种服务是独一无二的。因此,子项目也被认为是项目,并作为项目来进行管理。

3. 项目群、项目和子项目的关系

一个项目群可以包括很多的项目和一些日常运作管理,一个项目可以包括若干个子项目,子项目是项目的最小实施部分。比如三峡水利枢纽一期工程就包含了土建工程建筑安装工程、大型机电设备工程、大坝安全监测工程等项目,这些项目又包含 374 个子项目,由 12 个主要施工企业中标施工。项目群、项目和子项目的关系如图 1.1 所示。

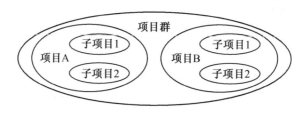

图 1.1　项目群、项目和子项目关系图

需要说明的是,在一些专业工程领域里,往往并不直接使用项目群、项目、子项目这样的术语,而是使用其特有专业术语。例如,在建筑工程中,单项工程、单位工程和分部分项工程之间的关系与项目群、项目和子项目之间的关系是一样的。所以,应在具体工作中,灵活运用相关的概念,理解在不同工作领域中的专业名词与项目管理中的相关概念的关系。

4. 项目群管理

项目群管理(Program Management)是指为了实现组织的战略目标和利益,而对一组项目(项目群)进行的统一协调管理。

(1)项目群管理的优点。项目群管理是涉及组织、过程与治理的管理框架,为了对有关项目和活动的相互关系进行管理,通过项目群管理这种形式把有关的项目和活动汇集在一起。它始终是从战略的角度来监督各项工作,以协调和调整项目群内各项目的活动。通过项目群管理,能在各个项目与快速变化的商业环境、不断完善的战略之间建立很好的联系。项目群管理的优点见表 1.2。

表 1.2　项目群管理的优点

受影响的领域	优　　点
变革的实现	更为有效地实现变革,因为计划编制以及实施都是以一种整合方式进行的,确保当前的商业运作不会受到不利影响
保证各项目与战略目标的一致性	通过缩减战略与各个项目之间的差距,对组织的举措进行有效的响应
管理支持	通过为高级管理层提供用于指导和管理变革过程的框架,确保各种活动的重点放在业务变革目标上
资源管理	通过项目优先排列和项目整合机制,实现更有效的资源管理
风险管理	通过对大环境条件的理解和把握,实现对风险的更好管理
收益实现	通过正式的收益识别、管理、实现和评价过程,有助于实现真正的商业收益
预算控制	对引进新基础管理、标准及质量体系所付出的成本进行论证、衡量和评价,进而改善对预算的控制
过渡管理	为了使组织有准备地过渡到新工作方式,确认各种职责,实现从目前商业运作方式到未来运作方式的平稳过渡

(2)项目群管理原则。项目群管理的基本观念是:从全局观念出发,通过对所有项目的最大化整合,达到项目群价值最大化的目的,提升企业核心竞争力。

项目群管理一般包含两级层面的管理,即单一项目成分的管理和项目集的综合管理。单一项目成分的管理由各个项目经理及其项目团队负责,并接受项目办公室指导和考评;项目群的综合管理由项目管理办公室负责,并接受企业决策层指导和考评。

项目群管理的重点是项目群综合管理,关键因素包括战略、整合、组合、合并与合作等,其中整合是关键中的关键。整合指运用智慧、能力并通过执着的努力去避免标准过度、资源浪费、不理性思维和风险,消除不稳定因素,创造项目群价值增长空间。

综上,项目群管理需要运用知识和资源,来界定、计划、执行和汇总客户复杂项目的各个方面。同项目管理相比,项目群管理是为了实现项目群的战略目标与利益,而对一组项目进行的统一协调管理。项目群管理不直接参与对每个项目的日常管理,所做的工作侧重在整体上进行规划、控制和协调、指导各个项目的具体管理工作。项目群管理的理论以项目管理为核心和基础,包括集成管理、协同管理、各应用领域和通用管理理论,如图1.2所示。由于项目群的多重性、高度复杂性和不确定性,集成管理在项目群中占据相当重要的地位,是实现项目群管理的关键。

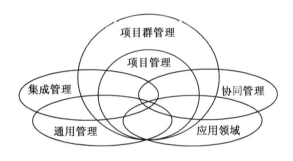

图1.2 项目群管理理论的基本组成

1.2 项目管理

1.2.1 项目管理的含义及特征

1. 项目管理的含义

项目构成了社会经济生活的基本单元,项目开发的成败决定着一个国家、一个地区或一个企业的发展速度和综合实力。随着项目规模的日趋扩大及技术工艺复杂性的提高,专业化分工愈加精细,投资者对项目在质量、工期、投资效益等方面的要求也越来越高。因此,项目管理已成为决定项目生命力的关键。

项目管理就是以项目为对象,通过项目各方干系人的合作,把各种资源应用于项目,由项目组织对项目进行高效率的计划、组织、领导、控制和协调,以实现项目的目标,使项目干系人的需求得到不同程度满足的有效管理模式。

2. 项目管理的特征

同一般的企业管理一样,项目管理也具有计划、组织、控制、沟通和激励等基本职能。项目管理是指项目管理者为实现项目目标,按照客观规律的要求,运用系统工程的观点、理论和方法,对执行中的项目发展周期中的各阶段工作进行计划、组织、控制、沟通和激励,以取得良好效益的各项活动的总称。但是,由于管理项目的特殊要求,在上述基本职能中,尤以计划、组织和控制最为重要。

(1)项目计划是项目管理的基础。项目计划是项目执行期间进行有效管理的依据和前提。对于具体项目而言,只有利用科学的方法做好周密的计划,才能使整个项目实施过程得到最佳安排,从而以最小的代价获得最大的效益。离开了合理的项目计划,项目的执行工作要么无法进行,要么就进行得一团糟,从而也就绝不会有项目目标的成功实现。

(2)项目管理离不开项目团队的组织。不管具有多么先进的设备,不管拥有多么高超的技术,如果没有高效率的项目团队,没有良好的运行机制及项目经理的运筹和协调,就绝不会有项目目标的实现。项目团队的组织涉及的工作非常广泛,它涉及项目团队组织形式的确定和选择、团队成员的配备和管理以及如何当好项目经理的相关问题等。

(3)项目控制是项目管理的基本内容。项目控制主要是根据项目计划要求和项目目标,监督项目的进行状态,预测项目的未来,控制项目的进展,保障项目各项工作正常进行。在项目管理实际工作中,由于存在着一些不确定因素,因此,即使采用了先进的控制技术,也不一定能完全满足最初确定的目标。因为,按规定时间、不突破预算、不调整人员而完成的项目几乎没有,任何项目都不会例外。所以,项目控制不是保证计划丁是丁、卯是卯地执行,而是将各种变动控制在合理范围内。

此外,在管理项目的过程中,沟通和激励也不可缺少。在沟通方面,通过加强信息交流,协调好项目经理与团队成员之间、团队成员之间、客户与团队之间的关系。在激励方面,通过项目团队的建设和行为方法的应用,充分调动并发挥团队成员的积极性。这两方面与项目计划、组织和控制是统一的,它们相互联系、相互渗透,构成了完整的项目管理。项目管理操作规程如图1.3所示。

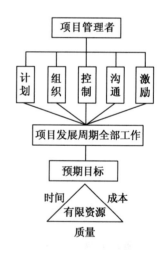

图1.3 项目管理操作规程

1.2.2 项目管理的产生及其发展

1. 项目管理的发展历程

现代项目管理通常被认为是始于20世纪40年代,"关键路径法"(CPM)和"计划评审技术"(PERT)的发明是现代项目管理产生的标志。项目管理最初的计划和控制技术与系统论、组织理论、经济学、管理学、行为科学、心理学、价值工程、计算机技术等与项目管理实际结合起来,并吸收了控制论、信息论及其他学科的研究成果,发展成为一门较完整的独立学科体系。其实自从有人类社会以来,人们就在从事着项目管理,只不过以前的项目管理没有今天这样先进的工具、技术和方法,但我们的祖先仍然完成了时至今日仍让我们叹为观止的无数经典项目,如苏伊士运河,中国的长城、故宫等。

项目管理的发展主要有如下几个阶段:

第一,原始阶段,即古代的经验项目管理阶段,在这个阶段项目实施的目标是完成任务,如埃及金字塔、古罗马的供水渠、中国的长城等;还没有形成行之有效的方法和计划,没有科学的管理手段和明确的操作技术规范。

第二,形成和发展阶段,即近代科学项目管理阶段,在这个阶段着重强调项目的管理技术,实现项目的时间、成本、质量三大目标,例如利用关键路线法(CPM)和计划评审技术(PERT)对阿波罗登月计划的成功管理。

第三,现代项目管理阶段,即当前认为的项目管理发展的成熟阶段,项目管理除了实现时间、成本、质量三大目标,管理范围不断扩大,应用领域进一步增加,与其他学科的交叉渗透和相互促进不断增强,也强调面向市场和竞争,引入人本管理及柔性管理的思想,以项目管理知识体系所包含的内容为指导,向全方位的项目管理方向发展。

总体来讲,项目管理科学的发展是人类生产实践活动发展的必然产物。从最原始的实践活动来看,人的本能及潜意识行为是以完成所给定的项目任务为其最终目标,然而为了完成任务,人们的活动常常受到一定的限制,即对于项目的实现需要在时间、费用与可交付物之间进行综合平衡。传统项目管理的概念就是基于实现项目的三维坐标约束而提出的一套科学管理方法,它追求的目标是在给定的费用限额下,在规定的时间内完成给定的项目任务。在这一界定下,传统项目管理着重于项目实施的环节,并且更多的是站在项目实施方的立场上,分析如何才能更好地完成项目。然而,项目管理涉及的关系人非常广泛,有投资方、设计方、承包方、监理方及用户方等,为此项目管理工作中就必须充满多赢的思想,这也就是现代项目管理的理念。现代项目管理已经为项目管理的应用提供了一套完整的学科体系,其追求的目标是使项目参与方都得到最大的满意及项目目标的综合最优化。当代项目与项目管理是扩展了的广义概念,项目管理更加面向市场和竞争,越来越注重人的因素,注重顾客,注重柔性管理,逐渐发展成为一个具有完整理论和方法的学科体系。

现代的项目管理在我国也有数十年的发展历史。20 世纪 50 年代,在我国恢复经济建设时期,成功地管理了苏联援助的 156 个项目,奠定了我国工业化的基础。20 世纪 60 年代,我国成功地完成了大庆油田、红旗渠、原子弹、氢弹、人造卫星和南京长江大桥等项目。20 世纪 80 年代以来,随着我国恢复在世界银行的合法席位和改革开放的进程,现代项目管理理论和实践在我国得到广泛应用。1991 年 6 月中国项目管理研究委员会(Project Management Research Committee,China,PMRC)正式成立,促进了我国项目管理与国际项目管理专业领域的沟通与交流,促进了我国项目管理专业化和国际化的发展。

2. 国际著名项目管理学术组织

目前,世界上有两大国际性项目管理学术组织,即由欧洲国家创建的偏重实践的国际项目管理协会(International Project Management Association,IPMA)和由美国创建的偏重理论性的美国项目管理协会(Project Management Institute,PMI)。

IPMA 于 1965 年在瑞士注册,由会员方项目管理学会组织组成,目前已拥有来自全世界的 60 多个会员方组织,它们分别来自北美、南美、亚洲及非洲,成为世界上最大的由会员方组成的项目管理专业组织。四年后,美国也成立了一个相同性质的组织,即 PMI,目前该组织已有个人会员 22 万余名,是项目管理专业领域中最大的由个人会员组成的,包括研究人员、学者、顾问和经理的全球性专业组织。

IPMA 推出了 ICB(IPMA Competence Baseline),该知识体系制定了项目管理能力基准,指明了对项目经理、大型项目计划经理、项目群组经理以及项目管理人员的能力要求,是综合了知识、个人素质、技能以及相关经历等因素后的综合能力。ICB 为项目管理专业人员、用人单位、评审专家和培训教育机构提供了很好的项目管理能力的标准和指南。PMI 推出了项目管理知识体系(Project Management Body of Knowledge,PMBOK)。该知识体系把项目管理归纳为范围管理、时间管理、费用管理、质量管理、人力资源管理、风险管理、采购管理、沟通管理、干系人管理和整合管理十大知识领域。

为了促进项目管理专业化、职业化发展,IPMA 和 PMI 相继推出项目管理专业资质认证制度。IPMA 在 ICB 的基础上推出了 IPMP 认证制度,把项目管理人员的专业水平分为四个等级,分别定义了四种典型项目管理角色与职责领域,通过一定的认证程度授予 D、C、B、A 四级证书。同时也允许各国的专业组织在 ICB 的基础上建立可以结合本国特点的 NCB(National Competence Baseline,国家资质标准)。PMI 在 PMBOK 基础上推出 PMP(Project Management Professional,项目管理专业人员)认证制度,它代表了一种专业机构对从事项目管理人员的资质认可,通过认证即授予单级别证书,相当于 D、C、B、A 中的 C 级(认证的项目管理专家)证书。

IPMA、PMI 以及各国相继成立的项目管理协会,为推动项目管理的发展发挥了积极的作用,做出了卓越的贡献。

3. 项目管理的新发展

进入 21 世纪,随着科学和技术的飞速发展,项目管理有了新的发展趋势,主要体现在全球化、多元化、专业化等几个方面。

(1)项目管理的全球化。在全球化投资和生产的过程中,竞争促使项目管理的理论和方法在全球范围内传播,并出现了全球化的发展趋势。具体表现在:国际项目合作日益增多、国际项目专业活动日益频繁、项目管理的专业信息国际共享。

(2)项目管理的多元化。人类社会的大部分活动都可以按项目来运作,所以当今的项目管理已经深入到各个行业,只不过以不同的类型和规模出现。

(3)项目管理的专业化。20 世纪 90 年代之后,项目管理的专业化趋势也有了明显的进展,主要体现在以下三个方面:①项目管理知识体系在不断发展和完善的过程中;②学历教育和非学历教育竞相发展;③项目与项目管理学科的探索及专业项目咨询机构不断出现。

1.3 项目的生命周期

1.3.1 项目生命周期的含义及特征

1. 项目生命周期的含义

大部分项目从开始到结束都会经过相似的历程。现将这些阶段过程定义为项目的生命周期(Life Cycle),如图 1.4 和图 1.5 所示。首先一个项目被创立起来(即其开始阶段),并安排相应的经理人员,配备项目团队成员和启动所需的资源,以及制订工作计划。然后工作就进入正轨,开始迅速攀升。这期间不断取得进展。这种势头一直持续到面临其终结时刻。但是,最后的收尾工作往往会占据大量的时间。这是由于大量项目的各组成部分被组合在一起,可能会发生某些团队成员出于某种目的而使项目"拖后腿",企图推迟乃至影响项目的最后完成。

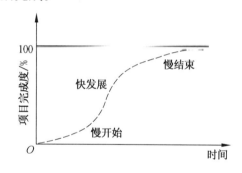

图 1.4 项目在其生命周期中的发展速度

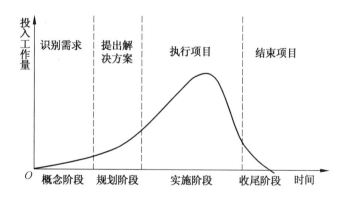

图 1.5 项目生命周期的四个阶段

项目的生命周期描述了项目从开始到结束所经历的各个阶段,一般情况下,将项目划分成概念阶段、规划阶段、实施阶段、收尾阶段四个阶段。实际上,具体的项目是可以根据不同的领域或不同的方法再进行细致的划分。例如按照软件开发项目,可划分为需求分析、系统设计、系统开发、系统测试、运行维护几个阶段,而在建筑业中,一般将项目分成立项决策、计划和设计、建设、移交和运行等阶段。在项目生命周期运行过程中的不同阶段里,可以由不同的组织、个人和资源扮演不同的角色。

2. 项目生命周期的特征

项目生命周期呈现以下特征:

(1)项目资源的投入具有波动性。在项目开始时费用和人员投入水平较低,随着项目的进展逐渐增加,到项目结束时又迅速降低。

(2)项目的风险程度逐渐变小。在项目开始时,成功完成项目的概率低,风险和不确定性也最高。随着项目的进展,完成项目的概率通常会逐步提高。

(3)项目干系人对项目的控制力逐渐变弱。在项目开始时,项目干系人影响项目费用和项目产品最终特性的能力最高,随着项目的进展通常会逐步降低,原因在于变更和纠错的成本逐步增加。

需要注意的是,项目生命周期与产品生命周期的含义不尽相同,如某一新产品的生命周期包含研发、设计、制造、销售、使用直至报废的全过程,该新产品的研发工作则可视为一个项目,作为研发项目它有自己的生命周期(概念、规划、实施、收尾),而这只是该新产品生命周期中的一个具体阶段。

1.3.2 项目生命周期的划分

项目的不同参与人由于各自的角度不同,对项目生命周期的划分也不一样。如从专业从事项目建设的公司来看,项目往往是从接到合同开始,到完成规定工作结束;但如果从项目客户的角度看,项目是从确认需求开始,到使用项目的成果,实现既定的目标结束,生命周期的跨度要比前者大。因为项目的根本目标是满足客户的需求,所以按后者划分来考虑比较有益,对项目管理的成功也大有帮助。

1. 概念阶段——识别与确认需求

这是项目生命周期的第一阶段。当需求被客户(愿意提供资金,使需求得到满足的个人或组织)确定时,项目就产生了。例如,一个家庭想购买新房子,而且有经济基础去购买新房子;又如,一个确有资金能力,又受到市场需求压力的企业想把单品种装配流水线改造为多品种混装线。这个阶段的主要任务是确认需求,分析投资收益比,研究项目的可行性,评估项目承担方所应具备的条件。商务上,这个阶段的结束是以客户提出明确的需求建议书或招标书作为标志的。这个阶段尽管可由客户单独来完成,但如果项目承担方能够介入则非常有利,一方面可了解客户真正需要什么;另一方面通过早期的交流可建立良好的客户关系,为后续的投标和签订合同奠定基础。如果项目承担方是内部的项目团队,如工业工程部,则可由企业管理层或某个经理在文件里写下一些要求,交给一个内部项目团队,而由该团队再提交一份项目申请书。

2. 规划阶段——提出解决需求或问题的方案

这一阶段主要由各项目投标机构(可以是厂商,也可以是内部团队)向客户提交标书,介绍解决方案。这个阶段是赢得项目的关键,投标方既要展示实力,又要合理报价。如果竞标成功则签订合同,项目中标方开始承担项目成败的责任。这个阶段容易出的问题是:因看不见最终产品,参与投标的市场人员可以"随便说",甚至过度承诺(因项目不用他们去执行),由此会造成中标公司与招标方的共同损失。防治的方法是:一方面在合同中明确定义项目的目标和工作范围,另一方面在公司最高层建立合同审核机制。

3. 实施阶段——执行项目

这一阶段从中标方(如咨询公司)的角度来看,这才是项目的开始。在这个阶段,项目经理和项目组将代表公司完全承担合同规定的任务。一般需要细化目标,制订工作计划,协调人力和其他资源;定期监控进展,分析项目的偏差,采取必要措施以实现目标。因为有些项目,如 IT 项目的不确定性,项目监控显得非常重要,特别是有众多项目同时运行的公司,必须建立公司一级的监控体系,以跟踪项目的运行状态。

4. 收尾阶段——结束项目

这是项目生命周期的最后阶段。这一阶段主要包括移交工作成果,帮助客户实现商务目标;把系统交接给维护人员;结清各种款项。完成这些工作后还要进行项目评估。评估可以请客户参加,让其发表意见,并争取下一个商业机会;或请求将客户项目作为样板向其他客户展示。最后,举行庆祝仪式,让项目成员释放心理压力、享受成果。在上述项目生命周期中存在两次责任转移:第一次是在签订合同时,这标志着项目成败的责任已经由客户转移给承约方;第二次是交付产品时,这标志着承约方完成任务,开始由客户承担实现商务目标的责任。第一次责任转移时清晰地定义工作范围非常重要,开始时说得越清楚则完工后越容易交回去。如果起初没说清楚,也会造成表面上的"皆大欢喜",因为承约方觉得"反正没说清楚,到时咱可不做",而客户觉得"到时让他们做,当然不会另外加钱了"。而一旦发生这样的情况,客户是占上风的,一是客户可以拒绝付款,二是有了一个不满的客户,会使厂商丧失大量的商业机会。项目生命周期的长度从几个星期到几年不等,因项目内容、复杂性和规模而定。而且,并不是所有的项目都必然经历项目生命周期的四个阶段。例如,一家物流公司的总经理决定改变仓库的布局,以适应变化了的库存物资,他可能简单地批示,让公司的仓库主管主持这一项目并调用本公司的职工去执行项目。在这种情况下,将不会有来自外部承约商的书面需求建议书。又如,家庭进行一般的房屋装修,房主可能会邀请他的同事推荐的装修队,向他们说明一下他的想法,再由装修队提供一些草图和成本预算。

一般来说,当项目在商业环境中执行时,项目生命周期会以更正式、更加规范化的方式展开。而当项目由私人和志愿者执行时,项目生命周期趋于比较随意、不太正规。

1.3.3 项目生命周期中的重要概念

项目生命周期中有三个与时间相关的重要概念:检查点(Check point)、里程碑(Milestone)和基线(Base line)。它们描述了在什么时候对项目进行什么样的控制。

1. 检查点

这是指在规定的时间间隔内对项目进行检查,比较实际情况与计划之间的差异,并根据差异进行调整。可将检查点看作是一个固定的"采样"时点,而时间间隔则根据项目周期长短的不同而不同,频度过小会失去意义,频度过大会增加管理成本。常见的时间间隔是每周一次,此时项目经理需要召开例会并上交周报。

2. 里程碑

这是完成阶段性工作的标志,不同类型项目的里程碑不同。里程碑在项目管理中具有重要意义,下面用一个例子来说明。

【例 1.2】

情况一:让一个程序员在一周内编写一个模块,前三天可能挺悠闲,可后两天就得拼命加班编程序,而到周末时又发现系统有错误和遗漏,必须修改和返工,于是周末又得加班了。

情况二:实际上你有另一种选择,即周一与程序员一起列出所有的需求,并请业务人员评审,这时就可能发现遗漏并及时修改;周二要求程序员完成模块设计并由你确认,如果没有大问题,周三、周四就可让程序员编程,同时自己准备测试案例,周五完成测试;一般经过需求、设计确认,如果程序员编程合格,则不会有太大的问题,周末就可以休息了。

在第二种情况中增加了"需求"和"设计"两个里程碑,这看似增加了额外工作,但其实有很大意义:首先,对一些复杂的项目,需要逐步逼近目标,里程碑产出的中间"交付物"是每一步逼近的结果,也是控制的对象。如果没有里程碑,在过程中间想知道"他们做得怎么样了"是很困难的。其次,可以降低项目的风险。通过早期评审可以提前发现需求和设计中的问题,避免后期修改和返工。另外,还可根据每个阶段产出的结果来分期确认收入,避免血本无归。第三,一般人在工作时都有"前松后紧"的习惯,而里程碑强制规定在某段时间做什么,从而可合理分配工作,细化管理的"粒度"。

3. 基线

这是指一个(或一组)项目单元在项目生命周期的不同时间点上,通过正式评审而进入正式受控的一种状态。基线其实是一些重要的里程碑,但相关的交付物要通过正式评审并作为后续工作的基准和出发点。基线一旦建立,它的变化就要受到控制。

综上所述,项目生命周期可以分成识别需求、提出解决方案、执行项目和结束项目四个阶段。在这个生命周期里,项目存在两次责任转移,所以开始执行前要明确定义工作范围。项目应该在检查点进行检查,比较实际情况和计划的差异并进行调整;通过设定里程碑逐渐逼近目标,增强控制,降低风险;而基线是重要的里程碑,这时交付物应通过评审并开始受控。

1.4 项目环境

1.4.1 项目的内部环境

项目的内部环境主要是指项目实施所涉及的项目组织内部的各种要素。其中,资源是项目实施的最根本保证,需求和目标是项目实施结果的基本要求,项目组织是项目实施运作的核心实体。

1. 项目资源

项目资源的概念内容十分丰富,可以理解为项目所需的一切具有现实和潜在价值的东西,包括自然资源和人造资源、内部资源和外部资源、有形资源和无形资源。诸如人力和人才(Man)、材料(Material)、机械(Machine)、资金(Money)、信息(Message)、科学技术

(Method of S&T)、市场(Market)等,有人把它们归纳为若干个 M,以便叙述和记忆。其实还有一些其他东西,譬如专利、商标、信誉以及某种社会联系等,也是有用的资源。特别要看到,知识经济时代正向我们迎面扑来,知识作为无形资源的价值表现得更加突出。资源轻型化、软化的现象值得我们重视。我们不仅要管好用好硬资源,也要学会管好用好软资源。

由于项目固有的一次性,项目资源不同于其他组织机构的资源,它大多是临时拥有和使用的。资金需要筹集,服务和咨询力量可采购(如招标发包)或招聘,有些资源还可以租赁。项目过程中资源需求变化甚大,有些资源用毕要及时偿还或遣散,任何资源积压、滞留或短缺都会给项目带来损失。资源的合理、高效使用对项目管理尤为重要。

2. 项目需求和目标

项目干系人的需求是多种多样的。通常可把项目需求分为两类,即必须满足的基本需求和附加获取的期望要求。

基本需求包括项目实施的范围、质量要求、利润或成本目标、时间目标以及必须满足的法规要求等。在一定范围内,质量、成本、进度三者是互相制约的,当进度要求不变时,质量要求越高,则成本越高;当成本不变时,质量要求越高,则进度越慢;当质量标准不变时,进度过快或过慢都会导致成本的增加。

期望要求常常对开辟市场、争取支持、减少阻力产生重要影响。譬如一种新产品,除了基本性能之外,外形、色彩、使用舒适、建设和生产过程有利于环境保护和改善等,也应当列入项目的目标之内。

一个项目的不同利益相关者有各种不同的需求,有的相去甚远,有的甚至互相抵触。这就更要求项目管理者对这些不同的需求加以协调,统筹兼顾,以取得某种平衡,最大限度地调动项目利益相关者的积极性,减少他们的阻力和消极影响。

3. 项目组织

项目组织就是把一些人联系起来,做一个人无法做的事,是管理的一项功能。组织包括与它要做的事相关的人和资源,及其相互关系。项目组织与其他组织一样,要有好的领导、章程、沟通、人员配备、激励机制,以及好的组织文化等。同时,项目组织也有与其他组织不同的特点。

为实现项目的目标,项目组织和项目一样有其生命周期,经历建立、发展和解散的过程。项目组织不会长盛不衰。例如,项目创意组织可能是某个咨询公司或机构中的一个研究小组,甚至个人;项目发起也许要另外一个组织出面,譬如某政府部门、事业单位、企业或企业与银行组成的集团;而项目的计划、实施可能还要组建新的机构,作为业主法人。总之,项目组织是在不断地更替和变化的。组织的一个基本原则是因事设人。根据项目的任务设置机构,设岗用人,事毕境迁,及时调整,甚至撤销。

项目要有机动灵活的组织形式和用人机制,可称之为柔性。项目组织的柔性反映在各个项目利益相关者之间的联系都是有条件的、松散的;它们是通过合同、协议、法规以及其他各种社会关系结合起来的。项目组织不像其他组织那样有明晰的组织边界,项目利益相关者及个别成员在某些事务中属于某项目组织,在另外的事务中可能又属于其他组织。

1.4.2 项目的外部环境

项目的外部环境主要是指项目实施所涉及的项目组织外部的各种影响因素。这个问题涉及十分广泛的领域；这些领域的现状和发展趋势都可能对项目产生不同程度的影响，有时甚至是决定性的影响。这里仅就项目外部环境的若干重要方面加以简单说明。

1. 政治和经济环境

国际、国内的政治、经济形势对项目有着重大的影响力。举世瞩目的英吉利海峡隧道项目投资达100亿英镑，是20世纪的一项巨型工程。从拿破仑时代起近200年来，这个项目的起伏至少26次，主要原因是英国方面担心来自欧洲大陆国家的入侵。直到20世纪80年代，欧洲共同体（后来更名为欧洲联盟）有了重大进展，在当时英国首相撒切尔夫人和法国总统密特朗的推动下，这个项目才得以实施。可见，英吉利海峡隧道项目不取决于科学技术，而取决于它所处的政治环境。另外，宏观经济形势的变化会对项目的变化产生巨大压力。例如，一场意外的通货膨胀可以使项目的费用估算失效。宏观经济环境变化的一个破坏性特点是它们完全超出了项目组织的控制范围。项目人员所能做的只是制订应急计划，以处理这些不可控因素。当前的经济全球化趋势大大促进了跨国项目的发展，货币的汇率波动就成为影响跨国项目的一个重要因素。同时，牵一发而动全身的多米诺骨牌现象，也是经济全球化带来的一个结果。这种变化莫测的经济形势，会使项目暴露在更大范围的风险环境之中。

2. 科学和技术环境

技术正在以前所未有的速度发生变化，在高新技术领域更是如此，一个又一个新项目推出一代又一代新产品。技术的变化给项目开发带来的影响和冲击不容忽视。技术变化也最难预测和处理。在当今这个新技术预期生命周期极为短暂的时代，任何周期超过6个月的项目均需要考虑技术变化问题。例如某些蕴含新技术的产品项目在开发设计时，往往还没有产生公认的产品标准。提前开发会不会和今后发布的标准不一致？推迟开发会不会丢失市场机会？对于提前开发并占领了市场的产品，能不能作为既成事实而在将来标准制定时获得承认？新产品尚未站稳脚跟，更新的技术问世会不会取而代之？这些问题都让项目人员举步维艰。对正在研究的项目更应考虑技术更新的影响。比如，电话通信项目应考虑计算机通信技术给社会生活可能带来的冲击；钢铁、水泥项目则必须预测新型替代材料对其未来市场的蚕食。因此，项目管理人员应该能正确判断项目中出现的各种问题的技术本质。总之，新的科学技术导致了对研究和开发项目需求的增加，项目人员也需要不断地更新自己的知识结构。

3. 文化和意识环境

文化是人类在社会历史发展进程中所创造的物质财富和精神财富的总和，特指精神财富，如文学、艺术、教育、科学，也包括行为方式、信仰、制度、惯例等。随着国际经济交流的扩大和跨国投资项目的增加，文化差异和风俗习惯的不同给项目管理带来了很大的复杂性，忽略文化上的社会禁忌会使项目陷入困境甚至完全失败。因此，项目管理应注重项目的文化和意识环境，要了解当地文化，尊重当地的习俗，例如制订项目进度计划时必须考虑当地的节假日习惯；在项目沟通过程中要善于在适当的时候使用当地的文字、语言和交往方式，通过不同文化的良好沟通和交流，逐步实现文化与意识的深度融合，以增进理解、减少摩擦、取长补短、互相促进,获取项目成功。经济全球化趋势下,文化差异对跨国项目的影响越来越引起项目管理者的注意。

4. 规章和标准环境

规章和标准都是对项目行为、项目产品、项目工艺或项目提供的服务特征做出规定的文件。它们的区别在于,前者是必须执行的,而后者多带有提倡、推广和普及的性质,并不具有强制性。规章包括国家法律、法规和行业规定,以及项目所属企业的章程等。它们对项目的规划、设计、合同管理、质量管理等都有重要影响。例如由国际咨询工程师联合会(FIDIC)颁发的合同条件属于标准,而不是规章。由于它比较全面、成熟,已被世界各国广泛承认。许多国际性的土建工程、咨询采购项目都愿意采用 FIDIC 合同条件。很多国家也制定了自己的合同条件,这些规定在国内或某个行业领域往往被强制性执行。目前世界上有许多正在使用中的标准,几乎涉及了所有的技术领域,从计算机磁盘的尺寸到电网、电器使用的频率、电压等。国际标准化组织(ISO)还发布了各种管理标准,如质量管理和质量保证国际标准 ISO 9000 系列。标准有的是国际通行的,有的只在某个地区、某一国家适用。这些技术和管理标准虽然不具有强制性,但大都已被公认。项目要想满足市场需求,就必须采用这些标准,否则将遭受挫折或失败。国际上还有一些针对项目管理的标准和方法体系,如 ISO 10006、C/SCSC、EVM、PMBOK 等,这些都是由项目管理实践和经验升华而成的,是项目管理的行为准则。由此可见,规章和标准对项目有着重大的影响,项目能否成立以及能否正常实施并带来经济效益,在很大程度上受制于项目涉及的规章和标准。

1.5 项目整合管理

1.5.1 项目整合管理的含义

根据 PMI 的 PMBOK,项目整合管理(Project Integration Management)是指为识别、定义、组合、统一与协调项目管理过程组的各过程及项目管理活动而进行的各种活动。

根据上述定义,项目整合管理是一项为满足各利益干系人的需要和期望而进行的统领全局的管理工作。整合包括统一、归并的特性,对完成项目、成功管理相关人员和达到产品需求起着十分重要的作用。项目整合管理要求制定统一的组织层面的资源分配计划、权衡各方矛盾,协调各种依赖关系,以确保项目各部分在适当的时间、正确的位置,将适当的人物组合在一起,顺利完成项目目标。

项目整合管理是项目管理者或项目组织整合项目资源、实现项目目标的一种具有全局性和综合性的知识领域,通过项目整合管理可以提高项目管理的整体效益和效率。

项目整合管理要求确保对项目的各种要素进行正确的协调。为满足或超越项目干系人的愿望,它需要在相互冲突的目标和众多的任选目标间权衡得失。为了能成功地完成一个项目,整合管理必须把项目管理各个领域的成果有机地结合在一起,发挥项目管理的综合优势,并通过项目整合管理把项目的具体工作同项目执行组织正在进行的具体操作结合起来。项目整合管理框架如图 1.6 所示。

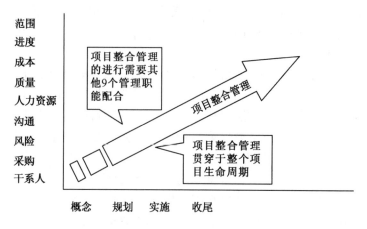

图 1.6　项目整合管理框架

假如只管理项目的部分独立的功能,而没有根据整合的方法进行管理,干系人可以对成本、范围或者进度负责,可是由谁来对整个项目负责呢?即使相对独立的部分接近100%,项目若没有进行系统的管理,即视作一个整体,在项目过程中仍将出现各种问题,甚至导致项目进度延期或范围蔓延。

1.5.2　单个项目的项目管理过程

项目管理就是将知识、技能、工具与技术应用于项目活动,以满足项目的要求。为了实现对这些知识的应用,需要对项目管理过程进行有效管理。

过程(Process)是为创建预定的产品、服务或成果而执行的一系列相互关联的行动。

单个项目由多个过程构成。每个过程都有各自的输入、工具和技术及相应输出。项目经理需要综合考虑组织过程资产和事业环境因素。从过程的定义可以看出,过程是"产生结果的一系列行为"。项目过程由人执行,通常属于下列两类主要过程的一种。

(1)项目管理过程:侧重于描述和组织项目的各项工作。
(2)面向产品过程:侧重于具体描述和创造项目产品。

项目管理过程可被分成 5 个过程组,如图 1.7 所示,每个过程组有一个或多个管理过程。

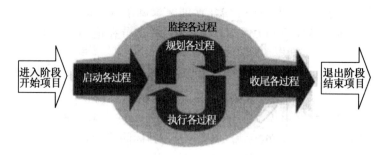

图 1.7　项目管理过程组

(1)启动过程组:获得授权,正式开始该项目或阶段的一组过程。
(2)规划过程组:明确项目范围,优化目标,为实现目标而制定行动方案的一组过程。

（3）执行过程组：完成项目管理计划中确定的工作，以实现项目目标的一组过程。

（4）监控过程组：跟踪、审查和调整项目进展与绩效，识别必要的计划变更并启动相应变更的一组过程。

（5）收尾过程组：为完结所有过程组的所有活动，以正式结束项目或阶段而实施的一组过程。

项目管理过程和面向产品过程在项目整个过程中重叠并相互作用。例如，项目范围的定义不可能缺少对如何生产产品的基本理解。

1.5.3 项目管理知识领域

在 PMBOK 中，一共有 47 个项目管理过程，它们被进一步归纳为十大知识领域。知识领域（Knowledge Areas）是一套完整的概念、术语和活动的集合，它们联合构成某个专业领域、项目管理领域或其他特定领域。

这十大知识领域在大部分时间适用于大部分项目。在具体的项目中，项目团队应该根据需要使用这十大知识领域和其他知识领域。这十大知识领域是：项目整合管理、项目范围管理、项目时间管理、项目成本管理、项目质量管理、项目人力资源管理、项目沟通管理、项目风险管理、项目采购管理和项目干系人管理。在 PMBOK 指南中，每个知识领域都独立成章。

PMBOK 指南定义每个知识领域的重要方面，以及每个知识领域与五大过程组的整合关系。在各知识领域中，详细描述各项目管理过程的输入和输出，以及常用于生成输出的工具和技术。每个知识领域都有数据流向图。数据流向图是对过程输入与输出沿知识领域内各过程流动情况的概要描述。

表 1.4 把 47 个项目管理过程归入五大项目管理过程组和十大项目管理知识领域。

项目整合管理包括为识别、定义、组合、统一和协调各项目管理过程组的各种过程和活动而开展的过程与活动。在项目管理中，整合兼具统一、合并、沟通和集成的性质，对受控项目从执行到完成、成功管理干系人期望和满足项目要求都至关重要。项目整合管理包括选择资源分配方案、平衡相互竞争的目标和方案，以及管理项目管理知识领域之间的依赖关系。虽然各项目管理过程通常以界限分明、相互独立的形式出现，但在实践中它们会以本指南无法全面叙述的方式相互交叠、相互作用。

项目整合管理包括以下六个主要的过程组：

（1）制订项目章程——编写一份正式批准项目并授权项目经理在项目活动中使用组织资源的文件的过程。

（2）制订项目管理计划——定义、准备和协调所有子计划，并把它们整合为一份综合项目管理计划的过程。项目管理计划包括经过整合的项目基准和子计划。

（3）指导与管理项目工作——为实现项目目标而领导和执行项目管理计划中所确定的工作，并实施已批准变更的过程。

（4）监控项目工作——跟踪、审查和报告项目进展，以实现项目管理计划中确定的绩效目标的过程。

（5）实施整体变更控制——审查所有变更请求，批准变更，管理对可交付成果、组织过程资产、项目文件和项目管理计划的变更，并对变更处理结果进行沟通的过程。

（6）结束项目或阶段——完结所有项目管理过程组的所有活动,以正式结束项目或阶段的过程。

表1.4 项目管理过程组和知识领域

知识领域	项目管理过程组				
	启动过程组	规划过程组	执行过程组	监控过程组	收尾过程组
项目整合管理	制定项目章程	制订项目管理计划	指导与管理项目工作	监控项目工作	结束项目或阶段
				实施整体变更控制	
项目范围管理		规划范围管理		确认范围	
		收集需求		控制范围	
		定义范围			
		创建工作分解结构			
项目进度管理		规划进度管理		控制进度	
		定义活动			
		排列活动顺序			
		估算活动资源			
		估算活动持续时间			
		制订进度计划			
项目成本管理		规划成本管理		控制成本	
		估算成本			
		制定预算			
项目质量管理		规划质量管理	实施质量保证	控制质量	
项目人力资源管理		规划人力资源管理	组建项目团队		
			建设项目团队		
			管理项目团队		
项目沟通管理		规划沟通管理	管理沟通	控制沟通	
项目风险管理		规划风险管理		控制风险	
		识别风险			
		实施定性风险分析			
		实施定量风险分析			
		规划风险应对			
项目采购管理		规划采购管理	实施采购	控制采购	结束采购
项目干系人管理	识别干系人	规划干系人管理	管理干系人参与	控制干系人参与	

项目整合管理是唯一含有五大过程组的知识领域。项目整合管理是一种基于项目各方面的既定"配置关系"之上的一种全面性的管理,其内涵远高于一般意义上的项目"整合""综合"和"整体"管理。

综合上述内容,本书的撰写框架示意图如图1.8所示。

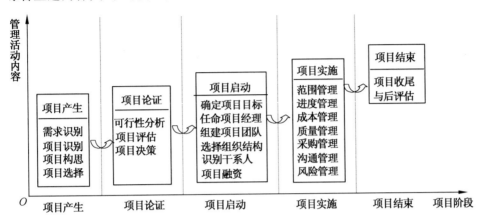

图1.8　本书撰写框架示意图

【思考与练习】

1. 什么是项目？项目具有哪些特征？
2. 什么是项目管理,怎样理解这一概念？项目管理有哪些特点？
3. 列举和描述项目生命周期的各个阶段,并说明客户在项目生命周期中扮演的是什么角色？
4. 举例说明在某个项目中会用到的一些资源。
5. 项目管理的知识领域有哪些？

【模拟练习】

1. 用你最爱用的网络搜索引擎(如 Infoseek、Lycos、Yahoo、Excite、Sohu,等等),搜索"项目管理"(Project Management)。根据搜索的情况写一份报告。
2. 跟踪著名的国内外项目管理学会及网站(如 www.pmi.org；www.project.net.cn)的最新动态。
3. 查阅有关项目管理的论文,对国内近十年来所发表的项目管理文章在学科分布、内容结构、学术价值等方面加以评述。

【案例讨论】

创设情景

小刘最近被公司任命为项目经理,负责一个重要但不紧急的项目实施。公司项目管理部为其配备了7位项目成员。这些项目成员来自不同部门,大家都不太熟悉。小刘召集大家开启动会时,说了很多谦虚的话,也请大家一起为做好项目出主意,一起承担责任。

会议开得比较沉闷。

项目开始以后,项目成员一有问题就去找项目经理,请他给出意见。而小刘为了树立自己的权威,表现自己的能力,总是身体力行。其实有些问题,项目成员之间是可以通过相互帮助来完成的。但是他们怕自己的弱点被别人发现,作为以后攻击的借口,所以他们一有问题就找经理。即使项目经理的做法也不全对,成员发现了也不吭声,因为他们认为自己是按经理说的做的,有问题经理负责。

团队成员之间一团和气,"找经理去""我们听你的"成为该项目团队的口头禅。但随着时间的推移,这个貌似祥和团结的团队在进度上很快出现了问题。该项目由"重要但不紧急的项目"变成了"重要而且紧急的项目"。项目管理部意识到问题的严重性,派某高级项目经理直接指导该项目的实施。

请思考:该项目问题出在哪里?如果是你,你会怎么改进?

第2章 项目识别与构思

【学习目标】

1. 了解项目需求的识别过程及需求建议书的基本内容;
2. 掌握项目识别的含义及影响因素;
3. 了解项目构思的过程及方法;
4. 了解项目选择的基本原则及评价方法。

2.1 需求识别

2.1.1 需求的产生

随着社会的发展,人们的要求日益增长和多样化。项目来源于各种需求和要解决的问题,人们的要求就是要亟待解决的问题。人民生活、社会发展和国防建设的种种要求,常常要通过项目来满足,需求是产生项目的基本前提。

项目产生于社会生产、分配、消费和流通不断的循环之中。

科学研究,也是项目的来源,而且是更重要的来源。由科学研究发现产生的项目常常使国民经济结构发生重大变化,甚至改变人类的历史。科学发现要变成生产力,中间要经过许多环节。正是这些中间环节,为社会带来了数不清的项目。

自然资源的存在和发现当然也是项目的来源。科学发现和科学研究常常为以前人类无法利用的资源找到新用途,因而也就能够提出许多新项目。

政府经济体制改革、提出的新政策等更为许多于国于民有利的项目创造了条件。在计划经济时期无法想象的项目现在都可以提出来,都可以付诸实施。

2.1.2 需求识别的过程

需求识别,也称识别需求,是项目启动阶段的首要工作。需求识别始于需求、问题或机会的产生,结束于需求建议书的发布。客户识别需求,问题或机会,是为了使自己所期望的目标能以更好的方式来实现,客户清楚地知道,只有需求明晰了,承约商才能准确地把握自己的意图,规划出好的项目,这对自己是大有益处的。

需求识别是一个过程,需求产生之时也就是开始识别需求之时,因为尽管产生了需求,客户萌发了要得到什么的愿望,或感觉到缺乏什么,但这只是一种朦胧的念头,他还不能真正知道具体的什么东西才能满足他这种愿望,他所期望的东西可能还只是一个范围,于是要收集信息和资料,就要进行调查和研究,从而最终确定到底是什么样的一种产品、一项服务才能满足自己。当然他在需求识别的过程中还需要考虑到一系列的约束条件,需求的识别并非随意确定的。有时,识别需求也并非客户的个体行为,他可能会受到熟知群体的影响,向他们征求建议,也可能与承约商接触时请求他们帮助定夺,因为承约商在此方面是专家,见多识广。当客户的需求界定之后,他便开始着手准备需求建议书了,这就是从客户自己的角度出发,全面详细地论述、表明自己所期望的目标或者希望得到什么,这种期望或希望实质上就是项目目标的雏形。当需求建议书准备完毕之后,客户剩下的工作就是向可能的承约商发送需求建议书,以便从回复的项目申请书中挑选出一家自己认为最满意的承约商,并与之签约。至此需求识别告一段落。

需求识别的过程对客户来说无疑是至关重要的。在现实的生活中我们经常可以碰到这样的例子,当装修公司询问客户需要什么样的布局、风格时,客户却随便说:"你看着办吧,只要好就行。"结果会如何呢?也许当房子装修完毕之后,客户说:"你怎么装修得如此浮华俗气,你知道我是一个知识分子,房间的布局、风格应充满书香气,应有古典之美才对!"

责任是很明确的:一方面是客户没有明确告诉委托人他所希望的目标,另一方面是委托人也没有进行充分调查与研究,双方都具有一定的责任。

可以看出,需求识别的过程和作用,对于项目与项目管理是异常重要的,识别需求意味着从开始时就避免了项目投资的盲目性。一份良好的需求建议书便是客户与承约商沟通的基本前提条件,也是使项目取得成功的关键所在。

2.1.3 需求建议书

需求建议书(Request for Proposal,RFP)是从客户的角度出发,全面、详细地向承约商陈述、表达为了满足其已识别的需求应做哪些准备工作。也就是说,需求建议书是客户向承约商发出的用来说明如何满足其已识别需求的建议书。一份良好的需求建议书,主要包括满足其需求的项目的工作陈述、对项目的要求、期望的项目目标、客户供应条款、付款方式、契约形式、项目时间、对承约商项目申请书的要求等。

好的需求建议书能让承约商把握客户所期待的产品或服务是什么,或他所希望得到的是什么,只有这样,承约商才能准确地进行项目识别、项目构思等,从而向客户提交一份有竞争力的项目申请书。仍以前面装修的例子来说,显然客户向承约商发送一份简单的装修申请是不够的,装修房子只是客户的一种愿望,它并不能使承约商清楚地知道客户具体的需求,或所希望的项目目标是什么。装修风格和式样千差万别,费用也相去甚远,这使得承约商(即装修公司)无所适从。装修公司显然不知道该如何设计装修的风格和式样,从而也无法向该客户提交项目申请书。为此,客户的需求建议书应当是全面的、明确的,能够提供足够的信息,以使承约商能把握客户主体的思想,准备出一份最优秀的项目申请书。

当然,并非在所有的情况下都需要准备一份正式的需求建议书,如果某一单位产生的需求由内部开发项目予以满足时,这一过程似乎变得简单多了,此时更多需要的是口头上的交流和信息传递,而不是把宝贵的时间耽搁在仅仅做信息传递的需求建议书上。

客户为了全面、准确地向承约商表达自己的意图,就需要认真、充分地准备一份好的需求建议书。那么,一份好的需求建议书应包括哪些内容呢?

一般来说,客户主要应明确表达以下内容:

(1)项目工作陈述——概括说明要求承约商做的主要工作和任务范围。

(2)项目的目标——交付物、成本、进度。

(3)项目目标的规定——物理参数、操作参数。

(4)客户供应——项目实施中客户提供的保障、物品供应等。

(5)客户的付款方式——这是承约商最为关心的,如分期付款、一次性付款等。例如,某房地产开发商在项目启动时支付给建筑公司20%的款项,项目完成50%再支付30%的款项,项目完成后支付剩余50%资金。

(6)项目的进度计划——这是客户最为关心的。

(7)对交付物的评价标准——项目实施的最终标准是客户满意,否则承约商很难获得所期望的利润。

(8)有关承约商投标的事项——应规定投标书的格式及投标方案的内容。

(9)投标方案的评审标准——可能包括承约商背景及经历、技术方案、项目进度、项目成本。

【例 2.1】 DF 公司办公楼建设项目需求建议书

DF 公司向具有建设部建筑一级认证企业的承约商征求办公大楼建设,项目目标是:建设 2 000 平方米,高 3 层框架结构的办公大楼。

(1)工作表述:承约商将执行下列任务:地基处理、主体框架工程建设、建筑设备安装、装修工程。

(2)要求:承约商应根据国家标准建设,提供施工计划和施工方案,要求项目负责人必须负责过类似项目的组织管理工作。

(3)交付物:符合国家建设标准的办公大楼、施工竣工图纸及相关资料。

(4)DF 公司提供的条款:DF 公司将向承约商提供办公大楼的总体设计图及施工图纸。

(5)需求信息:承约商在大楼的施工之前,必须获得 DF 公司对施工方案及施工进度安排的认可。

(6)合同类型:合同必须以一个商定的价格,给提供满足需求建议书要求工作的承约商付款。

(7)到期日:承约商必须最迟在 2 月 28 日以前向 DF 公司提交 5 份项目申请书备份。

(8)时间表:DF 公司希望在 3 月 30 日前选中一家承约商。这个项目需要完成的工期是 6 个月,从 5 月 1 日到 10 月 30 日,所有的交付物必须不迟于 10 月 30 日提供给 DF 公司。

(9)付款方式:当合同签订之后,预付工程总价款的 20%。当项目完成了 1/2 时,再付工程总价款的 40%。当项目完成之后,并经 DF 公司验收合格,所有交付物均已移交后,再付出剩余 40% 的款项。

(10)项目申请书内容:承约商的项目申请书至少要包括如下内容:

①方法。承约商能清晰地理解需求建议书,理解什么是被期望达到的要求。而且要详细描述承约商领导项目的方法,要求对每个任务进行详细描述以及任务如何完成的详细描述。

②交付物。承约商要提供关于交付物的详细描述。

③进度计划。列出甘特图或网络图表,列出每月要执行的详细任务的时间表,以便在要求的项目完成日期内能够完成项目。

④经验。叙述一下承约商最近已经执行的项目,包括客户名称、地址和电话号码。

⑤人事安排。列出将被指定为项目主要负责人的姓名和详细简历,以及他们在类似项目中的成绩。

⑥成本。必须说明总成本构成,并提供一份项目的预算清单。

(11)项目申请书评价标准。DF公司将按以下标准来评价所有承约商的项目申请书:

①方案(30%)。承约商提出的大楼建设方案。

②经验(30%)。被指定执行此项目的承约商和主要负责人执行类似项目的经验。

③成本(30%)。承约商申请书中所列成本支出的合理性。

④进度计划(10%)。为了在项目指定完成日期之前完成项目,承约商应提供详细的施工计划。

2.2 项目识别

2.2.1 项目识别的含义

所谓项目识别,就是面对客户已识别的需求,承约商从备选的项目方案中选出一种可能的项目方案来满足这种需求。项目识别与需求识别的不同之处是,需求识别是客户的一种行为,而项目识别是承约商的行为。

项目识别是项目管理人员应当知道的重要问题。项目管理人员不应仅仅是接受他人的委托,而且应将其想法变成现实。

经过长期发展,发达国家市场上的产品或服务已趋于饱和。要想挤入这样的市场,或开辟新市场,就必须要有新的产品,为顾客提供新的服务。而要实现这一点,就要有新的项目。所以识别新项目就非常重要。

2.2.2 项目识别的主体

项目识别是发现对项目的需求,明确项目的目的、目标以及实施该项目所有必要和充分条件的过程。因此,项目识别以项目的承约商为主体。

哪些人可以识别项目呢?只要我们在家庭生活、工作、学习、社会活动和交往中,甚至在闲暇之中遇到问题或看到机会,从内心产生解决问题、摆脱困境或利用机会的欲望,萌发动机并决定采取具体行动时,项目就提出来了。例如,种菜的农民见冬季时鲜蔬菜有利可图,决定建塑料大棚在天冷时种黄瓜,这就是一个项目。因此,工、农、商、兵等社会各界,政府官员、企业领导与员工、街道民众和乡村百姓,人人皆可提出项目。

识别项目来源,提出项目设想的,可以是个人,也可以是社会组织。例如世界银行、亚洲开发银行、国际货币基金组织、联合国等。

2.2.3 项目识别的影响因素

项目识别需要综合考虑以下几个方面的影响因素：

1. 市场需求

这一因素多数是由市场变化引起的。例如，为了回应市场长期的汽油供给短缺，一家石油公司决定开始建设一个炼油厂项目。

2. 商业机遇

这一因素多与市场竞争中出现的机遇有关。例如，当需要职业生涯规划咨询的人数日益增多的时候，一个管理咨询公司就可以开发这项新的咨询项目。

3. 消费变化

这类需求大多是由新的消费需求或时尚而引起的。消费需求的变化也会引发对项目的需求。例如，当人们在衣着方面更加追求独特性时，个性化、定制化的服装生产项目就会出现。

4. 科技进步

这一因素多是由某项技术的发展变化而引起的。例如，在DVD技术成熟之后，一些企业很快就放弃了VCD技术，进而开发和生产DVD新产品。

5. 法律要求

这一因素多是由一个国家或地区的法律变化引起的。例如，政府颁布了新的人气保护法，汽车制造商们就要为解决汽车排放达标问题而开展新的研究与开发项目。

项目识别阶段不仅要提出项目目标，还要识别有关的制约因素。许多项目失败就是因为项目发起人和管理者忽略了这些制约因素。

制约因素多种多样，如地理、气候、自然资源、人文环境、政治体制、法律、技术能力、人力资源、时间期限等方面的限制条件。所有这些因素都有可能制约和限制项目的实现。PMBOK（项目管理知识体系）指南认为，最直接制约项目班子选择的因素和条件有四个方面，即项目实施组织的组织结构、项目协议、项目班子的偏好和人员任务分配。

2.3 项目构思

2.3.1 项目构思的含义

当客户识别了需求向承约商（或项目的承接单位）提交了需求建议书之后，承约商就进入了项目孵化阶段。项目构思，是指承约商为了满足客户提出的需求，在需求建议书所规定的条件下，为实现客户预定的目标所做的设想。项目的构思在很大程度上可以说是一种思维过程，是对所要实现的目标进行的一系列的想象和描绘，当然这种想象和描绘并非天马行空、无所约束。例如，某公司为了庆祝创业一百周年，特聘请甲文化传播公司为其百年庆祝项目进行设计和管理，经费预算为100万元。甲文化传播公司在接受该公司的需求建议书后，便开始进行百年庆祝项目构思和策划，构想举行一系列别开生面的庆祝活动，用以宣扬该企业的文化和精神——此次百年庆祝项目的主要目标。并且，构思和设计具体的庆祝活动，以调动企业员工和嘉宾的热情，最终使该企业满意。这是甲文化传播公司进行项目管理的主要职责,因为庆祝方式各种各样,具体内容也可以随意组合,这就是项目构思的实质所在。

因此,项目构思是对未来投资项目的目标、功能、范围以及项目涉及的各主要因素和大体轮廓的设想和初步界定。项目构思是一种创造性的探索过程,是项目投资的基础和首要步骤,通过项目孵化,最终要向客户提出令其满意的产品或服务。项目构思的好坏,不仅直接影响着项目规划的成败,而且关系到项目实施工作任务的范围和项目实施的进度,从某种意义来说,项目构思直接决定着项目的目标能否最终圆满地实现。可见,客户的需求是项目的主要源泉,而项目要实现的目标是项目构思的方向,同时,客户至上、令客户满意的理念是项目创新的关键。

2.3.2 项目构思的内容

一般来说,进行项目构思时,要考虑如下内容:
(1)项目的投资背景及意义。
(2)项目投资方向和目标。
(3)项目投资的功能及价值。
(4)项目的市场前景及开发的潜力。
(5)项目建设环境和辅助配套条件。
(6)项目的成本及资源约束。
(7)项目所涉及的技术及工艺。
(8)项目资金的筹措及调配计划。
(9)项目运营后预期的经济效益。
(10)项目运营后社会、经济、环境的整体效益。
(11)项目投资的风险及化解方法。
(12)项目的实施及其管理。

2.3.3 项目构思的过程

一个成功的令客户满意的项目构思不是一蹴而就的,它需要一个逐渐发展的递进过程。项目的构思一般分为三个阶段:准备阶段、酝酿阶段和调整完善阶段。

1. 准备阶段

项目构思的准备阶段即进行项目构思的各种准备工作的阶段。一般来说,它包括如下一些具体的工作和内容:
(1)明确拟定构思项目的性质和范围。
(2)调查研究、收集资料和信息。
(3)进行资料、信息的初步整理,去粗取精。
(4)研究资料和信息,通过分类、组合、演绎、归纳、分析等多种方法,从所获取的资料和信息中挖掘有用的信息或资源。

2. 酝酿阶段

酝酿阶段一般包括潜伏、创意出现、构思诞生三个小过程。潜伏过程实质上就是把所拥有的资料和信息与所需要构思的项目联系起来,经过全面系统的反复思考,进行比较分析。创意就是在大量思维过程中出现的与项目有关的独特构思,但又不完全成熟或全面的某些想法。这可以看作是以人大脑中的信息、知识和智力为基础,通过综合、类比、借鉴、推理而得出某些想法和构思的逻辑思维过程,只不过在这一逻辑思维中,有关项目构思的某些细节还不十分清晰。有时有关项目的想法或构思只是"灵机一闪",往往不能被人的意识所捕捉。因此,创意的出现是项目构思者有意活动中逻辑思维和非逻辑思维的一种结果。项目构思的酝酿阶段是整个项目规划的基础,也是项目孵化进一步深入的切入点。在这一阶段中,项目孵化者能否捕捉到思维过程中随机出现的"灵机一闪"异常重要,许多成功项目的构思者在后来的回忆中说,有时正是这一瞬间的闪念,往往决定了整个项目的蓝图,或为整个项目的孵化指明了方向。

3. 调整完善阶段

项目构思的调整完善阶段,就是从项目初步构思的诞生到项目构思完善的过程。它又包含发展、评估、定型三个小阶段。所谓项目构思的发展,就是将诞生的构思进行进一步的分析和设计,在外延和内涵上做进一步补充,使整个构思趋于完善;评估,就是对已形成的项目构思进行分析评价,或是对形成的多个构思方案进行评价筛选。在这一过程中,需要从项目组织中,甚至需要从外部聘请一些有关方面的技术专家、顾问参加,进行集体会商和研究,力求使已形成的项目构思尽可能地完善或符合客观实际条件;定型阶段,则是对已通过发展和评估的项目构思,做进一步的调查分析,如是否能达到客户的满意度,是否适合实际环境,资源是否充足,成本是否合理,实施后的项目能否取得预定的经济效益等。在此基础上,将项目的构思细化成具体可操作的项目方案。在细化过程中,如发现有不完善或不合理之处,应立即进行改进、修正和完善。至此,整个项目构思或项目方案得以定型。

项目构思上述三个阶段的若干个步骤,体现出了一个渐进发展的过程,只有每一个阶段、每一个步骤的工作做得扎实了,才能达到理想的目标。

2.3.4 项目构思的方法

项目构思是一种创造性活动,无固定的模式或现成的方法可循,但仍有一些常用的分析构思方法可以借鉴、参考,项目管理者们根据实践的经验,归纳出了一些有用的方法。

1. 项目混合法

根据项目混合的形态,项目混合法又分为两种形式:一是项目组合法,二是项目复合法。

所谓项目组合法,简单地说,就是把两个或两个以上项目相加,形成新项目,这是项目构思时常采用的最简单的方法。投资者(或客户)为适应市场的需要,提高项目的整体效益和市场竞争力,依据项目特征和自身条件,往往将企业自有或社会现存的几个相关项目联合成一个项目。例如,把某一农业种植项目和农副产品批发市场项目组合起来,形成产销一体化,既保证了销售所需的货源,又为生产提供了流通渠道和销售保证。从利润角度看,不但兼顾了种植利润和流通商业利润,同时,还能直接掌握市场供求动态和趋势,指导种植产品种类和规模并及时调整。因此,即使是两个简单项目的组合相加,也能大大提高投资者的收益。另外,产品开发中的产品组合,如组合机床、组合家具、组合音响等,就充分体现了项目组合的巨大价值和潜在魅力。

项目复合就是将两个以上的项目,根据市场需要,复合形成一个新的项目。它与项目组合不同的是,经过组合后的项目,基本上仍保留被组合项目的原有性质,而项目经过复合后,则可能变成性质完全不同的新项目。例如,我国农业仍有待大力发展,高效复合化肥市场需求巨大,如果某地有储量丰富的天然气资源,且有大型的化工厂,就可以考虑将天然气开发与可通过技术改造生产化肥的某一化工厂有机结合起来,建设成一个生产尿素等高效化肥的复合化肥厂。

2. 比较分析法

这种项目构思方法是指项目策划者通过对自己所掌握或熟悉的某个或多个特定的项目,既可以是典型的成功项目也可以是不成功的项目,进行纵向分析或横向比较,从而挖掘和发现项目投资的新机会。这种方法是对现有项目从内涵和外延上进行研究和反复思考,因而比组合、复合法要复杂些,而且要求项目策划者具有一定的思维深度,掌握大量有价值的信息。例如,在某地有一条比较热闹的街道,一家外国商贸集团发现街道上虽有若干个商场,但是这些商场的收益均为一般或偏差。通过分析每个商场的进货成本、价格定位、经营管理、软件服务等方面的情况,该外国商贸集团得出结论,这几家商场存在的问题是:有的商场进货成本偏高,品种不适合市场需要,顾客偏少;有的商场价格定位不当,促销宣传不够;还有的商场内部经营管理不善,销售服务差,费用支出过大,以致无法维持商场的正常运营。因此,尽管这条街上的商场效益均显一般,但只要针对上述问题一个个改进,并做到特色经营,集约经营,最终一定能取得可观的效益。于是该公司把街道上所有的商场都承租了下来,经过两年的调整运作,形势已大为改观,如今该街道已成为当地著名的商贸中心。

3. 集体创造法

一个成功的项目构思,它所涉及的问题和因素很多,需要广阔的知识面、大量的商业信息以及多方向、多层次的思维。因此,单靠投资者本人或某些项目构思者,往往很难顺利地完成项目构思。发挥集体的力量,依靠群众力量和群众智慧进行项目构思是十分重要的。集体创造法通常有如下几种:

(1)头脑风暴法。头脑风暴法又称脑力刺激法或智力激励法。创造过程的中心是"发现设想,提出新构思"。开展这种集体创造时,需要召集较多的人,一般 6~12 人为最好,共同讨论畅谈。畅谈会需要遵循两个原则四条规定。两个原则:一是讨论者应自由表达自己的想法,任何人暂时不要对此做出任何评价,以使发言者畅所欲言;二是大量的想法中必定包含有价值的内容,畅谈会后要进行全面的综合评价,从中找出有价值和新颖的设想。四条规定:一是不许对他人的想法做出批评或表示吃惊;二是鼓励畅所欲言;三是鼓励多提设想和看法;四是追求综合改进。这种方法既可用来对整个项目方案进行构思,也可以用来解决项目中的某个具体问题或改进某个局部方案。

(2)多学科法。根据孵化项目的性质和特征,选择有关行业的专家参加。对于那些技术性强、投资内容较多的大中型综合项目,一定要组织多学科的专家共同研究讨论,这样才能做到取长补短,尽善尽美。多学科小组成员主要由项目所属行业的工艺技术专家、相关生产企业的厂长、市场营销经理、投资分析专家、金融专家、环保专家、行业管理部门负责人及本企业内部主要负责人共同构成,还必须请外部专家担任小组组长,负责对小组各成员的意见、设想进行归纳整理,并提出建设性意见。

(3)集体问卷法。给每位参加集体构思创造的人一份罗列与项目构思相关的主要问题的问卷,要求他们在一定的时间内将问题的解决方法,以及对项目投资的某些设想、看法,记录在问卷上,然后将问卷收回,将内容汇集整理,并加以总结,再提交集体讨论会,做进一步讨论、研究、比较和筛选,最后形成一致的方案。这种方法将意见调查和头脑风暴法综合,效果较好,常被采用。

如菲利普六六群体法,以每六个人为一组,让每一组在不同房间内讨论六分钟,然后再重新编组,每组再讨论六分钟,直到会议结束。这种讨论方法能增强每个人的参与度,使每位成员都能充分发表意见,防止相互影响。这种方法也用于讨论项目方案中某一侧面的问题。

(4)逆向头脑风暴法。这种方法通常认为,已构思出的项目初步方案不是十全十美的,尚存在这样或那样的缺陷,应该加以改进和完善。此方法的目的是集中研究讨论项目构思中的不足问题并加以解决,而不是进行新的项目构思。因此,这种方法常常用于对已构思出的项目方案进行调整、修正和完善。

4. 创新法

项目的构思除了以上几种传统的方法之外,策划者在实践中又总结出了如下几种新方法。

(1)信息整合法。将通过各种途径获取的信息整理后,把不同性质的信息进行相互"交合"和"杂交",可以生成创新构思。植物杂交会培育出优良的下一代,同样,信息杂交也可以收到令人较满意的构思效果。例如,某企业掌握了人们注意身体保健和食品多样化需求不断增加这两种信息。本来,该企业可以利用这两种不同信息分别生产出适销对路的产品,但该企业依据信息整合原理,研制出一种具有医药疗效的食品,上市后备受消费者欢迎。

(2)聚集式创新。这种方法是使头脑中的许多创新思维集合向某个中心点,以向某一思维结点发起创新攻势。它的基本功能是抽象、概括和判断。这种创新是多侧面、多角度的,而且是连续不断的,具有去粗取精、去伪存真的功能和提纲挈领、收拢梳理、集中使用的作用。它可以使创新思路逐渐清晰,本质渐渐显露,最终在一点上取得突破。把人们喜爱旅游与女士喜爱化妆等信息集中到一点,便可构思研制出小巧玲珑、外观精美、便于携带的旅行化妆盒。

(3)发散式创新。就是从某一研究和思考的对象出发,充分展开想象思维,从一点联想到多点,在对此联想、接近联想和相似联想的广阔领域中分别涉猎,从而形成项目构思的扇形格式,产生由此及彼的多项创新思维。据说,美国自由女神像翻新后,需要处理约200吨废料,有人从综合利用这一点联想到多点,巧妙地将废铜皮铸成纪念币,把废铅做成纪念尺,把水泥碎块、朽木装进透明小盒子作为纪念品供人选购,从而变废为宝,这就是发散式创新带来的创新效果。

(4)逆向式创新。人们一般采用的是顺向思维方式,而逆向创新思维法则是反其道而行之,故有其独特性,且能获得独特的效果。例如,商品的传统定价方法是以质定价,有一家企业生产的出口羊毛衫,质量不错且价位低,但销路不好,原因在于外商有一种"便宜无好货"的思想。于是该企业采取逆向策略,实行定价开发方针,先定较高的价,再去开发与价格相匹配的高质量产品,果然销路大增,赢得了良好的生产经营效益。

2.4 项目选择

经过项目识别和构思,企业或项目团队会有多种备选项目,此时,要通过项目选择来从备选方案中选出最合适的项目。

2.4.1 项目选择的基本原则

项目选择的基本原则就是所选的项目必须与项目团队所在组织的发展战略保持一致。一个组织的发展战略、发展目标与所从事的项目是密切相关的。

一个组织的发展战略最终是通过一个一个项目来实现的。组织的战略制定,首先要对组织所处的内外部环境进行分析,找出组织所处外部环境的机遇和威胁,组织所处内部环境的优势和劣势(SWOT 分析)。然后制定发展目标,围绕发展目标明确可能的战略规划,形成组织的战略。最后执行战略,通过一个一个项目来逐步实现。组织的战略制定与项目选择的关系如图 2.1 所示。

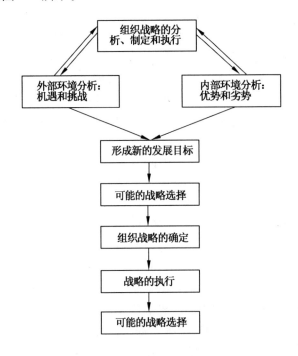

图 2.1　组织的战略制定与项目选择

SWOT 分析法是一种环境分析方法。SWOT 是英文 Strength(优势)、Weakness(劣势)、Opportunity(机会)和 Threat(挑战)的简写。SWOT 分析的基准点是对企业内部环境的优劣势的分析,在了解企业自身特点的基础之上,判明企业外部的机会和威胁,然后对环境做出准确的判断,进而制定企业发展的战略和策略,最后借用到项目管理中进行项目战略决策和系统分析。

SWOT 分析是一种定性的分析工具,可操作性强。它把外界的条件和约束同组织自身的优缺点结合起来,分析项目或企业所处的位置,并且可随环境变化做动态系统分析,减少决策风险。如图 2.2 所示。

	Ⅲ 优势 列出自身优势	Ⅳ 劣势 列出自身弱点
Ⅰ 机会 列出现有的机会	Ⅴ SO 战略 抓住机会、发挥优势的战略	Ⅵ WO 战略 抓住机会、克服劣势的战略
Ⅱ 挑战 列出正面临的威胁	Ⅶ ST 战略 利用优势、减少威胁的战略	Ⅷ WT 战略 弥补缺点、规避威胁的战略

图 2.2 道斯矩阵

SWOT 分析一般分成五步：
(1) 列出项目的优势和劣势，可能的机会与威胁，填入道斯矩阵的Ⅰ、Ⅱ、Ⅲ、Ⅳ区。
(2) 将内部优势与外部机会相组合的 SO 战略，填入道斯矩阵的Ⅴ区。
(3) 将内部劣势与外部机会相组合的 WO 战略，填入道斯矩阵的Ⅵ区。
(4) 将内部优势与外部挑战相组合的 ST 战略，填入道斯矩阵的Ⅶ区。
(5) 将内部劣势与外部挑战相组合的 WT 战略，填入道斯矩阵的Ⅷ区。

SWOT 分析的要点：形成 SO 策略——制定抓住机会、发挥优势的策略；形成 WO 策略——制定利用机会、克服劣势的策略；形成 ST 策略——制定利用优势、减少威胁的策略；形成 WT 策略——制定弥补缺点、规避威胁的策略。①SWOT 分析重在比较，特别是将项目(或企业)的优劣势与竞争对手进行比较，另外与行业平均水平的比较也非常重要。②SWOT 分析形式上很简单，但实质上是一个长期积累的过程，只有在对自身企业和所处行业准确认识的基础上才能对项目(或企业)的优劣势和外部环境的机会与威胁做出准确的判断。③SWOT 分析要求承认现实，尊重现实，特别是对项目(或企业)自身优劣势的分析要以事实为依据，而不是靠个人的主观臆断。例如，某个企业通过 SWOT 分析确定其发展战略为提高组织的运行效率，以满足顾客变化的需求。为了提高组织的效率，企业可能要选择关于组织结构变革的一系列项目，如组织结构调整和组织重构等项目，以改善或重构经营流程、办事程序、制度、结构和文化。

2.4.2 项目选择评价的方法

对于识别的多个项目，可以通过评价的方法决定项目的优先次序。首先确定选择评价的主要指标，然后对评价指标赋予一定的权重，最后对每一个可选择项目的各个评价指标进行打分，计算出每一个备选项目的总分，得分高的项目，具有较高的优先性。

表 2.1 给出了一个项目选择评价的案例，其中项目 5 在所有备选项目中的得分最高，其总得分为

$$0.1 \times 1 + 0.25 \times 10 + 0.1 \times 5 + 0.2 \times 10 + 0.05 \times 0 + 0.05 \times 8 + 0.25 \times 9 = 7.75$$

所以项目 5 具有最高的优先性。

表 2.1 项目选择评价

评价指标	与组织核心竞争力的一致性	与战略的吻合程度	紧急性	新产品销售量能否达到总销量的25%	产品不合格率是否能降到1%以下	是否能保持客户的忠诚度	净收益率能否提高	总 分
权重	0.1	0.25	0.1	0.2	0.05	0.05	0.25	—
项目 1	1	8	2	6	0	6	5	5.05
项目 2	3	3	2	0	0	5	1	1.75
项目 3	9	5	2	0	2	2	5	3.8
项目 4	3	0	10	0	0	6	0	1.6
项目 5	1	10	5	10	0	8	9	7.75
项目 6	6	5	0	2	0	2	7	4.1
⋮	⋮	⋮	⋮	⋮	⋮	⋮	⋮	⋮
项目 n	5	5	7	0	10	10	8	5.45

2.4.3 项目选择类型的平衡

项目的选择还要综合考虑企业所做项目的类型,以及项目资源的可获得性。如果某一个项目在项目评价中得分最高,但是目前企业中正在做的同一类型的项目有多个,这些项目具有同质性,如同样的风险水平,使用同样的资源,都是投入大、回报期长等,这时就要从企业的层面出发,考虑不同项目的短期效益和长期效益的互补效应,平衡企业资源的有效利用。

在对科技性企业所从事的项目进行研究后,可以把项目类型分成 4 种。如图 2.3 所示。

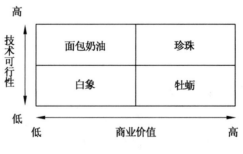

图 2.3 项目类型

图 2.3 中,横坐标表示项目的商业价值,纵坐标表示该项目的技术可行性。按照横纵坐标,把项目分成 4 种类型,形象地称为面包奶油、珍珠、白象、牡蛎。其特点分别是:

(1)面包奶油:这种类型的项目容易实现,但是商业利润不高,包括企业内对产品和服务的持续改进过程,如软件的升级和制造成本的降低。

(2)珍珠:这种类型的项目的可行性强,同时能够带来较高的商业利润,如已知可以进行大规模生产的新一代集成芯片的制造。

(3)牡蛎:这类项目能够实现良好的商业价值,但是对技术的要求比较高,不容易操作,如胚胎 DNA 的疾病治疗。

(4)白象:这类项目的技术可行性不强,而且商业价值不大,如企业投产一种产品,企业对该产品没有技术积累,且该产品市场已接近饱和。

企业在项目选择时应该避免选择太多的白象类项目,而选择太少的珍珠类项目,同时应平衡面包奶油和牡蛎类项目。企业的战略实现需要将关键的资源、资金和核心的技术投入到更多的珍珠类项目中,因此,在项目选择时,要注意平衡资源的利用率,平衡企业现有项目和新选项目的类型,使企业的资源能够投入到与企业战略一致的项目中。

【思考与练习】

1. 试述需求建议书应包括的内容。
2. 项目识别的影响因素有哪些?
3. 项目识别与需求识别的区别是什么?
4. 项目构思的方法有哪些?
5. 项目选择应遵循什么样的原则?
6. 对被选项目如何进行评价和优先性排序?

【模拟练习】

就你目前正在参与的或你最近已经参与过的项目进行思考。
(1)描述一下目标、工作范围、进度计划、成本和其他假定条件。
(2)在项目生命周期中处于哪个位置?
(3)这个项目有基准计划吗? 如果有,请描述;如果没有,请创造一个。
(4)描述一下一些可能危及项目成功的意料之外的环境。
(5)描述一下项目的预期收益。

【案例讨论】

从不同的视角进行项目识别

小张是一家民营中型医药公司的总裁。在 10 月份的一次人事会议上,她告诉公司的经理们,公司年利润将超过预计的 20 万元。她想投资公司内部的项目,通过投资得到额外的利润,并使公司增加销售或降低成本。她要求三名主管经理合作建立一份有关的潜在项目计划,并按重点排列,然后向她"推销"他们的想法。她明确告知他们,资金不可能在三个人中均等地分配。如果项目合适的话,她愿意把所有的资金都只投入到一个项目中去。

小朱是产品开发经理,她的部门已有一组研发人员正在研制一种新处方药物。这项研制任务已经大大超出预计的成本。令她焦虑的是,其他较大的公司也正在研制类似的处方药物,那些公司有可能首先把产品推向市场,而她的团队至今还没有做出重大的突破,进行过的一些测试并没有收到预期的效果。她知道这是一个有风险的项目,但是她觉得现在还不应当停下来。小朱认为,公司的长期发展依赖于这种新药物,它能够销往全世界。她尽量在人事会议上对这个开发项目的进展表现出乐观的态度,但是她知道小张已经没有耐心了。她的同事也认为,在最初的测试失败后,她就应当结束这个项目。小朱想要追加资金来加速项目的发展,她想从其他较大的公司雇用德高望重的科学家,并想再购买一些先进的实验仪器。

小李是生产经理,已经来公司6个月了,他的观察结果是生产线效率十分低下。他认为这是计划不周的结果,因为随着公司的成长,近几年来增加了许多工厂。小李认为,应当组成几个职能团队,优化工厂内的设备布局。他认为,这样可以在降低成本的同时提高工厂的生产能力。当小李把这个主意说给他的一些主管听时,他们提醒他,当小张的父亲经营企业时,小张就在主管生产,正是她负责目前工厂布局的设计。他们也提醒小李,小张并不热衷于采用职能团队的方式,她认为生产工人是按劳付酬的,同样,她希望经理们能够提出并执行新的想法。

小马是执行经理,负责公司的计算机信息系统和会计工作。小马认为公司的计算机系统过时了,在企业发展中,旧的计算机设备无法处理大宗交易。他认为一套新的计算机系统能够更好地追踪客户订货,减少客户的不满、报怨,及时地发送发票,增加现金流量。小马手下的雇员们嘲笑他们那已经过时的计算机,并给他施加压力,让他购买新的设备。而小张过去曾对小马说过,她对那种只为了跟上最新的设备潮流而把钱花在新计算机上的举动不感兴趣,特别是在当前系统正常工作的情况下。她建议小马调查一下是否可以雇用外部服务来完成工作,并设法减少她自己的职员。而他却想用今年超出的利润购买新的计算机,并雇用计算机编程人员升级所使用的软件。他觉得此举将会产生效益。

在10月的人事会议后,销售经理小乔走进了小张的办公室,他说虽然他没被要求为额外的利润提出投资项目建议,但他的想法是,应当忘掉这些无意义的项目,而只要给他一笔更大的预算,再多雇用一些销售代表就可以了,"这将比任何方式都能更快地增加销售量"。小乔告诉她:"况且,如果是你父亲,他肯定也会这么做!"小乔与其他三名经理的意见不一致,他希望小张看到这种缺乏统一意见的情况之后,能够决定给他一些资金去雇用销售代表。

问题:

(1)小张是怎样进行项目讨论的?

(2)小张是要求别人以申请书的方式提出意见的吗?

(3)你认为小张应怎样处理这20万元?解释你的答案,并讨论其他四位部门经理的关注点和立场。

第3章 项目可行性分析与评估

【学习目标】

1. 掌握可行性研究的概念、内容与程序；
2. 掌握资金的时间价值与等值计算；
3. 掌握项目经济评价指标与方法；
4. 了解项目投资的不确定分析；
5. 掌握项目评估的含义、内容及程序；
6. 了解项目决策的含义及类型。

3.1 项目的可行性分析

3.1.1 可行性研究的含义与作用

1. 可行性研究的含义

可行性研究是为考察项目经济上的合理性、盈利性，技术上的先进性、适用性，实施上的可能性、风险性，在项目投资决策前，对项目进行调查研究和全面的技术经济分析论证，为项目决策提供科学依据的一种科学方法和工作阶段。

可行性研究需要回答的问题有：为什么要进行这个项目？项目的建设条件是否具备？项目的产品或劳务市场的前景如何？项目的规模多大？项目厂址选在何处？项目所需的各种原材料、燃料及动力供应条件如何？项目所采用的设备和工艺技术是否先进可靠？项目的筹资方式、融资渠道、盈利水平及风险程度如何？等等。可行性研究是从项目选择、立项、建设到生产经营的全过程来考察分析项目的可行性，为投资者的最终决策提供直接依据。

2. 可行性研究的作用

（1）为项目投资决策提供依据。一个项目的成功与否及效益如何，会受到社会的、自然的、经济的、技术的诸多不确定因素的影响，而项目的可行性研究，有助于分析和认识这些因素，并依据分析论证的结果提出可靠的或合理的建议，从而为项目的决策提供科学依据。

（2）为项目向银行等金融机构申请贷款、筹集资金提供依据。银行是否给一个项目贷款融资，其依据是这个项目能否按期足额归还贷款本息。银行只有在对贷款项目的可行性研究进行全面细致的分析评价之后，才能确定是否给予贷款。例如，世界银行等国际金融组织都视项目的可行性研究报告为项目申请贷款的先决条件。

（3）作为向当地政府及环保部门申请建设和施工的依据。在可行性研究报告得到确认并经投资部门和计划部门审批以后，要进行项目的建设工作。在此之前，还必须经地方规范部门及环保部门的审查，其审查的依据即为可行性报告中关于环境保护、三废治理以及选址对城市、区域规划布局的影响,判断分析报告中所拟定的以上因素的方案是否符合市政或区域规划及当地环保要求,只有一切符合其要求,才发给建设许可证书。

(4)为项目设计与实施提供依据。在可行性研究报告中,对项目的建设方案、产品方案、建设规模、厂址、工艺流程、主要设备和总图布置等做了较为详细的说明。因此,在项目的可行性研究得到审批后,即可以作为项目编制设计的依据。只有经过项目可行性研究论证,被确定为技术可行、经济合理、效益显著、建设与生产条件具备的投资项目,允许项目单位着手组织原材料、燃料、动力运输等供应条件和落实各项投资项目的实施条件,才能为投资项目顺利实施做出保证。项目的可行性研究是项目实施的主要依据。

(5)为项目签订有关合同、协议提供依据。项目的可行性研究是项目投资者与其他单位进行谈判,签订承包合同、设备订货合同、原材料供应合同、销售合同及技术引进合同等的重要依据。

(6)为项目进行后评价提供依据。要对投资项目进行投资建设、生产活动全过程的事后评价,就必须以项目的可行性研究作为参照物,并以其作为项目后评价的对照标准。尤其是项目可行性研究中有关效益分析的指标,无疑是项目后评价的重要依据。

(7)为项目组织管理、机构设置、劳动定员提供依据。在项目的可行性研究报告中,一般都需对项目组织机构的设置、项目的组织管理、劳动定员的配备方案及其培训、工程技术及管理人员的素质及数量要求等做出明确的说明,故项目的可行性研究可作为项目组织管理、机构设置及劳动定员的依据。

3.1.2 可行性研究的阶段

联合国工业发展组织编写的《工业可行性研究手册》规定:投资前期的可行性研究工作分为机会研究(投资机会鉴定)、初步可行性研究(预可行性研究)、详细可行性研究(最终研究,或称可行性研究)、项目评估与决策四个阶段。项目可行性研究的阶段划分及工作内容见表3.1。

1. 机会研究

机会研究(Opportunity Study)又称投资机会鉴定,这一阶段的主要任务是提出建设项目投资方向,调查并鉴别投资的机会,确认项目研究的必要性。机会研究往往比较粗略,主要依靠情报资料来估计,而不是进行详细的分析计算。建设投资与成本数据是靠与现有工厂对比得到的,不是靠设备制造厂商或其他供应商的报价,投资与成本往往是用最简单的方法,估算的允许误差在±30%以内,一旦认为项目在经济上有利可图,就转入下一步研究。机会研究所用时间短,一般为1~3个月,所需研究费用占总投资的0.2%~1%。

2. 初步可行性研究

初步可行性研究又称预可行性研究,其主要任务是在机会研究的基础上,进一步确认项目建设的必要性,初步进行方案的比较与选择,确认是否进行详细的可行性研究。这一阶段要明确两方面的问题:一是工程项目的概貌,包括产品方案、生产规模、投入物的来源、可供选择的技术、厂址方案和建设进度;二是初步估算项目主要经济效益指标。这一阶段投资与成本估算的偏差,一般要求达到±20%以内,研究所需的时间为4~6个月,所需费用占总投资额的0.25%~1.25%。初步可行性研究要对项目的许多备选方案进行粗略筛选,剩下较少的方案进入下一阶段做深入研究。这一阶段的研究内容与详细可行性研究基本相同,只是粗略些,对于有些中小型项目可以省去这一阶段,直接进行详细可行性研究。

表 3.1 项目可行性研究的阶段划分及内容深度比较

工作阶段	机会研究	初步可行性研究	详细可行性研究	项目评估与决策
工作性质	项目设想	项目初选	项目拟定	项目评估
工作内容	鉴别投资方向,寻找投资机会(地区、行业、资源和项目的机会研究),提出项目投资建议	对项目做专题辅助研究,广泛分析、筛选方案,确定项目的初步可行性	对项目进行深入细致的技术经济论证,重点对项目进行财务效益和经济效益分析评价,做多方案比较,提出项目投资的可行性和选择依据标准	综合分析各种效益,对可行性研究报告进行评估和审校,分析判断项目可行性研究的可靠性和真实性,对项目做出最终决策
工作成果	提出项目建议,作为制订经济计划和编制项目建议书的基础,为初步选择投资项目提供依据	编制初步可行性研究报告,制订是否有必要进行下一步详细可行性研究,进一步判明建设项目的生命力	编制可行性研究报告,作为项目投资决策的基础和重要依据	提出项目评估报告,为投资决策提供最后决策依据,决定项目取舍和选择最佳投资方案
估算精度/%	±30	±20	±10	±10
费用占总投资的百分比/%	0.2~1	0.25~1.25	大中型项目0.8~1;小型项目1~3	—
需要时间/月	1~3	4~6	大中型项目12~24;小型项目6~12	—

3. 详细可行性研究

详细可行性研究也称最终研究,或称可行性研究,它是整个可行性研究的关键阶段,其主要任务是对工程项目进行深入细致的技术经济分析论证,包括市场和生产能力研究、原材料及投入物、建厂地点与厂址、项目(技术方案)设计、工厂机构及人力、项目实施进度、环境保护、投资估算与成本估算、经济评价等内容。这一阶段要在前面研究的基础上,进行多方案比较与选优,工作量大,需要的时间长,所花费用也较多。这一阶段对投资与成本估算的误差在±10%以内;对于小型项目研究时间一般为 0.5~1 年,研究费用占总投资的 1%~3%;对于大中型项目研究时间一般为 1~2 年,研究费用占总投资的 0.8%~1%。详细可行性研究的报告及其结论,是投资决策的基本依据。

4. 项目评估与决策

项目评估与决策阶段又称可行性研究报告阶段。它是在经济评价的基础上对项目进行综合分析与评价,提出最终的研究结论,并编写出可行性研究报告,进行投资决策。以上四个阶段是一环套一环的,前一阶段是后一阶段的基础,后一阶段是前一阶段的深入,一旦某一阶段得出"不可行"的结论,则停止下一步的研究工作,一般而言,前面两个阶段可以否定一项投资,但不能肯定一项投资。只有经过详细可行性研究后才能肯定一项投资。可行性研究的步骤并不是绝对不变的,其工作阶段和内容可以根据项目规模、性质、要求和复杂程度的不同,进行适当的调整和简化,如对有关项目建设的关键性问题把握较大,就可越过前面两个阶段,直接进行详细可行性研究。

3.1.3 可行性研究的内容与程序

1. 可行性研究的内容

可行性研究是项目前期工作中最为关键的一个环节,其基本任务是对拟建项目进行方案规划、技术论证和经济评价,在多方案比较的基础上,为项目决策提供可靠的依据和建议。可行性研究一经批准,就是对项目进行了最终决策。因此,正确地规定可行性研究的内容是十分重要的。可行性研究包括以下内容:

(1)总论。总论分为四部分:①项目提出的背景和依据。项目提出的背景是指项目在什么背景下提出的,包括宏观和微观两个方面,即项目实施的目的。项目提出的依据是指项目依据哪些文件而成立的,一般包括项目建议书的批复、选址意见书及其他有关各级政府、政府职能部门、主管部门、投资者的批复文件和协议(或意向)等,以考察该项目是否符合规定的投资决策程序。②投资者概况,包括投资者的名称、法定地址、法定代表人、注册资本、资产和负债情况、经营范围和经营概况(近几年的收入、成本、利税等)、建设和管理拟建项目的经验,以考察投资者是否具备实施拟建项目的经济技术实力。③项目概况,包括项目的名称、性质、地址、法人代表、占地面积、建筑面积、覆盖率、容积率、建设内容、投资和收益情况等,以使有关部门和人员对拟建项目有一个充分的了解。④编制依据和研究内容。可行性研究报告的编制依据一般包括:有关部门颁布的关于可行性研究的内容和方法的规定、条例;关于技术标准和投资估算方法的规定;投资者已经进行的前期工作和办理的各种手续;市场调查研究资料;其他有关信息资料等。

可行性研究的内容一般包括市场、资源、技术、经济和社会五大方面。具体来讲,包括建设必要性分析、市场研究、生产规模的确定、建设和生产条件分析、技术分析、投资估算和资金筹措、财务数据估算、财务效益分析、不确定性分析、国民经济评价、社会评价、结论与建议等。

(2)建设项目必要性分析。建设项目必要性分析从两方面进行,即宏观必要性分析和微观必要性分析。宏观必要性分析包括:项目建设是否符合国民经济平衡发展和结构调整的需要;建设项目是否符合国家的产业政策。微观必要性分析包括:项目产品是否符合市场的要求;项目建设是否符合地区或部门的发展规划;项目建设是否符合企业战略发展的要求,能否给企业带来效益。

(3)产品市场分析与结论。市场分析是指对项目产品供求关系的分析。通过科学的方法预测项目产品在一定时期的供给量和需求量,并对其关系进行定量分析和定性分析,最后得出结论,即项目产品是否有市场。

(4)生产规模的确定。首先分析决定拟建项目生产规模的因素,然后依据这些因素,用科学的方法确定项目的生产规模,并分析拟建项目的规模经济性。

(5)建设条件分析与结论。项目的建设条件主要包括:物质资源条件,即自然资源条件、原材料和动力条件;交通运输条件,主要指厂外的交通运输;工程地质和水文地质条件;厂址条件和环境保护条件等。建设条件分析主要是分析资源条件的可靠性,原材料供应的稳定性,燃料、动力供应和交通运输条件的保证性,厂址选择的合理性和环境保护的可行性。结论是对建设条件总的评论,即资源分配是否合理,是否得到充分和有效的利用;原材料来源渠道是否畅通,供应是否能保证及时和稳定,价格是否基本合理;燃料和动力是否有保证,是否可以节约使用;交通是否经济合理,同步建设投资是否落实;厂址的选择是否有利于生产、销售;"三废"治理有无相应的措施,能否满足有关部门的要求;工程地质和水文地质的资料是否可靠等。

(6)技术条件分析与结论。技术条件包括拟建项目所使用的技术、工艺和设备条件。技术分析包括技术的来源、水平;工艺分析包括工艺过程、工艺的可行性和可靠性;设备分析包括设备的询价、先进程度和可靠性。技术条件分析的结论是:所用技术是否先进、成熟、适用,有无必要从国外引进;工艺是否科学、合理,有无改进的可能;设备是否先进、是否可靠,是国内制造还是从国外引进。

(7)财务数据估算。财务数据是财务效益分析和国民经济效益分析的原始数据,是指在现行财税制度下,用现行价格计算的投资成本、产品成本费用、销售收入、销售税金及附加、利润及利润分配等。投资成本估算包括投资估算与资金筹措;产品成本费用估算包括产品的生产成本和期间费用的估算;销售收入和销售税金及附加估算包括项目产品的销售收入、增值税、消费税、营业税、城建税、资源税和教育费附加的估算;利润及利润分配估算包括所得税的税后利润的分配比例和顺序安排等。

(8)财务效益分析。财务效益分析就是根据财务数据估算的资料,编制一系列表格,计算一系列技术经济指标对拟建项目的财务效益进行分析和评价。评价指标主要有反映项目盈利能力和清偿能力的指标。反映项目盈利能力的指标包括动态指标和静态指标,动态指标包括财务内部收益率、财务净现值、动态投资回收期等;静态指标包括静态投资回收期、投资利润率、投资利税率、资本金利润率和资本金净利润率等。反映项目清偿能力的指标包括借款偿还期和"财务三率",即资产负债率、流动比率和速动比率。

在进行财务效益分析时,可以对上述指标进行选择性分析,可以计算出全部指标,也可以选择其中一部分指标,但一般情况下,要选择财务内部收益率投资回收期借款偿还(如果有建设投资借款的话)等指标。如果是属于出口或替代进口的拟建项目,财务效益分析还要求进行外汇效果分析,即计算财务外汇净现值、节汇成本或换汇成本等指标,用以反映项目的财务外汇效益。在财务效益分析中,计算出的评价指标要与有关标准或规定,或历史数据、经验数据进行比较,以判断项目的盈利能力和清偿能力,确定项目财务上的可行性。

(9)不确定性分析。不确定性分析用来判断拟建项目风险的大小,或者用来考察拟建项目的抗风险能力。一般可进行盈亏平衡分析和敏感性分析,有时根据实际情况也用概率分析方法。盈亏平衡分析是一种静态分析方法,主要是通过计算盈亏平衡时的产量和生产能力利用率来考察拟建项目适应市场变化的能力和抗风险能力。敏感性分析是通过对拟建项目经济效益影响比较大的因素(如产品价格、经营成本、建设投资、建设周期等)的变化给评价指标所带来的变化,考察哪些因素对拟建项目经济效益影响最大和拟建项目的抗风险能力。

(10)国民经济效益分析。国民经济效益分析是指站在国民经济整体角度来考察和分析拟建项目的可行性。一般来说,凡是影响国民经济宏观布局、产业政策实施,或生产有关国计民生的产品的大、中型投资项目,都要求进行国民经济效益分析。国民经济效益分析的关键,一是外部效果(外部效益、外部费用,也叫间接效益和间接费用)的鉴别和度量;二是对不合理的产物和投入物的现行价格进行调整,调整成影子价格。

(11)社会效益分析。社会效益分析是比国民经济效益分析更进一步的分析。它不但考虑经济增长因素,而且考虑收入公平分配因素。它是站在整个社会的角度分析、评价投资项目对实现社会目标的贡献。社会效益分析的关键是价格调整,即把效率影子价格调整为社会影子价格。

$$社会影子价格=效率影子价格+收入分配影响$$

而社会影子价格确定的关键又是分配权数的估算,分配权数包括积累和消费分配权数、地区之间的分配权数。另外,社会效益分析还要在社会折现率的基础上确定计算利率作为折现率。社会效益分析所用指标是社会内部收益率和社会净现值。一般的拟建项目不要求进行社会效益分析,只是那些对社会公平分配影响很大的大型投资项目才要求进行社会效益分析。

(12)结论与建议。结论与建议由两部分组成:一是拟建项目是否可行或选定投资方案的结论性意见。二是问题和建议,主要是在前述分析、评价的基础上,针对项目所遇到的问题,提出一些建设性意见和建议。如果这些问题不予以解决,项目则是不可行的。拟建项目的问题可分为两大类:一类是在实施过程中无法解决的;另一类是在实施过程中通过努力可以解决的。这里讲的问题是指后一类,建议也是针对后一类问题提出来的。

项目的问题和建议包括政策和体制方面的问题和建议。拟建项目的资源、经济等方面的分析和评价都与一定时期的政策和体制有关,如资源开发、投资、价格、税收等无不受制于国家的矿产资源开采政策投资政策、价格政策和税务政策,项目产品的销售、物料投入的来源,厂址选择等无不受制于国家的经济管理体制。如果这些政策是灵活的、可以变通的,体制是可以改革的,那么可行性研究人员就可在问题和建议中提出影响项目可行性的政策和体制方面的问题,并根据项目的特点和要求,提出合理的改进意见。项目的问题和建议还包括项目本身的问题和解决措施,如销售渠道的选择、资金筹措方案、出口比例的确定、贷款偿还方式等。

2. 可行性研究的程序

(1)委托与签订合同。项目的可行性研究可以由项目业主自行委托有资格的工程设计单位承担。项目业主和受委托单位签订的合同中一般应包括进行该项目可行性研究工作的依据、研究的范围和内容、研究工作的进度和质量、研究费用的支付方法、合同双方的责任、协作方式和关于违约处理的方法等主要内容。

(2)组织人员和制订计划。受委托单位接受委托后,应根据工作内容组织项目小组,并确定项目负责人和各专业负责人。项目组根据任务要求,研究和制订工作计划,安排实施进度。在安排实施进度时,要充分考虑各专业的工作特点和任务交叉情况,协调技术专业与经济专业的关系,为各专业工作留有充分的时间。根据研究工作进度和内容要求,如果需向外分包,则应落实外包单位,办理分包手续。

(3)调查研究与收集资料。项目组在了解清楚委托单位对项目建设的意图和要求的基础上,查阅项目建设地区的经济、社会和自然环境等情况的资料。拟订调查研究提纲和计划,由项目负责人组织有关专业人员赴现场进行实地调查和专题抽样调查,收集与整理所得的设计基础资料和技术经济资料。调查的内容包括市场和原材料、燃料、厂址和环境;生产技术、财务资料及其他。各专题调查可视项目的特征和要求,分别拟订调查细目、对象和计划。

(4)方案设计与优选。接受委托的设计单位,根据项目建议书,结合市场和资源环境的调查,在收集整理了一定的设计基础资料和技术经济基本数据的基础上,提出若干种可供选择的方案和技术方案,进行比较和评价,从中选择或推荐最佳建设方案。技术方案一般应包括生产方法、工艺流程、主要设备选型、主要消耗定额、技术经济指标及标准、环境保护设施、工厂组成和定员。

(5) 经济分析和评价。按照项目经济评价方法的要求,对推荐的方案进行详细的财务分析和国民经济分析,计算相应的评价指标,评价项目的财务生存能力和从国家角度看的经济合理性。在经济分析和评价中,还需进行不确定性分析。当项目的经济评价结论不能达到有关要求时,可对方案进行调整或重新设计,或对几个可行性的方案同时进行经济分析,选出技术、经济综合考虑较优者。

(6) 编写可行性研究报告。在对建设方案和技术方案进行技术经济论证和评价后,项目负责人组织可行性研究工作组成员,分别编写详尽的可行性研究报告,在报告中可推荐一个或几个项目的方案,也可提出项目不可行的结论意见或项目改进的建议,可行性研究报告按国家规定的有关内容编写。

项目可行性研究的工作程序如图 3.1 所示。

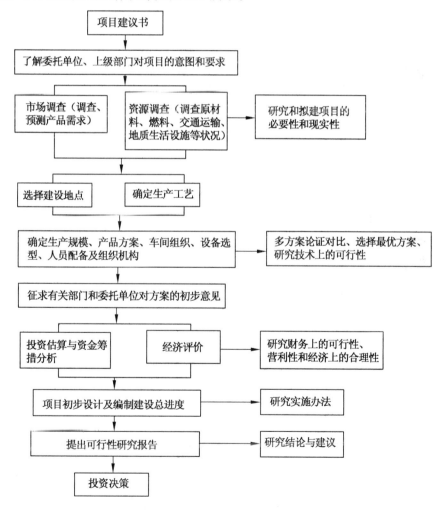

图 3.1　项目可行性研究的工作程序

3.2 可行性研究的方法

3.2.1 资金的时间价值与等值计算

资金的时间价值与资金等值计算是进行工程项目或方案经济效果动态评价的一个核心内容。不同时间发生的等额资金在价值上的差别称为资金的时间价值。例如,资金和其他生产要素相结合,投入项目的建设和运行,经过一段时间发生增值,价值大于原始投入的价值。

为了计算资金的时间价值,利用现金流量图对现金流量进行分析和计算。

1. 现金流量的概念

项目建设过程可以从物质形态和货币形态两个方面进行考察。从物质形态来看,项目建设表现为人们使用工具、设备,消耗一定量的能源,生产某种产品和提供某种服务;从货币形态来看,项目建设表现为投入一定量的资金,花费一定量的成本,通过产品销售获取一定量的货币收入。很显然,现金流量就是从货币形态来考察项目建设的。

如果把要分析的对象(可以是一个技术方案、一个投资项目、一个企业,也可以是一个地区、一个部门或一个国家)视作一个独立的经济系统,该经济系统在其整个寿命期(计算期)各时点上实际发生的资金流出和资金流入称为现金流量。流入该经济系统的资金称为现金流入;流出该经济系统的资金称为现金流出;该经济系统在某一时点上发生的现金流入与现金流出的差额称为净现金流量。

对于一个投资项目而言,常遇到的现金流量有以下几项:

(1)投资。包括固定资产投资和流动资金投资,属于现金流出,视为年初发生。

(2)销售收入。属于现金流入,视为年末发生。

(3)经营成本。属于现金流出,视为年末发生。

(4)税金。属于现金流出,视为年末发生。

(5)固定资产残值回收。属于现金流入,视为年末发生。

(6)流动资金回收。属于现金流入,视为年末发生。

(7)如果分析对象为企业,现金流量还要考虑资金的来源问题。因此,现金流出还应包括借款本金的偿还和借款利息的支付,视为年末发生。

2. 现金流量的表示方法

在建设项目或技术方案的经济评价中,现金流量一般以年为时间单位,用现金流量表或现金流量图来表示。现金流量表或现金流量图均反映了技术方案或项目在整个寿命期内所有现金流入和现金流出的情况。

(1)现金流量表。现金流量表是反映建设项目或技术方案在整个寿命期内所有的现金流入和现金流出情况的报表。现金流量表能够直接、清楚地反映出项目在整个计算期内各年的现金流量情况,在现金流量表中,应按时间先后顺序分项列出系统内全部的现金流入与流出项目。现金流量表分为项目现金流量表和项目资本金现金流量表。前者不考虑资金来源,针对项目而言;后者考虑资金来源,针对企业而言。具体见表3.2。

表 3.2　某方案现金流量表　　　　　　　　　　　　　　单位：万元

时间/年	0	1	2	3	…	$n-1$	n
方案	-20	-50	50	30	…	30	30

（2）现金流量图。现金流量图是表示建设项目或技术方案在整个寿命期内的现金流量与时间之间对应关系的图形，是反映项目在一定时期内资金运动状况的图解，它可以直观地将系统内发生的现金流量与时点对应起来，它是进行技术方案动态分析的有效工具。如图 3.2 所示。

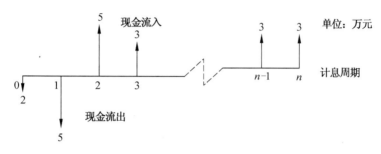

图 3.2　某方案现金流量图

图 3.2 中水平线是时间轴，表示技术方案或项目整个寿命期（或计算期）。时间轴被等分间隔，以年为单位，自左向右表示时间的延续，依次用 0,1,2,3,…,n 编号标注，表示各年年末，同时也是下一年的年初。0 表示资金运动的起点，并作为分析计算的起点。

在现金流量图时间轴的每个时点上，与时间轴垂直的箭线代表系统内的现金流量，箭头表示现金流动的方向。箭头向上表示现金流入，箭头向下表示现金流出。垂直线的长短与现金流量的数额大小成正比，并需在图上标注现金流量的数额。为了使现金流量图能给出尽可能多的信息，在利率已知的情况下，应当把利率写在横轴的上方或下方。因此，现金流量图应包括三个要素：现金流量发生的时点、各时点上发生的现金流量数额和资金时间价值率（利率）。

绘制现金流量图时必须站在固定的立场上。图 3.3(a)和(b)表示的是同一项业务，一笔贷款分三期偿还。图 3.3(a)是从借方的立场出发，收入的贷款是一个正的现金流入，随后的三次偿还则是负的现金流出；图 3.3(b)是从贷方的立场出发，因此各年现金流量的流向正好相反。

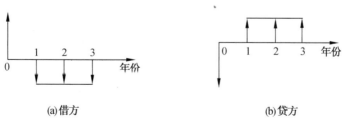

(a)借方　　　　　　　　　　　　　(b)贷方

图 3.3　不同立场出发所得的同一项业务的现金流量图

为了便于分析和评价，通常将具体的资金运动予以简化。在项目或方案的经济评价中，如无特别说明，现金流量图中的时间以年为分析单位，并约定投资发生在年初，经营费用、销售收入、残值等发生在期末。

【例 3.1】 某项目第一、二、三年分别投资 70 万元、50 万元、30 万元,以后各年收益均为 40 万元,经营费用均为 20 万元,寿命期(包括建设期)为 10 年、期末残值为 50 万元。试画现金流量图。如图 3.4 所示。

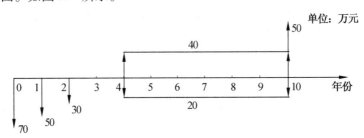

图 3.4 现金流量图

3. 资金时间价值的表示

资金时间价值可以用绝对数表示,也可以用相对数表示。前者如利息额、利润额等;后者如利息率、利润率等。由于资金时间价值的计算方法与银行利息的计算方法类似,所以常以利息和利率来说明资金的时间价值。

(1)利息。利息的概念有广义和狭义之分。

狭义的利息是指占用资金所付出的代价(或放弃使用资金所得到的补偿)。

广义的利息是指资金投入到生产和流通领域中,一定时间后的增值部分。它包括存款(或贷款)所得到(或付出)的报酬额和投资的净收益(或利润)。

技术经济中的利息通常指广义的利息。它是衡量资金时间价值大小的绝对尺度。

如果将一笔资金(本金)存入银行,经过一段时间之后,储户可在本金之外再得到一笔利息。这一过程可以表示为

$$F_n = P + I_n$$

式中,F_n 为本利和;P 为存入的本金;I_n 为 n 期的利息;n 为计算利息的周期数。

利息通常根据利率来计算。下面我们再来看一下利率。

(2)利率。利率是在一个计息周期内所得到的利息额与借贷金额(即本金)之比。通常以百分数来表示。即

$$利率 = \frac{一个计息周期的利息}{本金} \times 100\%$$

$$i = \frac{I_1}{p} \times 100\%$$

式中,i 为利率;I_1 为一个计息周期的利息。

利率反映了资金随时间变化的增值率,是衡量资金时间价值的相对尺度。

无论是利息,还是利率,我们都提到一个词——计息周期 n。

(3)计息周期。计息周期是计算利息的时间单位。计息周期通常有年、半年、季、月、周等。按计息周期的长短,利率可以相应地有年利率、半年利率、季利率、月利率和周利率等。技术经济中使用最多的计息周期是以年为时间单位的。

很显然,资金利息的大小取决于利率的高低和资金占用时间的长短。在同等利率的

情况下,占用的时间越长,则利息越多。计算利息的方法有单利和复利两种。

4. 单利和复利

(1)单利计息。单利计息指仅对本金计算利息,对所获得的利息不再计息的一种计息方法。

设贷款额(本金)为 P,贷款年利率为 i,贷款年限为 n,本金与利息和用 F 表示,则计算单利的公式推导过程见表3.3。

表3.3 单利法计算公式的推导过程

年份	年初欠款	年末欠利息	年末欠本利和
1	P	Pi	$P+Pi=P(1+i)$
2	$P(1+i)$	Pi	$P(1+i)+Pi=P(1+2i)$
3	$P(1+2i)$	Pi	$P(1+2i)+Pi=P(1+3i)$
⋮	⋮	⋮	⋮
n	$P[1+(n-1)i]$	Pi	$P[1+(n-1)i]+Pi=P(1+ni)$

由表3.3可知,n 年末本利和的单利计算公式为

$$F=P(1+ni)$$

【例3.2】 某人拟从证券市场购买一年前发行的五年期年利率为12%(单利)、到期一次还本付息、面额100元的国库券,若此人要求在余下的四年中获得10%的年利率(单利),问此人应该以什么价格买入?

解 设该人以 P 元买入此国库券,则

$$P(1+10\% \times 4)=100\times(1+12\% \times 5)$$

解得 $P=114.29$(元)。

所以,此人若以不高于114.29元的价格买入此国库券,能保证在余下的四年中获得10%以上的年利率。

单利法虽然考虑了资金的时间价值,但对以前产生的利息没有转入计算基数而累计计息,即不考虑利息再投入生产或流通领域进行资金周转,这是不符合资金实际运动规律的,也没有完全反映资金的时间价值。因此,单利法计算资金的时间价值是不完善的。

我国目前银行储蓄存款和国库券的利息多是以单利计算利息的。

(2)复利计息。复利计息指不仅本金计算利息,而且先前周期的利息在后继周期中还要计息的一种计息方法。复利的本利和公式为

$$F=P(1+i)^n$$

上述公式的推导过程见表3.4。

如果是以复利计算,则

$$P(1+10\%)^4=100\times(1+12\%)^5$$

解得 $P=120.37$(元)。

由于复利计息比较符合资金时间价值中关于资金在运动过程中增值的客观实际,反映了扩大再生产运动,因此在技术经济分析中,一般采用复利计息,具体应用于动态分析法的计算。

表3.4　复利法计算公式的推导过程

年份	年初欠款	年末欠利息	年末欠本利和
1	P	Pi	$P+Pi=P(1+i)$
2	$P(1+i)$	$P(1+i)i$	$P(1+i)+P(1+i)i=P(1+i)^2$
3	$P(1+i)^2$	$P(1+i)^2 i$	$P(1+i)^2+P(1+i)^2 i=P(1+i)^3$
⋮	⋮	⋮	⋮
n	$P(1+i)^{n-1}$	$P(1+i)^{n-1}i$	$P(1+i)^{n-1}+P(1+i)^{n-1}i=P(1+i)^n$

5. 名义利率与实际利率

在技术经济分析中，多数情况下所给定和采用的利率一般都是年利率，即利率的时间单位是年，如不特别指出，计算利息的计息周期也以年为单位，即一年计息一次。但是在实际工作中，所给定的利率虽然还是年利率，由于计息周期可能是比年还短的时间单位。比如计息周期可以是半年、一个季度、一个月、一周或者一天，因此一年内的计息次数就相应为2次、4次、12次、52次、365次。由于一年内计算利息的次数不止一次，在复利条件下每计息一次，都要产生一部分新的利息，因而实际的利率也就不同了。这就引出了名义利率和实际利率的概念。

（1）名义利率。所谓名义利率，是指每一计息周期的利率与每年的计息周期数的乘积。它通常是银行规定的利率。若以 r、i_0、m 分别表示名义利率、计息期利率和计息期数，则名义利率的计算公式为

$$r=i_0 \cdot m$$

在上式两边同时乘以本金 P，则有

$$P \cdot r = P \cdot i_0 \cdot m$$

上述两式具有相同的结构，因此，可以说名义利率是按单利法计算所得，即名义利率的实质是单利下计算所得的年利率。

名义利率的确定方法有两种：一是当计息周期的时间单位与所给定利率的时间单位相同时，则所给定的利率就是该时间单位的名义利率。例如，当给定年利率为10%，计息周期也以年为单位，即一年计息一次时，则所给定的年利率10%就是年名义利率。当给定月利率为1%，计息周期以月为单位，即一个月计息一次时，则所给定的月利率1%，就是月的名义利率。二是当计息周期的时间单位小于所给定的利率的时间单位时，则名义利率的确定分为以下两种：

①确定计息周期的名义利率。计息周期的名义利率应该等于所给定利率除以计息周期数。例如，所给定的年利率为10%，当计息周期为半年时，则半年计息一次，一年计息两次，所以半年的名义利率为 $\frac{10\%}{2}=5\%$。

②确定给定利率的时间单位的名义利率。给定利率时间单位的名义利率应等于计息周期的名义利率乘以计息周期数。例如，计息周期以月为单位，即每月计息一次，而月名义利率为1%，如果以年作为给定利率的时间单位，则一年计息12次，所以年名义利率为 $1\% \times 12 = 12\%$。

(2) 实际利率。

所谓实际利率,是指考虑了计息周期内的利息增值因素,并按计息周期利率用间断复利计算出来的利率。

实际利率的计算:设 i 表示年实际率,r 表示名义利率,一年中计息次数为 m,则一个计息周期的利率应为 $\frac{r}{m}$,一年后本利和为

$$F = P\left(1 + \frac{r}{m}\right)^m$$

一年中得到的利息为

$$F - P = P\left(1 + \frac{r}{m}\right)^m - P$$

按利率定义得年实际利率 i 为

$$i = \frac{F-P}{P} = \frac{P\left(1+\frac{r}{m}\right)^m - P}{P} = \left(1+\frac{r}{m}\right)^m - 1$$

因此,实际利率的计算公式为

$$i = \left(1 + \frac{r}{m}\right)^m - 1$$

由公式可知:当 $m=1$ 时,名义利率等于实际利率;当 $m>1$ 时,名义利率小于实际利率;当 $m \to \infty$ 时,即一年之中无限多次计息,称为连续复利计息,连续复利计息的实际利率为

$$i = \lim_{m \to \infty}\left[\left(1+\frac{r}{m}\right)^m - 1\right] = \lim_{m \to \infty}\left[\left(1+\frac{r}{m}\right)^{\frac{m}{r}}\right]^r - 1 = e^r - 1$$

式中,e 为无理数,其值为 2.718 28…

在技术经济分析中,一般总是采用实际利率,而不是名义利率。

例如,现有本金 P 为 100 元,给定的年利率 r 为 10%,假定有两种计息周期,一种是以年为单位计算利息,即一年计息一次;另一种是以半年为单位计算利息,计算周期是半年,即一年内计息两次,现分别计算一年末的利息额及其利率。

第一种情况,计息周期为年,即一年计息一次,$m=1$,故得一年末的本利和为

$$F_{一次} = P(1+r)m = 100 \times (1+0.1) \times 1 = 110(元)$$

根据利率定义实际计算出的利率为

$$利率 = \frac{利息额}{本金额} = \frac{本利和 - 本金额}{本金额} = \frac{110-100}{100} = 10\%$$

即实际计算出的年利率与给定年利率是相同的。

第二种情况,计息周期为半年,即半年计息一次,一年计息两次,$m=2$,故得一年末的本利和为

$$F_{两次} = P\left(1+\frac{r}{m}\right)^m = 100 \times \left(1+\frac{0.1}{2}\right)^2 = 100 \times (1+0.05)^2 = 100 \times 1.05^2 = 110.25(元)$$

根据利率定义实际计算出的利率为

$$利率 = \frac{利息额}{本金额} = \frac{本利和 - 本金额}{本金额} = \frac{110.25-100}{100} = 10.25\%$$

即实际计算出的年利率大于给定的年利率。

一般来讲,在通常计算中所给定的利率,如果没有特别指出,都是名义利率,而且多数情况下都是年名义利率。即当计息周期的时间单位与所给定(设定)的利率的时间单位相同时,则此给定的利率就是该时间单位的名义利率,而且此时名义利率与计算求出的实际利率相等。

那么,当计息周期的时间单位小于所给定利率的时间单位时,则由复利计算而确定的利率,就是该给定利率时间单位的实际利率,并且实际利率要大于所给定的利率,即大于该时间单位的名义利率。

再如:假设月利率为 1%,求名义利率 r 和实际利率 i。

解 名义利率为

$$r = i_0 \cdot m = 1\% \times 12 = 12\%$$

实际利率为

$$i = \left(1 + \frac{12\%}{12}\right)^{12} - 1 = 12.68\%$$

在月利率为 1% 的情况下,名义利率为 12%,实际利率为 12.86%。

表 3.5 给出了名义利率为 6%,而计息周期为年、半年、季度、月、星期、日和连续复利时的实际利率。

表 3.5 名义利率 6% 在不同计息周期时的实际利率

复利期	年复利次数	计息周期利率/%	实际年利率/%
年	1	6.000 0	6.000 0
半年	2	3.000 0	6.090 0
季度	4	1.500 0	6.136 4
月	12	0.500 0	6.167 8
星期	52	0.115 4	6.179 7
日	365	0.016 4	6.179 9
连续	∞	—	6.183 7

从表 3.5 可以看出,随着计息周期的缩短(或一年内计息周期次数增加),实际利率也逐渐增大,且随着计息周期的缩短,其时间利率的增长速率下降,计息周期为星期和连续复利的实际利率之间的差距已很小了。

6. 资金等值

资金等值是指考虑时间因素后不同时点上数额不等的相关资金在一定利率条件下具有相等的价值。比如现在存入 1 000 万元现金,在年利率为 2.25% 的情况下,一年后的本利和为 1 022.5 万元,如图 3.5 所示。

影响资金等值的因素有资金额大小、资金发生的时间和利率。

利用等值概念,将一个时点上发生的资金金额按一定利率换算成另一时点的等值金额,这一过程叫资金等值计算。

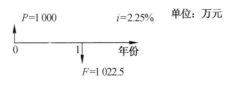

图 3.5 现金流量图

资金等值和资金等值计算在技术方案的经济分析中是很重要的概念和计算方法。进行资金等值计算,还需明确以下几个概念:

(1)时值与时点。由于资金随时间的延长而增值,因此在每个计算期期末,资金的数值是不同的。在某个时间节点上资金的数值称为时值。在现金流量图上,时间轴上的某一点称为时点。

(2)现值。现值是指资金现在的价值,是资金处于资金运动起点时刻的价值,又称为本金,以符号 P 表示。

(3)终值。终值是指资金经过一定时间的增值后的资金值,是现值在未来时点上的等值资金。相对于现值而言,终值又称为将来值、本利和,以符号 F 表示。

(4)等年值。等年值是指分期等额收付的资金值,如折旧、租金、利息、保险金、养老金等通常都采取等年值形式。由于各期间隔通常为一年,且各年金额相等,故又称为年金,用符号 A 表示。

(5)贴现与贴现率。把终值计算为现值的过程叫贴现或折现。贴现时所用的利率称为贴现率或折现率。

7. 资金等值计算公式

复利计算公式主要用来表明现值、未来值与等额年值三者之间的换算关系,这些换算关系是一切现金流量资金时间价值换算的基础。

(1)一次收付终值公式。一次收付又称整收或整付,是指所分析的现金流量中无论是现金流入还是现金流出,均在某一时点上一次收入或支付。比如期初一笔资金 P,在利率为 i 的条件下,等值等于 n 年后的资金 F,其现金流量的等值关系如图 3.6 所示。

图 3.6 一次收付终值的现金流量图

一次收付终值公式为

$$F = P(1+i)^n = P(F/P, i, n)$$

该公式表明在利率 i 条件下现值 P 与 n 期后的终值 F 的等值关系。它适用于已知 P, i, n 求 F 的情况。

式中 $(1+i)^n$ 称为一次收付终值系数,用符号 $(F/P, i, n)$ 表示,其含义是单位资金经复利计息 n 期后的本利和,其数值可查复利系数表。

【例 3.3】 某项目现在投资 10 万元,年利率为 10%,5 年期满后一次收回本息则能收回多少资金?

解 已知 $P=10$ 万元,$i=10\%$,$n=5$,则
$$F=P(F/P,i,n)=10\times(F/P,10\%,5)=10\times1.6105=16.105(万元)$$

（2）一次收付现值公式。一次收付现金流量中,若期末一笔资金,在利率为 i 的条件下,等值于期初的资金,其现金流量的等值关系如图 3.7 所示。

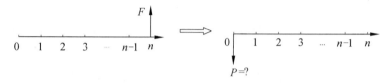

图 3.7　一次收付现值的现金流量图

一次收付现值公式为
$$P=F\frac{1}{(1+i)^n}=F(P/F,i,n)$$

该公式可由一次收付终值公式 $F=P(1+i)^n$ 直接导出。

该公式表明在利率 i 条件下终值 F 与 n 期前的现值 P 的等值关系。

它适用于已知 F,i,n 求 P 的情况。

式中 $\frac{1}{(1+i)^n}$ 称为一次收付现值系数,用符号 $(P/F,i,n)$ 表示,其含义是 n 期后的单位终值的现值,其数值可查复利系数表。

【例 3.4】 某人计划 5 年后从银行提取 1 万元,如果银行利率为 10%,按复利计算,现在应存入银行多少钱?

解 已知 $F=1$ 万元,$i=10\%$,$n=5$,则
$$P=F(P/F,i,n)=1\times(P/F,10\%,5)=1\times0.6209=0.6209(万元)$$

（3）等额分付终值公式。等额序列现金流量的特点是 n 个等额资金 A 连续地发生在每期期末(或期初)。等额分付终值的现金流量图如图 3.8 所示。

图 3.8　等额分付终值的现金流量图

等额分付终值公式为
$$F=A\frac{(1+i)^n-1}{i}=A(F/A,i,n)$$

上式的推导过程为

由 $F=P(1+i)^n$ 得
$$F=A(1+i)^0+A(1+i)^1+A(1+i)^2+\cdots+A(1+i)^{n-1}$$
$$=A[1+(1+i)^1+(1+i)^2+\cdots+(1+i)^{n-1}]$$
$$=A\frac{1-(1+i)^n}{1-(1+i)}=A\frac{(1+i)^n-1}{i}$$

该公式表示在利率 i 的情况下 n 个等额资金 A 与 n 期末终值 F 之间的等值关系。

它适用于已知 A,i,n 求 F 的情况。

式中 $\frac{(1+i)^n-1}{i}$ 称为等额分付终值系数,用符号 $(F/A,i,n)$ 表示,其含义是 n 期末单位年金的终值,其值可查复利系数表。

【例3.5】 某人从26岁起每年末向银行存入10 000元,连续存10年,若银行年利率为5%,则10年后共有多少本利和?

解 已知 $A=10\ 000$ 元,$i=5\%$,$n=10$,则

$$F=A(F/A,i,n)=10\ 000\times(F/A,5\%,10)=10\ 000\times12.577\ 9=125\ 779(元)$$

(4)等额分付偿债基金公式。偿债基金指借款者借款后,每年必须按一定的利率把一定量现金存入银行,使各年存款金额加利息的总和等于应还的本利和。每年存款金额称为偿债基金。等额分付偿债基金的现金流量图如图3.9所示。

图3.9 等额分付偿债基金的现金流量图

等额分付偿债基金公式为

$$A=F\frac{i}{(1+i)^n-1}=F(A/F,i,n)$$

该公式可由公式 $F=A\frac{(1+i)^n-1}{i}$ 直接导出。

该公式表示在利率 i 的情况下 n 期末终值 F 与 n 个等额支付值 A 之间的等值关系。它适用于已知 F,i,n 求 A 的情况。

式中 $\frac{i}{(1+i)^n-1}$ 称为等额分付偿债基金系数,用符号 $F(A/F,i,n)$ 表示,其含义是单位终值的年金。其值可查复利系数表。

【例3.6】 某公司计划自筹资金于5年后新建一个新产品生产车间,预计需要投资5 000万元。若年利率为5%,在复利计息条件下,从现在起每年年末应等额存入银行多少钱?

解 已知 $F=5\ 000$ 万元,$i=5\%$,$n=5$,则

$$A=F(A/F,i,n)=5\ 000\times(A/F,5\%,5)=5\ 000\times0.181=905(万元)$$

即每年年末应等额存入银行905万元。

应当指出的是,采用等额分付终值公式和等额分付偿债基金公式进行复利计算时,现金流量的分布必须符合定义中现金流量图的形式,即连续的等额分付值 A 必须发生在第1期期末至第 n 期期末,或者说 F 值与最后一个 A 值发生在同一时点,否则必须进行一定的变换和换算。

【例3.7】 某学生在大学四年学习期间,每年年初从银行借款2 000元用以支付学费,若按年利率5%计复利,第四年年末一次归还全部本息需要多少钱?

解 由题意可绘出现金流量图(图3.10),本例不能直接套用等额分付终值公式,由于每年的借款发生在年初,需要先将其折算成年末的等价金额。

已知 $A=2\,000\times(1+5\%)=2\,000\times1.05=2\,100$ 元，$i=5\%$，$n=4$。

$$F=A(F/A,i,n)=2\,100\times(F/A,5\%,4)=2\,100\times4.310\,1=9\,051.21(元)$$

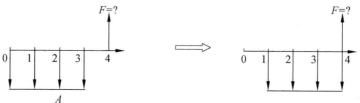

图 3.10 现金流量图

(5) 等额分付现值公式。等额分付现值的现金流量图如图 3.11 所示。

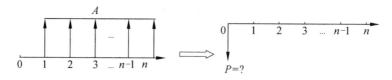

图 3.11 等额分付现值的现金流量图

等额分付现值公式为

$$P=A\frac{(1+i)^n-1}{i(1+i)^n}=A(P/A,i,n)$$

上述等额分付现值公式可由等额分付终值公式和一次收付现值公式推导得出。具体而言，可将等额分付终值公式

$$F=A\cdot\frac{(1+i)^n-1}{i}$$

两边各乘以 $\frac{1}{(1+i)^n}$，可得

$$F\cdot\frac{1}{(1+i)^n}=A\cdot\frac{(1+i)^n-1}{i}\cdot\frac{1}{(1+i)^n}$$

而

$$F\cdot\frac{1}{(1+i)^n}=P$$

由此可得

$$P=A\cdot\frac{(1+i)^n-1}{i(1+i)^n}$$

该公式表示在利率 i 的情况下等额支付值 A 与现值 P 之间的等值关系。

它适用于已知 A,i,n 求 P 的情况。

式中 $\frac{(1+i)^n-1}{i(1+i)^n}$ 称为等额分付现值系数，用符号 $(P/A,i,n)$ 表示，其含义是单位年金的现值。其值可查复利系数表。

【例 3.8】 如果某工程 1 年建成并投产，寿命 10 年，每年净收益为 2 万元，按 10% 的折现率计算，恰好能够在寿命期内把期初投资全部收回，则该工程期初所投的资金为多少？

解 已知 $A=2$ 万元，$i=10\%$，$n=10$，由等额分付现值公式得

$$P = A(P/A, i, n) = 2 \times (P/A, 10\%, 10) = 2 \times 6.1446 = 12.289(万元)$$

由于

$$\lim_{n \to \infty} \frac{(1+i)^n - 1}{i(1+i)^n} = \frac{1}{i}$$

当周期数 n 足够大时,可近似认为

$$P = \frac{A}{i}$$

(6)等额分付资金回收公式。等额分付资金回收是指对于银行贷款,在计息期内按预期的利率每期回收等额的资金。资金回收的现金流量图如图3.12所示。

图3.12 资金回收的现金流量图

等额分付资金回收公式为

$$A = P \frac{i(1+i)^n}{(1+i)^n - 1} = P(A/P, i, n)$$

该公式为等额分付现值公式 $P = A \frac{(1+i)^n - 1}{i(1+i)^n}$ 的逆运算,即已知现值,求与之相等的等额年值 A。

该公式表示在利率 i 的情况下现值 P 与等额支付值 A 之间的等值关系。

它适用于已知 P, i, n 求 A 的情况。

式中 $\frac{i(1+i)^n}{(1+i)^n - 1}$ 称为等额分付资金回收系数,用符号 $(A/P, i, n)$ 表示,其含义是单位现值的年金。其值可查复利系数表。

等额分付资金回收系数是一个重要的系数,对工业项目进行技术经济分析时,它表示在考虑资金时间价值的条件下,对应于工业项目的单位投资,在项目寿命期内每年至少应该回收的金额。如果对应于单位投资的实际回收金额小于这个值,在项目的寿命期内就不可能将全部投资收回。

等额分付资金回收系数与等额分付偿债基金系数之间存在如下关系

$$(A/P, i, n) = (A/F, i, n) + i$$
$$\downarrow \qquad \qquad \downarrow$$
$$\frac{i(1+i)^n}{(1+i)^n - 1} \qquad \frac{i}{(1+i)^n - 1}$$

从左边

$$\frac{i(1+i)^n}{(1+i)^n - 1} = \frac{[i(1+i)^n - i] + i}{(1+i)^n - 1} = \frac{i(1+i)^n - i}{(1+i)^n - 1} + \frac{i}{(1+i)^n - 1}$$
$$= \frac{i[(1+i)^n - 1]}{(1+i)^n - 1} + \frac{i}{(1+i)^n - 1} = i + \frac{i}{(1+i)^n - 1}$$

从右边

$$\frac{i}{(1+i)^n-1}+i=\frac{i+i\left[(1+i)^n-1\right]}{(1+i)^n-1}=\frac{i(1+i)^n}{(1+i)^n-1}$$

【例 3.9】 某投资项目贷款 200 万元,银行 4 年内等额收回全部贷款,已知贷款利率为 10%,那么项目每年的净收益应不少于多少万元?

解 已知 $P=200$ 万元,$i=10\%$,$n=4$,由等额分付资金回收公式得

$$A=P(A/P,i,n)=200\times(A/P,10\%,4)=200\times0.3155=63.1(万元)$$

综上,常见的资金等值计算形式见表 3.6。

表 3.6 常见的资金等值计算形式

类别		已知	求	计算公式	复利系数名称与符号
一次支付	终值	P	F	$F=P(1+i)^n=P(F/P,i,n)$	一次支付终值系数 $(1+i)^n,(F/P,i,n)$
	现值	F	P	$P=F(1+i)^{-n}=F(P/F,i,n)$	一次支付现值系数 $\frac{1}{(1+i)^n},(P/F,i,n)$
等额分付	终值	A	F	$F=A\left[\frac{(1+i)^n-1}{i}\right]=A(F/A,i,n)$	等额分付终值系数 $\frac{(1+i)^n-1}{i},(F/A,i,n)$
	偿债基金	F	A	$A=F\left[\frac{i}{(1+i)^n-1}\right]=F(A/F,i,n)$	等额分付偿债基金系数 $\frac{i}{(1+i)^n-1},(A/F,i,n)$
	现值	A	P	$P=A\left[\frac{(1+i)^n-1}{i(1+i)^n}\right]=A(P/A,i,n)$	等额分付现值系数 $\frac{(1+i)^n-1}{i(1+i)^n},(P/A,i,n)$
	资本回收	P	A	$A=P\left[\frac{i(1+i)^n}{(1+i)^n-1}\right]=P(A/P,i,n)$	等额分付资本回收系数 $\frac{i(1+i)^n}{(1+i)^n-1},(A/P,i,n)$

在以上普通复利计算公式中,各系数的关系为:

①互为倒数关系。一次支付终值系数与一次支付现值系数互为倒数关系

$$(1+i)^n\cdot\frac{1}{(1+i)^n}=1$$

即

$$(F/P,i,n)(P/F,i,n)=1$$

等额分付终值系数与等额分付偿债基金系数互为倒数关系

$$\frac{(1+i)^n-1}{i}\cdot\frac{i}{(1+i)^n-1}=1$$

即

$$(F/A,i,n)(A/F,i,n)=1$$

等额分付现值系数与等额分付资本回收系数互为倒数关系

$$\frac{(1+i)^n-1}{i(1+i)^n}\cdot\frac{i(1+i)^n}{(1+i)^n-1}=1$$

即
$$(P/A,i,n)(A/P,i,n)=1$$

② 乘积关系。

等额分付现值系数 = 等额分付终值系数 × 一次支付现值系数

$$\frac{(1+i)^n-1}{i(1+i)^n}=\frac{(1+i)^n-1}{i}\cdot\frac{1}{(1+i)^n}$$

即
$$(P/A,i,n)=(F/A,i,n)(P/F,i,n)$$

等额分付终值系数 = 等额分付现值系数 × 一次支付终值系数

$$\frac{(1+i)^n-1}{i}=\frac{(1+i)^n-1}{i(1+i)^n}\cdot(1+i)^n$$

即
$$(F/A,i,n)=(P/A,i,n)(F/P,i,n)$$

等额分付资金回收系数与等额分付偿债基金系数之间的关系为

$$(A/P,i,n)=(A/F,i,n)+i$$

根据普通复利计算公式中各系数的关系和资金等值的概念,可以进行资金的动态平衡计算。资金的动态平衡式指在某一基准时点处,所有的资金流入之和与所有的资金流出之和动态相等,这一换算过程的表达式称为在这一时点处的资金动态平衡式。

【例 3.10】 某资金流向图如图 3.13 所示。已知 A_1,A_2,基准折现率为 i,则在资金平衡情况下,若以第 2 年末为基准年时,求 S。

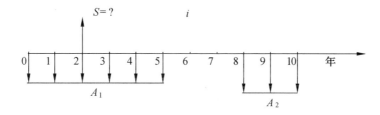

图 3.13 资金流向图

解法 1 先用 $A \to F$,再用 $F \to P$
$$S=A_1(1+i)(F/A,i,6)(P/F,i,4)+A_2(F/A,i,3)(P/F,i,8)$$

解法 2 把 A_1 分为两部分($A_1 \to F$ 和 $A_1 \to P$),A_2 求法同上
$$S=A_1(1+i)(F/A,i,2)+A_1+A_1(P/A,i,3)+A_2(F/A,i,3)(P/F,i,8)$$

解法 3 $A_1 \to P \to F, A_2 \to P \to P$
$$S=A_1(1+i)(P/A,i,6)(F/P,i,2)+A_2(P/A,i,3)(P/F,i,5)$$

3.2.2 项目经济评价指标及分析方法

1. 项目经济评价指标概述

项目的经济评价包括项目财务评价和国民经济评价两部分。

(1) 项目财务评价是项目经济评价的重要组成部分。它是在国家现行财税制度和价格体系的条件下,计算项目范围内的效益和费用、编制财务报表、计算评价指标、分析项目的盈利能力及清偿能力,以考察项目在财务上的可行性。项目财务评估的主要内容包括:项目的财务状况分析、盈利能力分析、清偿能力分析及不确定性分析等。

(2)国民经济评价是与财务评价方法相对照的评价方法。这种方法是从宏观角度出发,考察投资项目客观发生的经济效果。通常是运用影子价格、影子汇率、社会贴现率、贸易费用率、影子工资等工具或通用参数,计算和分析项目为国民经济带来的净效益,从而决定项目的取舍。国民经济评价是大型项目或公共工程项目决策的重要依据。

项目的经济评价指标是多种多样的,这些指标可以分为三类:第一类是以货币单位计量的价值型指标;第二类是以相对量表示的反映资源利用效率的效率型指标;第三类是以时间作为计量单位的时间型指标。不同指标考察问题的角度和侧重点不同,使用范围和应用条件也不同。因此,仅用一个指标来衡量和评价项目的经济效果是不够全面的,需要用指标体系来描述,如图3.14所示。

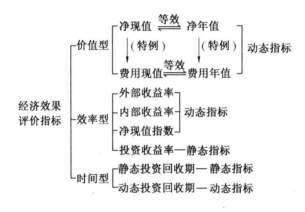

图 3.14　项目经济评价指标的分类

2. 时间型评价指标

时间型评价指标是反映项目投资回收速度的经济效益指标,以这类指标的分析评价为核心,形成了一组经济评价方法。下面主要介绍投资回收期法。

投资回收期也称返本期或投资偿还期,是反映项目投资回收速度的重要指标。它是指从项目投建之日起,用项目各年的净收益来回收总投资所需的时间。

投资回收期分为静态投资回收期和动态投资回收期。两者之间的差别在于是否考虑资金的时间价值。

(1)静态投资回收期。静态投资回收期是指项目从投建之日起,用项目每年所获得的净收益将全部投资收回所需的时间。

静态投资回收期的计算公式为

$$K = \sum_{t=0}^{T_p} \mathrm{NB}_t = \sum_{t=0}^{T_p} (\mathrm{CI} - \mathrm{CO})_t$$

式中,K 为投资总额;NB_t 为第 t 年的净收益;T_p 为静态投资回收期。

如果投资项目每年的净收益相等,则从投资开始年算起的投资回收期公式为

$$T_p = \frac{K}{\mathrm{NB}} + T_k$$

式中,NB 为年净收益;T_k 为项目建设期。

从投产年算起的投资回收期为

$$T_p = \frac{K}{NB}$$

用累计计算法,这种算法常用表格形式进行:对于各年净收益不等的项目,可根据投资项目财务分析的现金流量表计算投资回收期,其计算公式为

$$T_p = T - 1 + \frac{\text{第}(T-1)\text{年的累计净现金流量的绝对值}}{\text{第}T\text{年的净现金流量}}$$

式中,T 为项目各年累计净现金流量首次为正值的年份数。

用投资回收期评价投资项目时,需要将计算所得的投资回收期与同类项目的历史数据和投资者愿意确定的基准投资回收期相比较。设基准投资回收期为 T_b,判别准则为:当 $T_p \leqslant T_b$ 时,项目可以考虑接受;当 $T_p > T_b$ 时,项目应予以拒绝。

【例 3.11】 某项目的现金流量情况见表 3.7,试计算其静态投资回收期,若基准投资回收期 $T_b = 4$ 年,判断其在经济上的合理性。

表 3.7 现金流量表 单位:万元

项 目	时 间					
	0	1	2	3	4	5
总投资	4 000	500	—	—	—	—
销售收入	—	1 700	2 000	2 000	2 000	2 000
经营成本	—	500	500	500	500	500
净现金流量	-4 000	700	1 500	1 500	1 500	1 500
累计净现金流量	-4 000	-3 300	-1 800	-300	1 200	2 700

解 根据公式得

$$T_p = 4 - 1 + \frac{|-300|}{1\ 500} = 3.2 < 4(\text{年})$$

因为 $T_p \leqslant T_b$,故该投资方案在经济上可行。

静态投资回收期指标的优点是:第一,概念明确,简单易用。第二,该指标不但在一定程度上反映项目的经济性,而且反映项目风险的大小。项目决策者面临着未来不确定性因素的挑战,这种不确定性所带来的风险随着时间的延长而增加,因为离现实越远,人们所能确知的东西就越少。为了减少这种风险,就必然希望投资回收期越短越好。

另外,由于该指标选择方案的标准是回收资金的速度越快越好,迎合了一部分怕担风险的投资者的心理,因而静态投资回收期是人们容易接受和乐于使用的一种经济评价方法。但是静态投资回收期指标只能作为一种辅助指标,而不能单独使用。其原因是:第一,它没有考虑资金时间价值。第二,它仅以投资的回收快慢作为决策依据,没有考虑回收期以后的情况,也没有考虑方案在整个计算期内的总收益和获利能力,因而它是一个短期指标。

(2) 动态投资回收期。动态投资回收期,是在考虑资金时间价值,即按照给定的基准收益率的情况下,用项目的净收益的现值将总投资现值回收所需的时间,它克服了静态投资回收期未考虑资金时间价值的缺点。

动态投资回收期的公式为

$$\sum_{t=0}^{T_p^*} K_t \frac{1}{(1+i_0)^t} = \sum_{t=0}^{T_p^*} \mathrm{NB}_t \frac{1}{(1+i_0)^t}$$

式中,T_p^* 为动态投资回收期;K_t 为第 t 年的投资额;NB_t 为第 t 年的净收益。

在实际计算中,由于各年净现金流量常常不是等额的,故常用与求静态投资回收期相似的"累计计算法"求解动态投资回收期 T_p^*,其计算公式为

$$T_p^* = T^* - 1 + \frac{\text{第}(T^*-1)\text{年的累计净现金流量现值的绝对值}}{\text{第 }T^*\text{ 年的净现金流量现值}}$$

式中,T^* 为项目各年累计净现金流量现值首次为正值的年份数。

【例 3.12】 引用例 3.11 中的数据,若基准折现率为 10%,求动态投资回收期。

解 项目的现金流量情况及动态投资回收期计算过程见表 3.8。

表 3.8 动态投资回收期计算表($i = 10\%$)　　　　单位:万元

年　份	0	1	2	3	4	5
总投资	4 000	500	—	—	—	—
销售收入	—	1 700	2 000	2 000	2 000	2 000
经营成本	—	500	500	500	500	500
净现金流量	-4 000	700	1 500	1 500	1 500	1 500
折现系数	1.000	0.909 1	0.826 4	0.751 3	0.683 0	0.620 9
折现值	-4 000	636.37	1 239.6	1 126.95	1 024.5	931.35
累计净现金流量	-4 000	-3 363.63	-2 124.03	-997.08	27.42	958.77

解 根据公式得

$$T_p^* = 4 - 1 + \frac{|-997.08|}{1\,024.5} = 3.97 < 4(\text{年})$$

因为 $T_p^* \leq T_b$,故该投资方案在经济上可行。

用动态投资回收期评价投资项目时,仍然需要与基准投资回收期相比较。判别准则为:当 $T_p^* \leq T_b$ 时,项目可以考虑接受;当 $T_p^* > T_b$ 时,项目应予以拒绝。

与静态投资回收期指标相比,动态投资回收期指标的优点是考虑了资金的时间价值,但计算却复杂了,并且在投资回收期不长和基准收益率不大的情况下,两种投资回收期的差别不大,不至于影响方案的选择。因此,动态投资回收期指标不常用,只有在静态投资回收期较长和基准收益率较大的情况下,才需要计算动态投资回收期。

总之,投资回收期指标的优点是简单直观,尤其是静态投资回收期,表明投资需要多少年才能回收,便于为投资者衡量风险。因为投资者关心的是用较短的时间回收全部投资,减少投资风险。但是,投资回收期指标最大的缺点是没有反映投资回收期以后方案的情况,因而不能全面反映项目在整个寿命期内真实的经济效果。所以投资回收期一般用于粗略评价,需要和其他指标结合起来使用。

3. 价值型评价指标

价值型评价指标可以根据项目现金流量类型的不同,采用收益比较法和费用比较法

进行评价。采用收益比较法时,既可以针对单一的项目进行评价,也可以针对多个项目进行优选;而成本比较法是针对多个方案进行优选。

(1) 收益比较法。分为净现值、净年值和净终值。

① 净现值(NPV)。净现值是指项目在整个寿命期内各年的净现金流量,按某个给定的折现率,折算到计算期期初(第零期)的现值之和。

净现值指标是动态评价最重要的指标之一。它不仅计算了资金的时间价值,而且考虑了项目在整个寿命期内的全部现金流入和现金流出。

净现值的表达公式为

$$\text{NPV} = \sum_{t=0}^{n} (CI - CO)_t (1 + i_0)^{-t}$$

式中,NPV 为净现值;$(CI-CO)_t$ 为第 t 年的净现金流量;n 为项目寿命年限;i_0 为基准折现率。

针对单一项目方案而言,

当 NPV > 0,表明该方案除能达到要求的基准收益率外,还能得到超额收益现值,方案可行。

当 NPV = 0,表明该方案正好达到要求的基准收益率水平,该方案经济上合理,方案一般可行。

当 NPV < 0,表明该方案没有达到要求的基准收益率水平,该方案经济上不合理,不可行。

多方案比选时,净现值越大的方案越优(净现值最大准则)。

【例3.13】 引用例3.12的数据,该项目的现金流量图如图3.15所示,若基准折现率为10%,试计算该项目的净现值。

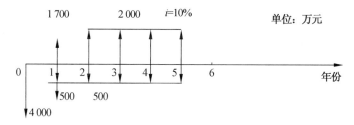

图3.15 某项目的现金流量图

解

$$\begin{aligned}
\text{NPV} &= -4\,000 + (1\,700 - 500 - 500)(P/F,10\%,1) + \\
&\quad (2\,000 - 500)(P/A,10\%,4)(P/F,10\%,1) \\
&= -4\,000 + 700 \times 0.909\,1 + 1\,500 \times 3.169\,9 \times 0.909\,1 \\
&= -4\,000 + 636.37 + 4\,322.63 = 959(万元) > 0
\end{aligned}$$

该项目净现值为959.2万元,说明该项目实施后的经济效益除达到10%的收益率外,还有959.2万元超额收益的现值。

若基准折现率取20%,此时该项目净现值NPV为 -180.9万元,说明该项目实施后的经济效益没有达到20%的收益率,项目由原来的可行方案变为不可行方案。

【例3.14】 一个期限5年的项目,要求收益率必须达到12%。现有两种方案可供选择,方案 A 的投资为 9 000 万元,方案 B 的投资为 14 500 万元,两方案每年可带来的净收入见表 3.9,试对这两种方案进行选择。

表 3.9　方案 A、B 净现金流量表　　　　　　　　单位:万元

年份	0	1	2	3	4	5
方案 A	-9 000	3 400	3 400	3 400	3 400	3 400
方案 B	-14 500	5 200	5 200	5 200	5 200	5 200

解　按 12% 的折现率对表 3.9 中各年的净现金流量进行折现求和,得

$NPV_A = -9\ 000 + 3\ 400(P/A, 12\%, 5) = -9\ 000 + 3\ 400 \times 3.604\ 8 = 3\ 256.32$(万元)

$NPV_B = -14\ 500 + 5\ 200(P/A, 12\%, 5) = -14\ 500 + 5\ 200 \times 3.604\ 8 = 4\ 244.96$(万元)

两种方案的净现值都是正值,因此都能满足可以接受的最低收益率。但方案 B 的净现值大于方案 A 的净现值,在没有资金限制的情况下,方案 B 优于方案 A。

这里值得注意的是净现值函数以及 NPV 对 i 的敏感性问题。净现值函数就是 NPV 与折现率 i 之间的函数关系。表 3.10 列出了某项目的净现金流量及其净现值随 i 变化而变化的对应关系。

表 3.10　某项目现金流量及其净现值函数

年份	净现金流量/万元	$i/\%$	$NPV(i) = -2\ 000 + 800(P/A, i, 4)$/万元
0	-2 000	0	1 200
1	800	10	536
2	800	20	71
3	800	22	0
4	800	30	-267
		∞	-2 000

如果以纵坐标表示净现值 NPV,横坐标表示折现率 i,上述函数关系如图 3.16 所示。

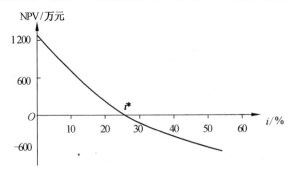

图 3.16　净现值函数曲线

从图 3.16 中可以发现,净现值函数一般有如下特点:一是同一净现金流量的净现值随折现率 i 的增大而减小。故基准折现率 i_0 定得越高,能被接受的方案越少。二是在某一个 i^* 值上(图 3.16 中 $i^* = 22\%$),曲线与横坐标相交,表示该折现率下 NPV = 0,且当 $i <$

i^* 时,NPV(i) > 0;i > i^* 时,NPV(i) < 0。i^* 是一个具有重要经济意义的折现率临界值,后面还要对它进行详细分析。

净现值对折现率 i 的敏感性问题是指,当 i 从某一值变为另一值时,若按净现值最大的原则优选项目方案,可能出现前后结论相悖的情况。

表 3.11 列出了两个互相排斥的方案 A 与方案 B 的净现金流量及其在折现率分别为 10% 和 20% 时的净现值。

表 3.11 方案 A、B 在基准折现率变动时的净现值

年份	0	1	2	3	4	5	NPV(10%)	NPV(20%)
方案 A	-230	100	100	100	50	50	83.88	24.86
方案 B	-100	30	30	60	60	60	75.38	33.60

由表 3.11 可知,在 i 为 10% 和 20% 时,两方案的净现值均大于零。根据净现值越大越好的原则,当 i = 10% 时,NPV_A > NPV_B,故方案 A 优于方案 B;当 i = 20% 时,NPV_B > NPV_A,则方案 B 优于方案 A。这一现象对投资决策具有重要意义。假设在给定基准折现率 i_0 和投资总额 K_0 下,净现值大于零的项目有 5 个,其投资总额恰为 K_0,故上述项目均被接受。按净现值的大小,设其排列顺序为 A、B、C、D、E。但若现在的投资总额必须压缩,减至 K_1 时,新选项目是否仍然会遵循 A、B、C… 的原则顺序排列直至达到投资总额为止呢?一般来说是不会的。随着投资限额的减少,为了减少被选取的方案数,应当提高基准折现率。但基准折现率由 i_0 提高到 i_1 后,由于各项目方案净现值对基准折现率的敏感性不同,原先净现值小的项目,其净现值现在可能大于原先净现值大的项目。因此,在基准折现率随着投资总额变动的情况下,按净现值准则选取项目不一定会遵循原有的项目排列顺序。

【例 3.15】 某设备的购买价为 40 000 元,每年的运行收入为 15 000 元,年运行费用为 3 500 元,4 年后该设备可以按 5 000 元转让,如果基准折现率 i_0 = 20%,问:(1)此项设备投资是否值得?(2)若 i_0 = 5%,又将如何?

解 (1)由题意可绘出现金流量图(图 3.17)。

若 i_0 = 20%,计算净现值并进行评价:

NPV = -40 000 + (15 000 - 3 500)(P/A,20%,4) + 5 000(P/F,20%,4)
    = -40 000 + (15 000 - 3 500) × 2.588 7 + 5 000 × 0.482 3
    = -7 818.45(万元)

由于 NPV < 0,此投资经济上不合理。

(2)若 i_0 = 5%,进行净现值的计算与评价:

NPV = -40 000 + (15 000 - 3 500)(P/A,5%,4) + 5 000(P/F,5%,4)
    = -40 000 + (15 000 - 3 500) × 3.546 + 5 000 × 0.822 7
    = 4 892.5(万元)

由于 NPV > 0,这意味着若基准收益率为 5%,此项投资是值得的。显然,净现值的大小与基准折现率 i_0 有很大的关系,当 i_0 变化大时,NPV 也随之变化。

净现值指标的优点:一是在给定净现金流量、计算期 n 和折现率 i_0 的情况下,都能算出一个唯一的净现值指标;二是在理论上其方法更完善,实践中也有广泛的适用性。净现

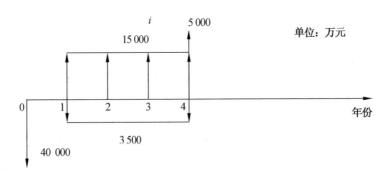

图 3.17　现金流量图

值指标的缺点:一是在确定折现率方面,由于对各项资金来源与其收益估计比较困难,资本成本仅具有理论上的意义,因而实际应用中会受到很大的限制;二是在方案的比较上,当所采用的不同方案的投资额不同时,单纯看净现值容易忽视资金使用效率高的项目,但可以补充使用净现值率指标加以纠正。

② 净年值(NAV)。净年值是指按给定的基准折现率,通过等值换算将项目寿命期内各年(各个不同时点)的净现金流量分摊为等值的各年年末等额净现金流量值。

净年值计算公式为

$$\text{NAV} = \sum_{t=0}^{n} (\text{CI} - \text{CO})_t (1+i_0)^{-t} = \text{NPV}(A/P, i_0, n)$$

式中,NAV 为净年值;$(A/P, i_0, n)$ 为资本回收系数。

对单一项目方案而言,如果 NAV ≥ 0,则方案可行;如果 NAV < 0,则方案不可行。

多方案比选时,净年值越大的方案越优(净年值最大原则)。

【例 3.16】　引用例 3.13 中的数据,若基准收益率为 10%,试计算该项目的净年值。

解　NAV = NPV$(A/P, i_0, n)$
　　　　= [-4 000 + (1 700 - 500 - 500)$(P/F, 10\%, 1)$ +
　　　　　(2 000 - 500)$(P/A, 10\%, 4)(P/F, 10\%, 1)$] × $(A/P, 10\%, 5)$
　　　　= (-4 000 + 700 × 0.909 1 + 1 500 × 3.169 9 × 0.909 1) × 0.263 8
　　　　= 959 × 0.263 8 = 252.98(万元)

由于 NAV > 0,故该项目可行。

比较净年值与净现值的计算公式及判别准则可知,由于 $(A/P, i, n) > 0$,故净年值与净现值在项目评价的结论上总是一致的。因此,就项目的评价结论而言,净年值与净现值是等效评价指标。净现值给出的信息是项目在整个寿命期内获取的超出最低期望盈利的超额收益的现值,而净年值给出的信息是寿命期内每年的等额超额收益。由于信息的含义不同,而且由于在某些决策结构形式下,采用净年值比采用净现值更为简便和易于计算(后面再详述),故净年值指标在经济效果评价指标体系中占有相当重要的地位。

③ 净终值(NFV)。以项目计算期末为基准,把不同时间发生的净现金流量按一定的折现率 i_0 折算到项目计算期末之和。

计算公式为

$$\text{NFV} = F_0(1+i_0)^n + F_1(1+i_0)^{n-1} + F_2(1+i_0)^{n-2} + \cdots + F_{n-1}(1+i_0)^0 + F_n$$

即

$$\text{NFV} = \sum_{t=0}^{n} F_t (1+i_0)^{n-t} = \sum_{t=0}^{n} F_t (F/P, i_0, n-t)$$

另一种计算方法是把有关的现金流量折算为现值,然后再把现值换算成 n 年后的将来值,即

$$\text{NFV} = \text{NPV} \times (F/P, i_0, n)$$

由上式可知,净终值等于净现值乘以一个常数。由此可见,方案用净终值评价的结论一定和净现值评价的结论相同。

【例 3.17】 引用例 3.13 的数据,若基准折现率为 10%,试计算该项目的净终值。

解 $\text{NFV} = -4\,000 \times (F/P,10\%,5) + (1\,700 - 500 - 500) \times$
$(F/P,10\%,4) + (2\,000 - 500) \times (F/A,10\%,4)$
$= -4\,000 \times 1.610\,5 + 700 \times 1.464\,1 + 1\,500 \times 4.641$
$= -6\,442 + 1\,024.9 + 6\,961.5 = 1\,544.37(元)$

(2) 费用比较法。分为费用现值和费用年值。

① 费用现值(PC)。在对多个方案比较选优时,如果诸方案产出价值相同,或者诸方案能够满足同样需要,但其产出效益难以用价值形态(货币)计量(如环保、教育、国防),可以通过对各方案费用现值和费用年值的比较进行选择。

费用现值就是把方案计算期内的投资和各年费用按一定折现率折算成基准年的现值和,用符号 PC 表示。

费用现值公式为

$$\text{PC} = \sum_{t=0}^{n} \text{CO}_t (P/F, i_0, t)$$

式中,PC 为费用现值;CO_t 为第 t 年的现金流出。

在对多个方案比较选优时,如果诸方案产出价值相同,可以通过对各方案费用现值的比较进行选择。费用现值越小,其方案经济效益越好。

② 费用年值(AC)。费用年值是将方案计算期内不同时点发生的所有费用支出,按一定折现率折算成与其等值的等额支付序列年费用,用符号 AC 表示。

计算公式为

$$\text{AC} = \left[\sum_{t=0}^{n} \text{CO}_t (P/F, i_0, t)\right] (A/P, i_0, n) = \text{PC}(A/P, i_0, n)$$

式中,PC 为费用现值;AC 为费用年值;CO_t 为第 t 年的现金流出。

费用现值和费用年值只能用于多个方案的比选,其判别准则是:费用现值或费用年值最小的方案为优。

【例 3.18】 某项目有两个工艺方案 A、B,均能满足同样的需要。其费用数据见表 3.12。在基准折现率 $i_0 = 10\%$ 的情况下,试用费用现值和费用年值确定最优方案。

表 3.12 两个工艺方案的费用数据表 单位:万元

方案	总投资(0 年)	年运营费用(1~10 年)
A	200	60
B	300	35

解 两个方案的费用现值计算如下:

$$PC_A = 200 + 60(P/A, 10\%, 10) = 200 + 60 \times 6.1446 = 568.68(万元)$$
$$PC_B = 300 + 35(P/A, 10\%, 10) = 300 + 35 \times 6.1446 = 515.06(万元)$$

两个方案的费用年值计算如下:

$$AC_A = 200(A/P, 10\%, 10) + 60 = 200 \times 0.1627 + 60 = 92.54(万元)$$
$$AC_B = 300(A/P, 10\%, 10) + 35 = 300 \times 0.1627 + 35 = 83.81(万元)$$

根据费用最小的选优准则,费用现值和费用年值的计算结果都表明,方案 B 优于方案 A。

由此可见,费用现值与费用年值是等价指标,即就评价结论而言,二者是等效评价指标。二者除了在指标含义上有所不同外,就计算的方便简易而言,在不同的决策结构下,二者各有所长。

应用费用现值和费用年值指标要注意的问题:第一,被比较方案应具有相同产出价值,或能满足同样的需要;第二,费用现值和费用年值指标只适合于多方案的优劣排序,而不能决定方案的取舍;第三,费用现值指标,要求与被比较方案具有相同的计算期。

4. 效率性指标

(1) 内部收益率(IRR)。内部收益率又称内部报酬率,它是除净现值以外的另一个最重要的动态经济评价指标。净现值是求所得与所费的绝对值,而内部收益率是求所得与所费的相对值。

所谓内部效益率是指使方案在寿命期内的净现值为零时的折现率,以符号 IRR 表示。

由净现值函数可知,一个投资方案的净现值与折现率的大小有关。随着折现率的不断增大,净现值不断减少。当折现率增至 22% 时,项目净现值为零。对该项目而言,其内部收益率即为 22%。一般而言,内部收益率是净现值函数曲线与横坐标交点处对应的折现率。

内部收益率可由下式计算得到

$$\sum_{t=0}^{n}(CI - CO)_t(1 + IRR)^{-t} = 0$$

式中,IRR 为内部收益率。

由于上式是一个高次方程,不容易直接求解,因此,在实际应用中通常采用"线性插值法"求 IRR 的近似解。线性插值法求解 IRR 的原理如图 3.18 所示,其求解步骤如下:

第一步,计算方案各年的净现金流量。

第二步,在满足下列两个条件的基础上预先估计两个适当的折现率 i_1 和 i_2。

① $i_1 < i_2$,且 $(i_2 - i_1)$ 一般以等于 2% 为宜,最大不应超过 5%。

② $NPV(i_1) > 0, NPV(i_2) < 0$。

如果预估的 i_1 和 i_2 不满足这两个条件,则要重新估计,直至满足条件。

用线性插值法近似求得内部收益率 IRR。

因为 $\triangle ABE \backsim \triangle CDE$,所以 $\dfrac{AB}{CD} = \dfrac{BE}{DE}$,即

$$\frac{NPV_1}{|NPV_2|} = \frac{BE}{(i_2 - i_1) - BE}$$

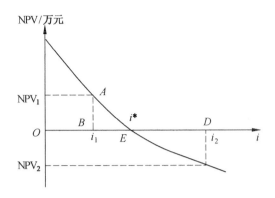

图 3.18 线性插值求解 IRR

$$|NPV_2| \cdot BE = NPV_1(i_2 - i_1) - NPV_1 \cdot BE$$
$$|NPV_2| \cdot BE + NPV_1 \cdot BE = NPV_1(i_2 - i_1)$$
$$IRR \approx i_1 + BE = i_1 + \frac{NPV_1}{NPV_1 + |NPV_2|}(i_2 - i_1)$$

式中,i_1 为插值用的低折现率;i_2 为插值用的高折现率;NPV_1 为用 i_1 计算的净现值(正值);NPV_2 为用 i_2 计算的净现值(负值)。

设基准折现率为 i_0,若 $IRR \geq i_0$,则项目在经济效果上可以接受;若 $IRR < i_0$,则项目在经济效果上不可接受。

【例 3.19】 某工程的净现金流量见表 3.13,设基准折现率为 10%,试用内部收益率法分析判断该方案是否可行。

表 3.13 某项工程方案现金流量表   单位:万元

年份	0	1	2	3	4	5
现金流量	-2 000	300	500	500	500	1 200

解 该方案的净现值表达式为
$$NPV = -2\ 000 + 300(P/F,i,1) + 500(P/A,i,3)(P/F,i,1) + 1\ 200(P/F,i,5)$$
第一次试算,取 $i_1 = 12\%$,代入上式求得
$$NPV(i_1) = -2\ 000 + 300(P/F,12\%,1) + 500(P/A,12\%,3)(P/F,12\%,1) + 1\ 200(P/F,12\%,5) = 21.03(万元) > 0$$
第二次试算,取 $i_2 = 15\%$,代入上式求得
$$NPV(i_2) = -2\ 000 + 300(P/F,15\%,1) + 500(P/A,15\%,3)(P/F,15\%,1) + 1\ 200(P/F,15\%,5) = -149.75(万元) < 0$$
可见,内部收益率必然在 12% ~15% 之间,代入线性内部插值法计算式可求得
$$IRR = i_1 + \frac{NPV_1}{NPV_1 + |NPV_2|}(i_2 - i_1) = 12\% + \frac{21.03}{21.03 + 149.75} \times (15\% - 12\%) = 12.4\%$$

因为 $IRR = 12.4\% > i_0 = 10\%$,所以该方案可行,可以考虑接受。

内部收益率的经济含义:一般来讲,内部收益率就是投资的收益率,它表明了项目所占用资金的一种回收能力,项目的内部收益率越高,其经济性也就越好。因此,内部收益率的经济含义是在项目整个寿命期内按利率 $i = IRR$ 计算,会始终存在未能回收的投资,

只有在寿命期结束时投资才能被全部回收。换句话说,在寿命期内各个时点,项目始终处于"偿还"未被回收投资的状态,只有到了寿命期结束的时点,才偿还完全部投资。由于项目的"偿还"能力完全取决于项目内部,故有"内部收益率"之称。

在上例中,已经计算出其内部收益率为 12.4%,且是唯一的。下面按此利率计算收回全部投资的过程,见表 3.14。

表 3.14　以 IRR = 12.4% 收回全部投资过程计算表　　单位:万元

年份	净现金流量（年末）①	年初未收回的投资 ②	年初未收回的投资到年末的金额 ③ = ② × (1 + IRR)	年末尚未收回的投资 ④ = ③ - ①
0	-2 000			
1	300	2 000	2 248	1 948
2	500	1 948	2 189	1 689
3	500	1 689	1 897	1 397
4	500	1 397	1 569	1 069
5	1 200	1 069	1 200	0

从表 3.14 可以明显地看到,从第 0 年末直到第 5 年末的整个寿命期内,每年均有尚未收回的投资,只有到了第 5 年末即寿命期结束时,才全部收回了投资。

为了更清楚、更直观地考察和了解内部收益率的经济含义,将表 3.14 收回全部投资过程的现金流量变化状况表示为图 3.19。

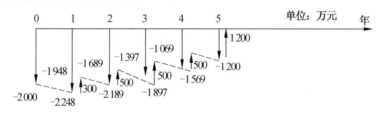

图 3.19　以利率 i = IRR 收回全部投资过程的现金流量图

由于利率 i = IRR 收回全部投资时符合内部收益率的经济含义,所以 12.4% 是该项目的内部收益率。由表 3.14 和图 3.19 不难理解内部收益率 IRR 经济含义的另外一种表述,即它是项目寿命期内没有收回的投资盈利率。它不是初始投资在整个寿命期内的盈利,因而它不仅受项目初始投资规模的影响,而且受项目寿命期内各年净收益大小的影响。

内部收益率与净现值的关系及其指标的评价:按照内部收益率的定义,在一般情况下,它和净现值的关系如图 3.20 所示。

从图 3.20 中可以看出,当基准折现率 i_0 < 内部收益率 IRR 时,项目的净现值为正值;而当 i_0 > IRR 时,项目的净现值为负数。因此,在通常情况下,内部收益率与净现值有相一致的评价标准,即当内部收益率大于基准折现率时的净现值 $NPV(i_0)$ 必大于零,投资方案是可行的。

内部收益率指标的优点:第一,内部收益率指标考虑了资金的时间价值,对项目进行动态评价,并考察了项目在整个寿命期内的全部情况。第二,内部收益率能直观地反映方案投资在整个经济寿命期内的最大可能盈利能力或最大的利息偿还能力。因此,内部收益率指标为企业的主管部门提供了一个控制本行业经济效果的内部统一衡量标准。第三,与 NPV 指标比较,在技术经济分析中,不需要事先确定基准折现率,就可计算出项目的 IRR 值,即内部收益率是内生决定的,它是由项目的现金流量特征决定的;而计算 NPV 时,就要事先确定基准折现率。两相比较,内部收益率指标操作困难小。

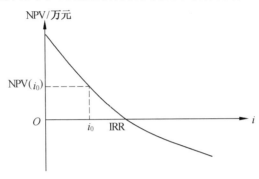

图 3.20　内部收益与净现值的关系

内部收益率指标的缺点:第一,计算比较复杂,而且对于非常规投资项目,有多解现象,分析、检验和判别比较复杂。第二,只有现金流入和只有现金流出的方案,不存在明确经济意义的内部收益率。第三,由于内部收益率指标是根据方案本身数据计算得出,而不是专门给定的,所以内部收益率不能直接反映资金价值的大小。第四,如果只根据内部收益率指标大小进行方案投资决策,可能会使那些投资大、内部收益率低,但收益额很大,对国民经济有重大影响的方案落选。因而,内部收益率指标往往和净现值指标结合起来使用。

(2) 外部收益率(ERR)。外部收益率(ERR)与 IRR 不同,它是在给出一个利率的基础上计算得到的。内部收益率的计算公式是

$$\sum_{t=0}^{n}(CI-CO)_t(1+IRR)^{-t}=0$$

它隐含如下假设:项目尚未回收的投资和项目回收取得的资金都能获得相同的收益率——内部收益率。这种隐含假设是计算中采用复利计算方法导致的。由于投资机会的限制,这种假定往往难以与实际情况相符。这种假设也是造成非常规投资项目 IRR 方程可能多解的原因。

外部收益率实际上是对内部收益率的一种修正,计算外部收益率时也假定项目寿命期内所获得的收益全部可用于再投资,所不同的是假定再投资的收益率等于基准折现率。

ERR 的计算公式为

$$\sum_{t=0}^{n} CO_t(1+ERR)^{n-t}=\sum_{t=0}^{n} CI_t(1+i_0)^{n-t}$$

式中,ERR 为外部收益率;CO_t 为第 t 年现金流出;CI_t 为第 t 年现金流入。

按外部收益率折现后各年的支出(如投资费用)的终值,等于各年的收入(正的现金流量如收益)按 i_0 收益率再投资后得到的终值,这样就克服了为回收投资与回收资金按同一收益率计算这一弊病。此外,对投资在一年内完成的项目,以及收益为年等额值的项

目,项目的 ERR 可直接求得。

判别准则:由 $\sum_{t=0}^{n} CO_t(1+ERR)^{n-t} = \sum_{t=0}^{n} CI_t(1+i_0)^{n-t}$ 求得的 ERR 与基准折现率 i_0 相比较,若 $ERR \geq i_0$,则该项目在经济上可行;若 $ERR < i_0$,则该方案不可行。

【例 3.20】 已知某方案的净现金流量如图 3.21 所示,若 $i_0 = 10\%$,试求 ERR,并判断经济可行性。

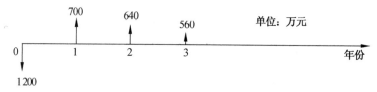

图 3.21 净现金流量图

解
$$1\,200 \times (1+ERR)^3 = 560 + 640 \times (1+0.1)^1 + 700 \times (1+0.1)^2$$

即
$$(1+ERR)^3 = 1.759\,2$$
$$ERR = 20.7\% > i_0 = 10\%$$

故该方案在经济上可行。

(3) 净现值率(NPVR)。净现值率也叫净现值指数,它反映了投资资金的利用效率,常作为净现值指标的辅助指标。净现值率是指按一定的折现率求得的方案计算期内的净现值与其全部投资现值的比率,用符号 NPVR 表示。

净现值率计算公式为
$$NPVR = \frac{NPV}{PVI} \times 100\%$$

式中,PVI 为全部投资的现值。

净现值率的经济含义是单位投资的盈利能力或资金的使用效率。净现值指标仅反映一个项目所获得收益现值的绝对量大小,而没有考虑所需投资的使用效率。净现值大的方案,其净现值率不一定也大。因此,在多方案的评价与优选中,净现值率是一个重要的评价指标。

用净现值率评价方案时,当 $NPVR \geq 0$,方案可行;当 $NPVR < 0$,方案不可行。用净现值率进行方案比较时,以净现值率较大的方案为优。

【例 3.21】 引用例 3.13 中的数据,该项目的现金流量如图 3.22 所示,若基准折现率为 10%,求净现值率。

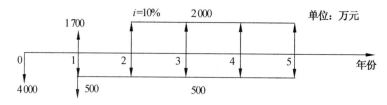

图 3.22 某方案现金流量图

解

$$NPV = \sum_{t=0}^{n} (CI - CO)_t (1 + i_0)^{-t}$$
$$= -4\,000 + (1\,700 - 500 - 500)(P/F, 10\%, 1) +$$
$$(2\,000 - 500)(P/A, 10\%, 4)(P/F, 10\%, 1)$$
$$= -4\,000 + 700 \times 0.909\,1 + 1\,500 \times 3.169\,9 \times 0.909\,1$$
$$= -4\,000 + 636.37 + 4\,322.63 = 959(万元)$$
$$PVI = 4\,000 + 500 \times (P/F, 10\%, 1) = 4\,454.55(万元)$$
$$NPVR = \frac{NPV}{PVI} = \frac{959}{4\,454.55} = 0.215$$

该项目的净现值率为 0.215。

(4) 投资收益率。投资收益率也称为投资效果系数，是指项目达到设计生产能力后的一个正常年份的净收益额与项目总投资的比率。对生产期内各年的净收益额变化幅度较大的项目，则应计算生产期内年平均净收益额与项目总投资的比率。投资收益率法适用于项目处在初期勘查阶段或者项目投资不大、生产比较稳定的财务盈利性分析。

投资收益率计算公式为

$$R = \frac{NB}{I}$$

式中，R 为投资收益率；I 为投资总额。

$$I = \sum_{t=0}^{m} I_t$$

式中，I_t 为第 t 年的投资额；m 为建设期，根据分析目的的不同；I 可以是全部投资额（即固定资产、建设期借款利息和流动资金之和），也可以是投资者的权益投资额（如资本金）；NB 为项目达产后正常年份的净收益或平均净收益，根据不同的分析目的，NB 可以是利润，也可以是利税总额，还可以是年净现金流入等。

投资收益率指标未考虑资金的时间价值，而且没有考虑项目建设期、寿命期等众多经济数据，故一般仅用于技术经济数据尚不完整的初步可行性研究阶段。

由于 NB 与 I 的含义不同，投资收益率 R 常用的具体形式有以下几种：

① 投资利润率。它是考察项目单位投资盈利能力的指标，计算公式为

$$投资利润率 = \frac{年利润总额或年平均利润总额}{项目总投资} \times 100\%$$

式中

$$年利润总额 = 年销售收入 - 年销售税金及附加 - 年总成本费用$$

投资利润率也称投资效果系数，此时年利润总额表示纯收入。当年利润总额表示纯收入加折旧时，投资收益率又称为投资回收率。

② 投资利税率。它是考察项目单位投资时对国家的贡献水平，其计算公式为

$$投资利税率 = \frac{年利税总额或年平均利税总额}{项目总投资} \times 100\%$$

式中

$$年利税总额 = 年销售收入 - 年总成本费用$$

或者
$$年利税总额 = 年利润总额 + 年销售税金及附加$$

③ 资金利润率。它反映投入项目的资本金的盈利能力,计算公式为

$$资本金利润率 = \frac{年利润总额或年平均利润总额}{资本金} \times 100\%$$

对于投资利润率与资本金利润率来说,根据年利润率的含义不同,还可以分为所得税前与所得税后的投资利润率与资本金利润率指标。

用投资收益率指标评价投资方案的经济效果,需要与根据同类项目的历史数据及投资者意愿等确定的基准投资收益率做比较。设基准投资收益率为 R_b,判别准则为:若 $R \geq R_b$,则项目可以考虑接受;若 $R < R_b$,则项目应予以拒绝。

【例 3.22】 某项目投资 800 万元,其中自有资金 400 万元,寿命期为 5 年,年总成本费用为 50 万元,每年销售收入 175 万元,销售税为 11 万元,所得税税率为 33%,求投资利润率、投资利税率和资本金利润率。

(1) 投资利润率 $= \dfrac{175 - 50}{800} \times 100\% = 15.6\%$

(2) 投资利税率 $= \dfrac{(175 - 50) + 11}{800} \times 100\% = 17\%$

(3) 资本金利润率 $= \dfrac{175 - 50}{400} \times 100\% = 31.3\%$

投资收益率指标主要反映投资项目的盈利能力,没有考虑资金的时间价值。用投资收益率评价投资方案的经济效果,需要与本行业的平均水平(行业平均投资收益率)对比,以判别项目的盈利是否达到本行业的平均水平。

3.2.3 项目投资方案的关系类型及比选

1. 投资方案的类型

对项目投资方案进行经济评价,通常有两种情况:

一是单方案评价。一般前面讲的经济评价指标,可以直接决定一种技术方案或独立方案的项目取舍。

二是多方案评价。多方案的动态评价方法的选择与项目方案之间的相互关系有关。项目方案之间的相互关系有三种类型:

(1) 独立型:各方案的现金流量是独立的,不具有相关性。且任一方案的采用与否都不影响其他方案是否采用。如果决策的对象是单一方案,就是我们前面介绍的独立方案的特例。

(2) 互斥型:各方案之间存在着互不相容、互相排斥的关系,在对多个互斥方案进行比选时,最多只能选取其中之一,其余方案必须放弃。

(3) 混合型:指独立方案与互斥方案混合的情况,既各方案之间既有独立关系,又有互斥关系。

2. 技术方案的可比原则

技术方案是为实现某一目标而具体实施某一技术的工作安排。在技术经济学中,技术方案可以指计划方案、设计方案、生产方案、科研方案等各种类型的方案。

技术方案的可比原则是指对不同的技术方案进行比较时的可比条件的认识和要求。具体包括：一是对各种技术方案进行比较；二是对技术方案的产品产量、质量、费用、时间、价格等因素，分析在什么条件下具有可比性，在什么条件下不能进行直接比较；三是如何使不可比条件转化为可比条件。具体而言，技术方案可比原则包括四个方面的内容：

（1）满足需要的可比。包括三个方面：① 方案必须满足客观需要。如开发新产品是为了满足企业长足发展以追求更高经济利益的需要，在京沪两地修建高速公路是为了满足两地的快速通道需要。② 不同方案必须满足相同需要。相比较的各个技术方案只有满足相同的实际需要，才具备相互比较和选择其一的条件。③ 如果不同方案的相同需要得不到满足，应借助一定的理论和方法使其转化为能满足相同需要的方案。比如，某企业生产磨床刀具，有 A、B 两个方案可供选择。A 方案的投资和经营费用都高于 B 方案，但生产出来的刀具工作面积大、精确度高且耐磨耐用。A 和 B 方案生产出的产品质量不同，是不能直接进行比较的。按照质量可比原则，对于不同产品的质量也应该根据满足相同社会需要的原则进行考虑。由于质量不同而造成满足不同需要的方案，在技术经济比较中要做出相应的调整，使它们具有相同的使用价值，满足相同的社会需要。同样，产品产量品种不能满足相同需要时，也需要通过借助一定的修正系数进行调整，使其转换为满足相同需要时才能进行两方案的比较。

（2）消耗费用的可比。是指在计算不同技术方案的消耗费用指标时，应该采用统一的计算范围和口径，计算内容、计价基础、时间单位等要具有统一性。这里需要注意内点：① 不同方案在同一经济评价类型中费用包含的范围要一致。② 不同的经济评价类型中费用包含的内容有所区别。比如，财务评价从企业角度分析计算项目的费用等情况，从而考察项目的获利性，因此，在财务评价中只考虑与方案本身有关的直接费用；而国民经济评价则从国民经济整体角度出发，考察资源的合理利用以及项目给国民经济带来的利益和项目需要国民经济付出的代价，因此在国民经济评价中不仅需要考虑与方案本身有关的直接费用，还要考虑间接费用。

（3）价格可比。在计算比较不同方案的成果和费用时，需要用到价格指标。原材料的采购，产品的销售，而且消耗的资源和生产的产品不止一种。因此，在进行经济评价时，如果将两种或两种以上的资源、业务、产品、劳动等进行归纳汇总，必然要利用价格将各种非价值量转化为价值量，从而便于进行比较。在对技术方案进行经济评价时，方案计算期内各年一律使用统一价格，其中财务评价使用现行价格，国民经济评价使用影子价格。影子价格是稀缺资源的单位变化能使系统收益变化的量；或者是指在给定条件下使用这些有限资源的边际效率，也可以理解为单位资源的机会成本。一般来讲，产品和资源越短缺，越为一个国家经济所必需，其影子价格越高。从理论上讲，影子价格应该是完全竞争市场经济环境下所表现出的商品市场价格。

（4）时间可比。两个不同的技术方案，可能在产品、质量、投资、成本等各方面都相同，但在具体时间上会有差别，如一个投资早、一个投资晚，最终导致的经济效果也会不同。时间因素可比条件主要有两个方面的含义：① 不同技术方案的比较，应采用相同的计算期，即比较统一时间段内各种方案的经济效益和费用；② 对不同技术方案进行比较时，要把不同时期发生的费用与效益，用一定的基准折现率（或基准收益率）折成现值，或者折成同一时间发生的货币价值。不同时点上的价值量不具有可比性，也不能直接计算代数和。

3. 互斥方案的选择

互斥方案经济效果的评价包含了两部分内容：一是考察各个方案自身的经济效果，即进行绝对经济效果的检验，用经济效果评价标准（如 NPV ≥ 0，NAV ≥ 0，IRR ≥ i_0）检验方案自身的经济性——绝对经济效果检验，凡通过绝对经济效果检验的方案，就认为它在经济效果上是可以接受的，否则就应予以拒绝。二是考察哪个方案相对最优——相对经济效果检验。这两种检验的目的和作用不同，通常缺一不可。

互斥方案经济效果的评价可分为寿命期相同和寿命期不同两种类型，如图 3.23 所示。

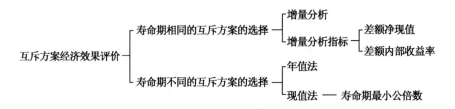

图 3.23 互斥方案的类型

（1）寿命期相同的互斥方案的选择。对于寿命期相同的互斥方案，计算期通常设定为其寿命周期，这样能满足计算时间的可比性。通过计算增量净现金流量评价增量投资经济效果，对投资额不等的互斥方案进行比选的方法，称为增量分析法或差额分析法，是互斥方案比选的基本方法。

增量分析法：先分析一个互斥方案的例子。

【例 3.23】 现有 A、B 两个互斥方案，寿命相同，其各年的现金流量见表 3.15。若基准折现率为 10%，试对方案进行评价选择。

表 3.15 互斥方案 A、B 的净现金流及评价指标（i_0 = 10%） 单位：万元

年份	0	0～10	NPV	IRR/%
方案 A 的净现金流	－200	39	39.64	14.4
方案 B 的净现金流	－100	20	22.89	15.1
增量净现金流（A － B）	－100	19	16.75	13.8

首先计算两个方案的绝对经济效果指标 NPV 和 IRR，计算结果如下

$$NPV_A = -200 + 39(P/A,10\%,10) = 39.64(万元)$$
$$NPV_B = -100 + 20(P/A,10\%,10) = 22.89(万元)$$

由方程式

$$-200 + 39(P/A,IRR_A,10) = 0$$
$$-100 + 20(P/A,IRR_B,10) = 0$$

求得 IRR_A = 14.4%，IRR_B = 15.1%。

NPV_A，NPV_B 均大于 0，IRR_A，IRR_B 均大于基准折现率（10%），所以方案 A 和方案 B 都能通过绝对经济效果检验，且使用 NPV 指标和使用 IRR 指标进行绝对经济效果检验结论

是一致的。

由于 $NPV_A > NPV_B$，按净现值最大准则，方案 A 优于方案 B。但计算结果还表明 $IRR_B > IRR_A$，若以内部收益率最大为比较准则，方案 B 优于方案 A，这与按净现值最大准则比选的结论相矛盾。

因此，对于投资额不等的互斥方案比选的实质是判断增量投资的经济合理性，就是投资大的方案相对投资小的方案多投入的资金能否带来满意的增量收益。如果增量投资能够带来满意的增量收益，则投资额大的方案优于投资额小的方案；如果增量投资不能带来满意的增量收益，则投资额小的方案优于投资额大的方案。

据此，对投资额不等的互斥方案的比选的具体步骤如下：

第一步，求方案 A 各年净现金流与方案 B 各年净现金流的差额；

第二步，求 ΔNPV 和 ΔIRR

$$\Delta NPV = -100 + 19(P/A, 10\%, 10) = 16.75(万元)$$

由方程式

$$-100 + 19(P/A, \Delta IRR, 10) = 0$$
$$\Delta IRR = 13.8\%$$

计算结果表明，$\Delta NPV > 0$，$\Delta IRR > i_0(10\%)$，增量投资有满意的经济效果，投资大的方案 A 优于投资小的方案 B。

这个例子表明了互斥方案比选的基本方法，即采用增量分析法，计算增量现金流量的增量评价指标，通过增量指标的判别准则，分析增量投资的有利与否，从而确定两方案的优劣。

增量分析指标：净现值、净年值、投资回收期、内部收益率等评价指标都可以用于增量分析，下面我们就专门讨论净现值和内部收益率在增量分析中的应用。

① 差额净现值（增量净现值）。是指在给定的基准折现率下，两方案在寿命期内各年净现金流量差额折现的累计值，或者说差额净现值等于两个方案的净现值之差。设 A、B 为投资额不等的互斥方案，方案 A 比方案 B 投资大，两方案的差额净现值可由下式求出：

$$\Delta NPV = \sum_{t=0}^{n} [(CI_A - CO_A)_t - (CI_B - CO_B)_t](1 + i_0)^{-t}$$
$$= \sum_{t=0}^{n} (CI_A - CO_A)_t (1 + i_0)^{-t} - \sum_{t=0}^{n} (CI_B - CO_B)_t (1 + i_0)^{-t}$$
$$= NPV_A - NPV_B$$

式中，ΔNPV 为差额净现值；$(CI_A - CO_A)_t$ 为方案 A 第 t 年的净现金流；$(CI_B - CO_B)_t$ 为方案 B 第 t 年的净现金流；NPV_A、NPV_B 分别为方案 A 和方案 B 的净现值。

用增量分析法进行互斥方案比选时，若 $\Delta NPV \geq 0$，表明增量投资可以接受，投资人的方案经济效果好；若 $\Delta NPV < 0$，表明增量投资不可以接受，投资小的方案经济效果好。显然，用增量分析法计算量方案的差额净现值 ΔNPV 进行互斥方案比选，与分别计算方案的净现值 NPV，根据净现值 NPV 最大准则进行互斥方案比选，所得的结论是一致的。

在实际工作中，当有多个互斥方案时，直接用净现值最大准则选择最优方案比两两比较的增量分析更为简便。分别计算各备选方案的净现值，根据净现值最大准则选择最优方案可以将方案的绝对经济效果检验和相对经济效果检验结合起来，得出判别准则为：净现值最大且非负的方案为最优方案。

和净现值等效的指标净年值,其判别准则为:净年值最大且非负的方案为最优。

当互斥方案的效果一样或满足相同需要时,仅需计算费用现金流。采用费用现值或费用年值,其判别准则为:费用现值或费用年值最小的方案为最优。

② 差额内部收益率(增量内部收益率)。是指相比较两个方案的各年净现金流量差额的现值之和等于零时的折现率。

计算差额内部收益率的方程式为

$$\sum_{t=0}^{n}(\Delta CI - \Delta CO)_t(1+\Delta IRR)^{-t} = 0$$

式中,ΔIRR 为差额内部收益率,ΔCI 为互斥方案 A 与 B 的差额现金流入,$\Delta CI = CI_A - CI_B$;ΔCO 为互斥方案 A 与 B 的差额现金流出,$\Delta CO = CO_A - CO_B$。

差额内部收益率定义的另一种表述是:两种互斥方案净现值(或净年值)相等时的折现率。

$$\sum_{t=0}^{n}(CI_A - CO_A)_t(1+\Delta IRR)^{-t} - \sum_{t=0}^{n}(CI_B - CO_B)_t(1+\Delta IRR)^{-t} = 0$$

$$\sum_{t=0}^{n}(CI_A - CO_A)_t(1+\Delta IRR)^{-t} = \sum_{t=0}^{n}(CI_B - CO_B)_t(1+\Delta IRR)^{-t}$$

即

$$NPV_A(\Delta IRR) = NPV_B(\Delta IRR)$$

用差额内部收益率 ΔIRR 评价互斥方案的步骤如下:

第一步,根据每个方案自身的净现金流,计算每个方案的内部收益率 IRR(或净现值 NPV、净年值 NAV),淘汰内部收益率小于基准折现率 i_0(NPV < 0,NAV < 0)的方案。

第二步,按照投资从大到小的顺序排列经过绝对经济效果检验保留下来的方案。首先计算头两个方案的差额内部收益率 ΔIRR。若 $\Delta IRR \geq i_0$,则保留投资额大的方案,若 $\Delta IRR < i_0$,则保留投资小的方案。

第三步,将第二步得到的保留方案与下一个方案进行比较,再计算两方案的差额内部收益率 ΔIRR,取舍判断同上。以此类推,直到检验所有可行方案,找出最优方案为止。

值得指出的是,差额内部收益率 ΔIRR 与差额净现值 ΔNPV 类似,它只能说明增加投资部分的经济性,并不能说明全部投资的绝对经济效果。因此,采用差额内部收益率 ΔIRR 进行方案评选时,首先必须要判断被比方案的绝对经济效果,只有在某一方案的绝对经济效果较好的前提下,才能将其列为比较对象。

(2) 寿命期不同的互斥方案的选择。对于寿命期不等的互斥方案进行比选,同样要求方案具有可比性。满足这一要求需要解决两方面问题:一是设定一个合理的共同分析期;二是给寿命期不等于分析期的方案选择合理的方案接续假定或残值回收假定。下面结合具体评价指标在寿命不等互斥方案比选中的应用,讨论这两个问题的解决方法。

① 年值法。年值法是指投资方案在计算其收入及支出,按一定的折现率换算为等额年值,用以评价或选择方案的一种方法。

在对寿命不等的互斥方案进行比选时,年值法是最为简便的方法。年值法使用的指标有净年值和费用年值。

设 m 个互斥方案的寿命期分别为 $n_1, n_2, n_3, \cdots, n_m$,方案 $j(j=1,2,\cdots,m)$ 在其寿命期内的净年值为

$$\text{NAV}_j = \text{NPV}_j(A/P, i_0, n_j) = \sum_{t=0}^{n} (\text{CI}_j - \text{CO}_j)_t (P/F, i_0, t)(A/P, i_0, n_j)$$

净年值最大且非负的方案为最优可行方案。

年值法有净年值和费用年值。

【例 3.24】（净年值）：某公司为增加生产,计划进行设备投资,有 A,B 两个互斥方案,寿命分别为 5 年和 3 年,不计残值,各自寿命期内的净现金流量见表 3.16。若基准折现率为 12%,试用年值法评价选择。

表 3.16　方案 A,B 的净现金流量表　　　　单位：万元

年份	0	1	2	3	4	5
A	-300	106	106	106	106	106
B	-100	53	53	53		

解

$$\text{NAV}_A = [-300 + 106(P/A, 12\%, 5)](A/P, 12\%, 5)$$
$$= -300 \times 0.2774 + 106 = 22.78(万元)$$
$$\text{NAV}_B = [-100 + 53(P/A, 12\%, 3)](A/P, 12\%, 3)$$
$$= -100 \times 0.4163 + 53 = 11.37(万元)$$

由于 $\text{NAV}_A > \text{NAV}_B > 0$,故可选取 A 方案。

【例 3.25】（费用年值）：某项目有两个工艺方案 A、B,均能满足同样的需要。方案 A 寿命期 10 年,方案 B 寿命期 15 年。两个方案的费用现金流量见表 3.17,若基准折现率为 10%,试用费用年值法评价选择。

表 3.17　方案 A,B 的费用现金流　　　　单位：万元

方案	投资		经营费用	
	0	1	2~10	11~15
A	100	100	60	—
B	100	140	40	40

解

$\text{AC}_A = [100 + 100(P/F, 10\%, 1) + 60(P/A, 10\%, 9)(P/F, 10\%, 1)](A/P, 10\%, 10)$
$\quad = (100 + 100 \times 0.9091 + 60 \times 5.759 \times 0.9091) \times 0.1627$
$\quad = 82.17(万元)$

$\text{AC}_B = [100 + 140(P/F, 10\%, 1) + 40(P/A, 10\%, 14)(P/F, 10\%, 1)](A/P, 10\%, 15)$
$\quad = (100 + 140 \times 0.9091 + 40 \times 7.3667 \times 0.9091) \times 0.1315$
$\quad = 65.11(万元)$

由于 $\text{AC}_A < \text{AC}_B$,故选取 B 方案。

用年值法进行寿命不等的互斥方案比选,实际上隐含着这样一个假设：各备选方案在其寿命结束时均可按原方案重复实施或以与原方案经济效果水平相同的方案接续。因为

一个方案无论重复实施多少次,其年值是不变的,所以年值法实际上假定了各方案可以无限多次重复实施。在这一假定前提下,年值法以"年"为时间单位比较各方案的经济效果,从而是寿命不等的互斥方案间具有可比性。

对于仅有或仅需要计算费用现金流的互斥方案,可以比照净年值指标的计算方法,用费用年值指标进行比选。判别准则是:费用年值最小的方案为最优方案。

② 现值法。当互斥方案寿命期不等时,一般情况下,各方案的现金流在各自寿命期内的现值不具有可比性。如果要使用现值指标进行方案比选,必须设定一个共同的分析期。分析期的设定通常用寿命期最小公倍数法。

寿命期最小公倍数法,是以不同方案使用的最小公倍数作为共同的分析期,在此期间各方案分别考虑以同样规模重复投资多次,据此算出各方案的净现值,然后进行比较选优。例如,有两个备选方案,A方案的寿命期为10年,B方案的寿命期为15年,假定A方案重复实施两次,B方案重复实施一次,分析期取两方案寿命期的最小公倍数30。

【例3.26】 设备A、B均可满足使用需求,设备投资及各年的净现金流量见表3.18。基准折现率为10%,试用现值法评价选择。

表3.18 方案A,B的净现金流量　　　　　　　　单位:万元

方案	初始投资	年净现金流	残值	寿命/年
A	-20	6	3	6
B	-15	4	2	9

解 由于两个方案寿命期不同,需先求出两个方案寿命期的最小公倍数,其值为18年,A方案重复实施3次,B方案重复实施2次。

$$NPV_A = -20[1 + (P/F,10\%,6) + (P/F,10\%,12)] + 6(P/A,10\%,18) +$$
$$3[(P/F,10\%,6) + (P/F,10\%,12) + (P/F,10\%,18)] = 14.74(万元)$$
$$NPV_B = -15[1 + (P/F,10\%,9)] + 4(P/A,10\%,18) +$$
$$2[(P/F,10\%,9) + (P/F,10\%,18)] = 12.65(万元)$$

$NPV_A > NPV_B > 0$,故可选取A方案。

4. 独立方案的选择

独立方案可以分为两种类型,一类是完全不相关的独立方案,另一类是有资源约束的独立方案。

对于完全不相关的独立方案,独立方案的采用与否,只取决于方案自身的经济型,即只需看它们是否能够通过净现值、净年值或内部收益率等绝对经济效果评价指标的检验。而无论采用净现值、净年值还是内部收益率当中哪种评价指标,评价结论都是一样的。因此,多个完全不相关的独立方案与单一方案的评价方法是相同的。

而有资源约束的独立方案是指方案之间虽然不存在相关排斥或相互补充的关系,但由于资源的约束,不可能满足所有方案投资的要求,或者由于投资项目的不可分性,这些约束条件意味着接受某几个方案必须要放弃另一些方案,使之成为相关的互斥方案。

对有资源约束的方案进行选择时,使用的主要方法有"互斥方案组合法"和"净现值指数排序法"。

(1) 互斥方案组合法。尽管独立方案之间互不相关,但在约束条件下,他们会成为相

关方案。互斥方案组合法的基本思想是把各个独立方案进行组合,其中每一个组合方案就代表一个相互排斥的方案,这样就可以利用互斥方案的评选方法,选择最佳的方案组合。

【例3.27】 有三个独立方案 A、B、C,各方案的有关数据见表3.19。若总投资限额为240万元,基准收益率为10%,试选最佳投资方案组合。

表3.19 A、B、C 方案的有关数据　　　　　　　　　　单位:万元

方案	投资额	1～10年净收入
A	150	50
B	105	47
C	80	32

解 由于 A、B、C 三个方案的总投资 335 万元超过了投资限额,因而不能同时被选中。互斥方案组合法的基本步骤如下:

第一步,列出全部相互排斥的组合方案。如果有 m 个独立方案,组合方案数共 (2^m-1) 个。本例原有3个独立方案,互斥组合方案共有$(2^3-1)=7$个。这7个方案彼此互不相容,互相排斥。组合结果见表3.20。

表3.20　用净现值法选择最佳组合方案　　　　　　　　单位:万元

序号	方案组合	投资	1～10年净收入	净现值	决策
1	A	150	50	157.23	
2	B	105	47	183.8	
3	C	80	32	116.63	
4	A+B	255	97	341.03	不可行
5	B+C	185	79	300.42	最佳
6	A+C	230	82	273.86	
7	A+B+C	335	129	457.65	不可行

第二步,保留投资额不超过投资限额240万元的方案,淘汰其余组合方案。本例中,除去不满足约束条件的 A+B 组合及 A+B+C 组合。

第三步,采用净现值或差额内部收益率法选择最佳方案组合。本例采用净现值法,净现值最大的组合方案为最佳组合方案。

由表3.21可知,按最佳投资决策确定选择方案 B 和 C,其净现值总额为 300.42 万元。

当方案的个数增加时,其组合数将成倍增加,所以互斥组合法比较适用于方案数比较小的情况。当方案数较多时,可采用净现值指数排序法。

(2)净现值指数排序法。此法是在计算各个方案净现值指数的基础上,将净现值指数大于或等于零的方案按净现值指数大小排序,并依此次序选取项目方案,直至所选取方案的投资总额最大限度地接近或等于投资限额位置。这一方法的目标是达到总投资的净现值最大。

【例 3.28】 某地区投资预算为 165 万元。有 7 个投资方案,其净现值及投资额见表 3.21。基准折现率为 10%,试按净现值指数排序法进行评选。

解 各方案的净现值、净现值指数及排序结果见表 3.21。

表 3.21　各方案的有关指标计算表　　　　　　　　　单位:万元

方案	第 0 年投资	净现值	净现值指数	按净现值指数排序
A	65	16.91	0.26	1
B	45	1.92	0.04	5
C	35	5.5	0.16	3
D	20	-1.56	-0.08	7
E	55	11.58	0.21	2
F	10	1.06	0.11	4
G	20	0.60	0.03	6

由表 3.21 可知,方案的优先顺序为 A、E、C、F、B、G、D,方案 D 净现值指数小于零,应淘汰。当资金总额为 165 万元时,最优组合方案是 A、E、C、F,净现值总额为 35.05 万元。

按净现值指数排序原则选择项目方案,其基本思想是单位投资的净现值越大,在一定投资限额内所能获得的净现值总额就越大。净现值指数排序法简单易算,这是它的主要优点,但由于投资项目的不可分性,净现值指数排序法在许多情况下,不能保证现有资金的充分利用,不能达到净现值最大的目标。只有在下述情况之一,它才能达到或接近净现值最大的目标:① 各方案投资占投资预算的比例很小;② 各方案投资额相差无几;③ 各入选方案投资累加额与投资预算限额相差无几。

实际上,在各种情况下都能保证实现最优选择(净现值最大)的更可靠的方法是互斥方案组合法。

3.2.4　项目投资的不确定性分析

投资项目的不确定性分析是以计算分析各种确定因素的变化对项目经济效益的而影响程度为目标的一种经济分析方法。项目不确定性分析基于以下两方面的原因:一是项目可行性研究所涉及的因素随着时间的推移,可能发生变化;二是可行性研究是在资料、手段不完善的情况下进行的,一般取得的数据和参数是不完整的和不全面的。因此,主观认识方法的局限性和客观条件的影响使项目的可行性研究具有不确定性,项目的效益也具有不确定性。项目不确定性分析主要包括:盈亏平衡分析、敏感性分析和概率分析。

1. 盈亏平衡分析

盈亏平衡分析,又称为量本利分析,是指通过分析产品产量、成本和盈利之间的关系,找出方案盈利和亏损的产量、单价、成本等方面的临界点,以判断不确定性因素对方案经济效果的影响程度,说明方案实施的风险大小。这个临界点被称为盈亏平衡点(Break Even Point,BEP)。

盈亏平衡点分析的假设条件是:项目的产量等于销量;总成本是产量的线性函数;单位产品的变动成本与总固定成本在项目计算期内保持不变或相对稳定;产品销售价格保

持不变;生产一种产品,如果项目生产多种产品,则假定产品组合及每种产品在总销售额中的比例不变。

盈亏平衡分析的基本原理:利润=销售收入-总成本,其中总成本由固定成本和变动成本构成。固定成本是不随产量变化而变化的成本,变动成本是随着产量变化而变化的成本。

设:销售收入—R,单位产品价格—P,产品销售量—Q,总成本—TC,利润—E,固定成本—F,变动成本—V,单位变动成本—C_v,则

$$V = C_v Q, \text{TC} = F + V$$
$$R = PQ = TC + E = F + V + E = F + C_v Q + E$$

当 $E = 0$ 时

$$PQ = F + C_v Q, Q^* = \frac{F}{P - C_v}, C_v = P - \frac{F}{Q}$$

当 $Q > Q^*$ 时,企业盈利;当 $Q < Q^*$ 时,企业亏损。

其中,$P - C_v$ 称为边际贡献,表示单位产品得到的销售收入在扣除变动成本后的剩余,首先用于补偿完固定成本后,剩余则形成利润。

如果边际贡献大于零,则表示企业生产产品,除可收回变动费用外,还有一部分收入可用于补偿已经支付的固定费用。因此,产品单价即使低于总成本,但只要大于变动成本,企业生产该产品还是有意义的。

当 $E \neq 0$ 时

$$PQ = F + C_v Q + E, Q^* = \frac{F + E}{P - C_v}, C_v = P - \frac{F + E}{Q}$$

盈亏平衡分析如图 3.24 所示。

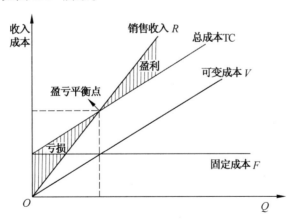

图 3.24 盈亏平衡分析

【例 3.29】 某企业想建一条生产线生产一种新产品,年需固定成本 10 万元,单位产品变动成本 40 元,产品单价估计 80 元。该产品市场需求量很大,如果该生产线设计成年产 2 000 台,问该方案是否可行?

解 $F = 100\ 000$ 元,$C_v = 40$ 元,$P = 80$ 元

$$Q^* = \frac{F}{P - C_v} = \frac{100\ 000}{80 - 40} = 2\ 500(台)$$

从计算结果可知,企业生产该产品2 500台时盈亏平衡。而设计的生产线设计能力仅为2 000台,小于盈亏平衡时的产量,显然按此方案设计生产线,即使达到了设计能力2 000台,企业也要亏损,故此方案不可取。达到设计能力2 000台时,企业亏损额为

$$E = 80 \times 2\,000 - (100\,000 + 40 \times 2\,000) = -20\,000(元)$$

【例3.30】 某企业生产某产品,年固定费用为20万元,单位产品变动成本为30元,单位产品价格为50元。企业欲实现年利润5万元,试决策企业生产的产量。

解 $F = 200\,000$ 元,$C_v = 30$ 元,$P = 50$ 元,$E = 50\,000$ 元

$$Q^* = \frac{F + E}{P - C_v} = \frac{200\,000 + 50\,000}{50 - 30} = 12\,500(件)$$

用盈亏平衡分析可确定企业经营安全率:设 Q_1 为现实产量,Q^* 为盈亏平衡点的产量,经营安全率为

$$经营安全率 = \frac{Q_1 - Q^*}{Q_1} \times 100\%$$

经营安全率是反映企业经营状况的一个指标,其值介于0与1之间。越接近0,越不安全;越接近1,越安全。判断经营安全状况的标准,见表3.22。当经营安全率低于20%时,企业就要做出提高经营安全率的决策。提高经营安全率有两个途径:第一,增加产量而盈亏平衡点不变;第二,采取措施,降低盈亏平衡点产量。盈亏平衡点下移有三种办法:第一,降低固定成本;第二,降低变动成本;第三,增加固定成本,降低变动成本,使总成本下降。

表3.22 经营安全状况的标准

经营安全系数	判 断	对 策
40% 以上	超安全	进行设备投资以促进销售额增长
21% ~ 40%	安全	新产品开发,促进销售
16% ~ 21%	较安全	扩大销售,降低成本
10% ~ 16%	要注意	扩大销售、改进、发展新领域
10% 以下	危险	倾注积压商品销售,裁员和出售不用资产等方式考虑缩小经营规模

2. 敏感性分析

敏感性分析是考察与项目有关的一个或多个主要因素发生变化时对该项目经济效益的影响程度的分析方法。它可以分为单因素敏感性分析和多因素敏感性分析。基本的敏感性分析是单因素敏感性分析,它是指只变动一个不确定性因素,同时保持其他因素不变,考察项目财物经济效益指标的变化情况。单因素敏感性分析的主要步骤和内容如下:

(1)确定敏感性分析的研究对象。敏感性分析的研究对象就是投资项目的经济评价指标,如净现值、内部收益率等。

(2)选定不确定性因素。选定不确定性因素的原则是:选取其变动较为强烈地影响经济指标的因素;选取数据准确性把握不大的因素。常选的因素有:投资额、项目寿命期、残值、经营成本、产品价格、产销量、项目建设年限、投产期限和产出水平、达产期、基准折现率等。

(3)计算分析变量因素对投资项目的经济效益指标的影响程度。按预先指定的变化幅度(±10%,±20%),先改变某一个变量因素,其他因素暂时不变,计算该因素的变化对经济效益指标(如净现值)的影响数值,并与原方案的指标对比,得出该指标变化的差

额幅度。

(4) 绘制敏感性曲线,确定敏感因素。将各个不确定性因素的百分比与对应的项目投资效益指标的数值在二维坐标图中绘出,以不确定性因素为横坐标,经济效益指标为纵坐标,得到敏感性分析图。

通过敏感性曲线,可以看出敏感性因素使项目由可行性变为不可行的最大极限值。与敏感因素变化的最大极限值对应的是效益指标的临界值。在确定了项目因素变化的最大极限值和项目效益指标的临界点后,一方面可以很快找出敏感性因素,另一方面也便于投资者在项目投产后采取必要的防范措施,限制其超过最大允许极限值。

【例 3.31】 某项目基本方案的全部投资内部收益率为 12.78%,净现值为 22 265 万元。设基准收益率为 9%,试进行敏感性分析。

解

第一步:确定分析对象和选择变量因素。考虑固定资产投资、产品价格以及原料价格变动三个因素对内部收益率、净现值的影响。

第二步:列表计算各变量因素的变化率,对固定资产投资、产品价格以及原料价格变动三个因素,分别按 ±10%、±20% 的变化率计算出内部收益率、净现值的变化率,见表 3.23。

表 3.23 不确定性因素对 IRR 和净现值的影响

序号	不确定性因素	变化率/%	IRR/%	净现值/万元
	基本方案		12.78	22 265
1	固定资产投资	+10	11.99	18 911
		-10	13.71	25 619
2	产品销售价格	+10	15.51	40 545
		-10	9.72	3 985
3	主要原料价格	+20	10.08	6 022
		-20	15.23	38 508

第三步:根据表 3.23 中的数据,绘制敏感性分析图,如图 3.25 所示。

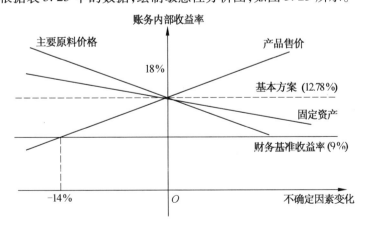

图 3.25 敏感性分析图

图中全部投资财务内部收益率随不确定性因素变化而发生的变化由三条曲线表示。

财务基准收益率(9%)、基本方案的全部投资内部收益率(12.78%)也在图中注明,以便确定不确定因素的临界值。

由敏感性分析结果可以看出,财务内部收益率对产品销售价格的变化最为敏感。由图还可看出,当以 9% 作为财务基准收益率时,产品销售价再降低,财物内部收益率将低于基准收益率,使项目由可行变为不可行。

3. 概率分析

概率是指事件发生所产生某种后果的可能性的大小。概率分析是指使用概率研究预测各种不确定性因素和风险因素的发生对投资项目评价指标影响的一种定量分析方法。在概率分析中一般是计算项目净现值的期望值及净现值大于或等于零时的累计概率,可通过模拟法测算项目经济效益的概率分布,为项目决策提供依据。如果计算出的累计概率值越大,则说明项目承担的风险越小。概率分析的基本步骤如下:

(1)列出必须考察的不确定性因素(敏感因素)。
(2)将这些不确定因素的各种可能结果一一列出。
(3)分别确定每种情况出现的概率,每种不确定因素可能发生情况的概率之和等于1。
(4)分别计算各可能结果的效益及期望值、方差和标准差。
(5)确定项目的效益水平及获得此效益水平的概率。例如,可以计算出净现值大于或等于零的概率。

【例3.32】 某公司拟建设一个工业生产性项目,以生产一种新型圆柱立柜式空调产品。该建设项目的基础数据如下:

① 建设周期为 1 年,建设期的项目投资为 800 万元。
② 项目第二年投产,运营期中,正常年份每年的销售收入为 600 万元,经营成本为 300 万元。
③ 投产的第 1 年生产能力仅为设计生产能力的 60%,所以这一年的销售收入与经营成本均按正常年份的 60% 计算,投产的第 2 年及以后各年均达到设计生产能力。

请回答以下问题:

(1)绘制该项目的现金流量图。
(2)分析该公司从项目建设开始到第 8 年的现金流量情况,并将有关数据填入表 3.24(假设投资发生在年初,销售成本发生在年末)。
(3)根据表 3.24 现金流量表中的数据,计算项目的静态投资回收期、动态投资回收期、净现值、净年值。如果基准折现率为 10%,请问该项目的投资是否可行。

表 3.24　现金流量表　　　　　　　　　单位:万元

时间/年	0	1	2	3	4	5	6	7	8
生产负荷/%			60	100	100	100	100	100	100
现金流出									
现金流入									
净现金流量									
折现系数(10%)	1	0.909 1	0.826 4	0.751 3	0.683 0	0.620 9	0.564 5	0.513 2	0.466 5
净现金流折现值									
累计净现金流现值									

(4) 假设需要对该项目的可行性进行不确定性分析,请说明可采用哪些不确定分析方法,每种分析方法分别能解决哪些问题?

(5) 假设该产品投产后,若企业预测第三年销售量可以达到 5 000 台。当年固定成本总额为 800 万元,产品的销售单价为 5 000 元/台,总变动成本为 1 200 万元,请计算:① 该项目的盈亏平衡点的产量;② 第三年的盈利状况,并判断其经营安全状况。

解 (1) 根据题目中的数据绘制的项目的现金流量图,如图 3.26 所示。

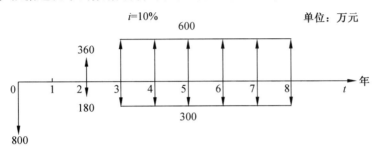

图 3.26 项目的现金流量图

(2) 该项目的现金流量表及计算结果见表 3.25。

表 3.25 现金流量表　　　　　　　　　　　　　　单位:万元

时间/年	0	1	2	3	4	5	6	7	8
生产负荷/%			60	100	100	100	100	100	100
现金流出	-800		-180	-300	-300	-300	-300	-300	-300
现金流入			360	600	600	600	600	600	600
净现金流量	-800	0	180	300	300	300	300	300	300
累计净现金流量	-800	-800	-620	-320	-20	280	580	880	1 180
折现系数(10%)	1	0.909 1	0.826 4	0.751 3	0.683 0	0.620 9	0.564 5	0.513 2	0.466 5
净现金流折现值	-800	0	148.75	225.39	204.9	186.27	169.35	153.96	139.95
累计净现金流量现值	-800	-800	-651.25	-425.86	-220.96	-34.69	134.66	288.62	428.57

(3) 根据给定数据计算的各指标结果如下

静态投资回收期 $T_p = 5 - 1 + \dfrac{|-20|}{300} = 4.07$(年)

动态投资回收期 $T_p^* = 6 - 1 + \dfrac{|-34.69|}{169.35} = 5.2$(年)

净现值 NPV = 428.57(万元)

净年值 NAV = NPV(A/P,10%,8) = 428.57 × 0.187 4 = 80.31(万元)

因为该项目的净现值 NPV > 0(或净年值 NAV > 0),所以该项目可行。

(4) 对该项目进行不确定性分析,可采用以下三种方法:

采用盈亏平衡分析方法,以确定产量、成本、价格、生产能力等因素之间的关系,找出平衡点,根据平衡点的大小判断项目的可行性。

采用敏感性分析方法,以分析项目的一个或多个因素发生变化时对整个项目经济评价指标所带来的变化程度的预测分析,确定各因素的敏感程度和影响程度的排序,以便决策项目是否可行以及实施时应重点防范的因素。

采用概率分析方法,可以确定各种因素发生某种变化的概率,并以概率为中介进行不确定分析。

(5) $F = 800$ 万元,$P = 5\,000$ 元/台

$$C_v = \frac{1\,200 \times 10^4}{5\,000} = 2\,400(元/台)$$

$$Q^* = \frac{F}{P - C_v} = \frac{8\,000\,000}{5\,000 - 2\,400} \approx 3\,077(台)$$

$$E = (5\,000 - 2\,400) \times 5\,000 - 800 \times 10^4 = 500(万元)$$

$$经营安全率 = \frac{Q_1 - Q^*}{Q_1} = 1 - \frac{3\,077}{5\,000} = 38.46\%$$

由表 3.22 可知,企业经营状况是安全的。

3.3　项目评估

在可行性研究报告和设计任务书编制之后,项目的管理部门(中央、地方的计划部门)未做出决策之前,应由国家各级计划决策部门组织或委托有资格的工程咨询机构、贷款银行对可行性研究报告或设计任务书的可靠性、真实性进行评估,并提出项目评估报告。评估报告是审批项目设计任务书的依据。

项目管理部门按上述程序完成各项研究工作之后,计划决策部门再对可行性研究报告、设计任务书和项目评估报告作进一步审查(核),如认为项目可行,即批准该项目。设计任务书一经批准下达,项目即正式立项。至于项目何时纳入年度计划、何时动工实施,还要由计划部门综合平衡之后确定。

3.3.1　项目评估的含义与意义

项目评估是投资前期对项目进行的最后一项研究工作,也是建设项目必不可少的程序之一。项目评估由项目的审批部门委托专门评估机构及贷款银行,从全局出发,根据国民经济的发展规划、国家的有关政策、法律,对可行性研究报告或设计任务书提出的投资项目方案,就项目建设的必要性、技术、财务、经济的可行性等,进行多目标综合分析论证,对可行性研究报告或设计任务书所提供材料的可靠性、真实性进行全面审核,最后提出项目"可行"或"不可行"或"重新研究"的评估报告。

项目评估有十分重要的意义:第一,项目评估是项目决策的重要依据。项目评估虽然以可行性研究为基础,但由于立足点不同,考虑问题的角度不一致,项目评估往往可以弥补和纠正可行性研究的失误。第二,项目评估是干预项目招投标的手段。通过项目评估,有关部门可以掌握项目的投资估算、筹资方式、贷款偿还能力、建设工期等重要数据,这些数据正是干预项目招投标的依据。第三,项目评估是防范信贷风险的重要手段。我国工程建设项目的投资来源除了预算拨款(公益性项目、基础设施项目)、项目业主自筹资金之外,大部分为银行贷款。因此,项目评估对银行防范信贷风险具有极为重要的意义。

项目评估与可行性研究的关系:项目评估实际是对可行性研究的再研究和再论证,但

不是简单的重复,两者有共同点又有区别。

两者的共同点是:它们都是对投资项目进行技术经济论证,以说明项目建设是否必要、技术上是否可行、经济上是否合理,因此采用的分析方法和指标体系也相同。

两者的区别是:第一,编制单位不同。项目评估是项目的审批单位委托评估机构和银行进行评估,比较超脱。第二,编制时间不同。项目评估是在项目可行性研究报告之后,设计任务书批准之前进行的,而可行性研究是在项目建议书批准之后进行的。第三,立足点不同。可行性研究往往从部门、建设单位的局部角度考虑问题,而项目评估则站在国家和银行的角度考虑问题。第四,研究的侧重点不同。可行性研究侧重于项目技术的先进性和建设条件的论证,而项目评估则侧重于经济效益和项目的偿还能力。第五,作用不同。可行性研究主要是为项目决策提供依据,而项目评估不仅为项目决策服务,而且对银行来说它还是决定是否贷款的依据。

总之,项目评估是在可行性研究报告的基础上进行的,其主要任务是综合评价投资项目建设的必要性、可行性和合理性,并对拟建项目的可行性研究报告提出评价意见,最终决定项目投资是否可行并选择满意的投资方案。由于对基础资料的占有程度、研究深度及可靠性程度等要求不同,项目评估与可行性研究存在一些不同点。

3.3.2 项目评估的内容

项目评估的对象是可行性研究报告,所以评估的内容与可行性研究的内容基本一致,为了使投资决策的依据比较充分,一般情况下,项目评估主要是对以下几个方面内容进行全面的技术经济论证。

1. 建设必要性评估

项目建设是否必要,是影响项目投资经济效益的决定性因素,也是决定项目方案取舍的前提条件,它包括评价投资项目是否符合国家产业政策、投资政策、行业规划,评价项目在国民经济和社会发展中的作用如何;评价项目是否符合组织的发展规划,项目的产出是否符合市场需要,其竞争力和市场潜力如何。

2. 项目建设条件评估

一定的生产建设条件是投资项目实现预期目标,取得预期经济效益的保证,也是决定项目取舍的决定性因素。肯定项目建设的必要性之后,就要对项目的生产建设条件进行全面的审查分析,根据客观条件判断项目建设的可能性。评估内容包括:投资项目资源组成结构,工程、水文、地质、气候等情况;项目建成后所需原辅材料、燃料、动力等的供应状况;生产工人、技术人员的素质是否符合生产技术要求,管理人员是否懂技术、会经营、较稳定;项目的供水、供电、供热、交通运输、厂址选择与规划等必备的建设条件和其他外部协作配套条件是否落实;项目的劳动保护、环保治理是否符合有关部门的要求。

3. 项目技术评估

项目技术评估既包括项目产品方案的具体规划,又包括项目采用何种工艺技术和设备的具体规划。它直接决定着产品的质量、数量、生产规模与生产效率,对产品市场、产品成本和项目的经济效益有着至关重要的影响。通过项目的技术评估,可以判断项目在技术上的可行性。技术评估的主要内容有:产品方案和资源利用是否合理;采用的工艺、技术、设备是否先进、适用、安全可靠;检测手段是否完备;引进的技术和设备是否符合我国国情,是否先进、配套;有无消化吸收能力以及技术方案的综合评价如何等。

4. 项目财务效益评估

项目财务效益评估是从项目(或企业)的角度出发,以现行价格为基础数据收集、整理与估算的基础财务数据,分析比较项目在整个寿命期内的成本和收益,以此判断项目在财务方面的可行性。

5. 项目国民经济效益评估

项目国民经济效益评估是从国民经济全局的角度出发,以影子价格为基准分析比较国民经济为项目建设和经营付出的全部代价和项目为国民经济做出的全部贡献,以此判断项目建设对国民经济的合理性。

6. 社会效益评估

项目社会效益评估更多的是从促进社会进步的角度出发,分析项目为实现国家或地区的各项社会发展目标所做的贡献和产生的影响。

3.3.3 项目评估的程序

1. 成立评估小组

根据项目的性质成立项目评估小组,确定项目负责人,就评估的内容配备恰当的专业人员,明确各自的分工。一般评估小组中应包括工程技术专家、市场分析专家、财务分析专家及经济分析专家。为了使评审结论更加科学、可靠和全面,应重视从机构外部寻求专家。

2. 制订评估工作计划

评估工作计划一般应包括:评估目的、评估内容、评估方法和评估进度。

3. 开展调查研究,收集并整理有关资料

为了保证评估结论真实、可靠,应对可行性研究报告和相关资料进行审查和分析。在评估过程中,开展独立的调查工作是必不可少的,通过调查收集与项目相关的资料,以保证资料来源的可靠和合法。

4. 分析与评估

在上述工作的基础上,按照项目评估工作的内容和要求,对项目进行技术经济分析和评估。

5. 编写评估报告

在分析论证的基础上,评估小组应编制出对拟建项目可行性研究报告的评估报告,提出总结性意见,推荐合理的投资方案,对项目实施可能存在的问题提出合理的建议。

6. 报送评估报告并归档

评估小组作为决策的参谋或顾问,在完成评估报告后,需将评估报告提交决策者,作为决策者制定最终决策的依据。同时,应将评估报告归入评估机构内部的项目档案,以便再开展类似项目评估时参考。

3.4 项目决策

项目决策既带有一般决策共性的特点,也更多地表现为在满足目标载体要求的诸多方案中如何做出取舍的创造性活动。

1. 项目决策的含义

项目决策是由有关部门、单位或个人等投资主体在调查、分析、论证的基础上,对拟建项目的根本性问题做出的判断和决定。其根本性问题是指拟建项目的取舍、建设地点(厂址、线址、坝址等)的总称、建设方案的确定等重大问题。

2. 项目决策的程序

项目决策的程序是指投资项目在决策过程中各工作环节应遵循的符合其自身运动规律的先后顺序。

我国的投资项目决策程序是在借鉴西方经济发达国家的决策经验和科学的评价方法的基础上,结合我国的实际情况制定的。按规定,大中型工业项目决策程序主要按以下几个步骤进行:提出项目建议书,进行可行性研究,编制设计任务书(计划任务书),项目评估,项目审批。

(1)提出项目建议书。提出项目建议书是投资前对项目的轮廓设想。主要从投资建设的必要性方面来衡量,同时初步分析投资建设的可行性。其主要内容有:投资项目提出的必要性,产品方案,拟建规模和建设地点的初步设想,资源状况、建设条件、协作关系的初步分析;投资估算和资金筹措设想、偿还贷款能力的测算,项目的大体进度安排;经济效益和社会效益的初步估算。

(2)进行可行性研究。根据调查资料对投资项目技术上的先进可行性、经济上合理性以及建设条件的可能性等方面进行技术经济论证,进行不同方案的分析比较,并在研究分析投资效益的基础上,提出建设项目是否可行和怎样进行建设的意见和方案,编写出可行性研究报告。项目可行性研究是指在项目决策前,通过对项目有关的工程、技术、经济等各方面条件和情况进行调查、研究、分析,对各种可能的建设技术方案进行比较论证,对项目建成后的经济效益进行预测和评价,来考察项目技术上的先进性和适用性,经济上的盈利性和合理性,建设的可能性和可行性。

(3)编制设计任务书。根据可行性研究报告中所提供的项目投资若干方案,包括其中的最佳方案,经再调查、研究、补充、修正、挑选确定,即可作为编制设计任务书的可靠依据。

(4)项目评估。邀请有关技术、经济专家和承办投资贷款的银行,对项目的可行性研究报告进行预审,然后由投资银行的咨询机构或计划决策部门委托有资格的工程咨询公司进行项目评估,即对项目的可行性研究报告和编制的计划任务书进行全面认真仔细的审查、计算和核实,根据审核、评估的结果,编写出项目评估报告。

(5)项目审批。完成上述程序后,决策部门应对可行性研究报告和计划任务书及评估报告等文件进一步加以审核,如果项目是可行的,即可批准。计划任务书一经批准,就算立项,投资项目决策就基本定下来了。至于投资项目何时纳入年度计划、动工实施,还需要由计划部门经过综合平衡予以确定。

随着投资体制改革的深入和投资项目业主责任制的逐步推广,国家进一步下放了投资项目审批权。除了关系到国家经济和社会生活的大型项目和特大型项目外,一般性的中小项目的投资立项权和审批权都下放给地方和企业。

3. 项目决策的基本类型

项目决策的基本类型主要有三种：

(1) 确定型决策。指项目决策是在确知的客观条件下，每个方案只有一种结果，比较其结果优劣而做出最优的选择。确定型决策的基本特征是假设事件的各种自然状态是完全肯定的，经过计算可以得到各方案的明确结果。确定型决策方法主要有投资效果分析法、盈亏平衡分析等。

(2) 风险型决策。指项目决策是在事先能预知各备选方案与若干个可能的客观状态，并且对各种客观状态下的损益值及各状态出现的概率也可测得的情况下做出的决策。风险型决策的特点是对问题的未来情况不能事先确定，即是随机的；但对未来出现情况的各种可能性（概率）是可以估计出来的。风险型决策一般具备如下条件：①有一个明确的决策目标，如最大利润、最低成本；②存在两个以上可供选择的方案；③存在着不以决策者意志为转移的各种自然状态；④可测算出各种自然状态下的损益值；⑤可测算出各种自然状态发生的客观概率。对于风险型决策，一般可根据已知的概率计算得到不同方案的期望值，通过对期望值进行比较，获得满意的决策方案。风险型决策方法有两种，即收益矩阵法和决策树法。

(3) 不确定型决策。指项目决策是在事先仅能预知各备选方案在若干个可能的客观状态下产生几种不同的结果，但对各状态出现的概率不明确情况下做出的决策。不确定型决策的特点是对问题的未来情况不但无法估计肯定结果，而且无法确定在各种情况下发生结果的概率。在这种情况下，方案的选择主要取决于企业的经济实力和经营状态。

【思考与练习】

1. 项目可行性研究的含义及作用如何？
2. 项目经济评价的指标体系包括哪些内容？
3. 在进行经济评价指标的选择是应考虑哪些问题？
4. 项目不确定性分析的主要方法有哪些？
5. 简述项目评估与可行性研究的关系。

【模拟练习】

1. HQ 公司是一家生产电力自动设备的国有企业，近年来由于市场竞争加剧，企业经济效益急剧下滑，为了改变这一现状，公司领导决定进行新产品项目的开发，经过市场的调查和分析发现市场对某"CG 产品"有持续的大量需求，市场前景广阔，为此公司领导决定投资新建厂房引进生产线进行"CG 产品"的生产，CG 产品生产线建设项目于 2018 年年初开始，建设期为两年，第一年投资 980 万元，第二年投资 1 000 万元，第三年投产，投产后当年销售收入为 1 800 万元，经营成本为 1 250 万元，以后各年每年销售收入为 2 100 万元，经营成本为 1 100 万元。项目使用寿命为 10 年，期末残值回收为 200 万元。假设企业期望的投资收益率为 10%。

(1) 根据上述数据，绘制 CG 产品生产线建设项目的现金流量图。

(2) 计算静态投资回收期、动态投资回收期、净现值、净年值、净现值指数、内部收益率，并指出该项目的投资是否可行。

(3)现在需要对该项目进行敏感性分析,请回答以下问题:
①可选择哪些不确定因素对该项目进行敏感性分析?
②请选择两个最主要的不确定因素,并在变动±20%范围内,采用净现值指标做单因素敏感性分析,画出敏感性分析图,指出敏感因素。

(4)假设 CG 产品生产线的设计生产能力为 4 000 台,投产后正常年份生产的固定成本总额为 300 万元,滚筒洗衣机产品的售价为 3 000 元/台,单位产品变动成本为 2 000 元/台。
①计算盈亏平衡点的产量。
②若企业目标利润为 1 000 万元,此时盈亏平衡点产量是多少?

2. 请你选择一个具体的工业项目,结合可行性研究的相关知识,设计一份可行性分析报告。

【案例讨论】

一个 IT 经理的无奈

某家电公司的 IT 经理,为了帮助公司管理几十万台产品,提出了实施条形码管理的计划,得到了常务副总(后来升任为总裁)的认可,也得到了售后服务部、生产部、财务部和物流中心的赞同。

系统开始试运行后,遇到了不少问题。为了解决这些问题,IT 经理起草了一个流程再造及其配套软件的申请。但向总裁(即之前的常务副总)申请时,总裁不同意,理由是"没有管理基础,用什么软件都没用"。

IT 经理于是直接和董事长谈。董事长理解了 IT 经理的意图,但表示他已经放权了,具体的实施还是总裁决定。后来在一次高层会议上,总裁突然发难,认为条码系统成本太高,要停止运行。

在 IT 经理和其他部门都无法说服总裁重新启动条码项目后,经理分别向董事长和总裁提交了一份成品物流流程优化方案,其中不再提条形码,改叫成品物流系统,也增加了发货计划管理的内容,但是方案交上去以后,迟迟没有结果。

问题:
(1)您认为此项目遭遇挫折的原因有哪些?
(2)这位 IT 经理后来采取的措施是否妥当?您觉得他还可以采取哪些更好的措施?

第4章 项目启动

【学习目标】

1. 掌握项目启动的含义、主要依据及工作内容；
2. 了解项目目标的含义及目标管理的特点；
3. 掌握项目经理需要具备的素质与能力；
4. 了解项目团队的组建过程；
5. 掌握项目组织结构的主要形式及特点；
6. 掌握项目干系人的含义及组成；
7. 了解项目融资的主要方式及程序。

4.1 项目启动概述

4.1.1 项目启动工作的含义及目的

1. 项目启动工作的含义

启动阶段是项目正式开始的标志，也是项目进度及计划开始执行的起点。项目的启动阶段，由于项目本身还不存在，因此，启动一般都是其他发起项目的组织负责召集并完成这一过程。

项目启动工作具有两层含义：一是正式识别并启动一个新项目；二是确定原有的项目是否可以进入下一阶段。项目启动工作既可以是正式的，也可以是非正式的，具体采取何种形式应根据项目的特点来合理选择。前一种形式要开展一系列正规的项目可行性研究，并对可能带来的经济效益和社会影响进行充分论证，这样，项目才能正式开始。对于一些大型项目、重点项目的启动程序更是必须如此，如三峡水利工程。而对于非正式的项目启动工作则相对简单：在项目构思初步形成之后，几乎不需要进行任何可行性研究就可以直接进入到项目的计划阶段。

2. 项目启动工作的目的

项目启动阶段要达到的目的有两个：一是判断由上述因素引发的项目是否可行；二是分析项目组织是否有能力承担该项目。在这一环节，项目组织需要考虑的因素有：

(1) 项目的经济效益。这是指项目竣工投产后，可以实现的预期现金流是否能够补偿建设该项目所支付的全部成本。

(2) 项目的社会影响。这是指项目的完成是否会对周边环境带来不利的影响。

(3) 项目要求。这是指完成项目所需要的全部资源或服务。

(4) 项目组织目前的状况。这是指项目组织目前所掌握的技术和资源能否满足项目的需要。

(5)资源获取能力。这是指项目组织是否有能力从组织外部获得足够的、实施该项目所必需的资源。

4.1.2 项目启动的原则与依据

目前,面对竞争日益激烈的市场,企业为了争取客户,在承接项目时往往是有项目就接,而忽视企业自身的能力,从而导致后期生产力不足,甚至引起违约纠纷。因此,为了保证项目的成功,项目的启动过程必须遵循下列原则。

1. 科学化原则

项目的启动过程实际就是项目的确定过程,其本身是一种决策行为,而决策有科学与非科学之分。科学的项目的确定过程,就是在科学的理论和知识指导下,通过科学的方法和程序所做的符合客观规律的决策过程,与之相反,即为非科学决策,它一般经不起实践的验证,实施后往往达不到预期的目的,甚至会造成损失。

2. 民主化原则

项目的确定应避免仅凭个人主观经验的决策,应征求相关各方的意见。

3. 系统性原则

在项目启动的过程中,不仅要全面考核与该项目有关的各方面信息,如市场需求信息、生产供给信息、政策信息等,而且要考虑相关项目的情况。

4. 效益性原则

在项目确定过程中要追求整体效益最优,这体现在两方面:微观经济效益与宏观经济效益的统一,近期效益与远期效益的统一。

根据以上原则,项目组织一般会按表4.1所列的项目启动依据来选择并启动一个项目。

表4.1 项目启动依据

项目启动依据	简要说明
实施动机	指项目业主基于何种需要而决定开始一个新项目。它是判断项目的预期结果能否满足项目业主需要的基本标准,也是项目组织判断是否启动一个新项目或进入项目下一阶段的基础
项目目的	指项目业主期望项目结束时所能达到的结果。项目组织应根据组织目前自身的条件及资源和服务获取能力,对满足客户需求的可能性做出客观、合理的分析和判断,这是项目成功的重要保证
产品说明	有关项目产品功能和特征的说明,主要包括:产品特点、产品同项目实施动机之间的关系、产品同项目目的之间的关系等。产品说明随着项目的进行、项目所处的外界条件和环境背景的变化,可能发生相应的变化
战略目标	项目的实施应该符合项目组织的战略计划,项目组织从事的一切活动都要以实现其战略目标为中心
项目的选择标准	一个项目的解决方案可能不止一个。当项目组织面临多个项目备选方案时,就要建立一套备选方案评价体系作为选择标准。该体系以项目可行性研究为基础,另外还要考虑备选方案的市场占有率、税收政策等各方面因素
相关的历史信息	记录以前项目选择和决策信息的历史资料,记录项目以前阶段执行情况的项目文件

4.1.3 项目启动工作内容

项目启动过程涉及一系列复杂的决策活动。通常,项目启动的全过程可用图4.1表示。

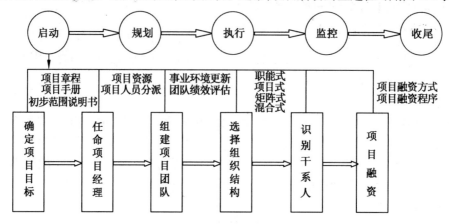

图4.1 项目启动工作内容

由图4.1可知,项目启动的工作内容主要包括:

1. 确定项目目标

启动阶段的一项基本工作内容是确定项目目标与实施纲要,编制项目初期文件。

(1)制定项目章程(Develop Project Charter)。根据国际咨询工程师联合会菲迪克(FIDIC)的要求,在正式启动项目时,都要制定项目章程(Project Charter),即编写一份正式批准项目并授权项目经理在项目活动中使用组织资源的文件的过程。该过程的主要作用是:明确定义项目开始和项目边界,确立项目的正式地位,以及高级管理层对项目的支持。表4.2为选自HW公司的项目章程模板。

表4.2 HW公司的项目章程

项目章程			
一、项目基本情况			
项目名称	T客户考察公司	项目编号	T0808
制作人	张强	审核人	李宁
项目经理	张强	制作日期	2014-7-8
二、项目描述			
1.项目背景与目的(所有的项目均起始于某个商业问题,该部分简要描述这些问题)			
背景:A国是公司的战略市场,其第二大运营商为TELECOM公司,我公司于2014年4月5日正式中标一个100万线固网项目(N项目),该项目在2014年6月开始实施,在实施过程中出现了以下三个方面的问题: ①延迟交货;②发错货问题严重;③初验测试问题层出不穷,客户开始质疑我公司软件版本管理和质量控制能力。 这些问题引起了TELECOM高层关注,对以后与我公司的合作开始持观望态度。			

续表 4.2

2. 项目目标(包含质量目标、工期目标、费用目标和交付产品特征与特征的主要描述)

在 2014 年是 7 月 31 日前邀请 TELECOM 公司 CTO 带队到我公司考察,打消客户关于我公司供货能力的怀疑,增强客户对我公司研发能力、工程管理能力的信心,项目预算 20 万元。

三、项目里程碑计划(包含里程碑时间和成果)

7月8日	7月11日	7月14日	7月17日	7月22日	7月25日
成立项目组	递交邀请函	行程确认	启程	考察结束	回访

四、评价标准(说明项目成果在何种情况下将被接受)

CTO 在考察人员之列,考察活动如期成行(7 月底之前);

考察期间不出现任何内容失误(如没有高层领导接待、样板点无法参观等),后勤失误不超过 1 次(如因车辆、签证等问题导致考察不能完全按照时间表进行);

客户考察之后消除了疑虑,认可我公司的供货、研发和工程管理能力(客户有明确的正面意见反馈),支持我公司后续项目实施(N 项目按照双方共同达成的时间表实施);

考察费用不超过预算(20 万元)

则项目成功

五、项目假定与约束条件(说明项目的主要假设条件和限制性条件)

假定:1. 假定客户能行;

2. 假定我公司内部接待资源都能落实;

3. 假定我公司以外的接待资源都能获得(如签证、国际机票等)。

约束:1. 客户考察必须在 7 月底之前完成;

2. 必须安排客户住在离公司车程半个小时以内的五星级酒店;

3. 必须安排公司至少一位对等级级别的高层接待。

六、项目主要关系人签字(包括高管、客户、职能部门主管、供应商、项目赞助人、项目经理、项目组成员等关系人)。

姓名	类别(加下拉菜单)	部门	职务	签字
李宁	项目赞助人	A 国代表处	代表	
张强	项目经理	总部 VIP 客户接待策划处	策划经理	
王瑞	项目组成员	A 代表处 T 客户群	客户经理	
赵鑫	项目组成员	总部技术服务部 N	项目接口人	
吴丹	项目组成员	总部供应链	项目接口人	
刘峰	项目组成员	总部研发	项目接口人	
张芳	项目组成员	总部客户工程部	接待经理	

项目章程在项目执行组织与需求组织之间建立起伙伴关系。在执行外部项目时,通常需要一份正式的合同来确立这种协作关系。在这种情况下,项目团队成了卖方,负责对来自外部实体的采购邀约中的条件做出响应。这时候,在组织内部仍需要一份项目章程来建立内部协议,以保证合同内容的正确交付。经批准的项目章程意味着项目的正式启动。在项目中,应尽早确认并任命项目经理,最好在制定项目章程时就任命,最晚也必须

在规划开始之前。项目章程应该由发起项目的实体批准。项目章程授权项目经理规划和执行项目。项目经理应该参与项目章程的制定,以便对项目需求有基本的了解,从而在随后的项目活动中更有效地分配资源。

项目由项目以外的人或组织来启动,如发起人、项目群或项目管理办公室(PMO)职员或项目组合管理委员会主席或授权代表。项目启动者或发起人应该具有一定的职权,能为项目获取资金并提供资源。项目可能因内部经营需要或外部影响而启动,故通常需要编制需求分析、可行性研究、商业论证或有待项目处理的情况的描述。通过编制项目章程,来确认项目符合组织的战略和日常运营的需要。不要把项目章程当成合同,因为其中未承诺报酬。

(2)制定项目手册。项目手册是记载经营需要,预定要满足这些要求的新产品、服务或其他成果的纲领性文件,是项目的灵魂。项目手册将项目与组织的日常业务联系起来并使该项目获得批准。项目手册是由在项目团队之外的组织、计划或综合行动管理机构颁发并授权核准的。

项目手册是项目获得正式批准核心文件。项目手册中通常会涉及项目启动的必要性等内容,这方面的内容通常是为了满足项目外部组织在某个方面的需求,常见的启动因素或需求如下:①市场需求。例如由于汽油短缺,某汽车公司批准制造低油耗汽车项目。②营运需要。例如某培训公司批准新设课程项目,以增加收入。③客户要求。例如电业局批准新建变电站项目,为新工业园区供电。④技术进步。例如电子公司在电脑内存和电子技术改进后批准研制更快、更便宜和更小的新视频游戏机项目。⑤法律要求。例如油漆厂批准制定有毒材料使用须知项目。⑥社会需要。例如某发展中国家的非政府组织批准向霍乱高发病率低收入社区提供饮用水系统厕所与卫生保健教育的项目。上述激励因素又称问题、机会或营运要求。这些激励因素的中心主题是:相关部门通常必须做出如何应对以及批准何种项目的决策。项目选择方法包括测算项目对组织或赞助人的潜在价值或吸引力。

项目启动后,就建立了项目与组织日常工作之间的联系。制定项目手册基本上就是将经营需要、开展新项目的理由、当前对顾客要求的理解以及用来满足这些要求的产品、服务或成果形成文件。项目手册应当包括以下内容:①项目目的或开展项目的理由;②经营需要或本项目对应的产品要求;③满足顾客、赞助人以及其他相关者需要;④委派的项目经理与权限级别;⑤总体预算;⑥项目总体里程碑进度表;⑦参与项目的外部职能组织;⑧组织、环境与外部假设,外部制约因素;⑨成功案例,包括投资收益率。

(3)初步拟定项目范围说明书。这是利用项目手册与启动过程中产生的文件(如会议记录)及其他依据为项目提出初步框架定义的必要过程。这一过程处理和记载对项目与可交付成果提出的要求、产品要求、项目的边界、验收方法以及高层范围控制。

2. 指定委派项目经理

项目批准后,项目经理才可以在项目活动中动用组织中的相关资源。项目应尽早选定和委派项目经理。项目经理任何时候都应在项目规划开始之前委派,最好是在制定项目手册前已确定。

3. 组建项目团队

启动阶段的一项重要的工作内容就是完成项目团队的组建。在任命了项目经理后可以由项目经理负责在公司内部的职能部门召集团队成员。项目经理也可以因项目需要再对社会公开招聘项目团队的成员。项目团队组建完成后,便可以分派任务,完成启动阶段的其他后续准备工作。

4. 选择项目组织结构

一个项目一旦确立,首先将要面临两个问题:一是必须确定项目与公司的关系,即项目的组织结构;二是必须确定项目内部的组成。项目组织对于项目的顺利完成很重要,选择适宜的项目组织形式对于项目最终的成败有很大影响。项目组织的根本使命是在项目经理的领导下,协同工作、共同努力、增强组织凝聚力,为实现项目目标而努力工作。

5. 识别项目干系人

项目干系人是积极参与项目,或者利益因项目的实施或完成而受到积极或消极影响的个人和组织,他们还会对项目的目标和结构施加影响。项目管理团队必须清楚谁是利益相关者,确定他们的要求和期望,然后根据他们的要求对其影响尽力加以管理,确保项目取得成功。项目干系人在参与项目式的责任与权限大小各不相同,并且在项目生命周期的不同阶段也会有变化。

6. 项目融资

项目融资是项目启动过程中,为解决资金需求,保证项目顺利实施而采取的筹集资金的活动。它是在项目可行性研究和项目风险分析的基础上,项目投资者聘请有关金融家和部门来协助项目投资者全面地分析和判断项目的风险因素,确定项目的债务承受能力和风险,设计和选择能够准确反映出投资者的融资战略要求,并有助于实现项目投资目标收益率的项目融资结构及其相应的资金结构,分析和比较可能采用的融资方案,综合考虑各类项目融资参与者的意见或建议后,再做出融资方案决策。

4.2 确定项目目标

项目启动阶段的一个重要问题就是明确项目目标,也就是要明确为什么实施该项目,项目要达到什么样的结果,如何实施该项目,项目工作的具体内容是什么,以及如何定义项目完成。项目目标的确定实际上是为项目实施指明了方向,为项目划定了具体的活动范围。

4.2.1 项目目标的含义及特点

1. 项目目标的含义

项目目标就是项目预期的结果或效果。项目与常规活动的主要区别在于,项目通常是具有一定期望结果的一次性活动,任何项目都是要解决一定的问题,达到合理的目标。项目的实施实际上就是一种追求目标的过程。因此,项目目标应该是清楚定义的,可以最终实现的。

2. 项目目标的特点

项目的目标具有如下三个特点:

(1)多目标性。一个项目,其目标往往不是单一的,而是一个多目标的系统,而且不同目标之间彼此相互冲突。要确定项目目标,就需要对项目的多个目标进行权衡。实施项目的过程就是多个目标协调的过程,这种协调包括项目在同一层次的多个目标之间的协调,项目总体目标与其子项目目标之间的协调,项目本身与组织总体目标的协调。

项目无论大小、无论何种类型,其基本目标可以表现为三个方面:时间、成本和技术性能(Technical Performance),如图4.2所示。所以,实施项目的目的就是要充分利用可获得的资源,使得项目在一定的时间内,在一定的预算下,获得所期望的技术结果。然而,这三个基本目标之间往往存在着一定的冲突。通常时间的缩短,要以成本的提高为代价,而时间及成本投入的不足又会影响技术性能的实现,因此,三者之间需要权衡(trade-off)。

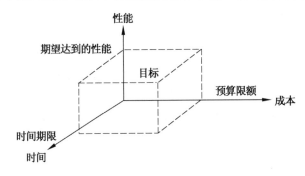

图4.2 项目的三个基本目标

(2)优先性。由于项目是一个多目标的系统,因此,不同层次的目标,其重要性必不相同,往往被赋予不同的权重。这种优先权重对项目经理的管理工作有一定的指导作用。此外,不同的目标在项目寿命周期的不同阶段,其权重也往往不同。例如,技术性能、成本、时间作为项目的三个基本目标,是项目在其寿命周期过程中始终追求的目标,但其权重在项目寿命周期的不同阶段却不相同,技术性能是项目初始阶段主要考虑的目标,成本是项目实施阶段主要考虑的目标,而时间往往在项目终止阶段显示出迫切性。另外,不同类型的项目,对这三个基本目标追求的努力程度也有所不同,例如对于R&D项目,可能会更加注重项目技术性能的实现,而且有时为了追求技术性能的实现,宁愿以时间或成本为代价。

(3)层次性。目标的描述需要由抽象到具体,要有一定的层次性。通常我们把一组意义明确的目标按其意义和内容表示为一个递阶层次结构,因此,目标是一个有层次的体系。它的最高层是总体目标,指明要解决的问题的总的依据和原动力,最下层目标是具体目标,指出解决问题的具体方针。上层目标是下层目标的目的,下层目标是上层目标的手段。上层目标一般表现为模糊的、不可控的,而下层目标则表现为具体的、明确的、可测的。层次越低,目标越具体而可控。这里需要注意的是,各个层次的目标需要具有一致性,不能自相矛盾。

4.2.2 确定项目目标的主要内容及意义

1. 确定项目目标的主要内容

项目目标的确定往往需要从项目的整体到局部,再从局部到整体反复推敲,在大致预测项目的工作任务内容、进程与节点、资源耗费与占用、总体和分项目标以后方可确定。因此,可以认为,项目的目标是提炼出来的,而不是一开始就定出来的。项目目标一般包括成果性目标和约束性目标。成果性目标是要实现什么样的项目成果,如开发某个产品、进行一项战略规划或举办某项庆典活动等;约束性目标是明确该项目所受到的约束条件,如什么时间开始、什么时间结束、耗费或占用多少资源,符合什么样的规范或质量效能要求等。准确地界定项目目标是项目经理最主要的任务。项目经理对项目目标的正确理解和正确定义决定了项目的成败。

通常,项目目标的确定包括以下内容:

(1)工作范围。即可交付成果、交付物的描述,主要是针对项目实施的结果——产品。

(2)进度计划。说明实施项目的周期、开始及完成时间。

(3)成本。说明完成项目的总成本(一般指项目的总投资额)。

【例4.1】 项目背景:某企业决定采用项目管理的方式进行管理,为了有效地对项目的执行过程进行控制,该企业决定开发一套项目管理软件以满足这一需要。通过分析,项目管理软件的主要功能包括项目及工作信息的录入、项目网络计划图的绘制、项目时间计划的安排、甘特图计划的制定、项目执行信息的录入与分析及各种计划报表的输出等。该企业准备投入120万元进行该系统的开发,时间要求是100~125天。该软件项目的计划开始时间为2017年6月1日,企业要求软件正式验收前需要试运行20天以上的时间,并根据试运行情况进行适当修改。

对该项目的目标描述如下:

(1)可交付成果:研究开发一套功能齐全的项目管理软件,其功能和质量符合国家有关标准和该企业的要求。

(2)工期:总工期120天,项目开始日期是2017年6月1日,完成日期是2017年9月28日。

(3)费用:120万元。

从上述例子中我们可以看出,项目目标的定义应该是明确的、前后一致的,总体目标、具体目标、具体计划应该是一个层层深入、层层具体的过程。目标不能含糊其词,泛泛而谈,表达方式应该明确而又简洁。具体目标中往往包含了时间、成本、技术性能三方面内容。

2. 确定项目目标的意义

确定了项目目标,实际上就是明确了项目及项目组成员共同努力的方向。而项目的目标实质上就是满足顾客要求,通过目标的确定,可以使项目与顾客之间达成一致。目标的确定还可以产生一定的激励作用,项目组成员总是根据项目目标来调整自己的努力程度,使个人目标与项目目标达成一致。此外,确定项目目标也为制订项目计划打下了基础,并为项目计划指明了方向,实际上,项目计划就是为实现项目目标而服务的。项目计划又是项目组成员的行动指南。

4.2.3 项目目标与企业战略目标

不同的人有不同的目标,组织就是指一个由带有一定目的的许多人,为协同活动而建立起来的系统。企业是组织的一种,企业本身也有其战略目标。

假设项目是企业内部的项目,而且企业内部的项目不止一个,那么,项目目标与企业战略目标必然有着十分密切的联系,项目目标的实现是为实现企业战略目标而服务的。项目目标与企业战略目标的层次不同,一个好的项目,应该明确其本身的目标是什么,由企业的哪些部门参与,是为了实现企业的什么战略目标。它们之间的关系可以用一个金字塔结构来说明,如图 4.3 所示。

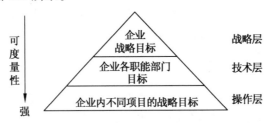

图 4.3 企业战略目标与项目目标的关系

上述金字塔式的层次结构表明,任何一个组织无论大小都有一个总体的目标——战略目标。如一个经营性企业,其战略目标可能在于利润的增长,一个公用事业机构,其目标可能在于为顾客提供快速而有效的服务。企业各职能部门的目标主要是支持企业的战略目标,为企业战略目标服务。如果一个企业的战略目标是维持其生存,那么其下属每个职能部门的目标都将围绕这个目标,销售部门的目标在于销售足够多的产品,生产部门的目标在于生产足够多的产品,人事部门的目标则在于招聘足够多的员工以保证企业的正常运作,而企业所有项目的目标也将基于这个目标,如销售项目的目标要以销售部门的目标为基础,培训项目的目标要与人事部门的目标相匹配。这种层次结构分析是基于这样的假定,即项目的组织结构形式是职能式的,如果项目采取纯项目式的结构,项目目标则直接与企业战略目标相联系。

上述不同层次的目标需要通过企业的政策、运作程序和具体计划联系起来。企业政策是企业制定决策的依据,运作程序则为企业运作提供一套详细的指导,计划则是实现企业目标方式的具体描述,同时又对实现项目目标具有指导作用。

4.3 任命项目经理

4.3.1 项目经理及其基本职责

项目经理(Project Manager)应确保全部工作已在预算范围内按时优质地完成。项目经理的基本职责是领导项目的计划、组织、指导和控制工作,以实现项目目标。如果项目团队是一个运动队,那么项目经理就是教练。项目经理协调各个团队成员的活动,使项目成员作为一个和谐的整体,适时完成各自的工作。

项目经理的基本职责包括以下几方面。

1. 计划

项目经理作为带头人,领导团队成员一起制订计划,这样比单独一个人制订的计划更有切实的意义,而且参与将使团队为取得项目目标做出更大的投入。项目经理与客户对该计划进行评价,获得认可。然后,建立起一个项目管理信息系统,以便将项目的实际进度与计划进度进行比较;同时,使项目团队理解掌握这一系统也很重要。

2. 组织

组织工作涉及为进行工作而获取适当的资源。首先,项目经理应决定哪些工作由组织内部完成,哪些工作由承包商或顾问公司完成。项目经理也将根据各种任务为具体人员和承包商分配职责,绘制工作分解图。最后,也是最重要的,组织工作应营造一种工作环境,使所有成员能够士气饱满地投入工作。

3. 指导

为保证项目顺利实施,项目经理应设立项目经理目标,并为主要监管人员建立绩效标准,辅助解决存在于承担项目的不同部门或小组之间的分歧或问题,对项目总体进展情况保持了解,以避免或减少潜在问题的发生,对关键问题确立书面的战略指导原则,清楚定义责任和约束。

4. 控制

为了实施对项目的监控,项目经理需要设计一套项目管理信息系统,跟踪实际工作进程,并将其与计划安排进程进行比较。项目经理将实施这一系统,以对项目工作进行控制。

4.3.2 项目经理的责任和权力

1. 项目经理的责任

项目经理的任务就是要对项目实行全面的管理,具体体现在对项目目标要有一个全局的观点,并制订计划,报告项目的进展,控制反馈,组建团队,在不确定环境下对不确定性问题进行决策,在必要时进行谈判及解决冲突。项目经理的责任主要体现在对企业、项目和项目小组成员所应负的责任三个层次。项目经理对项目应负的责任主要有以下几方面。

（1）确保项目目标实现,保证业主满意。这项基本职责是检查和衡量项目经理管理成败、水平高低的基本标志。

（2）制订项目阶段性目标和项目总体控制计划。项目总目标一经确定,项目经理的职责之一就是将总目标分解,划分出主要工作内容和工作量,确保项目阶段性目标的实现。

（3）组织精干的项目管理班子。这是项目经理管好项目的基本条件,也是项目成功的组织保证。

（4）及时决策。项目经理需亲自决策的问题包括实施方案、人事任免奖惩、重大技术措施、设备采购方案、资源调配、进度计划安排、合同及设计变更、索赔等。

（5）履行合同义务,监督合同执行,处理合同变更。项目经理以合同当事人的身份,运用合同的法律约束手段,把项目各方统一到项目目标和合同条款上来。

所以项目经理对企业所应负的责任为要保证项目的目标与企业的目标一致,与企业高层领导进行及时有效的沟通,对企业分配的资源应该进行充分的利用。同时应该对项目小组负的责任是要为项目小组成员提供良好的工作环境和氛围,对项目小组成员进行绩效考评,还应为小组成员将来项目完工后的归属考虑。

2. 项目经理的权力

要使项目经理完成其责任,必须给予他一定的权力,使他在一定范围内行使权力。项目经理权力的大小取决于项目在公司中的重要程度、公司以及项目的组织结构形式甚至项目经理自身的素质等。一般来说,项目经理应该具有以下几方面的权力。

（1）生产指挥权。项目经理有权按工程承包合同的规定,根据项目随时出现的人、财、物等资源变化情况进行指挥调度,对于施工组织设计和网络计划,也有权在保证总目标不变的前提下进行优化和调整,以保证项目经理能对施工现场临时出现的各种变化应付自如。

（2）人事权。项目班子的组成人员的选择、考核、聘任和解聘，对班子成员的任职、奖惩、调配、指挥、辞退，在有关政策和规定的范围内选用和辞退劳务队伍等是项目经理的权力。

（3）财权。项目经理必须拥有承包范围内的财务决策权，在财务制度允许的范围内，项目经理有权安排承包费用的开支，有权在工资基金范围内决定项目班子内部的计酬方式、分配方法、分配原则和方案，推行计件工资、定额工资、岗位工资和确定奖金分配。对风险应变费用、赶工措施费用等都有使用支配权。

（4）技术决策权。主要是审查和批准重大技术措施和技术方案，以防止决策失误造成重大损失。必要时召集技术方案论证会或聘请外部咨询专家，以防止决策失误。

（5）设备、物资、材料的采购与控制权。在公司有关规定的范围内可自行采购，但主要材料的采购权不宜授予项目经理，否则可能影响公司的效益，但由材料部门供应的材料必须按时、按质、按量保证供应，否则项目经理有权拒收或采取其他措施。

4.3.3 项目经理的素质和能力要求

1. 项目经理的素质要求

项目经理是项目管理的中心，应该具备全面的素质。项目经理的素质对项目管理的绩效举足轻重。项目经理的素质是指项目负责人应具备的各种个人条件在质量上的一种综合，其结构是由个人的品格素质、能力素质、知识素质三大要素组成。一个人在这三种素质方面的状态，决定了他是否能成为一名合格的项目经理。

（1）品格素质。项目经理的品格素质是指项目经理从行为作风中表现出来的思想、认识、品性等方面的特征，其中项目经理的道德品质占据主要地位。项目经理良好的社会道德品质，是指项目经理必须对社会的安全、和睦、文明发展负有道德责任。在项目建设中，项目经理既要考虑经济效益，也要考虑对社会利益的影响。当项目的经济效益与社会利益发生冲突时，项目经理应合理地加以协调，决不能一味考虑项目的自身利益，而置社会利益于不顾。这样约束项目经理，并不意味着否定项目经理的经济目标价值，而是要求项目经理牢牢地把追逐利润的经济行为限制在社会和公众允许的范围之内，而不能为所欲为。

性格品质是指人更为内在的素质，它在相当程度上是天赋的。项目经理应性格开朗，能与各种人交往，不要过于内向；应胸襟豁达，易于同各方人士相处；应有坚毅的意志，能经受挫折和暂时的失败；应既有主见，不优柔寡断，能果断行事，又遇事沉着、冷静、不冲动、不盲从；要既有灵活性和应变能力，又不失原则，不固执，不钻牛角尖；处事态度应刚柔兼备，譬如在断然拒绝别人时，以适当的方式和语气使别人并不感到反感、难堪和不满。自然，金无足赤人无完人，尤其对人的性格不能过分苛求。但是要相信，在一定的工作环境中注意修养和磨炼，性格品质也是可以改变和完善的。

（2）知识素质。构成企业领导人的专门能力有技术能力、商业能力、财务能力、管理能力、安全能力等。每一种能力都是以知识为基础的。因此，理想的项目经理应该是有解决问题所必要的知识。根据理论探讨和项目经理实践经验的分析，项目经理应具备两大类知识：基础知识与业务知识。在传统的项目管理中，项目经理多半由与项目技术属性有密切关系的专业人员来承担。例如,建筑项目的项目经理往往是土木工程师,软件项目的项目经理则由软件工程师担任,通信项目的项目经理多半毕业于通信专业。

当今,随着项目经理职责的扩展,要求其具备的知识素质的内容和重点也有所变化。如前所述,现代项目经理不再把自己当作单纯的项目执行人,而在很大程度上把自己看作是一个独立的"生意人"。因此,他必须具有更多的商贸方面的知识,如财务、会计、税务、保险、采购、合同、营销、广告以及进出口条例等。

项目经理并不需要亲自去做专业工作,而要对项目全面负责。因此,他不必成为知识高深的"专家",但应成为具有一定知识广度的"杂家"。他应掌握自然科学如数学、物理、化学、生态学的基本知识;他还应具有必要的社会科学知识,懂得一些经济学管理学、心理学和法律等。当然,他也必须有较好的文字能力和语言方面的知识。在当今经济活动日益全球化和信息化的时代,掌握一门甚至数门外语和计算机知识也越来越重要。人不可能样样精通,项目经理也不例外。不过,他至少应当对各种相关领域略知一二,并有广泛的兴趣。他需要广交朋友、善于学习,能举一反三、触类旁通,使自己的广泛知识融会贯通地运用于项目。

(3)个人能力素质。能力素质是项目经理整体素质体系中的核心素质。它表现为项目经理把知识和经验有机结合起来运用于项目管理的过程,对于现代项目经理来说,知识和经验固然十分重要,但是归根结底要落实在能力上。能力是直接影响和决定项目经理成败的关键。

由于项目具有唯一性、复杂性,项目在实施过程中始终面临各种各样的冲突,面临各种各样的问题,这就给项目经理带来了巨大的挑战。一个称职的项目经理应该具备多方面的能力,包括领导能力、技术能力、组建团队的能力、解决冲突的能力以及创业能力、获得及分配资源的能力。项目经理在管理项目的过程中必须与多个要素发生关系,包括与项目组成员、与项目的任务本身、与实施项目所采用的工具、与组织结构以及组织的环境(包括顾客)。所有这些要素之间又相互作用。项目经理要协调彼此之间的关系,特别是组织要素与项目要素之间,明确组织目标和项目目标之间的关系。总之,把所有要素组织起来,形成协同作用。这就要求其具备多方面的能力。

2. 项目经理的能力要求

对于一个成功的项目,项目经理除了在对项目的计划、组织、指导、控制方面发挥领导作用外,还应具备一系列技能,来激励员工取得成功。项目经理应具备的能力有以下几方面。

(1)领导能力。有效的项目管理需要采取参与和顾问式的领导方式。项目经理提供指导,而不是指挥工作。项目经理制定准则和纲要,由项目成员自己决定怎样完成任务。

项目经理需要懂得激励项目成员,并能设计出一种富于支持和鼓励的环境。激励项目成员的方法包括:促成项目会议,从而使全体成员加入讨论;与成员单独会谈,倾听项目成员的意见;让成员出席各种与客户和公司上层管理层的演示会,表达见解。

(2)人员开发能力。优秀的项目经理会对项目工作人员进行训练和培养。项目经理应创造一种学习环境,使员工能从所从事的工作中、从所经历或观察的情势下获得知识。

有能力的项目经理鼓励成员进行创新,承担风险,做出决定,这是学习和发展的良机。项目经理尽可能给成员分配很全面的任务,使他们在项目完成的过程中能学到更多的知识,从而为组织在将来的项目上做出更大的贡献。

（3）沟通技巧。有效的项目经理会通过多种渠道进行沟通,了解相关情况,会见项目成员、客户及公司上层管理人员,或与这些人进行非正式的谈话和提交书面报告。这一切任务要求项目经理具备良好的口头和书面沟通能力。而且好的项目经理更要注意倾听客户所表达的期望和要求,以及项目成员的意见和关注所在。

（4）人际交往能力。良好的人际交往能力是项目经理必备的技能。这类技能需要良好的口头和书面沟通能力。为使每个项目成员知道他在实现项目目标中的重要作用,项目经理要为成员确立起明确的期望。为此,项目经理要让团队成员参与制订项目计划,使成员了解每个人所承担的工作任务,以及这些成员如何结合起来。

（5）处理压力的能力。工作中会出现一些压力,项目经理要有能力处理这些压力。当项目工作陷入困境时,比如成本超支、计划延迟,以及设备、系统的技术问题无法解决,这时项目成员之间会产生争议,压力会很大。项目经理不能急躁,必须保持冷静。有成效的项目经理能够应付不断变化的局势,使项目团队、客户和公司管理层不要因惊慌和挫折而陷入困境。

（6）解决问题的能力。项目经理要鼓励团队成员积极发现问题并提前和项目经理交流有关情况。一旦有问题发生,项目经理应与相应的成员一起利用分析技术,对有关信息做出估计,并提出最佳的解决方案。项目经理要有洞察力,能观察解决方案对项目其他部分的影响,包括对客户及上层管理层的人际关系的影响。

（7）管理时间的能力。优秀的项目经理能充分利用好项目成员的时间。从事项目工作要有充足的时间,项目成员会同时面临许多工作中无法预见的事情。为尽可能有效地利用时间,项目经理要自我约束,能够辨明先后主次,并愿意授权。

（8）授权。

授权就是为实现项目目标而给项目团队赋予权力,以使成员在自己的职责范围内完成项目的预期任务。授权的含义,不仅是指给项目团队的具体成员分配任务,还包括给予团队成员完成工作目标的责任,给予项目成员为取得预期结果的决策权、采取行动的权力。

总之,项目经理不但要高度明确自己的工作职责,而且必须掌握娴熟的项目管理技能,能积极主动地投入工作,并通过应对突发事件的圆满解决来领导项目团队达成目标。

4.4 组建项目团队

4.4.1 组建项目团队的含义及过程

组建项目团队是指确认人力资源的可用情况,并为开展项目活动而组建团队的过程。任何项目要获得成功就必须有一个有效的项目团队。

项目团队的组建大体经历以下几个过程。

1. 项目团队的形成

人员招募需要根据人员配备管理计划以及组织当前的人员情况和招聘的惯例来进

行。项目中有些人员是在项目计划前就明确下来的,但有些人员需要和组织进行谈判才能够获得,特别是对于一些短缺或特殊的资源,可能每个项目组中都希望得到,如何使你的项目组能够顺利得到,就需要通过谈判来实现。谈判的对象可能包括职能经理和其他项目组的成员。有些人员可能组织中没有或无法提供,这种情况下就需要通过招聘来获得。

在启动阶段,项目团队成员将共同度过团队的形成阶段。团队形成阶段是团队发展进程中的起始步骤。它促使个体成员转变为团队成员。这时,团队中的人员开始相互认识。在这个阶段中,团队成员总体上有一个积极的愿望,急于开始工作。团队要建立起形象,并试图对要完成的工作明确划分并制订计划。然而,这时由于个人对工作本身和他们相互关系的高度焦虑,同时对项目的目标还不够明确,实施项目的条件还不具备,因此几乎没有进行实际工作。在团队形成阶段,团队成员不了解他们自己的职责及其他项目团队成员的角色。在形成阶段,团队需要明确方向,要靠项目经理来指导和构建团队。

2. 项目团队的建设

建设项目团队是指提高工作能力,促进团队成员互动,改善团队整体氛围,以提高项目绩效的过程。

团队建设涉及很多方面的工作,如项目团队能力的建设、团队士气的激励、团队成员的奉献精神等。团队成员个人发展是项目团队建设的基础。通常会采用以下几种方式进行项目团队建设。

(1)团队建设活动。团队建设活动包括为提高团队运作水平而进行的管理和采用的专门的、重要的个别措施。例如,在计划过程中由非管理层的团队成员参加,或建立发现和处理冲突的基本准则;增加项目团队成员的非工作沟通和交流的机会,如工作之余的聚会、郊游等,提高团队成员之间的了解和交流。这些措施作为一种间接效应,可能会提高团队的运作水平。团队建设活动没有一个确定的定式,主要是根据实际情况进行具体的分析和组织。

(2)绩效考核与激励。绩效考核与激励是人力资源管理中最常用的方法。绩效考核是通过对项目团队成员工作业绩的评价,来反映成员的实际能力以及对某种工作职位的适应程度。激励则是运用有关行为科学的理论和方法,对成员的需要予以满足或限制,从而激发成员的行为动机,激发成员充分发挥潜能,为实现项目目标服务。

(3)集中办公。集中办公是把项目团队集中在同一地点,以提高其团队运作能力。例如,设立一个进度室,项目成员可在其中集合并张贴进度计划及新信息以鼓励相互之间的交流。

(4)培训。培训包括旨在提高项目团队技能的所有活动。培训可以是正式的(如教室培训、利用计算机培训)或非正式的(如其他队伍成员的反馈)。如果项目团队缺乏必要的管理技能或技术技能,那么这些技能必须作为项目的一部分被开发,或必须采取适当的措施为项目重新分配人员。培训的直接和间接成本通常由执行组织支付。

3. 项目团队的管理

管理项目团队是指跟踪团队成员工作表现,提供反馈,解决问题并管理团队变更,以优化项目绩效的过程。

团队绩效是指团队实现预定目标的实际结果(Hackman J. R. ,1990)。团队绩效主要包括三个方面:团队对组织既定目标的达成情况、团队成员的满意感、团队成员继续协作的能力。项目团队绩效则是指项目的最终产出物、项目团队运作的过程状态以及项目团队利益相关者的满意度。

常见的项目团队绩效评价指标包括利益相关者满意度指标、产出性能类指标和基础类指标。其中,项目的利益相关者满意度指标和产出性能类指标属于团队层面的指标,基础类指标为个体层面的绩效指标。从团队层面对整个团队进行绩效测评有利于调动团队内成员个体的凝聚力;从个体层面对团队内各个成员进行绩效测评,这样有利于发挥每个成员的积极性。

利益相关者满意度指标是指各个利益相关者在项目运作过程中对项目的满意程度。

项目产出性能类指标是对项目各个阶段可交付物进行衡量的指标。一般在项目的计划阶段就根据利益相关者的需求确定总体项目交付物的要求,并根据项目的计划将此目标分解为各个子目标。项目产出性能指标主要有项目的进度类指标、成本类指标、质量类指标等。

项目基础类指标代表了在项目进行过程中能够促进项目利益相关者满意和项目产出性能的所有影响因素。典型的项目基础类指标包括:项目环境评价指标、项目自身评价指标、项目管理者指标、项目团队成员指标。

团队绩效评价可以采用360度绩效反馈法,让各利益相关者成为绩效考评主体。对团队成员进行考评时,主要采取由上级主管考评、同事考核打分、员工自我考评相结合的方法。

4.4.2 项目团队发展的阶段

在许多项目中,项目组成员来自不同的职能部门或不同组织,以前从未在一起工作过,要想使这样一组人发展成为一个高效的团队,需要经过一个过程。通常可将这一过程分为五个阶段:形成、震荡、规范、执行和解散。

1. 形成阶段

在这一阶段,项目组成员刚刚开始在一起工作,总体上有积极的愿望,急于开始工作,但对自己的职责及其他成员的角色都不是很了解,项目成员会有很多的疑问,并不断摸索以确定何种行为能够被接受。在这一阶段,项目经理需要进行团队的指导和构建工作。应向项目组成员宣传项目目标,并为项目成员描绘未来的美好前景及项目成功所能带来的效益,公布项目的工作范围、质量标准、预算和进度计划的标准和限制,使每个成员对项目目标有全面深入的了解,建立起共同的愿景。

2. 震荡阶段

这是团队内激烈冲突的阶段。随着工作的开展,各方面问题会逐渐暴露。成员们可能会发现,现实与理想不一致,任务繁重而且困难重重,成本或进度限制太过紧张,工作中可能与某个成员合作不愉快。这些都会导致冲突产生、士气低落。在这一阶段,项目经理需要利用这一时机,创造一个理解和支持的环境,允许成员表达不满,做好导向工作,努力解决问题、矛盾。

3. 规范阶段

在这一阶段,团队成员经过震荡阶段逐渐冷静下来,开始表现出相互之间的理解、关心和友爱,亲密的团队关系开始形成,团队开始表现出凝聚力。另外,团队成员通过一段时间的工作,开始熟悉工作程序和标准操作方法,对新制度,也开始逐步熟悉和适应,新的行为规范得到确立并为团队成员所遵守。在这一阶段,项目经理应尽量减少指导性工作,鼓励成员的个性发挥,培育团队文化,注重培养成员对团队的认同感、归属感。

4. 执行阶段

在这一阶段,团队的结构完全功能化并得到认可,内部致力于从相互了解和理解到共同完成当前工作上。团队成员一方面积极工作,为实现项目目标而努力;另一方面成员之间能够开放、坦诚、及时地进行沟通,互相帮助,共同解决工作中遇到的困难和问题,创造出很高的工作效率和满意度。在这一阶段,项目经理工作的重点应是:授予团队成员更大的权力,尽量发挥成员的潜力;帮助团队执行项目计划,集中精力了解掌握有关成本、进度、工作范围的具体完成情况,以保证项目目标得以实现;做好对团队成员的培训工作,帮助项目成员获得职业上的成长和发展;对团队成员的工作绩效做出客观评价,并给予激励。

5. 解散阶段

项目团队经过震荡阶段、规范阶段和执行阶段,实现了相互理解、高效沟通、充分授权、密切配合的高绩效团队。项目任务一旦完成,项目成员陆续被调离至新的项目岗位,项目团队准备解散。在此阶段,注意力已经转向项目的收尾工作,同时帮助项目团队成员顺利迎接新的任务。

4.4.3 跨职能团队和虚拟团队

1. 跨职能团队

跨职能团队的兴盛是在20世纪80年代末,当时,几乎所有主要的汽车制造公司,包括丰田、尼桑、本田、宝马、通用汽车、福特、克莱斯勒都采用了跨职能团队来直接完成复杂的项目。跨职能团队是指在正式组织内部,由来自不同职能部门的胜任人员共同组建的一种混合组织,通过团队成员合作以实现团队目标,如开发出满足客户需求的新产品、提高组织运营效率等。

跨职能团队一般具有以下特点:①相互依赖与协同。每个成员都必须依靠他人来获得信息、资源以及相互的支持,每个人都依靠与其他人合作才能完成预定的工作目标。②角色定位与责任分担。每个团队成员在团队中都担当不同的角色,承担相应的责任,充分发挥各自的作用。每个团队成员必须具有胜任工作的核心专长与技能。③信息沟通与知识共享。团队是典型的知识信息共享与内生知识和经验的平台。每个成员必须通过分享信息和资源来协调各项活动,每个成员有责任以一种适宜的方式向其他成员提供信息,传授经验。④自我管理与授权。每个团队成员在团队工作中既要承担相应的责任,同时也享有相应的管理自己的工作和内部流程的自主权。团队的管理特点是既要依靠制度与业务流程来实现团队的有效运作,又要充分授权,以发挥每个成员的主动性与创造性,实现由他律管理向自律管理的转化。

跨职能团队源于组织为应对市场、客户需求变化、组织变革等而产生的各种项目需求,且这些项目难以由单一职能部门胜任、完成。这些项目主要有:产品研发或开发、质量管理、管理控制系统建设、流程再造等等。相比传统团队,跨职能团队具有以下优点:①速度。跨职能团队能够快速地完成任务(特别是新产品开发方面),原因在于他们采用了"并行"开发模式而不是传统的"串行"开发模式。②复杂性。跨职能团队的应用提高了组织解决和处理复杂问题的能力。③关注消费者。跨职能团队的应用,帮助组织把资源集中在消费者关注和需要的产品和服务上,从而提高组织的竞争力。④创造性。跨职能团队的组建是将组织中具有不同背景、价值导向以及知识体系的人员和专家整合在一起,有利于为实现同一目标进行通力合作与创新,有利于提高组织的创造性。⑤组织学习。有了团队这么一个平台,成员可以学习到更多的知识与技能,从而能更容易地开发出新的工作技能,进行技术创新,而且在团队中他们也可以学习如何与不同文化背景的人员交流和相处等,这些都有利于组织的进一步学习。

2. 虚拟团队

信息技术的发展改变了组织结构和运作方式,同时也使虚拟团队成为可能。虚拟团队的形式能够帮助组织在高度变化和动态的全球企业环境中更灵活,反应更快,减少成本并提高资源的利用率。因此从 20 世纪 90 年代开始,许多组织正通过电子网络形成虚拟项目团队,进行各种工作。

以 F 公司为例,F 公司成立于 2004 年,为一家电子商务公司,专注于国内网上积分兑换和企业商城业务。公司总部设在广州,现有员工 320 人,主要有行政部、项目运营部、技术开发部、产品开发部、仓储物流部、客服部、商务部、财务部八个部门,并在深圳和西安设有办事处和仓库,在广州越秀区和萝岗区设有仓库,北京分公司正在筹建中。

F 公司经常通过搭建内部项目组的形式,把总部与各个办事处的相关工作人员组成虚拟团队进行项目拓展。虚拟团队示意图如图 4.4 所示。

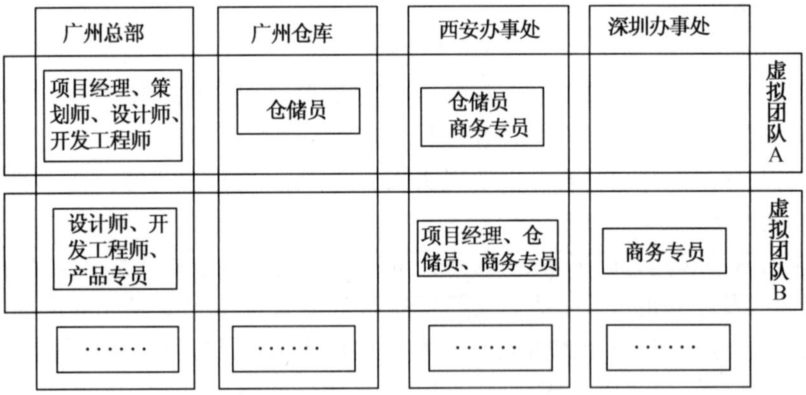

广州总部	广州仓库	西安办事处	深圳办事处	
项目经理、策划师、设计师、开发工程师	仓储员	仓储员 商务专员		虚拟团队 A
设计师、开发工程师、产品专员		项目经理、仓储员、商务专员	商务专员	虚拟团队 B
……	……	……	……	

图 4.4 F 公司虚拟团队

虚拟团队可以定义为利用网络通信信息技术将不同地域、组织的人连接起来完成一个指定任务的新型组织结构。

虚拟团队使用电子通信技术网进行联系,跨越了时间、空间以及组织的边界。借助网络信息技术,虚拟团队从根本上改变了传统团队运作方式及团队成员沟通、协作的方式和效果。

虚拟团队和传统团队的五个关键区别见表4.3。

表4.3 传统团队与虚拟团队的区别

传统团队	虚拟团队
团队在项目开始便组成,并且一直延续到项目结束为止	团队成员在项目需要的时候才组成,不需要时可随时离去
团队成员来自于同一个组织	团队成员来自于不同的组织的群体
团队成员在一个团队是全职的	大多数团队成员同时为几个不同的团队工作
团队成员都在同一个地点工作	团队成员在不同的地点工作,甚至团队成员也会不同
团队成员都向同一个团队领导报告	团队成员向不同组织的领导报告

虚拟团队的关键特征包括团队任务、团队组成、团队结构、团队环境四个方面,具体表现见表4.4。

虚拟团队作为团队管理的新模式,除具有团队的共同优点外,又有其独特的功能:①减少费用:包括团队成员为聚集开会、讨论而支付的旅行费用、办公费用等。②缩短组织信息交流和沟通所用的时间:由于成员散居世界各地,利用虚拟组织方式,借助先进的信息技术,可以及时进行信息交流,防止信息滞留,从而能及时做出决策。③获取和留住团队工作所需要的优秀人才:当员工的居住地区不成为组织招聘所要考虑的因素时,员工来源就大幅度增加,这为获取通常很难招聘到的具有专门技能的人才创造了条件,并且如果组织迁移也不会影响留住原来的员工。④拥有更好的顾客关系:由于团队成员散居各地,可以获取各地的相应信息,并能及时解决顾客的相关问题,反应顾客的需求,从而能够更全面地了解顾客,有利于组织尽快设计和开发出满足顾客需求的产品和服务。

表4.4 虚拟团队的关键特征

研究要素	要素特征	具体表现
团队任务	非常规	任务新、不确定性高
	虚拟性	需要电子沟通
	依存性	虚拟协调合作
团队组成	多样性	高度知识分享
	临时性	较短的团队历史
团队结构	扁平化	集权程度低
	低监控	某些信息交换和反馈的可能性较小
团队环境	干扰性	高干扰性和噪声
	分散性	较低的面对面交流
	信息化	高水平的信息交换

由于虚拟团队具有以上优势,所以采用虚拟团队这种新兴团队方式可以有效地提高企业适应市场变化的能力,增加竞争实力和企业效益,从而使企业在激烈的市场竞争中立

于不败之地。因此,越来越多的企业开始采用虚拟团队这种灵活高效的团队方式。

4.5 选择项目组织结构

一个项目一旦确立,首先将要面临两个问题:一是必须确定项目与公司的关系,即项目的组织结构;二是必须确定项目内部的组成。项目组织对于项目的顺利完成很重要,它能为项目经理的工作打好基础,构筑组织机构是企业高层领导人的职责,他有责任设置好组织,使项目经理能够顺利地开展工作。组织设置是否合理,将影响到项目经理工作的成败。随着社会的进步,人的认识不断深化,对组织的要领认识逐步从物的组织转换到人的组织,从静态的组织转换到动态的组织,从封闭的组织转换到开放的组织,从单个的组织转换到系统的组织。因此,在各个时期组织的定义有所不同。一般来讲,组织是在共同目标指导下协同工作的人群组成的社会实体单位。从动态角度,它又是建立一定的机构通过分工合作而协调配合人们行为的组织活动过程。而项目组织是指由一组个体成员为实现具体的项目目标而组织的协同工作的队伍。项目组织的根本使命是在项目经理的领导下,协同工作、共同努力、增强组织凝聚力,为实现项目目标而努力工作。

项目组织的形式对于项目最终的成败有很大影响,常见的项目组织形式有职能式组织、项目式组织、矩阵式组织。

4.5.1 职能式组织

层次化的职能式组织结构是当今世界上最普遍的组织形式。这是一个金字塔形的结构,高层管理者位于金字塔的顶部,中层和低层管理者则沿着塔顶向下分布。公司的经营活动按照设计、生产、营销和财务等职能划分成部门。图4.5是一个制造业公司典型的职能式组织结构图。

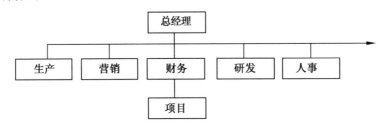

图4.5 职能式组织结构

一个项目可以作为公司中某个职能部门的一部分,这个部门应该是对项目的实施最有帮助的或是最有可能使项目成功的部门。例如,某公司要开发一个财务会计信息系统,这个项目可以被安排在财务部门的下面,直接由财务部门经理负责。

1. 职能式组织结构的优点

(1)在人员的使用上具有较大的灵活性。只要选择了一个合适的职能部门作为项目的上级,那么这个部门就能为项目提供它所需要的专业技术人员。这些人员可以被临时地调配给项目,待所要做的工作完成后,又可以回来做他们原来的日常工作。

(2)技术专家可以同时被不同的项目所使用。职能部门的技术专家一般具有较广的专业基础,可以在不同的项目之间穿梭工作。

(3)同一部门的专业人员在一起易于交流知识和经验,这可使项目获得部门内所有的知识和技术支持,对创造性地解决项目的技术问题非常有帮助。

(4)当有人员离开项目组甚至离开公司时,职能部门可作为保持项目技术连续性的基础。同时,将项目作为部门的一部分,还有利于在过程、管理和政策等方面保持连续性。

(5)职能部门可以为本部门的专业人员提供一条正常的晋升途径。成功的项目虽然可以给参加者带来荣誉,但他们在专业上的发展和进步还需要有一个相对固定的职能部门作为基础。

2. 职能式组织结构的缺点

(1)这种组织结构使得客户不是活动和关心的焦点。职能部门有它自己的日常工作,项目及客户的利益往往得不到优先考虑。

(2)职能部门的工作方式常常是面向本部门活动的,而一个项目要取得成功,其采取的工作方式必须是面向问题的。

(3)在这种项目组织结构中,有时会发现没有一个人承担项目的全部责任。由于责任不明确,往往是项目经理只负责项目的一部分,另外一些人则负责项目的其他部分,这将导致协调的困难和局面的混乱。

(4)这种混乱局面也会使对客户要求的响应变得迟缓和艰难,因为在项目和客户之间存在着多个管理层次。

(5)项目常常得不到很好的对待。项目中与职能部门利益直接相关的问题可能得到较好的处理,而那些超出其利益范围的问题则很有可能遭到冷落。

(6)调配给项目的人员,其积极性往往不是很高。项目被看作不是他们的主要工作,有些人甚至将项目任务当成是额外的负担。

(7)技术复杂的项目通常需要多个职能部门的共同合作,但他们往往更注重本领域,而忽略了整个项目的目标,并且跨部门之间的交流沟通也是比较困难的。

4.5.2 项目式组织结构

与职能式组织结构截然相反的是项目式组织结构,项目从公司组织中分离出来,作为独立的单元,有其自己的技术人员和管理人员。有些公司对项目的行政管理、财务、人事及监督等方面做了详细的规定,而有些公司则在项目的责任范围内给予项目充分的自主权,还有好多公司采取了介于这两者之间的做法。图4.6给出了一个项目式组织结构。

1. 项目式组织结构的优点

(1)项目经理对项目全权负责,尽管他必须向公司的高层管理报告。项目经理可以全身心地投入到项目中去,可以像总经理管理公司一样管理整个项目,可以调用整个组织内部或外部的资源。

(2)项目组的所有成员直接对项目经理负责,项目经理是项目的真正领导人。

(3)项目从职能部门中分离出来,使得沟通途径变得简洁。项目经理可以避开职能部门直接与公司的高层管理进行沟通,提高了沟通的速度,也避免了沟通中的错误。

(4)当存在一系列的类似项目时,项目式组织可以保留一部分在某些技术领域具有很好才能的专家作为固定的成员。事实上,这种技能储备不仅有利于项目的成功,而且能为公司争得荣誉,吸引更多的客户。

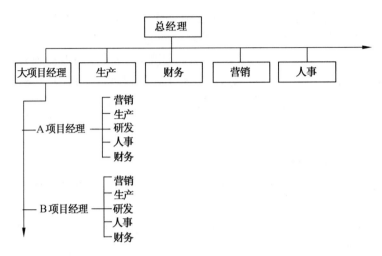

图4.6 项目式组织结构

(5)项目式组织结构中,项目的目标是单一的,项目成员能够明确理解并集中精力于这个单一目标,使团队精神得以充分发挥。

(6)权力的集中使决策的速度得以加快,整个项目组织能够对客户的需求和高层管理的意图做出更快的响应。

(7)命令的协调一致。在项目式组织结构中,每个成员只有一个上司,避免了多重领导、无所适从的局面。

(8)项目式组织从结构上来说简单灵活、易于操作,在进度、成本和质量等方面的控制也较为灵活。

2. 项目式组织结构的缺点

(1)当一个公司有多个项目时,每个项目都有自己一套独立的班子,这会造成人员、设施、技术及设备等的重复配置。例如,在一个项目中不需要专门设置一个人事负责人,但又必须设置一个,因为项目组的成员都是全职的,不能同时兼职于几个项目。

(2)事实上,为了保证在项目需要时能马上得到所需的专业技术人员及设备等,项目经理往往会将这些关键资源储备起来,所以,具有关键技术的人员在项目还没需要他们时就被聘来,而且聘用的时间比项目需要他们的时间更长,以防万一。

(3)将项目从职能部门的控制中分离出来,这种做法具有优越性,但也有一定的不利之处,特别是当项目具有高科技特征时。项目中的人员在某些专业领域具有较深的造诣,但在其他一些与项目无关的领域则可能会落后。职能部门虽然可看成是各种技能的储备基地,但对不属于本部门的项目成员是不直接开放的。

(4)项目式组织结构容易造成在公司规章制度执行上的不一致性。在相对封闭的项目环境中,行政管理上的省工减料时有发生,并辩解成是为了应付客户或技术上的紧急情况。"他们对我们的问题不理解"已成为项目成员的一句无视公司领导意见的轻松的借口。

(5)在项目式组织结构中,项目只承担自己的工作,成员与项目之间及成员相互之间都有着很强的依赖关系,但项目成员与公司的其他部门之间却有着较清楚的界限。这种界限不利于项目与外界的沟通,同时也容易引起一些不良的矛盾和竞争。

(6) 对项目成员来说,缺乏一种事业的连续性和保障。项目一旦结束,项目成员就会失去他们的归属,不知道接下来会发生什么,比如,会不会被暂时解雇? 会不会被安排去做低档的工作? 会不会被其他项目看中? 原来的项目组会不会解散? 等等。

4.5.3 矩阵式组织结构

职能式组织结构和项目式组织结构都有各自的不足,要解决这些问题,就要在职能部门积累专业技术的长期目标和项目的短期目标之间找到适宜的平衡点。矩阵式组织结构正是为了最大限度地发挥项目式和职能式组织的优势,尽量避免其弱点而产生的一种组织方式。事实上,职能式组织和项目式组织是两种极端的情况,矩阵式组织是两者的结合,它在职能式组织的垂直层次结构上,叠加了项目式组织的水平结构。

作为职能式组织和项目式组织的结合,矩阵式组织可采取多种形式,这取决于它偏向于哪个极端。我们先考虑一个强矩阵形式,它类似于项目式组织,但项目并不从公司组织中分离出来作为独立的单元。如图 4.7 所示。项目 1 的经理向大项目经理(Program Manager)报告,而大项目经理同时管理着其他多个项目。项目 1 中有 3 人来自生产部门,有 4 人来自研发部门,有来自营销、财务、人事等其他部门的人。这些人来自他们各自所属的部门,根据项目的需要,全职或兼职地为项目工作。要指出的是,在这里,项目经理决定什么时候做什么,而职能部门经理决定将哪些人员派往项目,要用到哪些技术。

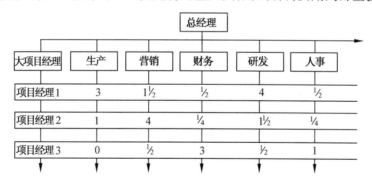

图 4.7 矩阵式组织结构

从图 4.7 可以看出,项目 1 的人员主要来自生产和研发部门,猜想该项目可能包括一个新的生产过程的设计和安装。项目 2 可能是一个新产品或一个营销计划的研究问题。项目 3 可能与一个新的计算机化的财务管理系统有关。与此同时,职能部门一直进行着它们各自的日常工作。

一般地,公司组织中没有某个固定的机构来主管项目。如果项目是属于一个大项目(Program)的,那么项目经理通常向大项目经理汇报。项目经理很少向职能部门汇报,一般是直接向总经理或某个副总经理汇报。

矩阵式组织的另一极端是与职能式组织类似的弱矩阵形式。项目可能只有一个全职人员,即项目经理。项目成员不是从职能部门直接调派过来,而是利用他们在职能部门为项目提供服务。项目所需要的工程、计算机软件、产品测试及其他的服务,都可由相应职能部门提供。例如,一个项目经理想建立一个新的人事档案数据库,需要行政部门属下的系统分析小组做总体设计,这样设计人事档案数据库就成为系统分析小组的新增工作,项目成为该小组的服务对象。这项工作的优先级一般由高层领导指定,或由项目经理与分析小组组长协商而定。在有些情况下,系统分析小组做这项工作的费用也要协商决定。

在这两个极端之间是平衡矩阵形式。

项目和职能部门的职责组合可以有多种形式。当一个部门的某个小组经常为项目提供服务时,一般可将该小组作为一个独立的职能单元,例如,多产品制造企业中的质量保证小组、出版公司中的计算机图形小组等,都可作为一个独立的职能单元,像承包商一样承担项目的工作。这样做,虽然项目经理的控制权削弱了,但是项目可以随时得到小组的专家级的服务,小组也可以保持它的技术完整性。

矩阵式组织结构发展的推动力主要来自高科技领域的公司,这些公司中的项目通常需要多个部门专家的合作,而又希望各个项目能够共享这些专家。此外,项目的技术要求也需要有一种新的组织方式能够克服先前的项目管理中的不足。在以前,一个企业要进行一项高科技的项目,往往是从研发部门开始,他们将研究出来的方案传递给工程部门,工程部门有时会根据工程要求将整个方案重做一遍,然后再传递给生产部门,生产部门为了保证新产品在现有的设备条件下能生产出来,可能又要做一些修改。所有这些工作都需要大量的时间,而最终的结果可能与最初的要求相距甚远。

为了克服上述项目管理中的弊端,公司中必须有一个机构或组织来负责整个项目的集成,能将研发、工程、生产等过程紧密结合起来,并且与客户保持密切的联系。如果将项目作为某个职能部门的一部分显得太勉强,而将项目作为一个独立的单元又太昂贵,因为项目的资源会重复配置。矩阵式组织正是摆脱这种困境的一条途径,项目经理可以从相应的职能部门临时抽调所需的资源。

1. 矩阵式组织结构的优点

(1)项目是工作的焦点。有专门的人即项目经理负责管理整个项目,负责在规定的时间、经费范围内完成项目的要求。矩阵式组织具有项目式组织的长处。

(2)由于项目组织是覆盖在职能部门上的,它可以临时从职能部门抽调所需的人才,所以项目可以分享各个部门的技术人才储备。当有多个项目时,这些人才对所有项目都是可用的,从而可以大大减少项目式组织中出现的人员冗余。

(3)项目组成员对项目结束后的忧虑减少了,虽然他们与项目具有很强的联系,但他们对职能部门也有一种"家"的亲密感觉。

(4)对客户要求的响应与项目式组织同样快捷灵活,而且对公司组织内部的要求也能做出较快的响应。公司内部的项目必须适应公司的要求,否则项目难以取得成功。

(5)矩阵式组织的项目中会有来自行政部门的人员,他们会在公司规章制度的执行过程中保持与公司的一致性,这至少可以增加公司领导对项目的信任。

(6)当有多个项目同时进行时,公司可以平衡资源以保证各个项目都能完成其各自的进度、费用及质量要求。公司可以在人员及进度上统筹安排,优化整个系统的效率,而不会以牺牲其他项目去满足个别项目的要求。

(7)项目式组织和职能式组织是两个极端的情况,而矩阵式组织在这两者之间具有较广的选择范围。职能部门可以为项目提供人员,也可以只为项目提供服务,从而使得项目的组织具有很大的灵活性。所以矩阵式组织可以被许多不同类型的项目所采用。

2. 矩阵式组织结构的缺点

(1)在职能式组织中,职能部门是项目的决策者,在项目式组织中,项目经理是项目的权力中心,而在矩阵式组织中,权力是均衡的。由于没有明确的负责者,项目的一些工作就会受到影响。当项目成功时,大家会争抢功劳,而当项目失败时,则又会争相逃避责任。

(2)多个项目在进度、费用和质量方面能够取得平衡,这既是矩阵式组织的优点,又是它的缺点,因为这些项目必须被当作一个整体(as a set)仔细地监控,这是一项艰难的工作。而且资源在项目之间流动容易引起项目经理之间的争斗,每个项目经理都更关心自己项目的成功,而不是整个公司的目标。

(3)在按矩阵方式组织的项目中,项目经理主管项目的行政事务,职能部门经理主管项目的技术问题。这种做法说起来简单,但项目经理在执行过程中要将项目和职能部门的责任及权利分清楚,却不是件容易的事。项目经理必须就各种问题,如资源分配、技术支持及进度等,与部门经理进行谈判。项目经理的这种谈判、协调能力对一个项目的成功是非常重要的,如果项目经理在这方面没有很强的能力,那么项目的成功将受到怀疑。

(4)矩阵式组织违反了命令单一性的原则,项目成员至少有两个上司,即项目经理和部门经理。当他们的命令有分歧时,会令人感到左右为难,无所适从。项目成员需要对这种窘境有清楚的认识,否则他会无法适应这种工作环境。

4.5.4 混合式组织结构

部门划分是将一个大的组织整体分解成小的、更灵活的单元的一种手段,它可使公司组织拥有专业化小组织单元的优势,同时又保持规模上的优势。公司部门的划分,除了通常的按职能划分以外,还可以按产品划分、按地区或地域划分、按生产过程划分、按客户划分、按子公司划分等等。实际上,一些大公司往往在不同的层次有不同的组织方式。例如,一个公司的最高层可以按子公司来组织,子公司可以按产品来组织,而产品部门又可以按客户来组织。

在按产品划分部门的公司中,组织一个项目意味着将在公司中建立一个相对自主的、集成化的组织单元,负责某一产品或产品系列的设计、制造、销售和服务等,并将项目组的利益与产品的利润直接挂钩。比如,像计算机软件项目就通常是按产品来组织的。

按照工艺流程或设备类型来组织部门是制造业公司常用的方法。我们来看一个家具制造公司,该公司分成木质家具部门和布艺家具部门,各部门都有自己的专业人员和设备。假设现在要设计两件新款家具,一件是木质的,一件是布艺的,那么这两个项目肯定将分别隶属于木质家具部门和布艺家具部门。

同样,在经营地区很广的公司中,按地区来组织部门相当普遍,这些公司的产品往往具有浓郁的地方色彩,项目也同样具有区域性。在按客户划分部门的公司组织中,当一个项目涉及多个客户,并且客户利益是项目所要考虑的首要问题,这时项目应按客户分类来组织。如公司的销售部门要搞一个产品促销项目,它可能会根据批发商和零售商来组织。

在一个公司中，可同时存在职能式组织的项目和项目式组织的项目，如图4.8所示的即是一个混合式的组织结构，这种情况其实并不少见。另外，许多公司先将刚启动尚未成熟的小项目放在某个职能部门的下面，然后当其逐渐成熟并具一定地位以后，将其作为一个独立的项目，最后也有可能会发展成一个独立的部门。

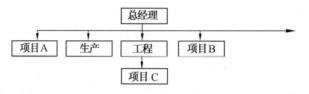

图4.8 混合式组织结构

这种混合式组织结构使公司在建立项目组织时具有较大的灵活性，但也存在一定的风险。同一公司的若干项目采取不同的组织方式，由于利益分配上的不一致性，容易产生资源的浪费和各种矛盾。

虽然项目与公司的组织关系可以有多种多样，但大多数公司将矩阵式组织作为安置项目的基本方法。以此为基础，有时也可增加项目式的、职能式的或混合式的组织方式，只要这些方式对实际情况是有利的。值得注意的是，矩阵式项目的管理难度有时足以抵消其低成本和易获得广泛的技术支持所带来的好处。

4.5.5 项目组织结构选择的方法

选择项目的组织结构，即要解决项目与公司的关系问题，即使是对一个有经验的专业人士来说，也是一件非常困难的事情，往往要视具体情况而定，而且有时也需依靠一定的经验和直觉。几乎没有可普遍接受的、步骤明确的方法来告诉人们怎样决定需要什么类型的组织结构以及如何建立这种组织结构。我们能做的就是充分考虑项目的具体特性、各种组织方式的特点以及公司的文化氛围等，然后做出我们所认为的最合适的选择。

1. 项目组织结构形式的变化

前面分别介绍了项目的三种主要组织结构形式，即职能式、项目式和矩阵式。其实这三种组织形式可以表示为一个变化系列，职能式组织在一端，项目式组织在另一端，矩阵式组织处于两者之间，其结构形式的变化范围相当广泛，弱矩阵式组织接近于职能式组织，而强矩阵组织接近于项目式组织。如图4.9所示的变化系列，该图基于工作人员在自己部门的工作时间和在项目的工作时间之比。表4.5列出了主要项目组织结构形式的有关特点。

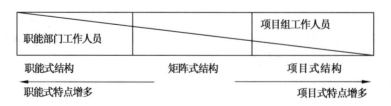

图4.9 组织结构形式的变化

表4.5 项目组织结构形式及其对项目的影响

	项目组织结构形式				
	职能式	矩阵式			项目式
		弱矩阵式	平衡矩阵式	强矩阵式	
项目经理的权限	很少或没有	有限	小到中等	中等到大	很高甚至全权
全职工作人员比率	几乎没有	0~25%	15%~60%	50%~95%	85%~100%
项目经理投入时间	半职	半职	全职	全职	全职
项目经理常用头衔	项目协调员	项目协调员	项目经理	项目经理	项目经理
项目管理行政人员	兼职	兼职	半职	全职	全职

从图4.9和表4.5中,我们可以看出,职能式组织和弱矩阵式组织具有兼职的项目协调员,而平衡矩阵式、强矩阵式和项目式组织具有全职的项目经理。项目协调员和项目经理的不同,表现为综合协调项目与实际做出决策之间的差别。职能式组织中,项目几乎没有自己的全职工作人员,而项目式组织中,绝大多数都是全职工作于项目的成员。在矩阵式组织中,"强"和"弱"并不表示好和坏的意思,它们是用来说明矩阵式结构中集成化职能的相对尺度和力量。

2. 决定组织结构选择的因素

在具体的项目实践中,究竟选择何种项目的组织结构形式没有一个可循的万能公式,一般只能在充分考虑各种组织结构的特点、企业特点、项目的特点和项目所处的环境等因素的条件下,才能做出较为适当的选择。因此,在项目组织结构形式的选择时,需要了解哪些因素制约着项目组织结构的实际选择。表4.6列出了一些可能的因素与组织形式之间的关系,以有助于在特定组织结构和环境条件下选择项目适宜的组织结构。

表4.6 决定组织结构选择的关键因素

影响因素	组织结构		
	职能式	矩阵式	项目式
不确定性	低	高	高
所用技术	标准	复杂	新
复杂程度	低	中等	高
持续时间	短	中等	长
规模	小	中等	大
重要性	低	中等	高
客户类型	各种各样	中等	单一
对内部依赖性	弱	中等	强
对外部依赖性	强	中等	弱
时间限制性	弱	中等	强

一般地，职能式组织结构适宜于规模较小的、以技术为重点的项目，而不适宜于时间限制性强或要求对变化快速响应的项目。另外，如果一个项目需要在某类设备或厂房上进行大量的投资，那么最好采用职能式组织结构。

如果一个公司中包括多个相似项目，如多个建筑项目，则应选择项目式组织结构；另一方面，长期的、大型的、重要和复杂的项目，更应采用项目式组织结构。

如果一个项目需要利用多个职能部门的资源而且技术相对复杂，但又不需要技术人员全职为项目工作，这时，矩阵式组织结构是最好的选择，特别是当几个项目需要同时共享这些技术人员时。但应注意到矩阵式组织结构的管理是复杂的，对项目经理来说是一种挑战。

在做出项目组织结构的选择之前，必须首先搞清楚项目需要完成哪些任务。为此需要做一个初步的项目计划。第一，确定项目要完成的主要成果。第二，列出与每个成果相关的主要任务。第三，对每项任务，确定负责完成它的相关职能部门，并且考虑如何将这些任务最佳地集成起来。第四，要考虑具体完成某项任务的人员需具备的资格，该项任务所需要的技能，以及所涉及的客户等。另外，还要考虑公司的内外部环境因素，如公司的文化，与项目有关的各部门之间的关系等等。综合以上各种因素并结合每种组织形式的特点，就能为项目选择一个较为有效的组织结构。

这里提供一个选择合适的项目组织结构的原则，为此，可以通过一个例子来说明这一过程。在这个例子中，可以按下列过程进行。

(1)定义项目的目标，以及主要的成果。

(2)确定每项目标的关键任务，并确定与完成这些任务相关的组织单元(Organization Unit)。

(3)安排各个关键任务执行的先后顺序，并且将它们分解成工作包(Work Package)。

(4)确定由哪些项目子系统(Project Subsystem)来完成这些工作包，这些项目子系统相互之间的关系。

(5)列出项目的主要特点或限制，如项目要求的技术水平、项目的规模及大概的持续时间、与项目有关的各部门之间可能产生的问题、公司在项目组织方面的经验以及任何看上去与项目有关的因素。

下面以某计算机公司为例，说明其进行项目组织结构选择的过程。

【例4.2】 某计算机公司拟开展 W 项目，该项目的目标是设计、生产和销售一种多任务的便携式个人电脑，配置包括32位处理器、32兆以上内存、2G以上硬盘、200兆以上处理速度、不超过1.5千克以及点阵式彩色显示器、电池正常操作下可用6小时以上、零售价不超过2万元。根据 W 项目的目标，相关负责人列出了项目的关键任务以及相应的组织单元，见表4.7。

根据上述内容，项目的关键任务，可以分成四类：

(1)设计、生产、测试硬件。

(2)设计、编制、测试软件。

(3)建立生产和服务/维修体系。

(4)营销策划，包括演示、宣传等。

根据以上分析,项目需要下面一些子系统:
(1)设计软件的小组和设计硬件的小组。
(2)测试软件的小组和测试硬件的小组。
(3)组织硬件生产的小组。
(4)营销策划小组。
(5)文档编写小组。
(6)管理以上各小组的行政小组。

表 4.7 项目的关键任务及组织单元

编号	项目的关键任务	相关的组织单元
A	描述产品的需求	市场部、研发部
B	设计硬件,做初步测试	研发部
C	筹备硬件生产	生产部
D	建造生产线	生产部
E	进行小批量生产及质量和可靠性测试	生产部、质保部
F	编写(或采用已有的)操作系统	软件开发部
G	测试操作系统	质保部
H	编写(或采用已有的)应用软件	软件开发部
I	测试应用软件	质保部
J	编写所有文档,包括用户手册	生产部、软件开发部
K	建立服务体系,包括备件、手册等	市场部
L	制订营销计划	市场部
M	准备促销演示	市场部

这些子系统涉及公司的五个部门,其中软件设计小组和硬件设计小组的工作关系非常密切,而测试小组的工作则相对独立,但测试的结果对软件和硬件设计的改善很有帮助。

该计算机公司在人力上完全有能力完成这个项目,在硬件和操作系统的设计上也能达到当前的先进水平,但要将零售价控制在 2 万元以下,需要有更先进的技术。这个项目预计持续 18~24 个月,是目前为止该公司投资最大的项目。

根据以上信息,可以清楚看出,职能式项目组织是不合适于该项目的,因为项目涉及多个部门,很难将它划归为某一个部门。项目式组织结构或矩阵式组织结构都是可行的,如果要做选择的话,只要人员费用增加不是太大,项目式组织更好,因为项目式组织的管理更简单。但是,如果项目不需要资深研究人员的全职参与,那么选择矩阵式组织结构可能更好。

【例 4.3】 (续第 3 章例 3.32)若新型圆柱立柜式空调项目的可行性研究结果表明,

该项目从技术上和经济上均可行。该项目的建设关系到公司的未来发展,为保证该项目的顺利进行,公司决定按照项目管理的思想对该项目的建设过程进行管理。该公司目前采用职能管理的形式,主要的部门有人力资源部、经营计划部、财务部、研发部、生产部、采购部、质量部及市场部,另外有三个生产车间需要参与。假定你被聘任为该项目的项目经理,直接对总经理负责。作为项目经理,你在项目正式开始之前,需要完成以下工作。

(1)请您向总经理提交一份关于项目组织形式选择的报告,要求说明该项目可能采取的组织形式,并结合项目特点简要说明你最终选择的组织形式及理由(限300字以内)。

(2)为了更好地完成新型圆柱立柜式空调的生产建设项目,你需要准确地描述项目应达到的目标。

目标1:_____
目标2:_____
目标3:_____

(3)项目管理有其自身的生命周期,根据项目管理生命周期的四个阶段,分别描述本项目每个阶段的项目管理内容及每个阶段的主要交付物,并填入表4.8。

表4.8 新型圆柱立柜式空调建设项目的生命周期及项目管理内容和交付物

阶段序号	阶段名称	阶段主要项目管理内容及交付物
阶段1		
阶段2		
阶段3		
阶段4		

解 (1)可能的组织形式:职能式、矩阵式、项目式。

职能式组织结构比较适用于规模较小、偏重于技术的项目,而不适用于项目的环境变化较大的项目。当一个公司中包括许多项目或项目的规模比较大、技术比较复杂时,则应选择项目式的组织结构,同职能式组织相比,在对付不稳定的环境时,项目式组织显示出了自己潜在的长处,这来自于项目团队的整体性和各类人才的紧密合作。同前两种组织结构相比,矩阵式组织形式无疑在充分利用企业资源上显示出了巨大的优越性,由于其融合了两种结构的优点,这种组织形式在进行技术复杂、规模巨大的项目管理时呈现出了明显的优势。

基于本项目实施的特点,一方面是技术的复杂性,另一方面是组织协调的难度,此外基于原有公司职能型组织的特点,为了保证项目的顺利进行建议采用矩阵组织结构的形式,并建议采用强矩阵组织结构。

(2)下面是对该项目的总目标的描述。

可交付成果:完成生产设施建设及新型圆柱立柜式空调样品研制。

工期:项目工期为1年。

费用:项目总投资800万元。

(3)项目管理有其自身的生命周期,根据项目管理生命周期的四个阶段,分别描述本项目每个阶段的项目管理内容及每个阶段的主要交付物,并填入表4.9。

表4.9 新型圆柱立柜式空调建设项目的生命周期及项目管理内容和交付物

阶段序号	阶段名称	阶段主要项目管理内容及交付物
阶段1	概念阶段	可行性研究,交付物为可行性研究报告
阶段2	规划阶段	设计、规划,交付物为设计文件、计划文件
阶段3	实施阶段	动态管理与控制,完成生产设施建设及样品研制
阶段4	收尾阶段	项目验收,交付生产

4.6 识别项目干系人

4.6.1 项目干系人的含义及组成

1. 项目干系人的含义

项目干系人(Stakeholder)是指参与或可能受到项目活动影响的个体和组织。项目干系人对于项目的影响,有可能是积极的,也有可能是消极的。积极的利益相关者通常是从项目的成功结果中获得利益的人,而消极的利益相关者是从项目的实施中看到消极影响的人。例如,某社区发展一个工业项目,从中获益的社区企业家由于看到的是项目的成功实施所带来的经济效益而可能成为积极的利益相关者。相反,环保组织如果认为该项目损坏利益的话,就可能成为消极的利益相关者。成功的项目经理会与多个干系人都发展良好的关系,确保对其需要和期望有较好的了解。

2. 项目干系人的组成

一般而言,项目的干系人包括:

(1)发起人:项目的发起人(Project Sponsor)可以是客户,也可以是项目所属组织的上级领导部门或个人。项目发起人对项目所需的资源以及项目的计划安排负有最高责任。

(2)客户:客户(Project Customer)是将来使用项目产品的个人或组织。一个项目的客户可能有多个层次,如一种新的药品的客户可能有开处方的医生、用药的病人以及支付药费的保险公司。客户与使用者(User)基本上是同义词,但有时客户是指项目产品的购买者,而使用者是实际使用项目产品的个人或组织。

(3)承约商:承约商(Project Contractor)又称被委托人,即项目的承建方。承约商在承接项目以后,根据客户的需求,从项目的启动、规划到项目的实施与收尾对整个项目负直接责任。承约商的信用以及经营管理水平决定着项目的成败。

(4)投资人:投资人(Project Investor)是项目执行组织内部或外部以现金或实物为项目提供财务资源以求获得回报的个人或团体。

(5)项目负责人:项目负责人(Project Manager)是负责管理某一个项目的个人。项目负责人一般要有足够的权力以便管理整个项目,并向用户负责,承担实现项目目标的责任。项目负责人是项目组织的领导人。

(6)供应商:供应商(Project Suppliers)是为项目承约商提供原材料、设备、工具、动力等物资设备或服务,获取报酬的人或组织。供应商的信用以及供应保障水平直接影响项目的进程与结果。

(7)项目组成员：项目组成员(Project Team Members)指执行项目工作任务的人员，项目组成员具有临时性的特点。

(8)项目支持部门：项目支持部门(Project Support Department)是组织中不完全固定地参与某一项目，为该项目提供保障服务的相关职能部门。如企业的人、财、物、产、供、销、信息、质量等职能部门为企业项目提供支持。项目管理者需要进行协调与沟通，以获得积极的支持。

由此可见，项目不是无缘无故产生的，而是源于干系人的某种需要。当然这些不同的干系人，对项目也有轻重不一的影响，客户和项目发起者往往是最重要的干系人。干系人对项目目标的表述既包括明确的需要，也包括隐含的期望。所以定义中特别强调了"使项目干系人的需求得到不同程度满足"，这一表述也反映了现代管理中"全面追求客户满意"的理念的发展。由于项目中的干系人不止一个，而干系人对项目的期望未必一致，这就导致项目的最终结果很可能是他们之间的一种平衡。表4.10就反映出不同干系人对待项目的不同期望。

表4.10 不同干系人的不同期望

	最终用户	客户	项目发起者	项目团队
期望	创造价值，产品易用	创造利润，进度、成本、质量都需要最佳	创造利润，不出差错，获得客户认可	感兴趣的工作，自我价值体现，个人成长，工作被认可
责任	确认需求	明确目标及优先级，减少变更，确认需求	提供资源，对外协调	按照计划执行项目
常犯错误	总是希望用较少的代价获得更多的价值	没有考虑目标之间的约束因素，过度关注进度，经常产生变更	关注成本和进度甚于质量	忽视客户需求，工作追求完美，忽视商业需求，不会寻求平衡

【例4.4】 BL县溪河1万千瓦水电站开发项目干系人分析

项目基本情况

（一）项目名称

清溪河1万千瓦水电站开发项目

（二）项目投资方

GK能源投资有限公司

（三）项目运营方

GK清溪河水电有限公司

（四）项目建设方

HY市水电建设安装公司

（五）项目地址

BL县清溪河乡

（六）项目内容

经过对资源、投资、效益和环境进行反复比较分析，GK能源投资有限公司拟建一座年发电量为1万千瓦的水电站及配套设施

（七）项目建设条件

1. 交通及通信条件

BL县清溪河乡，距BL县城25千米，距QS镇10千米，京珠高速贯穿境内，交通运输方便、快捷。清溪河乡已开通程控电话，移动通信覆盖该乡全境，联系方便。

2. 地质和水文条件

BL县清溪河乡位于粤北山区，形成东、南、北三面环山，中西部低平的阶梯状地形，属亚热带季风性湿润气候，四季分明，雨量充沛。优越的地理位置使清溪河乡水能资源十分丰富，清溪河乡境内河长34.9千米，境内落差85米，集雨面积100余平方千米。根据历史记载，该河水流量稳定，正常年份汇流处年平均流量20立方米/秒，历史最枯流量3.5立方米/秒，根据小水电站建设有关要求，水量完全满足项目要求。

3. 市场条件

随着经济的快速发展和居民生活用电的不断高涨，全国性的缺电还要持续很长一段时间。特别是随着农村电气化和示范新农村建设的普及，农村用电还将急剧增长，小水电作为一种清洁的可再生能源，技术成熟，生产管理简单，具有较好的社会经济效益及投资回报率。开发小水电站已受到县内外众多投资者的青睐，特别是私营企业投资小水电项目已成为一种时尚。因此，该项目所发电量销售不存在任何问题，无市场风险。

4. 投资环境

BL县委、县政府十分重视工业经济发展，制定了一系列发展企业的优惠政策，县级各部门及乡镇积极为企业发展和项目建设服务，县内广大群众也非常支持项目建设，县政府还制定了领导联系企业和项目制度。投资环境宽松，政策到位，服务周到，为企业发展和项目建设提供了良好的外部环境。

（八）项目总投资

根据项目建设方案、建设场地地质等情况，结合同类项目投资情况，本项目概算总投资为6 000万元，其中，GK能源投资有限公司自筹资金3 500万元，银行贷款2 500万元。

（九）经济效益

项目建成后，年可实现发电量5 000万千瓦时，上网电价按0.25元/千瓦时计算年可实现销售收入1 250余万元，年创税80余万元，年利润500万元，估算其投资回收期约为12年。

（十）前期工作状况

已完成项目可行性研究、初步设计、设备和工程招标等工作。

【案例分析】

清溪河1万千瓦水电站开发项目是BL县重点建设项目，由GK能源投资有限公司投资建设，HY市水电建设安装公司中标此项目，建设周期为15个月，HY市水电建设安装公司为此专门成立了"清溪河水电站项目工程公司"。在项目建设的准备阶段，清溪河水电站项目工程公司的管理团队意识到，识别项目干系人及这些项目干系人在项目中的作用与利益是项目计划的重要组成部分。因为这些项目干系人的利益一方面会因为项目受到一定的影响,这些影响可能是直接的,也可能是间接的,同时,项目干系人反过来也会对项目及其结果施加一定的影响。积极开展项目干系人管理,才能使项目管理团队通过管理和影响这些需求和期望取得项目的成功。清溪河水电站项目工程公司对本项目干系人的识别如图4.10所示。

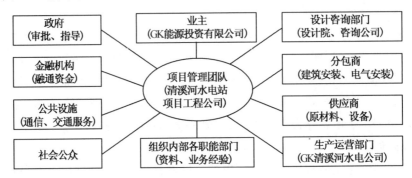

图4.10　清溪河1万千瓦水电站开发项目主要项目干系人

主要项目干系人的要求和期望如下:

业主(GK能源投资有限公司)——要求投资少,收益高,工期短,工程质量合格。

项目管理团队(清溪河水电站项目工程公司)——保证工程质量,保证工期,使项目在业主的预算内完成。

政府——在项目审批、部门协调、土地征用等方面提供支持,并能在预期的时间内获得相应的税收。

设计咨询部门——合理的报酬,松弛的工作进度表,迅速提供信息,迅速决策,及时支付工作报酬。

金融机构——贷款安全,按照预定的日期制服,项目能提供充分的报酬以清偿债务。

生产运营部门(GK清溪河水电有限公司)——按时或者提前形成综合运营能力,培训合格的生产人员建立合理的操作规程和管理制度,能保证正常运营。

分包商——优厚的利润,及时提供施工图纸,最小限度的变动,原材料和设备及时送达工地,公众无抱怨,可自己选择施工方法,不受其他分包商的干扰,及时支付工程进度款,迅速批准开工,及时提供服务。

供应商——设备规格明确,从订货到发货的时间充裕,有很高的利润率,最低限度的非标准件使用量,质量要求是合理的,可以接受的。

公众设施——及时提出对服务的要求,因工程项目建设的干扰降低至最少。

社会公众——工程建设期间无污染及公害,在工程项目运行期间对外部环境不产生有害的影响,工程项目有社会效益,上网电价价格合理,移民拆迁得到良好安置和补偿。

组织内各职能部门——松弛的工作进度表,优良的工作环境,足够的信息资源、人力资源和物质资源。

项目管理团队(清溪河水电站项目工程公司)通过对这些项目干系人进行确认,明确了他们的不同需求,对这些需求进行管理并施加影响,确保了项目的成功。

4.7 项目融资

4.7.1 项目融资的含义及特征

项目资金的来源可分为两大类,项目业主投入的自有资金和筹措的借贷资金。对于资金需求量不大,或较小的项目来说,筹措资金的渠道或方式也许并不复杂。这里介绍一种以贷款作为资金的主要来源,对资金需求量巨大的项目筹资活动——项目融资(Project Financing)。

项目融资具有以下主要特征:

1. 有限追索

项目贷款是"有限追索权"的筹资方式。追索是指借款人未按期偿还债务时,贷款人要求借款人用除抵押资产之外的其他资产偿还债务的权力。项目融资中,贷款人的贷款回收主要取决于项目的经济效益,除了在有些情况或有些阶段,贷款人对借款人有追索权之外,在一般情况下,无论项目成功与否,贷款人均不能追索到项目借款人除该项目资产、现金流量以及所承担的义务之外的任何形式的财产。因此,项目本身的效益是偿还债务最可靠的保证。

2. 项目导向

项目导向是指项目融资不依赖项目发起人的信用和资产,而是以项目本身的未来现金流量和项目资产作为举债的基础,对于一个典型的项目融资,通常需要建立一个单独的项目公司来筹集资金并持有项目资产,由于这个新设公司没有以往的营业记录,除项目以外也并无其他资产,只能依靠这个项目本身的未来收益和资产筹措资金。因此,项目贷款人出于对自身安全的考虑,需要对项目的谈判、建设、运营进行全程的监控。

3. 风险分担

风险分担是指项目融资普遍建立在多方合作的基础之上,项目参与各方均在自己力所能及的范围内承担一定的风险,避免了由其中的任何一方独自承担全部风险。项目发起人通过项目融资可以达到利用外部债务融通项目大部分资金的目的,从而可以把项目的大部分风险转移给项目贷款人,以减少项目发起人所承担的项目风险。对于项目贷款人而言,其风险也只能维持在可接受的水平上,因而只有将项目风险合理地分配给项目的参与各方,从而形成了项目公司对偿还贷款承担直接责任、项目发起人提供有限担保、由第三方向贷款人提供信用支持的风险分担结构。

4. 债务屏蔽

债务屏蔽是指在项目融资中通过对投资结构和融资结构的设计,可以把项目债务的追索权限制在项目公司中,从而对项目发起人的资产负债表没有影响。项目融资是一种非公司负债型融资(On-balance Finance),也称为资产负债表表外的融资,使得项目发起公司能够以有限的财力从事更多的投资,且达到将投资风险分散和限制在多个项目之中的目的。

5. 项目周期长

由于项目融资所涉及的资金量和风险都比较大,所以,项目评估由于慎重而延长。在项目谈判中,由于要协调项目参与各方的不同利益,而有关风险分担的每一细节又必须在合同中加以详细规定,因而谈判的时间也会延长。为了减少成本和不错过机会,大型项目融资一般都是随着项目建设的进程,在项目的生命周期内分阶段、多渠道、多形式地筹集资金。

6. 融资成本高

因为在项目融资中,贷款方承担了较高的风险,所以项目融资贷款所要求的利率要高于普通贷款,而融资过程中繁琐的程序、各种担保与抵押等因素都增加了项目融资的费用。在项目营运期间,可能还得花费额外的费用来监控施工进展、运营及贷款的使用,这些因素都令项目融资的成本大大上升。

7. 负债能力强

项目融资可以增强项目的债务承受能力。通过建立复杂的多边担保体系,可以提高债务承受能力;通过对项目融资结构的设计,可以排除许多风险因素和不确定因素,对项目潜在的风险也会有较为清醒的认识。

采用项目融资一般可以获得比传统方式更高的贷款比例。在国际经济舞台上,项目融资除以上特征之外,还有利用税收优势降低融资成本、提高项目的综合收益率和偿债能力、促进产品出口等特征。

4.7.2 项目融资的主要形式

1. 生产支付和预先购买

生产支付(Production Payment)是项目融资的早期形式之一,起源于20世纪50年代。贷款银行从项目中购买到一个特定份额的生产量,这部分生产安排量的收益也就成为项目融资的主要偿债资金的来源。因此,生产支付的特点是通过直接拥有项目的产品和销售收入,而不是通过抵押或权益转让的方式来实现融资的信用保证。生产支付方式适用于资源贮藏量已经探明并且项目生产的现金流量能够比较准确地计算的项目。

预先购买具有生产支付的许多特点,是更为灵活的项目融资方式。其灵活性表现在贷款人可以成立专设公司,这个专设公司不仅可以购买规定数量的未来产品,还可以直接购买这些产品未来的现金收益。项目公司交付产品或收益的进度,将被设计成与规定的分期还款、偿债计划相配合。

2. 融资租赁

租赁是一种承租人可以获得固定资产使用权而不必在使用初期支付其全部资本开支的一种融资手段。在发达国家中,相当多的大型项目是通过融资租赁方式来筹措资金的。融资租赁的一般形式为:当项目公司需要筹资购买设备时,由租赁公司向银行融资并代表项目公司购买或租入其所需设备,然后租赁给项目公司。项目公司在项目营运期间以营运收入向租赁公司支付租金,租赁公司以其收到的租金向贷款银行还本付息。

融资租赁具有比较高的灵活性。项目融资中采用融资租赁主要是出于以下两方面的考虑:一是融资租赁可以通过厂房和设备的折旧为项目发起方带来资本让税,从而降低项目总成本;二是由于在融资租赁中,租赁资产的所有权没有发生转移,仍在贷款人的掌握之中,因此债权人对租赁资产也比较放心,从而降低了贷款风险。

3. BOT

所谓 BOT 是 Build（建造）-Operate（营运）-Transfer（转让）的缩写。这种融资方式的特点是借助私人投资建设原来要由政府开发的基础设施。BOT 的一般做法是：政府部门与投资者签订投资项目的特许权协议，使投资者具有建造经营的权利。项目公司在项目经营特许期内，利用项目收益偿还投资及营运支出，并获得利润。特许期满后，投资者将该项目无偿交还给当地政府。显然，许多基础设施和公共工程项目可以利用 BOT 方式从民间筹集资金。例如，广西壮族自治区来宾电厂、湖南省长沙电厂、上海市和成都市水厂等项目。

4. 世界银行贷款项目的联合融资

世界银行贷款项目的联合融资（Cofinancing）是由世界银行为对世行贷款项目同时提供商业性贷款的其他贷款人提供必要的担保，以鼓励国外资本，尤其是那些长期、低息的国外私人资本流向发展中国家的基础设施部门，加强发展中国家在国际金融市场上的筹资能力的一种融资方式。世界银行对其担保的联合融资收取一定的担保费，并要求借款国政府反担保。

5. 资产证券化

ABS（Asset-Backed Securities，资产证券化）是以项目所属的资产为支撑的证券化融资方式，即它是以项目所拥有的资产为基础，以项目资产可以带来的预期收益为保证，通过在资本市场发行债券来筹集资金的一种项目融资方式。目前资产证券化的资产以金融资产为主，如美国资产类型主要有：住宅抵押贷款、汽车贷款、信用卡贷款、应收账款等。但是 ABS 项目融资中债券的筹集成本与信用等级密切相关，发行债券机构信用等级越高表明债券的安全性越高；债券利率越低，债券的投资级别也就越高，如根据标准普尔公司的信用等级办法，信用等级 AAA、AA、A、BBB 为投资级，债券的信用等级只有达到了 BBB 以上时才具有投资价值，才能在证券市场上发行债券筹集资金。

4.7.3 项目融资的程序

不同项目的融资活动千差万别，很难找到两个完全相同的项目融资。但是，项目融资的运作程序大致相同，一般都要经过以下程序。

1. 项目提出阶段

项目融资是由两类项目主体提出的：一类是政府，尤其是以国有经济为主导的国家，根据政治、经济、社会、军事等多方面需要，提出项目，特别是大型基础设施项目和高风险的新技术项目；另一类是企事业或外商经过对各种因素的分析，根据政府、社会的需要，向政府部门提出项目建议。

2. 项目融资可行性研究与项目风险分析阶段

项目融资可行性研究是从项目投资者的角度来分析项目在其经济生命期内的经济效益，并与同行业的标准投资效益率进行比较，从而判断项目对投资者来说，在经济上是否合理和技术上是否可行。项目可行性研究的主要内容包括项目本身的财务评价、项目发起人的财务评价、国民经济评价和项目风险分析等工作。

项目融资的风险分析是在项目可行性研究报告获得通过后，从项目债务资金提供者的角度，侧重考察和分析项目融资期内的项目风险，从而判断项目债务资金本息偿还的可靠性和安全程度。项目融资可行性分析可为项目融资工作的开展提供重要的依据。

3. 项目融资决策阶段

项目融资决策是在项目融资可行性研究和项目风险分析的基础上,项目投资者对一些根本性问题,诸如对项目融资的方式、聘请融资顾问、融资结构、投资结构等重大问题做出判断和决定。聘请有关金融专家和部门来协助项目投资者全面地分析和判断项目的风险因素,确定项目的债务承受能力和风险,设计和选择能够准确反映出投资者的融资战略要求,并有助于实现项目投资目标收益率的项目融资结构及其相应的资金结构,分析和比较可能采用的融资方案,综合考虑各类项目融资参与者的意见或建议后,再做出融资方案决策。

4. 融资合同谈判阶段

项目融资谈判是项目发起人或政府部门,在提出项目并进行了可行性研究和风险分析的基础上,通过各种渠道、多种形式选择候选合作伙伴,并与他们就融资总额、融资期限、提款方式、还款方式、融资条件和资金提供方的其他要求等重大问题进行会谈,最后选定合作伙伴,并与之进一步协商各方面的条款,形成法律文件,签订合同的过程。

项目公司与贷款银行谈判与签订协议时,应认真审阅和参考项目基本文件。项目基本文件是项目融资的重要文件和依据,是项目融资谈判的前提和基础,对项目融资协议的主要内容起决定作用。

5. 项目融资实施阶段

在正式签署项目融资的法律文件之后,项目融资就进入了实施阶段。此阶段应做好以下工作:根据项目合资协议(或叫股东协议)和项目融资协议等,筹措和运用资金,实现融资项目的开发建设,项目公司在项目建设期完成项目投资计划的执行管理,项目融资中的风险控制与管理,项目融资中的融资文件的执行管理。

【思考与练习】

1. 确定项目目标对一个项目来说有哪些重要意义?
2. 为什么项目经理应该是一个通才而不是一个技术专家?
3. 项目经理应该具有哪些能力和素质?
4. 项目的组织结构有哪些?各有什么优缺点?
5. 结合项目团队的发展阶段,谈谈你对项目团队建设的理解。
6. 简述项目干系人的含义及组成。
7. 简述项目融资的主要方式。

【模拟练习】

1. 你采用哪种形式来组织下面的一些项目?
(1)一家银行的投资银行部的投资项目。
(2)一家公司的基础研究实验室的研究项目。
(3)一个跨国建筑公司的项目。
(4)一个城市的公共交通项目。
(5)一个管理咨询公司的咨询项目。

2. 试列举某一居民区建造一个超市的项目干系人有哪些?

3. 在《西游记》这样一个"泛项目"中,试进行项目干系人分析,识别其项目的发起人、项目经理、客户、项目团队成员和职能部门的负责人。

4. (续第3章模拟练习1)假设 CG 产品生产线建设项目可行性研究结果表明,该项目从技术上和经济上均可行,该产品的销售前景较好,为保证该项目的顺利进行,公司决定按照现代项目管理的思想和方法对该项目的建设过程进行管理,并决定成立一个项目团队,全面负责该项目的建设过程。但有一个问题尚未解决,这就是项目经理的人选尚未确定。

(1)提出对该项目经理的素质要求。

(2)描述该项目经理的主要职责。

(3)说明对项目经理授权应考虑的原则。

(4)如果你被选聘为该项目的项目经理,请你向总经理提交一个报告,简要描述自己组建项目团队的过程。

(5)为了更好地完成该项目,作为项目经理你需要准确描述该项目的目标。

目标1:_____

目标2:_____

目标3:_____

【案例讨论】

Hydrobuck 公司

Hydrobuck 公司是一家生产船用外置汽油马达的中等厂商。过去,企业一直在顺利地生产并销售3~40马力的马达。最近公司对大马力马达更感兴趣,并最终决定生产50~150马力的大功率马达。

大马达和小马达内部装置相似。但是大马达需要动力平衡装置。简单地讲,该装置就是一套保证发动机在船上保持稳定的液压系统。Hydrobuck 公司由于没有设计出很好的动力平衡装置,而在销售大功率马达上失败了。

公司财力未受影响,并保持生产小型外置马达的领先地位。下面是今后两年的公司目标:

(1)设计优秀的动力平衡系统。

(2)设计建造生产上述系统的设备。

(3)开发出用于安装上述系统的方法。

生产和销售大马达的技术、设施、营销策略在公司中已经具备。

问题:

有哪些项目组织形式可以用于这个项目?哪个最好?理由是什么?

第 5 章　项目范围管理

【学习目标】

1. 掌握项目范围及项目范围管理的含义；
2. 掌握项目范围管理的工作过程；
3. 了解需求文件与需求跟踪矩阵的内容；
4. 掌握定义范围的含义及范围说明书的内容；
5. 掌握工作分解结构(WBS)的含义、步骤及分解方式；
6. 了解确认范围和控制范围的过程。

5.1　项目范围管理概述

5.1.1　项目范围管理的含义

1. 项目范围的含义

项目范围是指项目组织为了成功地完成项目并实现项目目标，所必须完成的全部项目工作和各项活动。项目范围界定了项目的工作界限，其中"必须"是指项目的工作范围只包括完成该项目，实现该项目目标所"必须进行的工作"，不进行此项工作，项目就无法完成；"全部"是指项目的工作范围要包括完成该项目，实现该项目目标所"进行的全部工作"，任何工作都不能够遗落。项目的工作范围既不能超出生成既定项目可交付成果和实现项目目标的需要，也不能少于这种需要，项目工作范围所界定的每一项工作，都是成功完成项目、实现项目目标的充分必要条件。

例如，在一个承包建房的项目中，项目范围可能是涉及清理地面、建造房屋和美化环境等所有的工作，以符合承约商与客户一致认同的计划。确定项目范围就是为项目界定一个界限，划定哪些方面是属于项目应该做的，而哪些是不应该包括在项目之内的，即定义项目管理的工作边界，确定项目的目标和主要的项目可交付成果。

2. 产品范围和项目范围

产品范围是指产品或服务所包含的特征或功能，项目范围是指为交付具有规定特征和功能的产品和服务所必须完成的工作。例如，建立一个网上书店可能要向用户提供专门的硬件、软件、服务项目，培训及安装施工等产品和服务，包含了一些特定的功能和规范，这是产品范围，而为了达到这些功能和服务要求，该项目必须完成一系列具体的工作就是项目范围。

产品范围和项目范围这两个概念既相互联系，又相互区别。

项目范围最终是以产品范围为基础而确定的,产品范围对产品要求的深度和广度决定了项目工作范围的深度和广度。产品范围的完成情况是参照客户的要求来衡量的,而项目范围的完成情况则是参照项目计划来检验的,两种范围管理应该很好地结合起来,以确保项目所做的工作能够向客户提交满意的工作成果。

3. 确定项目范围的作用

确定了项目范围也就定义了项目的工作边界,明确了项目的目标和主要的项目可交付成果。项目的可交付成果往往又被划分为较小的、更易管理的不同组成部分。因此,确定项目范围对项目管理来说可以产生如下作用。

(1)为项目实施提供工作范围的框架。项目范围管理最重要的作用就是为项目实施提供了一个项目工作范围的边界和框架,并通过该边界和框架去规范项目组织的行动。在澄清了项目的工作范围和条件之后,就可以让项目团队成员放弃不必要的工作和各种不切实际的想法。

(2)提高费用、时间、人力和其他资源估算的准确性。项目的具体工作内容明确以后,就可以较为准确地对整体和各项工作的需求进行估计。

(3)确定进度测量和控制的基准。项目范围是项目计划的基础,项目范围确定了,也就为项目进度计划的执行和控制确定了基准,便于实施有效的控制,从而可以采取相应的纠偏行动。

(4)有助于清楚地分派责任。项目确定了范围也就确定了项目的具体工作任务,为进一步分派任务打下了基础。

由此可见,正确确定项目范围对项目成功非常重要。项目范围指明了为什么要实施项目,同时也表明客户实施项目的主要目的是什么,如果项目的范围确定得不好,就会使随后所有的管理活动产生混乱,项目范围会不断出现变更,项目的实施节奏被频繁地打断,造成经常返工,延长项目完成时间,降低劳动生产率等。

4. 项目范围管理的含义

项目范围管理是指对项目所要完成的工作范围进行管理和控制的过程和活动,包括确保项目能够按要求的范围完成所涉及的所有过程,实质上是一种功能管理。

通过项目范围的管理过程,把客户的需求首先转化为对项目产品的定义,再进一步把项目产品的定义转变为对项目工作范围的说明。

5.1.2 项目范围管理的主要过程

项目范围管理包括规划范围管理、收集需求、定义范围、创建 WBS、确认范围和控制范围六个过程,如图 5.1 所示。

(1)规划范围管理。规划范围管理是制订项目范围管理计划和项目需求管理计划,书面描述将如何定义、确认和控制项目的范围,为在整个项目中如何管理范围提供指南和方向。

(2)收集需求。收集需求是指为实现项目目标,将满足客户需求和预期的项目或产品的特征及功能确定并记录下来的过程。

(3)定义范围。定义范围是制定项目和产品的详细描述的过程。

(4)创建WBS。创建WBS是指将项目可交付成果和项目工作细分为更小的、可操作的部分的过程。

(5)确认范围。确认范围是指正式接受完工可交付成果的过程。

(6)控制范围。控制范围是指监督项目范围状况,并管理范围基准变更的过程。

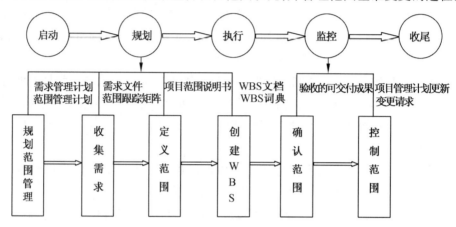

图 5.1　项目范围管理过程

5.2　规划范围管理

规划范围管理(Plan Scope Management)是创建范围管理计划和需求管理计划,书面描述将如何定义范围、创建WBS、确认和控制项目范围的过程。其目的在于在整个项目中对如何管理范围提供指南和方向。

5.2.1　规划范围管理的依据

1. 项目管理计划

项目管理计划包括项目的范围、质量、成本、时间、采购、沟通、风险管理等方面的专项管理计划,其他项目管理专项计划都与项目范围管理计划相互影响和相互作用,因此它们也都必须作为项目范围管理计划工作的主要依据。

2. 项目章程

这是制订项目范围管理计划的主要依据。因为项目章程中给出了项目的目标、项目的要求、项目的约束条件和项目的管理要求等各方面的信息和规定,所以不管是项目范围管理计划还是其中的项目范围管理程序与方法,都需要根据它来制订。

3. 事业环境因素

事业环境因素是指项目团队不能控制的,将对项目产生影响、限制或指令作用的各种条件,它主要包括组织文化、基础设施、人事管理制度以及市场状况,所有这些都会影响项目范围的管理方式。

4. 组织过程资产

组织过程资产是指能够影响项目范围管理方式的正式和非正式的计划、流程、政策、程序和知识库,如一些用于吸取教训的历史信息。组织过程资产可分成流程与程序以及共享知识库两大类。

5.2.2 规划范围管理的工具和方法

1. 专家判断

在制订项目范围管理计划时,可以利用专家所拥有与特定的范围管理计划相关的专业学历、知识、技能、经验或培训经验做出判断。

2. 会议

项目团队可以通过参加项目会议的方式来制订范围管理计划。参会的人员可以包括项目经理、项目发起人、项目团队成员、关键干系人、范围管理各工作过程的负责人以及其他必要的人员。

5.2.3 规划范围管理的结果

1. 范围管理计划

范围管理计划是项目或项目集管理计划的组成部分,描述将如何定义、制定、监督、控制和确认项目范围。范围管理计划有助于降低项目范围蔓延的风险。范围管理计划要素见表5.1。

表5.1 范围管理计划要素

文档要素	描述
编制项目范围说明书	描述如何编制项目范围说明书,包括任何备选分析干系人访谈,或者实施的研究
WBS	描述WBS以及是否使用阶段、所在区域、主要可交付成果及其他方式来安排WBS,制定控制账户和工作包的指南也可以在本部分中记录
WBS词典	识别需要在WBS词典中注明的内容和细节水平
范围基准维护	指明需要走变更控制过程的范围变更的类型以及如何维护范围基准
范围变更	描述如何管理范围变更,包括清楚的定义范围变更和范围修订的区别
可交付成果验收	为达到客户验收的目的,对每个可交付成果要识别如何被确认,包括需要签收的任何测试和文档
范围和需求整合	描述在范围说明书和WBS中项目及产品需求将如何被定义,识别整合、需求和范围确认将会如何发生

2. 需求管理计划

需求管理计划也是项目管理计划的组成部分,描述将如何分析、记录和管理需求。阶段与阶段之间的关系对如何管理需求有很大影响。项目经理为项目选择最有效的阶段间关系,并将它记录在需求管理计划中。需求管理计划要素见表5.2。

表 5.2 需求管理计划要素

文档要素	描述
需求收集	描述如何收集需求,可以考虑使用头脑风暴法、访谈法、观察法等
需求分析	描述为了排序、分类,如何分析需求以及对产品或项目方法的影响
需求分类	识别对一组需求进行分类的方法,如业务、干系人、质量等
需求记录	定义需求如何被记录,需求文件的格式可以是从简单的电子表格到包含详细说明和附件的详细表格
需求排序	识别对需求排序的方法,某些需求是不可商量的,例如,那些被监管的或者必须符合组织政策和基础架构的需求;其他一些需求可能是不错的,但是不是必需的功能
需求测量指标	记录下需求的测量指标。例如,如果需求是这个产品必须能够支持 150 千克,那么测量指标会被设计成支持 120%(180 千克),任何设计和工程决定导致这个产品的支持度会低于 120% 的话,都必须得到客户的审批
需求跟踪结构	识别用于连接初始需求到满意的可交付物之间的信息
需求跟踪	描述追踪需求所需的频率和技术
需求报告	描述需求报告如何被管理并指明汇报的频率
需求确认	识别用于确认需求的各种方法,如检查、审计、证明、试验等
需求配置管理	描述用于控制需求、文件、变更管理过程和对变更有批准权层级的配置管理系统

5.3 收集需求

收集需求(Collect Requirements)是为实现项目目标而确定、记录并管理干系人的需要和需求的过程。该过程的主要作用是,为定义和管理项目范围(包括产品范围)奠定基础。收集需求始于对项目章程、项目干系人登记册和干系人管理计划的详细分析。

5.3.1 收集需求的依据

1. 范围管理计划

范围管理计划为项目团队应该如何确定所需收集的需求的类型提供指南。

2. 需求管理计划

需求管理计划规定了用于整个收集需求过程的工作流程,以便定义和记录项目干系人的需要。

3. 干系人管理计划

干系人管理计划是项目管理计划的组成部分,其为有效调动干系人参与项目管理而规定所需的管理策略。从干系人管理计划中可以辨识干系人的沟通需求和参与程度。

4. 项目章程

项目章程是规划范围管理的主要依据,从项目章程中项目团队可以了解项目产品、服务或成果的详细描述,并据此收集详细的需求。

5. 项目干系人登记册

项目干系人登记册用于记录已识别的项目干系人的所有详细信息。从项目干系人登记册中项目团队可以了解哪些项目干系人能够提供需求方面的信息。项目干系人登记册也记录了项目干系人对项目的主要需求和期望。

5.3.2 收集需求的工具与技术

1. 个人访谈

访谈是通过与项目干系人直接交谈来获取信息的正式或非正式的方法。访谈的典型做法是向被访者提出预设和即兴的问题并记录他们的回答。个人访谈经常是一个访谈者和一个被访者之间的"一对一"谈话，但也可以包括多个访谈者和多个被访者。访谈有经验的项目参与者、发起人和其他高管，以及主题专家，有助于识别和定义所需产品可交付成果的特征和功能。

2. 焦点小组访谈

焦点小组访谈是召集预定的项目干系人和主题专家，了解他们对所讨论的产品、服务或成果的期望和态度。一般由一位受过训练的主持人引导大家进行互动式讨论。焦点小组访谈往往比"一对一"的访谈更热烈。

3. 引导式研讨会

引导式研讨会把主要项目干系人召集在一起，通过集中讨论来定义产品需求。研讨会是快速定义跨职能要求和协调项目干系人差异的重要技术。由于群体互动的特点，被有效引导的研讨会有助于参与者之间建立信任、改进关系、改善沟通，从而有利于项目干系人达成一致意见。此外，研讨会能够比单项会议更早发现问题，更快解决问题。例如，在软件开发行业，就有一种称为"联合应用设计/开发"（JAD）的引导式研讨会。这种研讨会注重把业务主题专家和开发团队集中在一起，来改进软件开发的过程。

4. 群体创新技术

群体创新技术是指通过组织群体活动来识别项目和产品需求的方法，常用的群体创新技术如下。

（1）头脑风暴法。这是一种用来产生和收集对项目需求与产品需求的多种创意的技术。头脑风暴法本身不包含投票或排序，常与包含该环节的其他群体创新技术一起使用。

（2）名义小组技术。这是用于促进头脑风暴的一种技术，通过投票排列最有用的创意，以便进一步开展头脑风暴或优先排序。

（3）概念/思维导图。这是把从头脑风暴中获得的创意整合成一张图的技术，以反映创意之间的共性与差异，激发新创意。

（4）亲和图。这是用来对大量创意进行分组的技术，以便进一步审查和分析。

（5）多标准决策分析。这是借助决策矩阵，用系统分析方法建立诸如风险水平、不确定性和价值收益等多种标准，从而对众多方案进行评估和排序的一种技术。

5. 群体决策技术

群体决策技术就是为达成某种期望结果，而对多个未来行动方案进行评估的过程。该技术用于生成产品需求，并对产品需求进行归类和优先级排序。达成群体决策的方法有:①一致同意原则;②大多数原则;③相对多数原则;④独裁。

在收集需求的过程中,上述群体决策技术都可以与群体创新技术联合使用。

6. 原型法

原型法是指在实际制造预期产品之前,先制造出该产品的实用模型,并据此征求对需求的早期反馈。因为原型是有形的实物,它使得项目干系人可以体验最终产品的模型,而不是仅限于讨论抽象的需求描述。原型法需要经历从模型构建、用户体验、反馈收集到原型修改的反复循环过程。在经过足够的反馈循环之后,就可以通过原型获得足够的需求信息,从而进入设计或制造阶段。故事板是一种原型技术,它通过一系列的图像或图示来展示顺序或导航路径。故事板用于各种行业的各种项目中,如电影、广告、教学设计、软件开发等。在软件开发中,故事板使用实体模型来展示网页、屏幕或其他用户界面的导航路径。

除以上方法外,还有问卷调查法、观察法、标杆对照法、文件分析法等。

5.3.3 收集需求的结果

1. 需求文件

需求文件描述各种单一需求将如何满足与项目相关的业务需求。一开始可能只有高层级的需求,然后随着有关需求信息的增加而逐步细化。只有明确的(可测量和可测试的)、可跟踪的、完整的、相互协调的,并且主要干系人愿意认可的需求,才能作为基准。需求文件的格式多种多样,它既可以是一份按利益相关者和优先级分类列出全部需求的简单文件,也可以是一份包括摘要、细节描述和附件等内容的详细文件。需求文件的主要内容如下。

(1)业务需求。业务需求主要包括可跟踪的业务目标和项目目标、执行组织的业务规则以及组织的指导原则三大内容。

(2)干系人需求。干系人需求主要包括对组织和其他领域的影响、对执行组织内部或外部团体的影响以及项目干系人对沟通和报告的需求等相关内容。

(3)解决方案需求。解决方案需求涉及功能和非功能需求、技术和标准合规性需求、质量需求以及报告需求等内容。

(4)项目需求。项目需求包括服务水平、绩效、安全和合规性以及验收标准等内容。

(5)过渡需求。

(6)与需求相关的假设条件、依赖关系和制约因素。

2. 需求跟踪矩阵

需求跟踪矩阵是贯穿整个项目生命期的、动态的、实时跟踪干系人需求的一种方法。该方法的目的是保证在干系人需求文档中列示的需求能够在项目结束时得以实现,并保证项目干系人的每项需求都能通过与业务或项目目标的链接产生价值。此外,需求跟踪矩阵也是管理产品范围变化的一种方法。需求跟踪矩阵以表格形式跟踪在整个项目生命期内的干系人需求变化,其内容通常包括:业务需要、机会、目的和目标,项目目标,项目范围/WBS可交付成果,产品设计,产品开发,测试策略和测试情景以及高层级需求和详细需求。

在需求跟踪矩阵中所列示的需求属性可以帮助项目团队辨识每个需求的关键信息。

典型的需求属性包括唯一标识、需求的文字描述、记录该需求的理由、来源、优先级、当前状态(如进行中、已取消、已推迟、新增加、已批准、被分配和已完成)和状态日期。需求跟踪矩阵示例见表5.3。

表5.3 需求跟踪矩阵示例

需求跟踪矩阵									
项目名称									
责任中心									
项目描述									
编号	关联编号	需求描述	业务需要、机会、目的、目标	项目目标	WBS可交付成果	产品设计	产品开发	测试用例
001	1.0							
	1.1							
	1.2							
	1.2.1							
002	2.0							
	2.1							
	2.1.1							

5.4 定义范围

定义范围(Define Scope)就是以项目的实施动机为基础,确定项目范围并编写项目范围说明书的过程。该过程的主要作用是,明确所收集的需求哪些将包含在项目范围内,哪些将排除在项目范围外,从而明确项目、服务或成果的边界。定义范围对项目成功是非常重要的,因为一个好的范围界定可以提高项目时间、成本以及所需要资源估算的准确性,还可以为项目执行绩效评测和项目控制提供一个基准。

5.4.1 定义范围的依据

定义范围的依据主要是范围管理计划、项目章程、项目干系人需求文档及组织过程资产。定义范围需要依据组织过去已完成项目的经验和吸取的教训,还需要考虑到组织在定义范围时的程序和原则,这些都属于组织过程资产的内容。其他内容前面已经介绍过,这里不再赘述。

5.4.2 定义范围的工具和技术

1. 成果分析(产品分析)

通过成果分析可以加深对项目成果的理解,确定其是否必要,是否有价值,主要包括系统工程、价值分析、质量功能分析等技术。

2. 项目方案识别技术

这里的项目方案是指实现项目目标的方案。项目方案识别技术泛指提出实现项目目标的方案的所有技术,如头脑风暴法、侧面思考法等。

3. 专家判断

请各领域的专家对各种方案进行评价。任何经过专门训练或具有专门知识的集体或个人均可视为领域专家。

5.4.3 定义范围的结果

1. 项目范围说明书

项目范围说明书定义了项目组织应该执行和应该剔除的工作,详细地说明了项目的可交付成果和为提交这些可交付成果而必须开展的工作。它在项目干系人之间建立了一个对项目范围的共识,并将其作为未来变更控制和项目决策的基准,是项目范围计划的主要内容。

项目范围说明书的主要内容包括:

(1)项目目标。它包括可测量的项目成功标准。项目目标至少包括成本、时间和质量目标。每一个项目目标都必须有计量属性,项目目标的确定应遵循"SMART"原则。SMART 是英文单词 Specific(具体性)、Measurable(可考核性)、Attainable(可达到性)、Relevant(相关性)和 Time-Bound(时限性)的首字母组合,代表了有效的项目目标应该具有的五种属性。

(2)产品范围说明书。它说明了项目应创造的产品、服务或成果的特征。

(3)项目可交付成果。它既包括由项目产品、服务或成果组成的结果,也包括附带结果,如项目管理报告和文件。对可交付成果可以概括,也可以详细说明,具体视项目范围说明书的情况而定。

(4)项目边界。它通常明确哪些事项属于项目的内容,如果某干系人认为某一具体产品、服务或成果是项目的组成部分,则项目边界清楚地说明了哪些事项不包括在项目之内。

(5)项目要求说明书。项目要求说明书说明了项目可交付成果为满足合同、标准、技术规定说明书或其他正式强制性文件的要求,而必须满足的条件或必须具备的能力。对干系人所有需要、愿望和期望所做的干系人分析结果,要按照轻重缓急和重要性大小反映在项目要求说明书中。

(6)产品验收标准。它确定了验收已完成产品的过程和原则。

(7)项目制约因素。它列出并说明同项目范围有关并限制项目团队选择的具体项目制约因素。

(8)项目假设。它列出并说明同项目范围有关的具体项目假设,以及其在不成立时可能造成的潜在后果。项目团队经常识别、记载并验证假设,这项工作属于项目团队规划过程的一部分。详细的项目范围说明书列出的假设一般都比项目章程列出的多且详细。

2. 更新的项目文档

需要根据实际情况对项目干系人需求文档、需求管理计划、需求跟踪矩阵等文档及时进行更新。

【例 5.1】 M 房地产公司 A 项目范围说明书的表格形式实例见表 5.4。

表 5.4　A 项目的范围说明书

开发商	M 公司 A 项目部
编写日期	2017 年 10 月
项目合理性	根据对本市房地产市场的调查,结合公司各相关职能部门的技术和经济评估,Z 公司认为开发 A 项目在技术上、经济上是合理的,具备立项启动的条件
项目产品简述	①时间:整个开发时间为 3 年,2018 年 1 月正式开始,到 2020 年 12 月通过竣工验收,项目结束 ②质量:规划设计达到国家相关标准,工程质量合格率 100%,优良率达 80% 以上 ③成本:整个项目开发成本计划约 3 亿元
项目可交付成果总述	A 高档办公住宅两用建筑楼。地下共 1 层为停车场,地上 18 层,1～6 层为商用写字楼,得房率 75%,可灵活分割;7～18 层为商务住宅楼,700 户,主力户型为小复式单元,得房率 85%
对决定项目成功要素的说明	①国家宏观政策,主要是对住房宏观调控政策在项目建设期内不做大的变动,经济不会出现大的波动,物价相对稳定 ②市政府对投资环境不做大的不利修改,本市气候条件在建设期内不出现异常大的变化,不存在不可抗力因素 ③项目使用资金量大,需要提前合理安排和筹集 ④项目管理和技术人员需要加强培训和引进,使项目管理科学有序

5.5　创建工作分解结构

5.5.1　工作分解结构概述

工作分解结构(Work Breakdown Structure,WBS)是指把项目整体任务分解成较小的、易于管理和控制的若干子任务或工作单元,并由此组织和定义整个项目的工作范围。工作分解结构是项目管理中最有价值的工具之一,是制订项目进度计划、资源需求计划、成本预算计划、风险管理计划、采购计划以及控制项目变更的重要基础。

工作分解结构是将项目团队为实现项目目标创造必要的可交付成果而执行的工作进行分解之后得到的一种层次结构。它将项目目标分解为许多可行的、逐步细化的、相对短期的任务,将需要完成的项目按照其内在工作性质或内在结构划分为相对独立、内容单一和易于管理的工作单元,从而有助于找出完成项目工作范围所有的任务,便于项目组织内部的沟通与项目目标的把握。工作分解结构主要有以下作用:

(1)工作分解结构能保证所有任务都识别出来,并把项目要做的所有工作都展示出来,不至于漏掉任何重要任务。

(2)工作分解结构清晰地给出可交付成果,明确具体任务及相互关联,为不同层级的管理人员提供适合的信息。高层管理人员处理主交付物,一线主管处理更小的子交付物或工作包,使项目团队成员更清楚任务的性质,明确要做的事情。

(3)通过工作分解结构,容易对每项分解出的活动估计所需时间、所需成本,可应用于计划、进度安排和预算分配。

(4)通过工作分解结构,可以确定完成项目所需要的技术、人力及其他资源。

(5)工作分解结构为管理人员提供了计划、监督和控制项目工作的数据库,能够对项目进行有效的跟踪、控制和反馈。

(6)工作分解结构定义了沟通渠道,有助于理解和协调项目的多个部分。工作分解结构列示了工作和负责工作的组织单位,问题可以得到很快的处理和协调。

5.5.2 工作分解结构的表现形式

工作分解结构有两种常用的表现形式:一种是直线缩排的,是直接明了的项目活动清单,也可以称为锯齿列表。这种工作分解结构中,新的一层排列的是更低的详细内容,这种形式易于使用,在计算机上可以完全以文本的形式做出,并且标有行号,但是这种结构图不能像图形那样直观地显示项目的范围,如图5.2所示。第二种是层级式的树状结构图,如图5.3所示。

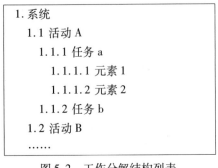

图5.2 工作分解结构列表

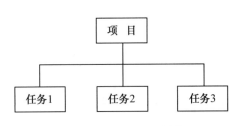

图5.3 工作分解结构树状图

5.5.3 工作分解结构的创建过程

1. 工作分解结构的创建步骤

由于项目本身复杂程度、规模大小各不相同,从而形成了不同的WBS层次。在一些项目的工作分解结构中,可能以上的分解只需要三级,另外一些项目的工作分解结构可能还需要更多。

在进行项目工作分解的时候,一般遵从以下几个主要步骤:

(1)明确并识别项目的各主要组成部分,即明确项目的主要可交付成果。在进行这一步时需要解答的问题是:要实现项目的目标需要完成哪些主要工作?

(2)确定每个可交付成果的详细程度,判断能否快速方便地估算各个组成部分各自所需的费用和时间,以及责任分配的可能性与合理性。如果不可以,则进入第三步;如果可以,则进入第四步。

(3)确定可交付成果的组成要素。组成要素应当用切实的、可验证的结果来描述,以便进行绩效测量。这一步要解决的问题是:要完成当前层次上各个部分的工作,需要做哪些更细的工作?这些工作是否可行?是否可核查?它们之间的先后顺序是怎样的?判断能否快速方便地估算该层的各个组成部分各自所需的费用和时间,以及责任分配的可能性与合理性。如果不可以,则继续第三步;如果可以,则进入第四步。

(4)核实工作分解结构分解的正确性,需要回答下列问题:

①最底层项对项目分解来说是否是必需而且充分的?如果不是,则必须修改组成要

素(添加、删除或重新定义)。

②每项工作的定义是否清晰完整？如果不完整,则需要修改或扩展描述。

③各子项间的工作界面是不是很清晰;是否能够分配到接受职责并能够圆满完成这项工作的具体组织单元(例如部门、项目团队或个人)？如果不能,需要做必要的修改,以便提供合适的管理控制。

④每项工作任务是否都能够恰当地编制进度计划、是否能得到有效的跟踪和控制。

⑤成本是否便于进行预算、跟踪并得到有效控制。

⑥质量是否能得到有效的跟踪和控制。

⑦是否能够准确地识别出项目的里程碑事件。

⑧能否识别出项目风险源,对风险源能否进行有效的跟踪和控制。

⑨能否支持项目的采购任务。

⑩能否支持项目的分包任务。

2. 常见的工作分解结构分解方式

(1)基于可交付成果的划分。这种分解方式具有如下特点:上层一般以可交付成果为导向,下层一般为可交付成果的工作内容。图5.4是基于可交付成果划分的工作分解结构图的示例。

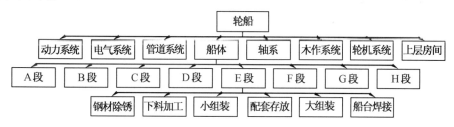

图5.4 基于可交付成果划分某轮船设计工作分解结构

(2)基于产品或项目的功能划分。功能是项目完成后应具有的效用,它是在一定平面和空间上发挥作用的,所以有时又被称为"功能面"。功能面包括各个专业要素,可以按这些专业要素分解。例如厂房结构可分解为基础、柱、墙体、屋顶及饰面等。再例如一个工业厂房的功能可能要划分为生产功能和服务功能,如毛坯生产、机械加工、冲压、装配、油漆包装和运输、办公、仓储等。图5.5是基于产品或项目的功能划分的工作分解结构图的示例。

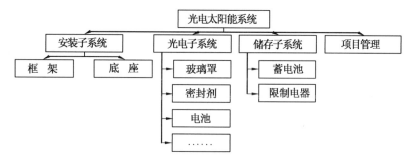

图5.5 基于产品或项目的功能划分的光电太阳能系统(部分)工作分解结构

(3) 基于工作过程的划分。一般情况下,这种分解方式的上层按照工作的流程分解,下层按照工作的内容划分。图 5.6 是基于工作过程划分的工作分解结构图的示例。

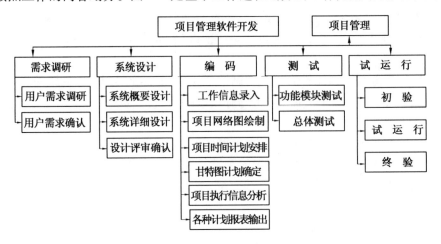

图 5.6　基于工作过程划分的项目管理软件开发项目的工作分解结构

此外需要说明的是,并非工作分解结构中所有的分支都必须分解到同一水平,而且各分支的分解方法也可以不同。以上每种分解方法都有其优缺点,一般情况下,在确定项目的工作分解结构时可以将它们加以组合运用,即在不同的层次可以使用不同的分解方法,但是在工作分解结构每个分支的同一层次应该采用同一种分解方法。

3. 工作分解结构的编码

为了简化工作分解结构的信息交流过程,通常利用编码技术对项目的分解进行编码。编码方法有多种,最常见的方法是利用数字进行编码。工作分解结构中的每一项工作都要编上号码,用来唯一确定其在项目工作分解结构的身份,这些号码的全体称为编码系统。编码系统同项目工作分解结构本身一样重要,在项目规划和以后的各个阶段,项目各基本单元的查找、变更、费用计算、时间安排、资源安排、质量要求等各个方面都要参照这个编码系统。图 5.7 是某侦察机系统的工作分解结构图及编码。工作分解结构编码由四位数组成,第一位数表示处于 0 级的整个项目的编码;第二位数表示处于第 1 级的子工作单元(或子项目)的编码;第三位数是处于第 2 级的具体工作单元的编码;第四位数是处于第 3 级的更细更具体的工作单元的编码。编码的每一位数字,由左到右表示不同的级别,即第 1 位代表 0 级,第 2 位代表 1 级,以此类推。

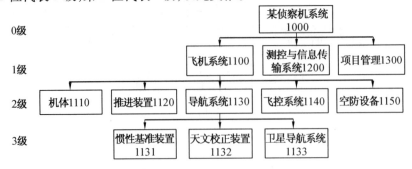

图 5.7　某侦察机系统的工作分解结构图

【例 5.2】 请利用编码技术对图 5.6 中项目管理软件开发项目工作分解结构编码。编码结果如图 5.8 所示。

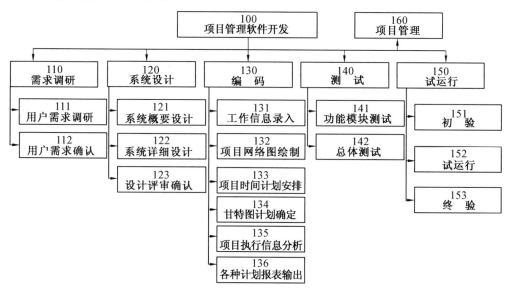

图 5.8 项目管理软件开发项目工作分解结构编码

在实践中工作分解结构除了使用树状图格式,还经常使用列表形式表示 WBS 分层和编码设计。表 5.5 为项目管理软件开发项目工作分解结构列表示例。

表 5.5 项目管理软件开发项目工作分解结构表

编码	工作名称	编码	工作名称
1.0.0	项目管理软件开发	1.3.4	甘特图计划确定
1.1.0	需求调研	1.3.5	项目执行信息分析
1.1.1	用户需求调研	1.3.6	各种计划报表输出
1.1.2	用户需求确认	1.4.0	测试
1.2.0	系统设计	1.4.1	功能模块测试
1.2.1	系统概要设计	1.4.2	总体测试
1.2.2	系统详细设计	1.5.0	试运行
1.2.3	设计评审确认	1.5.1	初验
1.3.0	编码	1.5.2	试运行
1.3.1	工作信息录入	1.5.3	终验
1.3.2	项目网络计划图绘制	1.6.0	项目管理
1.3.3	项目时间计划安排		

4. 工作责任分配矩阵

工作分解结构完成之后还需要将所分解的工作任务落实到项目有关部门或个人,明确标示出他们在组织工作中的关系、责任和地位,即制定项目的工作责任分配矩阵。工作责任分配矩阵是一种矩阵结构图,一般由表示工作任务的行和表示项目涉及人员或部门的列组成。矩阵中的符号表示项目相关人员或部门在每个工作任务单元中的参与角色或责任。工作任务参与类型有多种表示形式,如字母式、几何图形式或数字式等,一般可以自定义含义,只要组织内部能够对其含义达成共识即可,但为了使项目的管理更具通用性和标准性,以便交流和沟通,常采用字母式。项目管理中的工作任务类型(角色或责任)通常有七种:X—执行;D—单独决策(参与决策);P—控制进程;T—需要培训;C—必须咨询;I—必须通报;A—可以建议。表 5.6 和表 5.7 是项目工作责任分配矩阵的字母式表示形式。表 5.8 是项目工作责任分配矩阵的符号式表示形式。

表5.6 某房地产工程建设项目工作责任分配矩阵

WBS	责任部门						
	总指挥	技术办	基地办	总办	工程办	施工方1	施工方2
总体规划	DI	X	X	X	X		
需求调研	P	X		X			
规划方案	P	X		X	X		
工程设计	DI	XI	X		X	C	C
性能细化	P	DI	X		X		
设计方案	P	DI	X		X		
施工图设计	P	DI	X		X		
工程施工	P	A	A	A	DI	XI	XI
施工准备	P		XA	XA	D	XI	XI
主体施工	P	A	A		D	XI	XI

表5.7 制造机器人项目工作责任分配矩阵

任务名称	李莉	马克	王灯	齐豫	刘海	张力	朱文	宁静	宋玉	吴古	何秋	罗莉
机器人	P											
整体设计		P		S								
系统工程			S		P							
专业测试			P				S					
电子技术						P						
设备控制						P	S					
软件安装			S				P					
机器人制造								P				
制造工艺								P	S			
工艺设计									P			
构件加工			S								P	
构件组装					S							P
生产控制								P				

注:P(President)表示主要负责人,S(Service)表示次要负责人

表 5.8 项目管理软件开发项目工作责任分配矩阵(部分)

WBS 编码		设计部	实施部	财务部	测试部	办公室	
1.1	1.1.1	▲	○	○		○	●
	1.1.2	▲	○	○		○	●
1.2	1.2.1	▲	○	○		○	●
	1.2.2	▲	○	○		○	●
	1.2.3	▲	○	○		○	●
1.3	1.3.1	○	▲	○	○	○	●
	1.3.2	○	▲	○	○	○	●
	1.3.3	○	▲	○	○	○	●
	1.3.4	○	▲	○	○	○	●
	1.3.5	○	▲	○	○	○	●
	1.3.6	○	▲	○	○	○	●
1.4	1.4.1	○	○	○	▲		●
	1.4.2	○	○	○	▲		●

注：▲—负责 ○—参与 ●—监督

在项目实施过程中，如果某项活动出现了错误，从工作责任分配矩阵中很容易找出该活动的负责人和具体执行人；当协调沟通出现困难或者工作责任不明时，可以运用工作责任分配矩阵来解决，而且可以针对某个子项目或某个活动分别制定不同规模的工作责任分配矩阵，随着项目的进展，项目团队成员的角色和责任可能会发生一定的变化，需要根据项目的实际进展情况对工作责任分配矩阵进行适当的调整。

5.5.4 工作分解结构的结果

创建工作分解结构的结果就是工作分解结构文档和工作分解结构词典。

1. 工作分解结构文档

工作分解结构文档是创建工作分解结构过程中生成的关键文件。工作分解结构是由那些构成项目范围的项目要素按照一定的原则分类编组构成的层次性结构体系，是一个树型结构。它对项目进行了由粗到细的分解，确定了项目整个范围，凡是不在项目工作分解结构中的工作，均不在项目范围之内。它是以项目说明书为基础，并对项目范围说明书加以细化的工作。在工作分解结构中，每下降一层，就说明对项目组成部分的说明更详尽了一步。通过项目分解样板和分解技术可以绘制出项目工作分解结构。此外，还应注意以下几点：分解后的工作应该是可以管理的，可定量检查的；要表示出任务之间的联系；使用动词描述各项工作；不表示各项工作之间的顺序关系；要包括各种管理活动；要包括分包商的活动。项目工作分解结构中的每一项工作都应该有专人负责。位于项目分解树型结构中最底层的工作通常称为"工作包"，这些工作包在进行项目进度管理和成本管理等其他方面管理时将被进一步分解，得到需要开展的各项项目活动。

2. 工作分解结构词典

这是对工作分解结构进行说明的文件。将项目工作分解得够详细之后,对工作分解结构中的所有工作包的重要情况进行详细说明。一般来讲,工作分解结构词典应包含下列基本信息:工作细节,描述为完成这项工作所要实行的各种工作过程和方法;先期工作投入,即这项工作将会使用到其他工作产品;工作产出,完成这项工作预计会产生的可交付成果;人员联系,即如何调配不同工作组成员相互之间的工作;持续时间,每项工作预计耗用时间;需用资源,为完成这项工作需要的人员、资金、材料、技术等;紧前工作,在本工作开始之前,应该完成的其他工作;紧后工作,在本工作完成之后,就可以立即开始的工作。

5.6 确认范围

确认范围(Validate Scope)是正式验收已完成的项目可交付成果的过程。为了能使项目范围得以正式承认,项目组必须形成一些明确的正式文件,说明项目产品及其评估程序,以评估是否正确和满意地完成了这些产品。它是通过参与者(倡议者、委托人和顾客等)的行为正式确定项目范围的过程。

5.6.1 确认范围的依据

确认范围的主要依据是项目管理计划、项目干系人需求文档、需求跟踪矩阵、核实的可交付成果及工作绩效数据等。项目管理计划包含范围管理计划和范围基准。范围管理计划定义了项目已完成可交付成果的正式验收程序。范围基准包含批准的范围说明书、WBS 和相应的 WBS 词典。只有通过正式的变更控制程序,才可对基准进行变更。工作绩效数据可能包括符合需求的程度,不一致的数量、不一致的严重性,或者在某时间段内开展确认的次数。其他在前面已有介绍,这里不再赘述。

5.6.2 确认范围的常用工具——核检表

核检表是确认范围的常用工具之一,包括项目范围核检表和项目工作分解结构核检表。两者的区别是:项目范围核检表是从整体上对项目范围进行核检,如目标是否明确,目标衡量标准是否科学、合理和有效,约束和假设条件是否符合实际,风险是否可以接受等。项目工作分解结构核检表主要以工作分解结构图为依据,检查项目交付物描述是否清楚明确,工作包分解是否到位,层次分解结构是否合理,各个工作包的工作内容是否合理等。

项目干系人在应用上述两张核检表进行确认范围时,如果检查结果符合项目范围规定或在可接受范围内,则结果为接受,否则为拒绝。如结果为拒绝,客户或发起人应说明拒绝的理由,项目团队根据检查结果采取相应的纠偏措施,如果客户或发起人和项目团队未能就检查结果达成一致,则可以委托各方认可的第三方进行独立检查。

5.6.3 确认范围的结果

1. 验收的可交付成果

验收的可交付成果是指经客户或项目发起人签字确认已经收到的可交付成果。在项目的各个阶段点上,即在每个项目阶段收尾的时候,必须进行确认范围工作。确认范围文档包括收到来自客户或项目发起人的证明文件,以及记载干系人验收项目可交付成果的实际情况。确认范围的最终目标就是客户或项目发起人对项目可交付成果和工作结果的正式接受。这种接受最好有正式的文件加以确认,并分发到有关项目相关利益者手中。如果项目范围未得到认可,则整个项目必须宣告终止。

2. 范围变更请求

在确认范围过程中,项目干系人可能提出一些项目范围变更请求,并提请项目变更控制委员会进行审查与批准。产生于确认范围过程中的项目范围变更请求一般包括缺陷补救请求。在项目整体变更控制过程中对这些项目范围变更请求进行审核和处理。项目范围变更请求的形式可以是口头的或书面的,既可以由项目外部因素所致,也可以由项目内部原因引发。

3. 工作绩效状况

项目团队通过将每项具体工作的执行情况与其相应的计划基准进行对比分析,得出在项目进展过程中该项工作所取得的绩效状况,并依据这些文档信息来判定如何对那些差距较大的工作采取相应的管理措施。

4. 更新的项目文档

作为确认范围过程的结果,可能需要更新的项目文件包括定义产品或报告产品完成情况的任何文件。确认文件需要客户或发起人以签字或会签的形式进行批准。

5.7 控制范围

5.7.1 项目范围变更

项目范围变更是指对项目的最终产品或最终服务范围的增加、修改或者删减。造成范围变更的主要原因如下:

(1)项目要求变化。这是项目发起人对项目的需求和期望发生了变化。他可能要求项目产品增加具备某一方面的性能或特征,也可能由于委托人财务状况的恶化而降低对项目的某些要求和期望。如业主对工程项目有了新的要求,如提高或降低建筑标准,改变项目的用途等都要进行范围变更。

(2)项目设计变化。这主要是指对项目设计方案的改进。

(3)工艺技术的变化。这主要是指在项目实施阶段,出现了新材料、新设备、新工艺,并且采用了这些新技术。

(4)经营环境的变化。项目外部环境的动态开放性,会引发项目经营环境的变化。

例如市场上出现了某种新产品或替代品,都会使项目范围受到不同程度的影响。

(5)人员的变化。同环境变化一样,在项目实施过程中,项目人员也有可能发生变化。例如项目经理、技术人员被调离,项目的委托人发生变化等,这都可能使项目的要求、设计、技术以及经营理念随之调整。

在项目实施过程中,以上种种不确定性因素会使项目范围发生变动。范围变更对项目的影响是很大的,甚至会造成项目工期、成本或质量等的改变,进而引起项目目标的变化。因此必须对项目范围变更进行严格的控制。

5.7.2 控制范围的过程

控制范围(Control Scope)是监督项目和产品的范围状态、管理范围基准变更的过程。该过程的主要作用是在整个项目期间保持对范围基准的一致性。

控制项目范围关心的是对造成项目范围变更的因素施加影响,并控制这些变更造成的后果。控制范围过程确保所有变更请求、纠偏措施或预防措施都能通过实施整体变更控制过程进行处理。控制范围过程应该与其他控制过程协调开展。未经控制的产品或项目范围的扩大(未对时间、成本和资源做相应调整)被称为范围蔓延。变更不可避免,因此在每个项目上,都必须强制实施某种形式的变更控制。

5.7.3 范围变更控制流程

为规范项目范围变更,需要制定明确的范围变更控制流程,如图 5.9 所示。

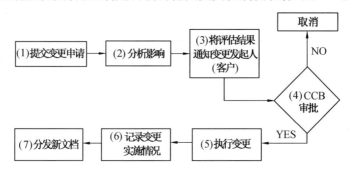

图 5.9 范围变更控制流程

在项目范围变更控制过程中,项目经理或其他管理人员主要关注:

(1)对造成范围变更的因素施加影响,以确保变更朝着有益项目的方向发展,并且使变更得到项目干系人的一致认可。

(2)确定范围变化对项目造成的影响。

(3)当项目范围正在发生变化或已经发生变化时,对实际的变更进行管理,包括可能采取的应对措施。

采用项目范围变更控制流程的优点是可以通过正式系统过滤掉不合理的变更内容,变更成本可以计量,预算分配使用情况可以跟踪,实施责任清晰,变更内容的实施效果可以监控。实际操作时,可以使用表5.9提供的项目范围变更需求与审批表。

表 5.9　项目范围变更需求与审批表

项目名称：_____　日期：_____　变更编号：_____

第一部分（由申请人填写）

申请人：　　　　　　　　　　　　　　　申请日期：

变更问题：　　　　　　　　　　　　　　建议优先级：高　中　低

1. 变更的原因：

2. 变更的影响：

(1) 范围：

(2) 质量：

(3) 需求：

(4) 成本：

(5) 进度：

(6) 项目文档：

(7) 其他影响：

第二部分（技术负责人填写）

技术领域	预计影响	意见（同意与否）	签名
1	_____	_____	_____
2	_____	_____	_____
3	_____	_____	_____
⋮			

第三部分

同意_____　　　　　　　　日期_____

否决_____　　　　　　　　原因_____

延期决策_____　　　　　　还需要补充的信息_____

确定的优先级：高_____　　中_____　　低_____

确认的职责：

完成日期：_____

变更委员会的签名：

5.7.4　项目范围蔓延

项目管理过程中，这样或那样的变更是不可避免的。但所有的变更必须经过一套严格的变更管理程序的控制，以确定是否实施某个变更、如何跟踪变更、如何验证变更等。没有得到控制的变更即项目范围蔓延。

由此可见，范围蔓延（Scope Creep）是指无视对时间、成本和资源的影响，或者在未经客户批准的情况下，增加特性和功能（项目范围）。

项目范围蔓延，既可以来自项目团队内部的随意变更，也可以来自团队外部（客户、发起人、其他干系人）的随意变更。因为没有经过必要的变更管理控制，而导致项目范围慢慢地发生变化，并逐渐致使项目范围失控。

项目范围蔓延包括范围潜变和镀金。其中范围潜变通常指来自于项目团队外部的随意变更，比如客户今天提出一个看似简单的功能修改、明天提出一个看似简单的界面改变……日积月累,最后一发不可收拾,项目范围已经面目全非,而变更过程不可追溯。而项目镀金通常指来自于项目团队内部的所谓出于良好愿望的随意变更,比如团队开发人员擅自增加额外的功能、擅自提供更漂亮的界面、擅自提供质量标准等。

不论是范围潜变还是镀金,都应该是项目管理过程需要严加禁止的。只有严格遵守项目变更控制管理程序,严格管理项目的一切变更,才能确保在有限成本、有限时间和有限资源的情况下成功完成项目。

【例5.3】 新型圆柱立柜式空调生产建设项目较为复杂,有许多需要进行的工作。为了编制该项目的管理规划,对项目实施有效管理,你需要对该项目建设过程可能涉及的工作进行分解,并落实责任。

(1)你决定按照WBS工作分解结构的原理对该建设项目进行分解,你的助手按照你的思路对该项目进行了分解,经过分析得到表5.10所示的工作分解结果,由于你的助手在项目工作分解上经验欠缺,可能遗漏了某些工作。如有遗漏,请你在表5.10上加以补充,然后用图5.10所示的工作分解结构图加以描述,方框不够可以补充,不需要的方框可以去掉。

表5.10 新型圆柱立柜式空调生产建设项目工作分解表

圆柱立柜式空调生产建设项目	车间土建施工	工艺文件编制
项目设计	车间设备安装	整机装配
产品设计	控制系统设计	负离子发生器外协
生产车间设计	辅助材料采购	整机调试
产品总体设计	零部件加工	项目验收
产品结构设计	产品试制	
车间建设	压缩机外协	

(2)请在图5.10的工作分解结构图上,给每项工作编码。

(3)为落实责任,需要进行责任分配,请你简述本项目的责任分配要点。

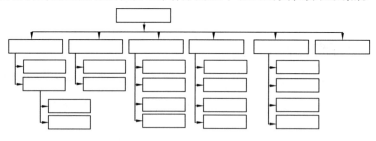

图5.10 新型圆柱立柜式空调生产建设项目的工作分解结构图

解 (1)表5.10所示的新型圆柱立柜式空调生产建设项目工作分解表中遗漏了项目管理这一支持性工作。该项目工作分解结构图如图5.11所示。

(2)在图5.11的工作分解结构图上,给每项工作编码。

(3)本项目的责任分配要点包括:①以WBS分解结构、项目组织结构为依据;②对WBS分解结构中每一层次的工作都应落实责任;③应充分考虑责任分配的合理性。

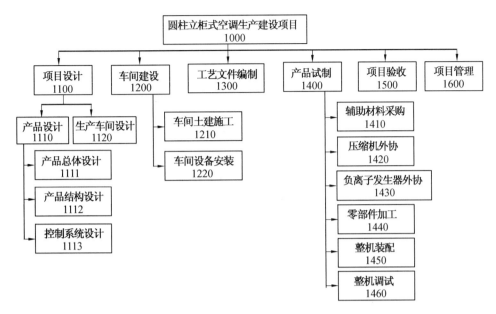

图 5.11 新型圆柱立柜式空调生产建设项目的工作分解结构图

【思考与练习】

1. 结合实际,尝试对生活中某项活动进行范围管理,范围管理在工程实践中的作用如何,请谈一下自己的认识。
2. 干系人需求文档包括哪些内容?
3. 列举一个实际项目,说明该项目范围说明书主要包括哪些内容?
4. 简述进行项目工作分解时应遵循的步骤。
5. 观察一下你周围的项目,总结一下导致项目范围变更的主要原因有哪些。
6. 请你选择一个具体的项目,结合项目范围管理的相关知识,设计该项目的范围说明书、WBS 并为其编码,制定责任分配矩阵。

【模拟练习】

CG 产品研制项目较为复杂,有许多需要进行的工作,为了更好地制定 CG 产品研制项目计划,更有效地对项目实施过程进行管理与控制,你需要对 CG 产品研制过程所可能涉及的工作进行分解。

(1) 你决定按照工作分解结构的原理对 CG 产品的研制工作进行分解,你的助手按照你的思路对 CG 产品的研制过程进行了分解,经过分析得到表 5.11 所示的工作分解结果,请用图 5.12 所示的工作分解结构图加以描述,方框不够可以补充,不需要的方框可以去掉。

表 5.11 CG 产品研制项目工作分解表

总体方案	传动装置制造	电动机试制
总体设计	电脑控制系统	电动机测试
单元定义	电脑控制系统测试	总装与测试
机体	电脑控制系统设计	总装

续表 5.11

机体设计	电脑控制系统试制	测试
壳体制造	电动机	项目管理
滚筒制造	电动机设计	

(2)请在图 5.12 的工作分解结构图上,用三位数字给每项工作编码。

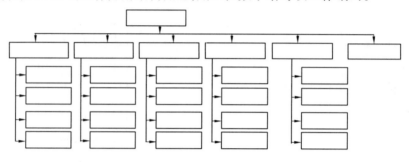

图 5.12　CG 产品研制项目的工作分解结构图

【案例讨论】

一个信息系统开发项目

M 集团是 A 公司多年的客户,A 公司已经为其开发了多个信息系统。最近,M 与 A 公司签订了新的开发合同,以扩充整个企业的信息化应用范围,张工担任该项目的项目经理。张工组织相关人员对该项目的工作进行了分解,并参考了公司同 M 曾经合作的项目,评估得到项目,总工作量 60 人月,计划工期 6 个月。

项目刚刚开始不久,张工的高层经理 S 找到张工。S 表示,由于公司运作的问题,需要在 4 个月内完成项目,考虑到压缩工期的现实,可以为该项目增派两名开发人员。张工认为,整个项目的工作量是经过仔细分解后评估得到的,评估过程也参考了历史上与 M 集团合作的项目度量数据,该工作量是客观实际的。目前项目已经开始,增派的人手还需要一定的时间熟悉项目情况,因此即使增派两人也很难在四个月内完成。如果强行要求项目组成员通过加班等方式追逐 4 个月完成的目标,肯定会降低项目的质量,造成用户不满意。因此,张工提出将整个项目分为两部分实现,第一部分使用三个半月的时间,第二部分使用三个月的时间,两部分分别制定验收标准,这样不增派开发人员也可以完成。高层经理 S 认为该方案可以满足公司的运作要求,客户也同意按照这种方案实施。六个月以后,项目在没有增加人员的前提下顺利地完成,虽然比最初计划延长了半个月的工期,但既达到了公司的要求,客户对最终交付的系统也非常满意,项目组的成员也没有感受到很大的压力。

问题:
(1)请指出张工是如何保证项目成功的。
(2)试结合案例指出项目范围管理的工作要点。

第6章 项目进度管理

【学习目标】

1. 掌握项目进度管理的含义及主要过程;
2. 掌握单代号和双代号网络图的绘制;
3. 掌握甘特图、关键路径法的应用;
4. 了解优化项目进度计划的方法;
5. 了解控制进度的主要方法。

6.1 项目进度管理概述

6.1.1 项目进度管理的含义

项目进度管理(Project Time Management)又称为项目时间管理或项目工期管理,是项目管理的重要组成部分之一;它和项目成本管理、项目质量管理并称为项目管理的"三大管理"。

项目进度管理是指在项目的进展过程中,为了确保项目能够在规定的时间内实现项目的目标,对项目活动进度及日程安排所进行的管理过程。具体来说,对项目开展进度管理就是在规定的时间内,制订出合理、经济的进度计划,然后在该计划的执行过程中检查实际进度是否与进度计划相符,若出现偏差,便需要及时找出原因,采取必要的补救措施,如果有必要,则还要调整原进度计划,从而保证项目按时完成。

6.1.2 项目进度管理的主要过程

项目进度管理包括规划进度管理、定义活动、排列活动顺序、估算活动资源、估算活动持续时间、制订进度计划和控制进度七个过程,如图6.1所示。

(1)规划进度管理。规划进度管理围绕进度管理计划的编制而展开工作,为项目进度管理确定大致框架。

(2)定义活动。定义活动是指根据需要对 WBS 中的工作任务和工作包进一步细化和明确的过程。

(3)排列活动顺序。排列活动顺序是指合理安排各项活动次序的过程。

(4)估算活动资源。估算活动资源就是指估算执行各项活动所需材料、人员、设备或用品的种类和数量的过程。

(5)估算活动持续时间。估算活动持续时间是指根据资源估算的结果,估算完成单项活动所需时间的过程。

(6)制订进度计划。制订进度计划是指通过分析活动顺序、持续时间、资源需求和进度制约因素后,创建项目进度模型的过程。

(7)控制进度。控制进度是指监督项目活动状态,更新项目进展、管理进度基准变更的过程。

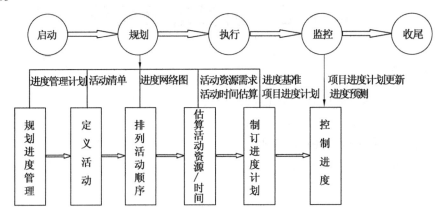

图 6.1　项目进度管理过程

6.2　规划进度管理

6.2.1　规划进度管理的含义及依据

规划进度管理(Plan Schedule Management)是为规划、编制、管理、执行和控制项目进度而制定政策、程序和文档的过程。规划进度管理是项目进度管理的工作过程的第一步,目的是为如何在整个项目过程中管理项目进度提供指南和方向。

规划进度管理主要是依据项目管理计划、项目章程、事业环境因素和组织过程资产等信息,采用专家判断、分析技术或举行规划会议等方法来制订进度管理计划。此过程需要确定如何开展项目进度管理工作,包括规定所采用的相关政策、程序、工具和技术,以及相应的文件内容、格式等事宜,为其后续的项目进度管理制定大致的框架。

6.2.2　规划进度管理的结果

进度管理计划是规划进度管理的主要成果,是项目管理计划的组成部分,为编制、监督和控制项目进度建立准则和明确活动。根据项目需要,进度管理计划可以是正式或非正式的,详细或高度概括的,其中应包括合适的控制临界值。

进度管理计划中主要规定以下内容:

(1)项目进度模型制定。需要规定用于制定项目进度模型的进度规划方法论和工具。

(2)准确度。需要规定活动持续时间估算的可接受区间,以及允许的应急储备数量。

(3)计量单位。需要规定每种资源的计量单位,例如,用于测量时间的人时数、人天数或周数;用于计量数量的米、升、吨、千米或立方米。

(4) 组织程序链接。工作分解结构为进度管理计划提供了框架,保证了与估算及相应进度计划的协调性。

(5) 项目进度模型维护。需要规定在项目执行期间,将如何在进度模型中更新项目状态,记录项目进展。

(6) 控制临界值。可能需要规定偏差临界值,用于监督进度绩效。它是在需要采取某种措施前,允许出现的最大偏差。通常用偏离基准计划中的参数的某个百分数来表示。

(7) 绩效测量规则。需要规定用于绩效测量的挣值管理(EVM)规则或其他测量规则。例如规定进度绩效测量指标,可采用进度偏差(SV)和进度绩效指数(SP1)等,来评价偏离原始进度基准的程度。

(8) 报告格式。需要规定各种进度报告的格式和编制频率。

(9) 过程描述。对每个进度管理过程进行书面描述。

6.3 定义活动

6.3.1 定义活动的含义

定义活动(Define Activity)是识别和记录为完成项目可交付成果而采取的具体行动过程。本过程的主要作用是将 WBS 的工作包分解为活动,作为对项目工作进行估算、进度规划、执行、监督和控制的基础。定义活动的主要依据是工作分解结构、项目范围界定、历史资料及项目的约束条件和假设因素。

工作分解结构(WBS)的应用有利于识别和定义在项目中必须执行的活动。如图 6.2 所示,可以清楚地看到某一个项目 X,其中的子项目新型个人计算机开发项目的 WBS、工作包及活动之间的关系。

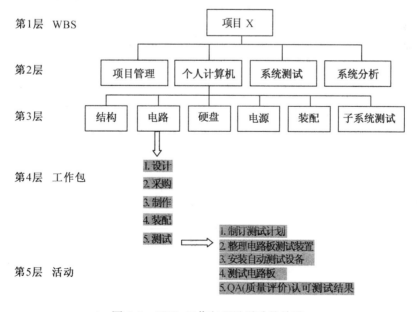

图 6.2 WBS、工作包以及活动的关系

6.3.2 定义活动的方法和结果

定义活动的工作结果是给出一份包括所有项目活动的活动清单。准备这样一份项目活动清单可以用很多方法。一种方法是让项目团队成员利用"头脑风暴法",通过集思广益生成项目活动清单。这种方法主要适合于小项目的活动界定。对更大更复杂的项目,必须制作一份包括项目全部工作的项目活动清单而不能遗漏某些细节。对于这样的大项目,项目活动界定需要依据项目的工作分解结构,使用如下的特殊方法去界定和给出项目的全部活动。

1. 分解法

为了使项目便于管理,根据项目工作分解结构,通过进一步分解和细化,直至将项目工作分解到具体活动为止的一种结构化、层次化的活动分解方法。这种方法是把项目范围管理中确认的项目工作包逐个按照一定的层次结构细分为详细的、具体的、可管理的项目活动。这种项目活动分解方法有助于找出完成项目目标所需的所有活动。项目活动清单是项目活动分解的结果,是为项目进度管理服务的。使用项目活动分解方法最终得到的是项目活动的界定,而不是项目的产出物描述,必须严格区分项目产出物的描述和项目活动的界定。

2. 原型法

它是使用一个已完成的类似项目的活动清单或该项目活动清单中的一部分作为新项目活动界定的一个原型,通过在这个原型增减项目活动,定义出新项目的各项活动的一种方法。这种方法的优点是快捷明了,但是它有可能漏掉或多增加了一些项目活动。

6.4 排列活动顺序

活动排序(Activity Sequencing)是指识别项目活动清单中各项活动的相互关联与依赖关系,并据此安排和确定项目各项活动的先后顺序的工作。较小的项目和大项目初始阶段的项目活动排序可以使用手工排序,而大项目后期的项目活动排序需要借助于计算机软件系统。

6.4.1 活动之间的逻辑关系

在安排活动顺序时,要明确各项活动之间的逻辑关系。逻辑关系有如下三种:

(1)强制依赖关系。项目活动的强制依赖关系是指活动性质中固有的依赖关系,常常是某些客观限制条件。例如,在软件系统开发项目中,必须在代码写出来后,才能对之进行检验。再如,建造一座楼,需要先打好地基,然后才能进行上部结构的施工。电子仪器开发项目必须先建一个原型机,然后才能进行试验。项目活动之间的这种必然依存关系又被称为项目活动的"硬逻辑"关系,是项目活动之间的一种不可违背的逻辑关系。

(2)自由依赖关系。项目活动的自由依赖关系是指可由项目团队根据具体情况安排的关系。由于这类关系可能会限制以后各项活动的顺序安排,所以在使用时要特别当心。具体可细分为如下两类:

①按已知的"最好做法"来安排的关系。按这种关系,只要不影响项目的总进度,活动之间的先后顺序可按习惯或项目班子喜欢的方式安排。这类关系常称为软逻辑关系。

②为了照顾活动的某些特殊性而对活动顺序做出的安排,其顺序即使不存在实际制约关系也要强制安排。这类关系常称为优先逻辑关系。

(3)外部制约关系。项目活动的外部制约关系是指项目活动和非项目活动之间的关系,比如软件项目的测试活动可能依赖于外部供应方交付的硬件设施;又如建筑项目的现场准备可能要在政府的环境听证会之后才能开始,因此,在项目活动计划的安排过程中也需要考虑到外部活动对项目活动的一些制约及影响。

6.4.2 活动排序的方法

根据项目活动之间的各种关系、项目的活动清单和项目产出物的描述,以及项目的各种约束和假设条件,通过反复的试验编排出项目的活动顺序。这种确定后的项目活动关系,一般会使用网络图或文字描述的方式给出,而网络图则更受欢迎。绘制网络图的基本技术有双代号网络和单代号网络。单代号网络又可分为普通单代号网络和搭接网络。

1. 双代号网络

双代号网络(Activity on Arrow, AOA)又称箭线图法(Arrow Diagramming Method, ADM),它是用箭线来代表活动,用节点表示活动相互关系的网络图方法。

(1)双代号网络图基本要素。双代号网络图由工作、节点、线路三个基本要素组成。

一是工作(活动、作业、工序)。工作是泛指一项需要消耗人力、物力和时间的具体活动过程,也称工序、活动、作业。在双代号网络图中,工作用一根箭线和两个圆圈来表示,如图6.3所示。工作的名称或者代号写在箭线的上面,完成工作所需要的时间写在箭线的下面,箭尾表示工作的开始,箭头表示工作的结束,圆圈中的两个号码代表这项工作的名称。如在图6.4所示的某APP项目的双代号网络图中,用②-④工作表示B工作,故称之为双代号网络。紧排在B工作之前的工作A称为紧前工作。紧排在B工作之后的工作E称为紧后工作。与之平行进行的工作C称为平行工作。

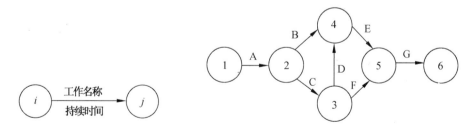

图6.3 双代号网络图的表示方法　　图6.4 某APP项目的双代号网络图

工作通常可以分为两种:第一种为需要消耗时间和资源,用实箭线表示。在建设工程中,一条箭线表示项目中的一个施工过程,它可以是一道工序、一个分项工程、一个分部工程或一个单位工程,其粗细程度和工作范围的划分根据计划任务的需要确定。第二种为既不消耗时间,也不消耗资源,则称为虚工作,用虚箭线表示。虚工作是人为的虚设工作,只表示相邻前后工作之间的逻辑关系。引入虚工作的三种情况如下:

①平行作业。当从某个节点出发有两道以上的平行工作,并且它们均要在完工之后

才能进行下一道工作时,则必须引用虚工作。例如,在图 6.5(a)中,a、b 工作平行作业完工后转入 c 工作。选择 a、b 两工作中工作时间较长的一道工作 a 与下一道工作 c 衔接,而 b 工作则通过虚工作与下一道工作 c 衔接。

②交叉作业。对需要较长时间完成的相邻几道工作,只要条件允许,可不必等待紧前工作全部完工后再转入下一道工作,而是分批分期地将紧前工作完成的部分工作转入下一道工作,这种方式称为交叉作业,如图 6.5(b)所示。

③工作 a、b 平行作业,当工作 a 完工后,工作 c 开始;而当工作 b、c 完工后,工作 d 开始,如图 6.5(c)所示。

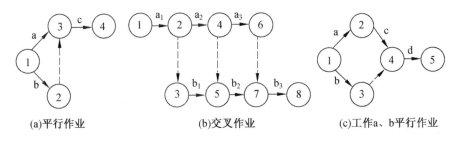

(a)平行作业　　　　(b)交叉作业　　　　(c)工作a、b平行作业

图 6.5　虚工作的三种情况

二是节点(结点或事件)。在网络图中,箭线的出发和交汇处画上圆圈,用以标志该圆圈前面一项或若干项工作的结束和允许后面一项或若干项工作开始的时间点称为节点。在双代号网络图中,节点不同于工作,它不需要消耗时间或资源,它只标志着工作的结束和开始的瞬间,起着连接工作的作用。起始节点是指网络图的第一个节点,它只有外向箭线(由节点向外指的箭线),表示执行项目计划的开始。终点节点是网络图的最后一个节点,它只有内向箭线(指向节点的箭线),表示达到了项目计划的最终目标。除起始节点和终点节点外,其余称为中间节点,它既表示完成一项或几项工作的结果,又表示一项或几项紧后工作开始的条件。

三是线路。在网络图中,从起始节点开始,沿箭线方向连续通过一系列箭线与节点,最后到达终点节点的通路称为线路。在一个网络图中可能有很多条线路,线路中各项工作持续时间之和就是该线路的长度,即线路所需要的时间。一般来讲,网络图有多条线路,可依次用该线路上的节点代号来记述,例如图 6.4 所示的双代号网络图中有三条线路:①—②—④—⑤—⑥、①—②—③—④—⑤—⑥、①—②—③—⑤—⑥。在各条线路中,有一条或几条线路的总时间最长,称为关键路径,一般用双线或粗线标注。其他线路长度均小于关键路径,称为非关键路径。

(2)双代号网络图的绘制规则。具体规则如下:

①必须正确地表达已确定的逻辑关系。

②网络图应只有一个起始节点和一个终点节点(多目标网络计划除外)。

③两个节点之间只能有一条箭线,代表一项工作。图 6.6(a)所示就为错误的情况。

④在网络图上,除了始点和终点外,其他所有事件前后都要用箭线连接起来,不可中断,在图中不可有缺口。图 6.6(b)所示就为错误的情况。

⑤网络图中,不允许出现循环回路。所谓循环回路是指从网络图中的某一个节点出

发,顺着箭线方向又回到了原来出发点的线路。图 6.6(c)所示就为错误的情况。

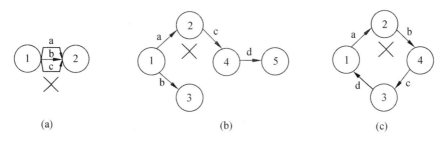

图 6.6 双代号网络图的几种错误情况

⑥绘制网络图时,箭线不宜交叉。当交叉不可避免时,可用过桥法或指向法,如图 6.7 所示。

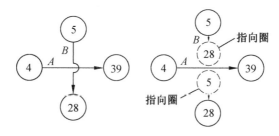

图 6.7 箭线交叉的表示方法

⑦网络图中的箭线应保持自左向右的方向,不应出现箭头向左或偏向左方的箭线。
⑧网络图中不允许出现没有箭尾节点的箭线和没有箭头节点的箭线。
⑨网络图中所有节点都必须编号,并应使箭尾节点的代号小于箭头节点的代号。
⑩在网络图中不允许出现重复编号的节点。

(3)双代号网络图的绘制步骤。具体的步骤如下:
①根据已知的紧前工作确定出紧后工作。
②从左到右确定出各工作的始节点位置号和终节点位置号。
③根据节点位置号和逻辑关系绘出初步网络图。
④检查逻辑关系有无错误,如与已知条件不符,则可加虚工作加以改正。

【例 6.1】 某工程项目各项活动及相互关系见表 6.1,请绘制该项目双代号网络图。

表 6.1 某工程项目各项活动及相互关系

活动	A	B	C	D	E	F
紧前活动	—	—	—	A	B	A、C、E

解 根据该工程项目工作关系列表,绘制的该项目的双代号网络图如图 6.8 所示。

2. 单代号网络

单代号网络(Activity on Node,AON)又称前导图法(Precedence Diagramming Method,PDM),是大多数项目管理软件所采用的方法。单代号网络图用节点表示活动,用箭线表示各个活动之间的先后顺序,所以称为单代号网络图。图 6.9 是某 APP 项目的单代号网络图。节点可以有不同的表示方法,其内容根据需要可详可略,以下是三种节点表示方法,如图 6.10 所示。

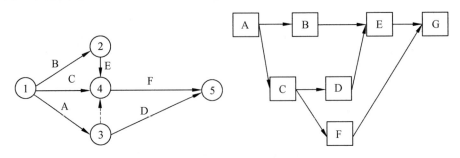

图 6.8　工程项目的双代号网络图

图 6.9　某 APP 项目的单代号网络图

工作活动名称

(a)

工作活动名称		
活动序号	负责人	工期估计

(b)

最早开始时间(ES)	总时差(TF)	最早结束时间(EF)
	活动代号/工期估计	
最迟开始时间(LS)	自由时差(FF)	最迟结束时间(LF)

(c)

图 6.10　节点表示方法

(1)单代号网络图的特点。单代号网络图的特点如下:

①活动之间的逻辑关系容易表达,且不用虚箭线,故绘图较简单。

②网络图便于检查和修改。

③由于活动持续时间表示在节点之中,没有长度,故不够直观。

④表示活动之间逻辑关系的箭线可能产生较多的纵横交叉现象。

(2)单代号网络图的绘制规则。单代号网络图中有多项起始工作或结束工作时,应在网络图的两端分别设置一项虚拟的工作作为该网络图的起始节点和终点节点。其他绘制原则与双代号网络图的绘制原则相同。

(3)单代号网络图的绘制步骤。具体步骤如下:

①列出活动清单,包括活动之间的逻辑关系,找出每一项活动的紧前活动。

②根据活动清单,先绘制没有紧前活动的活动节点。

③逐个检查活动清单中的每一项活动,如该活动的紧前活动节点已全部绘制,则绘制该活动节点,并用箭线和紧前活动连接起来。

④重复上述步骤,直至绘制出整个计划的所有活动节点。

⑤最后一步是检查网络图,若单代号网络图中有多项起始活动或结束活动时,应在网络图的两端分别设置一项虚拟的活动作为该网络图的起始节点和终点节点。

【例 6.2】　根据表 6.1,绘制该工程项目单代号网络图。

解　根据表 6.1 绘制的该项目的单代号网络图如图 6.11 所示。

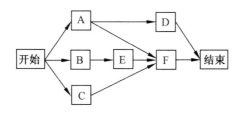

图 6.11　工程项目的单代号网络

3. 搭接网络

前述的网络计划,其活动之间的逻辑关系是一种先后衔接关系,即紧前活动结束之后紧后活动就可以开始,紧前活动的完成为紧后活动的开始创造条件。但实际上,可能会出现另外一种情况,即紧后活动的开始并不以紧前活动的结束为前提,只要紧前活动开始一段时间能为紧后活动提供一定的开始工作条件后,紧后活动就可以与紧前活动平行进行,这种关系被称为搭接关系。搭接关系有以下四种类型,如图 6.12 所示。

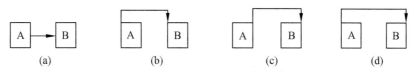

图 6.12　四种类型的逻辑依存关系

(1)"结束—开始"关系(Finish-to-Start,FS)。B 在 A 结束之前不能开始,如图 6.12(a)所示。例如,在装修工程项目中,地面水泥施工后(延迟 1~2 天水泥干透),才允许铺设木地板。"结束—开始"是最常见的逻辑关系类型。

(2)"开始—开始"关系(Star-to-Start,SS)。B 在 A 开始之前不能开始,如图 6.12(b)所示。例如,对于某一项目管理活动,时间管理活动开始时,成本管理必须开始,至少要同时开始。

(3)"结束—结束"关系(Finish-to-Finish,FF)。B 在 A 结束之前不能结束,如图 6.12(c)所示。例如,厨房装修时,热水器输水管的安装必须在厨房粉刷完毕之前结束,否则,还得打洞弄坏墙壁。

(4)"开始—结束"关系(Star-to-Finish,SF)。B 在 A 开始之前不能结束,如图 6.12(d)所示。

其中,结束—开始型是最为常见的;开始—开始型和结束—结束型节点式关系是最自然的,它允许某项活动和其紧后活动在某种程度上可以同时进行,使用结束—结束型和开始—开始型节点式关系,可以使项目跟踪和项目实施的建立更加快捷;开始—结束型节点式关系的建立只是完全数学意义上的,现实生活中比较少见。

综上可知,搭接网络是为了反映工作之间执行过程的相互重叠关系而引入的一种网络计划表达形式。它是单代号网络的一种特殊形式。

【例 6.3】　若为了加快进度,需要改变以下活动之间的逻辑关系:活动 B 开始 2 天后,活动 E 就可以开始,活动 C 结束 5 天后,活动 F 才可以结束,请把此搭接关系在图 6.11 中表示出来。

解 在图6.11所示的单代号网络图中,把上述搭接关系表示出来的结果如图6.13所示。

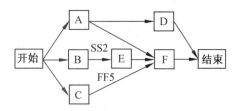

图6.13 有搭接关系的工程项目的单代号网络

6.4.3 绘制项目活动网络图

根据项目活动清单和上述网络图的原理,就可以安排项目活动的顺序,绘制项目活动的网络图,具体步骤是:

(1)要选择是用单代号网络还是双代号网络去描述项目活动顺序的安排。
(2)按项目活动的客观逻辑顺序和认定的优先次序安排项目活动的顺序。
(3)根据网络图绘制原则绘制出项目活动顺序安排的网络图。

在决定以何种顺序去安排项目各项活动时,需要对每一项项目活动弄清楚这样三个问题:第一,在该活动可以开始之前,哪些活动必须已经完成?第二,哪些活动可以与该活动同时开始?第三,哪些活动只有在该活动完成后才能开始?

6.5 估算活动资源与时间

6.5.1 估算活动资源

估算活动资源就是估计执行各项活动所需的材料、人员、设备或用品的种类和数量,以便做出更准确的成本和持续时间估算。在使用计算机软件辅助编制项目进度计划并且估计活动持续时间时,应同时估计分配给活动的资源。活动持续时间和资源分配是紧密相关的。比如估算教室墙面粉刷一遍所需时间,一个粉刷工人需4个小时,两个工人一起工作,只要2个小时就可以了。需要注意的是资源增加未必使时间成比例地降下来,当工人增加为4人时,可能产生分工和界面管理问题而浪费时间,1小时内一般完成不了。

向活动分配资源的一个有用的工具就是表6.2所示的资源表。

大多数项目管理软件程序都有一个资源表,如果要管理资源和成本就必须设置该表。其中可能会包含比表6.2给出基本表框架更多的数据。在组织执行跨项目的资源计划时,所有项目经理和行政管理人员都要使用共用的资源(人工)表。在这类情况下,在项目中工作的职员的具体姓名经常会被列在表中。为估计总成本或编制一个总资源计划,必须识别每项活动需要的资源,此处不存在捷径。

在人员计划和进度计划中,对于那些不需将其人工费计入该项目,但是该项目的工作又需要这些员工时,也必须识别这些员工的时间。他们在表中将表示为$0.00费率。"可用数量"一栏的目的是表明当工作驱动活动的关键活动或存在资源冲突时,允许计算机软件或经理配置的追加人员。

表 6.2 资源表示例

名称	类别	可用数量	成本费率
项目经理	人工	1	每小时 $70.00
建筑师	人工	1	每小时 $60.00
柜橱	固定成本	1 组	$4 000
瓦泥工	人工	2	每小时 $30.00
汽车行驶	单位成本	—	每公里 $0.32
胶合板	单位成本	—	每张 $15.00
工人	人工	5	每小时 $10.00
涂料	单位成本	—	每加仑 $45.00
租汽车	时间成本	—	每天 $50.00

项目资源的估算是在活动资源估算的基础上进行的,除了要用到表 6.2 所示的资源数据表外,还常常会用到诸如资源矩阵、资源甘特图、资源负荷图或资源需求曲线、资源累计需求曲线等工具。资源矩阵以表格的形式列示项目的任务及其需要的资源的品种、数量,其格式见表 6.3。资源甘特图就是利用甘特图技术对项目资源的需求进行表达,如图 6.14 所示。资源负荷图一般以条形图的方式反映项目进度及其资源需求情况,格式如图 6.15 所示。资源需求曲线以线条的方式反映项目进度及其资源需求情况,分为反映项目不同时间资源需求量的资源需求曲线和反映项目不同时间对资源的累计需求的资源累计需求曲线,其格式如图 6.15 和图 6.16 所示。

表 6.3 某项目资源矩阵

工作	资源需要					相关说明
工作 1	资源 1	资源 2	…	资源 $n-1$	资源 n	
工作 2						
⋮						
工作 $m-1$						
工作 m						

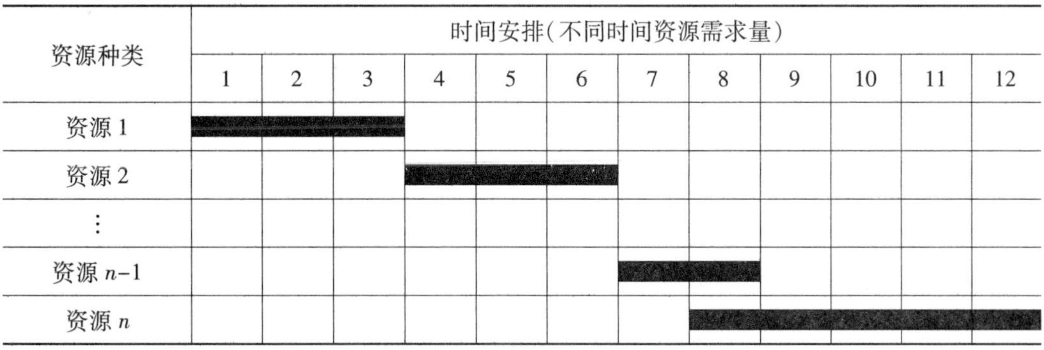

资源种类	时间安排(不同时间资源需求量)											
	1	2	3	4	5	6	7	8	9	10	11	12
资源 1	━	━	━									
资源 2				━	━	━						
⋮												
资源 $n-1$							━	━				
资源 n								━	━	━	━	━

图 6.14 资源甘特图

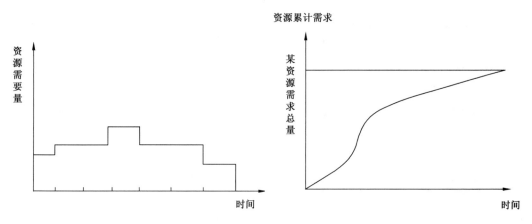

图 6.15 某资源负荷图或需求曲线　　图 6.16 某资源累计需求曲线

在估计了所有活动的资源需求后,就可以编制项目资源计划(表 6.4),并依此计算出总成本和计划的员工分配。但实践中资源和超负荷冲突的现象时有发生,有时总成本和总持续时间超过目标情况也并不少见。为了适应给定约束,如有必要,项目必须重新计划和重新估计。如果没有可能,则可能要变更项目范围或项目目标。

表 6.4 某企业 ERP 项目资源计划

项目名称:用友 ERP												
执行组织:ERP 项目部												
WBS 编号:2.1.2.1												
任务名称:静态数据准备												
任务描述 1.开发数据收集模板;2.组织收集系统所需数据;3.进行数据汇总与甄别												
时间(各阶段的工作小时数)												
年	1月	2月	3月	4月	5月	6月	7月	8月	9月	10月	11月	12月
2019				120	40	160	20					
资源描述	电脑、打印机、扫描仪、存储设备、纸张等材料,顾问 2 人,文秘 3 人											
人员技能要求												
计划准备人:						项目经理签字:						

6.5.2 估算项目活动时间

估算项目活动时间是在活动定义、排序以及资源估算的基础上,估算完成活动所需持续时间的过程。估算活动时间的通常是来自项目团队最熟悉具体计划活动工作内容性质的个人或集体。活动时间是项目进度计划过程的核心,项目活动时间估算既要考虑活动所消耗的实际工作时间,也要考虑间歇时间。

1. 项目活动时间的构成

项目活动时间一般由周期(持续时间)和其他时间两部分构成。

周期(持续时间)是指完成工作所需时间。一个活动的周期取决于要完成工作的工作量和完成工作可用的人数。

其他时间主要包括非项目活动消耗掉的损失时间、兼职工作、人们完成工作时的冲突和人们完成工作时的交流沟通等。

(1) 损失时间。一般来说,一个人在项目上满负荷工作的时间,1 周不会超过 5 天,1 年不会超过 52 周。他们在项目上的工作,还要去掉一些损失时间,这些损失时间包括节假日、银行假期、病假、培训、会议等。一般在项目组中,每个工人平均用在项目上的时间,每年只有 80 天;若某人能够将其全部精力用在项目上,每年也只能有 180 天,相当于其所有可用时间的 70%,考虑到这一点,应该在通常的周期之上再加上 40%（1.4＝1.0/0.7）。

(2) 兼职工作。项目中可能启用一些兼职人员。因此,项目中的人员应该基于相当于满负荷(Full-Time Equivalents)工作的人员的数目。

(3) 冲突。增加工人 1 倍,并不能总是使工期减半。例如,如果某项工作只能提供 1 个人的工作空间,那么增加第二个人将不会使工作效率提高到原来的 2 倍。原因是人们在完成工作时,往往会在工作界面上互相制约,这样就会降低工作的效率。

(4) 交流。当多个人共同完成一项工作时,他们就需要彼此交流工作的细节以使工作得到良好的进展,在机械设计和编写软件时更是如此:如果只有 2 个人,那么就仅有一条沟通渠道,所以他们的工作进度就几乎是 1 个人的 2 倍,如果有 3 个人,那么就有三条渠道,4 个人有六条,随着人数的增加,沟通渠道数目呈指数增长。因此,按照边际效用递减规律,总会有那么一个点,使得再增加 1 个人,就会降低工作的效率。克服这个问题的方法,就是通过建立一个中心管理委员会或项目支持办公室(Project Support Office)来减少沟通的渠道。

2. 项目活动时间的影响因素

项目总是处在一个变化的环境中,环境因素的变化总是随时影响项目的进展,因此活动时间也是一个随机变量,即使经验丰富的项目管理专家事先也无法确切知道项目实际进行所需的时间,而只能做近似的估算。估算要尽可能地接近实际,以便于项目的正常实施。同时在项目计划和实施阶段也要随着时间的推移和经验的积累而不断进行估算更新,以便随时掌握项目的进程和以后工作所需的时间,避免项目失去控制。值得注意的是,无论采用何种估算方法,实际所花费的时间和事先估算的结果总会有所不同。一系列因素会对项目的实际完成时间产生影响,主要有:

(1) 参与人员的熟练程度。一般估算均是以典型的工人或工作人员的熟练程度为基础进行的。而实际工作中,参与人员的熟练程度可能高于平均水平,也可能低于平均水平。因而,实际活动时间既可能会比计划时间长,也可能会比它短。

(2) 突发事件。在项目实际进行过程中,总会遇到一些意想不到的突发事件,在期限较长的项目中更是如此。大到地震,小到工作人员生病,这些突发事件均会对活动的实际完成时间产生影响。在计划和估算阶段考虑所有可能的突发事件是不可能的,也是不必要的。但在项目实际进行时,需要对此有心理准备,并进行相应的调整。

(3) 工作能力和效率。项目实际完成时间的估算基于项目团队成员的平均工作能力。而实际上并非如此,有些成员的工作能力会高于平均水平,有些成员的工作能力会低于平均水平。工作中,项目成员的工作能力或效率由于主观或客观原因很难保持稳定。

(4) 项目计划的调整。在计划的执行中,总是要随着项目环境的变化做一些必要的、局部的调整,计划调整是需要时间的。

3. 项目活动时间的估算方法

（1）经验类比。对于一个有经验的工作人员来说，当前进行估算的活动可能和以往参与的项目中的某些活动较为相似，借助这些经验可以得到一种具有现实根据的估算。当然，两种活动完全相同在现实中比较少见，往往需要附加一些推测，但无论如何，这仍提供了一种可以接受的估算。

（2）历史数据。在很多文献资料中有相关行业的大量信息，这些信息可以作为一种估算的基础，其中不仅包括杂志、报纸、学术期刊等正式出版物，也包括各种非正式的印刷品。更为重要的是，正规成熟的企业一般均有（也应该有）以往所完成项目的资料记载，从中也可以获得真实有效的信息。

（3）专家意见。当项目涉及新技术的采用或者某种不熟悉的业务时，工作人员往往不具有做出较好估算所需要的专业技能和知识，这时就需要借助相应专家给出的意见和判断，最好是得到多个专家的意见，在此基础上采用一定的方法来获得更为可信的估算结果。

6.6 制订进度计划

6.6.1 项目进度计划制订的方法

制订项目进度计划的方法和工具有很多，比较常用的有里程碑、甘特图、关键路径法（CPM）、计划评审技术（PERT）和图示评审技术（GERT）等。甘特图是图形化显示项目信息常用的工具，CPM 是制订项目进度计划的一种重要基础工具，PERT 和 GERT 是评价项目进度风险的一种手段，它们都有各自的优缺点。

1. 确定型进度计划方法

（1）里程碑。里程碑计划是以项目中某些重要事件的完成或开始时间作为基准所形成的计划，是一个战略计划或项目框架，以中间产品或可实现的结果为依据。它显示了项目为达到最终目标所必须经过的条件或状态序列，描述了项目在每一个阶段应达到的状态，而不是如何达到。这是最简单的一种进度计划，仅表示项目的主要可交付成果以及关键的外部接口的计划开始和完成时间，如图 6.17 所示。

编号	里程碑事件	1月	2月	3月 8	4月 10	5月 28	6月 18	7月 28
A	工程开工			◇				
B	完成土木工程				◇			
C	安装完成					◇		
D	准备测试						◇	
E	工程竣工							◇

图 6.17 红岩小学统一供暖项目里程碑图

（2）甘特图。甘特图也称条形图或横道图，最早于 1917 年由 Henry L. Gantt 提出，主要应用于项目计划和进程安排。它是以横线来表示每项活动的起止时间，它把计划和时间进度安排两种职能有机地组合在一起,大大简化了计划程序。甘特图用图表的形式展示了进度计划,其中可以显示项目时间、日期、活动、资源和它们之间的关系,如图 6.18 所示。

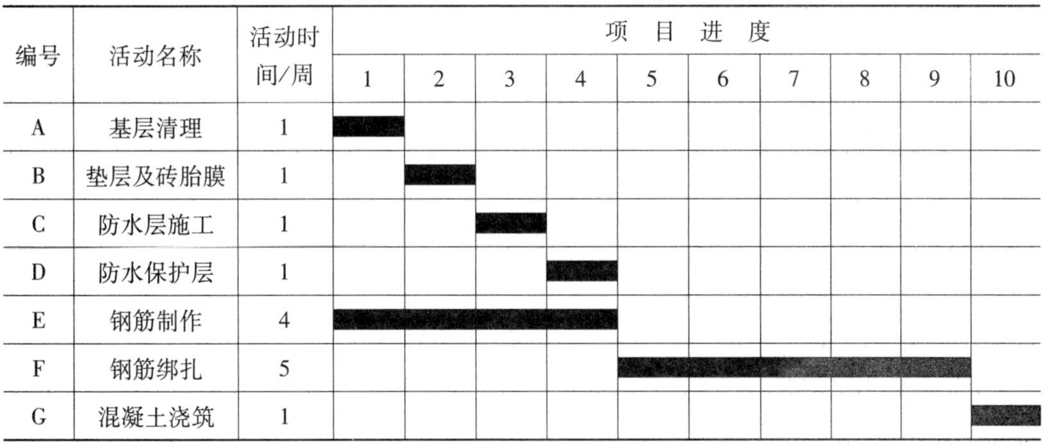

编号	活动名称	活动时间/周	项目进度									
			1	2	3	4	5	6	7	8	9	10
A	基层清理	1	■									
B	垫层及砖胎膜	1		■								
C	防水层施工	1			■							
D	防水保护层	1				■						
E	钢筋制作	4	■	■	■	■						
F	钢筋绑扎	5					■	■	■	■	■	
G	混凝土浇筑	1										■

图 6.18 某工程基础底板施工甘特图

甘特图的优点是简单、明了、直观,易于编制,因此到目前为止仍然是小型项目中常用的工具。即使在大型工程项目中,它也是高级管理层了解全局、基层安排进度时有用的工具。从甘特图上,可以看出各项活动的开始和结束时间。在绘制各项活动的起止时间时,也考虑它们的先后顺序。但各项活动之间的关系却没有表示出来,同时也没有指出影响项目寿命周期的关键所在。因此,对于复杂的项目来说,甘特图就显得无法适应。

(3)关键路径法。关键路径法(Critical Path Method,CPM)是采用网络图表达各项活动的进度、它们之间的相互关系并进行网络分析,计算各项时间参数,确定关键活动与关键路径,通过时差优化网络,以求得最短工期。

关键路径法有两个特点,即各个活动之间的逻辑关系是确定不变的;同时,每个活动都有一个确定的完成时间。因此,它被称为确定型网络计划方法。

2. 非确定型进度计划方法

现实生活中,项目的活动间的逻辑关系和活动持续时间往往因受到各种随机变化条件的影响而不能成为确定的。为了适应这种情况,满足计划编制的需要,人们提出了各种非确定型网络计划方法,其中得到广泛应用的是计划评审技术和图示评审技术。

(1)计划评审技术。计划评审技术(Program Evaluation and Review Technique,PERT)是利用网络顺序逻辑关系和加权历时估算来计算项目历时的重要技术。其理论基础是假设项目持续时间以及整个项目完成时间是随机的,且服从某种概率分布。这种网络计划方法适用于不可预知因素较多、从未做过的新项目和复杂项目。

PERT 对各个项目活动的完成时间按三种不同情况估计:乐观时间 a——任何事情都顺利的情况下完成某项活动的时间;最可能时间 m——正常情况下完成某项活动的时间。悲观时间 b——最不利的情况下完成某项活动的时间。

假定三个估计服从 β 分布,由此可算出每个活动的期望工期 t_i

$$t_i = \frac{a_i + 4m_i + b_i}{6}$$

式中，a_i 表示第 i 项活动的乐观时间，m_i 表示第 i 项活动的最可能时间，b_i 表示第 i 项活动的悲观时间。

根据 β 分布的方差计算方法，第 i 项活动的持续时间方差为

$$\sigma_i^2 = \frac{(b_i - a_i)^2}{36}$$

【例 6.4】 政府某系统的建设可分解为需求分析、设计编码、测试和安装部署四个活动，各个活动顺次进行，没有时间上的重叠，活动的完成时间估计如图 6.19 所示。如果客户要求在 60 天内完成，那么可能完成的概率是多少？

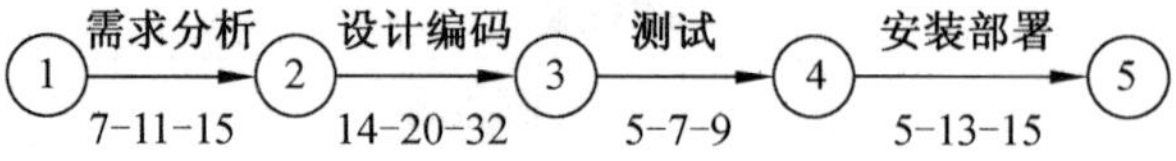

```
     需求分析        设计编码         测试         安装部署
 ①─────────②─────────③─────────④─────────⑤
     7-11-15        14-20-32        5-7-9       5-13-15
```

图 6.19 某系统的工作分解和活动工期估计

解 各活动的期望工期和方差为

$$t_{需求分析} = \frac{7+4\times11+15}{6} = 11(天) \qquad \sigma_{需求分析}^2 = \frac{(15-7)^2}{36} = 1.778$$

$$t_{设计编码} = \frac{14+4\times20+32}{6} = 21(天) \qquad \sigma_{设计编码}^2 = \frac{(32-14)^2}{36} = 9$$

$$t_{测试} = \frac{5+4\times7+9}{6} = 7(天) \qquad \sigma_{测试}^2 = \frac{(9-5)^2}{36} = 0.101$$

$$t_{安装部署} = \frac{5+4\times13+15}{6} = 12(天) \qquad \sigma_{安装部署}^2 = \frac{(15-5)^2}{36} = 2.778$$

PERT 认为整个项目的完成时间是各个活动完成时间之和，且服从正态分布。整个项目完成的时间 t 的数学期望 T 和方差 σ^2 分别为

$$T = \sum t_i = 11 + 21 + 7 + 12 = 51(天)$$

$$\sigma^2 = \sum \sigma_i^2 = 1.778 + 9 + 0.101 + 2.778 = 13.657$$

标准差为

$$\sigma = \sqrt{\sigma^2} = \sqrt{13.657} = 3.696(天)$$

据此，可以得出正态分布曲线，如图 6.20 所示。

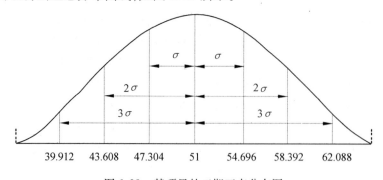

图 6.20 某项目的工期正态分布图

因为图 6.20 是正态分布曲线，根据正态分布规律，在 $\pm\sigma$ 范围内，即在 47.304 天与 54.696 天之间完成的概率为 68%；在 $\pm2\sigma$ 范围内即在 43.608 天到 58.392 天完成的概率

为 95%;在 ±3σ 范围内即 39.912 天到 62.088 天完成的概率为 99%。如果客户要求在 39 天内完成,则可完成的概率几乎为 0,也就是说,项目有不可压缩的最小周期,这是客观规律。

通过查标准正态分布表,可得到整个项目在某一时间内完成的概率。例如,如果客户要求在 60 天内完成,那么可能完成的概率为

$$P\{t \leqslant 60\} = \Phi\left(\frac{60-T}{\sigma}\right) = \Phi\left(\frac{60-51}{3.696}\right) = 0.99286$$

如果客户要求再提前 7 天,则完成的概率为

$$P\{t \leqslant 53\} = \Phi\left(\frac{53-T}{\sigma}\right) = \Phi\left(\frac{53-51}{3.696}\right) = 0.7054$$

(2)图示评审技术。图示评审技术(Graphical Evaluation and Review Technique,GERT)是网络理论、概率论、模拟技术以及信流图理论相结合的产物,是应用于系统分析的一种方法。它既能解决一般网络技术(如 CPM、PERT 等)所能解决的问题,又能解决一般网络技术所不能解决的问题,因此,它的应用范围更加广泛。现在它已在空间研究、开发研究、油井钻探、维修和可靠性研究费用分析等许多方面获得了较为广泛的应用。这里着重从实际应用方面介绍图示评审技术的特点和适用范围,不做较为深奥的理论推导。

图示评审技术的特点是一项活动的完成存在多种方案或多种情况,并且每种方案、情况实现的可能又有不同的概率,需要决策后才能进行下个活动。这时,如果仍采用通常大家所熟悉的关键路线法和计划评审技术,就难以清晰地表达这种逻辑关系,因为两个节点和一个箭线不能表达完成该项活动的多种方案,同时也没有概率参数参加计算的模型。而图示评审技术则可以比较系统地解决这类问题。因此,图示评审技术主要适用于那些工作进展难以事先明确预见的情况,或用于研制新产品、新工艺,研究新技术,以至大型尖端技术项目,如阿波罗登月计划,解决诸如系统工程中的存储、排队等问题。

由此可以得出关键路径法、计划评审法和图示评审法之间的差异,见表 6.5。

表 6.5 各种网络计划方法的比较

网络计划方法	类型	活动的流向	活动的持续时间	逻辑关系
关键路径法(CPM)	确定型	所有活动均由始点流向终点,不允许有圈(环路)	t 为确定值(肯定型)	所有节点及活动都必须实现(完成)
计划评审法(PERT)	概率型	所有活动均由始点流向终点,不允许有圈(环路)	t 为概率型,计算时用其期望值	同上,但条件改变时,可预测实现概率
图示评审法(GERT)	随机型	活动的流向不受限制,允许有环路存在	t 为概率型,按随机变量分析	节点与活动有不同的逻辑关系,不一定都实现

从表 6.5 可以看出,CPM 及 PERT 实际都是 GERT 的特殊情况。当所有活动的流向都沿着从起点到终点的方向,没有反馈(圈)存在,而且所有活动节点都要实现时,GERT 就变为 PERT。如果每个活动的持续时间等参数值确定不变,那么 PERT 就变成 CPM。

3. 项目进度计划方法的选择

采用以上几种不同的进度计划方法本身所需的时间和费用是不同的。里程碑编制时间最短,费用最低。甘特图所需时间要长一些,费用也高一些。CPM 要把每个活动都加

以分析,如活动数目较多,还需用计算机求出总工期和关键路径,因此花费的时间和费用将更多。PERT法可以说是制订项目进度计划方法中比较复杂的一种,所以花费时间和费用也最多。

应该采用哪一个进度计划方法,主要应考虑下列因素:

(1)项目的规模大小,项目的复杂程度。然而,项目的规模并不一定总是与项目的复杂程度成正比。例如修一条公路,规模虽然不小,但并不太复杂,可以用较简单的进度计划方法;而研制一个小型的电子仪器,要很复杂的步骤和很多专业知识,可能就需要较复杂的进度计划方法。

(2)项目的紧急性。在项目急需进行,特别是在开始阶段,需要对各项工作发布指示,以便尽早开始工作,如果用很长时间去编制进度计划,就会延误时间。

(3)对项目细节掌握的程度。如果在开始阶段项目的细节无法解明,CPM和PERT就无法应用。总进度是否由一两项关键事项所决定。如果项目进行过程中有一两项活动需要花费很长时间,而这期间可把其他准备工作都安排好,那么对其他工作就不必编制详细复杂的进度计划了。

(4)有无相应的技术力量和设备。例如,没有计算机,CPM和PERT进度计划方法有时就难以应用,而如果没有受过良好训练的合格技术人员,也无法胜任复杂的方法编制进度计划。

此外,还需考虑客户的要求,能够用在进度计划上的预算等因素。到底采用哪一种方法来编制进度计划,要全面考虑以上各个因素。

6.6.2 项目进度时间参数

项目进度计划记录了项目中每一活动的计划和实际的开始日期、完成日期和周期。在大多数复杂的进度计划中,都会涉及下述的一些时间参数。

1. 活动持续时间

活动持续时间又称作业时间、工序时间,是指完成一项活动所需的时间。活动持续时间具体采用什么单位,应随任务的性质而定。估计确定活动持续时间一般有以下两种方法:

(1)一时估算法。该方法估算的活动历时最终只取决于一个值,因此要求该值尽可能准确,要综合参考各种对活动历时估算有帮助的资料,通过统计分析和专家会商来确定。该方法是关键路径法(CPM)采用的活动历时估算方法。

(2)三时估算法。该方法对一项活动分别估算出最乐观、最可能、最悲观的三个历时时间,然后赋予每个时间一个权重,最后综合计算得出活动的期望完成时间。该方法是计划评审技术(PERT)采用的项目历时估算方法。

2. 计划工期

它泛指完成任务所需的时间,常用 T_p 表示。

3. 双代号和单代号网络时间参数的计算

(1)最早开始时间 ES 和最早结束时间 EF。最早开始时间 ES(Earliest Start Time)是指某项活动能够开始的最早时间。最早结束时间 EF(Earliest Finish Time)是指某一活动能够完成的最早时间,它可以在这项活动最早开始时间的基础上加上这项活动的估算时

$$EF = ES + 活动估算时间$$

（2）最迟开始时间（LS）和最迟结束时间（LF）。最迟开始时间 LS（Latest Finish Time）是指为了使项目在要求完工的时间内完成，某项活动必须开始的最迟时间。最迟结束时间 LF（Latest Finish Time）是指为了使项目在完工时间内完成，某项活动必须完成的最迟时间。最迟开始时间可以用这项活动的最迟结束时间减去它的估算时间计算出来。

$$LS = LF - 活动估算时间$$

（3）时差。时差也称为"浮动时间"或"宽裕时间"，是指一项活动在不耽误紧后活动或项目完成日期的条件下可以拖延的时间长度，它表明项目活动或整个项目的机动时间。时差分为两种类型：活动的总时差 TF（Total Float）和自由时差 FF（Free Float）。

活动总时差是指在不影响整个项目完工时间的前提下，本活动所具有的机动时间。根据总时差的含义，其计算公式：TF = LS − ES 或者 TF = LF − EF 对于同一项活动来说，用这两个公式计算出来的总时差是相等的。

活动自由时差是指在不影响紧后活动最早开始时间的前提下，本活动所具有的机动时间。根据自由时差的含义，其计算公式：FF = 紧后活动的 ES − EF；当有多个紧后活动存在时，FF = min{紧后活动的 ES} − EF。

双代号网络和单代号网络时间参数标注方法如图6.21和图6.22所示。

图6.21　双代号网络时间参数标注方法　　　图6.22　单代号网络时间参数标注方法

4. 单代号搭接网络的时间参数计算

（1）结束—开始（FS）。结束—开始搭接关系的示意图，如图6.23所示。

各时间参数的计算规则如下：

最早时间：$ES_j = EF_i + FS$　　$EF_j = ES_j + D_j$

最迟时间：$LF_i = LS_j - FS$　　$LS_i = LF_i - D_i$

自由时差：$FF_i = ES_j - FS - EF_i$

总时差的计算规则与一般网络相同。

（2）开始—开始（SS）。开始—开始搭接关系的示意图，如图6.24所示。

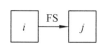 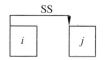

图6.23　结束—开始搭接关系示意图　　　图6.24　开始—开始搭接关系示意图

各时间参数的计算规则如下：

最早时间：$ES_j = ES_i + SS$

最迟时间：$LS_i = LS_j - SS$

自由时差：$FF_i = ES_j - SS - ES_i$

总时差的计算规则与一般网络相同。

(3)结束—结束(FF)。结束—结束搭接关系的示意图,如图6.25所示。

各时间参数的计算规则如下:

最早时间:$EF_j = EF_i + FF$

最迟时间:$LF_i = LF_j - FF$

自由时差:$FF_i = EF_j - FF - EF_i$

总时差的计算规则与一般网络相同。

(4)开始—结束(SF)。开始—结束搭接关系的示意图,如图6.26所示。

各时间参数的计算规则如下:

最早时间:$EF_j = ES_i + SF$

最迟时间:$LS_i = LF_j - SF$

自由时差:$FF_i = EF_j - SF - ES_i$

总时差的计算规则与一般网络相同。

(5)混合搭接。除了上述四种基本搭接关系外,还有可能同时由四种基本搭接关系中两种以上来限制工作之间的逻辑关系。例如,i、j两项活动可能同时有SS与FF限制,如图6.27所示。

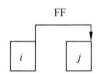

图6.25 结束—结束搭接关系示意图

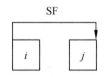

图6.26 开始—结束搭接关系示意图

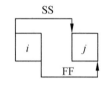

图6.27 混合搭接关系示意图

各时间参数的计算规则如下:

最早时间:$\left.\begin{array}{l}ES_j = ES_i + SS \\ ES_j = EF_i - D_j\end{array}\right\}\max$, $\max\left\{\begin{array}{l}EF_j = ES_j + D_j \\ EF_j = EF_i + FF\end{array}\right.$

最迟时间:$\left.\begin{array}{l}LS_i = LS_j - SS \\ LS_i = LF_i - D_i\end{array}\right\}\min$, $\min\left\{\begin{array}{l}LF_i = LS_i + D_i \\ LF_i = LF_j - FF\end{array}\right.$

自由时差:按各种搭接网络的计算规则取最小值。

总时差的计算规则与一般网络相同。

6.6.3 关键路径法

关键路径法(Critical Path Method,CPM),是制订项目进度计划的一种重要基础工具。它是根据项目网络图和各活动持续时间估算值,计算各项活动的最早或者最迟开始、结束时间,在此基础上确定关键路径,并对关键路径进行调整和优化,从而使项目完成时间最短,使项目进度计划最优。

关键路径法的关键是确定项目网络图的关键路径,这一工作需要依赖于活动清单、项目网络图及活动持续时间估计等,如果这些文档已具备,借助于项目管理软件,关键路径的计算可以自动完成,如果采用手工计算,可以遵循以下步骤:

1. 构建网络图

绘制有历时估计的网络过程是非常直观易懂的。一旦活动网络和历时估计在适当的地方确定下来，就可以进行网络计算了。下面以某机械厂开发新产品项目为例，示范关键路径的基本算法。首先初步确定该项目在实施时有 10 项活动，每项活动的顺序、代号、所需活动时间、紧前活动的要求见表 6.6。

表 6.6 某机械厂新产品开发项目活动列表

序号	活动名称	活动代号	紧前活动	活动时间/周
1	市场调查	A	—	5
2	新产品开发决策	B	A	2
3	筹集资金	C	B	5
4	设计	D	B	11
5	采购设备	E	C、D	7
6	厂房建设	F	C	5
7	设备安装	G	E、F	3
8	试生产	H	G	2
9	建立销售网络	I	G	6
10	生产、投放市场	J	H	10

然后根据所给条件绘出单代号网络图，如图 6.28 所示。计算各项活动的最早开始、最早结束、最迟开始、最迟结束时间。完成计算有 3 个步骤：正推、逆推以及时差计算，从而确定进度计划中的关键和非关键活动和路径，并由此确定项目总工期。

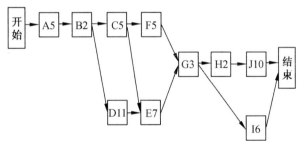

图 6.28 新产品开发单代号网络图

2. 正推法

正推法即通过从网络图始端向终端正向计算得出各活动的 ES 和 EF。

在正推中，每项活动的最早开始和完成时间按下述方法算出：从第一个（最左边）活动开始，基于活动历时的估计计算每项活动的最早开始时间（ES）和最早结束时间（EF）。首先，令网络图中的第一项活动的最早开始时间 ES=0；当活动仅有一个紧前活动时，该活动的最早开始时间 ES=紧前活动的 EF；当活动有多个紧前活动时，该活动的最早开始时间 ES=max{紧前活动的 EF}。然后，计算活动的最早结束时间 EF，EF=ES+活动持续时间 D。最后，在活动方框的左上角和右上角写出其最早开始时间和最早结束时间。图 6.29 给出了正推计算的例子。

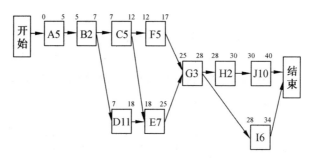

图 6.29 正向路径计算

3. 逆推法

逆推法即通过从网络图终端向始端反向推算得出各活动的 LF 和 LS。

在逆推中,每项活动的最迟结束和最迟开始时间按下述方法算出:首先计算活动的最迟结束时间 LF,令网络图中的最后一项活动的最迟结束时间 LF 等于该项活动的最早结束时间 EF,或者等于项目的计划工期 Tp;当活动仅有一个紧后活动时,该活动的最迟结束时间 LF=紧后活动的 LS,当有多个紧后活动时,该活动的最迟结束时间 LF=min{紧后活动的 LS}。然后,计算活动最迟开始时间 LS,LS=LF-活动持续时间 D。最后,在活动方框的右下角和左下角写上该活动的最迟结束时间和最迟开始时间。图 6.30 给出了逆推计算的例子。

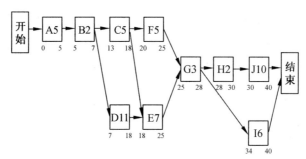

图 6.30 反向路径计算

4. 计算各活动的时差

单代号网络图推算的原则是:正推取大,填写上半部分的数字,逆推取小,填写下半部分数字。在完成正推和逆推后要确定每项活动的总时差和自由时差。

如前所述,项目的总时差等于某项活动最迟开始时间(LS)与最早开始时间(ES)的差或者是最迟结束时间(LF)与最早结束时间(EF)的差。它是活动允许推迟的最大限度,也称"宽裕时间"。若项目某条路径的总时差为正值,这一正的总时差可以由该路径上所有的活动来共用,当该路径上的某项活动不能按期完成时,则可以利用该路径的总时差,而不必担心影响项目的进度;如果项目某条路径的总时差为负值,则表明该路径上的各项活动要加快进度,减少在该路径上花费的时间总量,否则项目就不能在规定的时间内顺利完成;如果项目某条路径的总时差为零,则表明该路径上的各项活动不用加速完成但是也不能拖延时间。自由时差是在不延误紧后活动最早开始时间的条件下,本活动最多可以推迟多久。活动的自由时差 FF=紧后活动的 ES-EF;当有多个紧后活动存在时,活动的自由时差 FF=min{紧后活动的 ES}−EF。

图 6.31 给出了总时差和自由时差的计算结果。需要注意的是,只有在有两项或以上的活动指向同一活动时,才存在自由时差,否则自由时差为零。总时差可能为负,而自由时差因为是相对值,故不可能为负。时差对于合理调整各项活动的资源具有重大意义。在保证不影响整个项目完工工期的前提下,可以适当调整具有总时差的活动;在不影响后续活动最早开始时间的前提下,可以适当调整具有自由时差的活动,从而使资源配置得以优化。

5. 找出关键路径

找出总时差最小(当网络图中终点活动的最迟结束时间等于该活动的最早结束时间,此时总时差为零)的各活动,这些活动就是关键活动,由这些关键活动组成的路径就是关键路径,如图 6.31 所示,A—B—D—E—G—H—J 这个由始点到终点,沿箭头方向总时差为零的活动组成的路径就是关键路径。

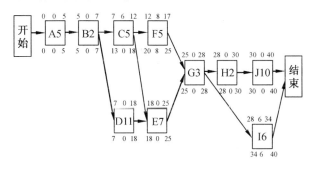

图 6.31 关键路径图

关键路径的特点:①关键路径上所有活动的时间之和就是完成项目的最短历时。②关键路径上任何活动的延误都会导致项目时间的延长。③如果想缩短项目历时,就必须缩短关键路径上活动的历时。

当网络图比较简单时,也可通过将项目网络图中每条路径所有活动的历时分别相加,其中历时最长的线路也是关键路径。如果关键路径上的某项活动未如期完成,所有处于其后的活动都要往后拖延,整个项目工期就会向后拖延。最终的结果是项目不能按计划完成。反之,如果关键路径上的某项活动能够提前完成,那么整个项目也有可能提前完成。由此可知,在编制项目进度计划时,关键路径上的活动是关注的重点。而处于非关键路径上的活动就具有较大的灵活性,在该路径紧后活动开始之前,可以随意安排这条路径上的活动的开始时间。把关键路径上所有活动的工期加起来,就可以得到项目总工期。

6. 实际进度安排

完成了活动工期和活动的最早或最迟开始、结束时间的计算,接下来就可以按日历表安排项目的进度了。项目的开始时间可以由项目经理、客户、项目团队成员决定,也可以根据项目的实际情况(如资源配置等)选择某一天开始执行项目,应当把规定的周日和假日排除在实际进度之外,为了便于控制项目的进度,关键路径上的每一项关键活动都应标注上最早开始时间、最早结束时间和最迟开始时间、最迟结束时间。一旦这些时间和日期都标注在项目进度计划表上,一张理想的进度计划表即已诞生。如果资源配置已就绪,项目就可以进入具体实施阶段。

【例 6.5】 某工程项目的双代号网络图如 6.32 所示,时间单位为天。请回答以下问题:

(1)计算各项活动的六个时间参数。

(2)计算总工期并指出关键路径。

(3)把双代号网络图转化为单代号网络图。

(4)若 C 活动,因设计变更等待新图纸延误 10 天,F 活动由于连续降雨累计 12 天导致实际施工 14 天完成,对工期将产生什么影响?此时,关键路径有什么变化?

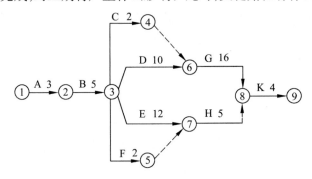

图 6.32 双代号网络图

解 (1)根据双代号网络图计算的各项活动时间参数结果,见图 6.33。

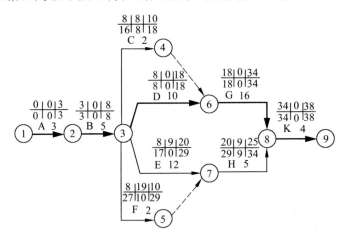

图 6.33 双代号网络时间参数计算

(2)图 6.33 中 A、B、D、G、K 的总时差最小(均为 0),故为关键活动,线路 A—B—D—G—K 为关键路径。该项目的总工期 =3+5+10+16+4=38(天)

(3)将双代号网络图转化为单代号网络图,如图 6.34 所示。

(4)C、F 两活动均为非关键活动,C 活动延误 10 天,而其总时差为 8 天,超出总时差 2 天,因而导致总工期推迟 2 天;F 活动实际用 14 天完成,比计划推迟 12 天,但仍在其总时差(TF=19 天)范围内,故对总工期没有影响,综合起来导致总工期推迟 2 天,即总工期

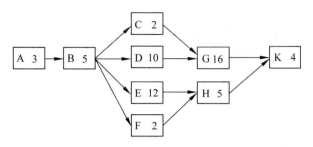

图 6.34 单代号网络图

为 40 天,此时,关键路径也发生了转移,原关键路径 A—B—D—G—K 变成了非关键路径,原来非关键路径 A—B—C—G—K 变成了关键路径。

【例 6.6】 某软件开发项目的单代号搭接网络图如图 6.35 所示,单位:天。请回答下列问题:

(1)计算各项活动的六个时间参数,在图上直接标注。

(2)确定总工期并指出关键路径。

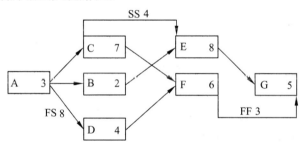

图 6.35 单代号搭接网络图

解 计算结果如图 6.36 所示。

图 6.36 中,A、D、F、G 的总时差最小(均为 0),故为关键活动,线路 A—D—F—G 为关键路径。项目总工期 = 3+8+4+6+3 = 24(天)

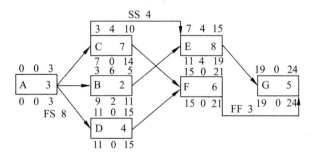

图 6.36 单代号搭接网络图

6.7 优化项目进度计划

6.7.1 项目资源均衡

项目进度计划的执行需要使用一定数量和质量的资源,如人员、材料和设备。任何组织的资源都是有限的,编制进度计划时必须考虑资源条件,前面做出的进度计划是假设不存在资源约束的理想状态。不考虑资源状况编制出来的进度计划可能会产生两个问题:一是项目所需资源不足,导致进度计划无法顺利实施;二是进度安排不合理,导致项目周期内多种资源负荷不平衡,需求数量波动较大,资源的闲置和浪费严重。

在编制出初步的进度计划后,项目经理应根据实际资源状况做出适当调整。通过资源均衡分析,对总时差或自由时差进行再次分配,从而使各个工作的资源需求的波动达到最小。资源均衡是以比较稳定的资源使用率能够导致比较低的资源成本这一假设为前提的。对于负荷不平衡的项目,通过调整项目活动的进度计划,使资源需求量维持在一个比较稳定的水平,降低资源需求量波动水平以降低资源使用成本。对于资源受限型项目,在不超过资源限度和不改变网络依赖关系的前提下,确定资源优先级并分配资源使项目延期最短。

1. 时间限制型项目

一般而言,当项目中所需的资源数量比较稳定时,资源的使用率高,资源使用成本较小。反之,资源数量起伏变化大时会产生闲置与浪费现象。如某城市广场改造项目,工期为4周,按照进度计划,每周需要的工人数量分别为:第1周10人,第2周50人,第3周20人,第4周40人。我们注意到第2周工人需求数量达到最高值,第3周需求量只有20人,比第2周减少30人,这些人没有项目任务怎么安排呢?闲置则白白增加人工成本,解聘的话则第4周需求的数量就无法保证了,这种状况显然是我们不愿意看到的。我们希望在工期内适当调整进度计划,让整个项目周期内需求量相对平稳。通过进度计划调整达到的目标是,每个时间的资源利用水平尽可能平稳地变化,稳定的资源使用率可以降低资源成本。

进行资源均衡的思路是,利用项目活动的时差调整非关键活动的开始时间,避免活动过度集中,减少同一时间的资源消耗和使用量,操作步骤如下:

(1)在时差范围内,调整非关键路径上活动开始和结束时间,使资源负荷达到平衡。

(2)减少非关键路径活动的资源投入强度,即减少资源投入数量。

(3)修改活动之间的逻辑关系,重新安排施工,将资源投入强度高的活动错开。

(4)改变实施方案,采用高效率的措施,减少资源需求数量。

(5)压缩关键路径上的资源投入,这样做会影响总工期。

【例6.7】 某城市广场改造工程进度甘特图如图6.37所示,主要任务有6项,关键路径是松土—修路—装灯—植树,各个任务所需的工人数量标注在横道图上。简单计算可以得到各时间段的工人需求数量,前4天为10人,第4至10天需要20人,第10至16天需要5人,第16至24天需要15人。

从图6.37可以看出,排水和筑墙两项活动有时差,最迟在16天完成就可以了。按照上面所述资源均衡的步骤,把筑墙活动延迟至10日开始,16日结束,可使第4至10天的工人由20人下降为10人(修路5人+排水5人),第10至16日的工人由5人增加为15人(装灯5人+筑墙10人),如图6.38所示。整个工期内前10天每日需要10人,第10天后增加为15人,直到项目结束不再变化。

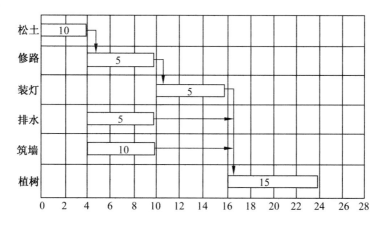

图6.37 市政广场改造工程进度—资源负荷图

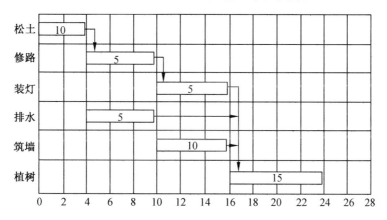

图6.38 优化后的市政广场改造工程进度—资源负荷图

经过资源均衡后,市政广场改造项目所需工人的峰值降低了,从平衡前的最高值20人下降为15人。资源需求的波动性变小了,提高了资源使用率,有利于人工成本控制。如果把工人换成其他资源如设备,资源均衡的方法和步骤是一样的。当然,资源均衡后也有不足之处,主要是整个项目的时差减少了,降低了进度控制的灵活性。该例中使用了筑墙的时差,筑墙由非关键活动变成了关键活动,如果控制不力,引起项目延期的可能性增加。

2. 资源限制型项目

有些项目组织中资源比较紧张,进度计划安排的各项活动对资源的需求峰值超出了资源总量,有些任务因为得不到资源而无法开展,项目经理应考虑合理调整活动开展时间,使得最大需求量不超出组织资源总量。平衡的主要方法是利用时差调整非关键活动,使资源使用时间转移。

【例6.8】 某会议室装修项目的单代号网络图如图6.39所示,关键路径是A,C,F,G,全部工期12天,每个活动需要的工人数在节点上已经标出。如果以最早开始时间安排施工的话,第3天起将有B,C,D三个活动共同开始,共需工人10人(4+4+2),第5,6,7,8天分别需要8名工人,其他时间工人需求数量见表6.7。

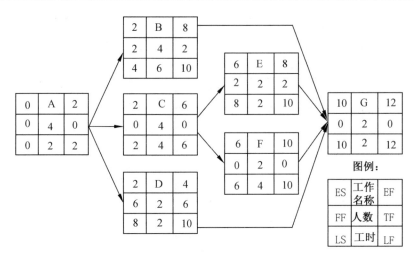

图 6.39 会议室装修项目网络图

表 6.7 会议室装修项目工人计划需求负荷表

序号	工人	历时	ES	LF	时差	1	2	3	4	5	6	7	8	9	10	11	12
A	4	2	0	2	0	4	4										
B	4	6	2	10	2			4	4	4	4	4	4				
C	4	4	2	6	0			4	4	4	4						
D	2	2	2	10	6			2	2								
E	2	2	6	10	2							2	2				
F	2	4	6	10	0							2	2	2	2		
G	2	2	10	12	0											2	2
计划总资源负荷						4	4	10	10	8	8	8	8	2	2	2	2
实际资源限制						6											

项目团队只有满足以上工人需要,才能顺利开展进度计划的各项任务。但是,装修公司签订了很多合同,大量的合格工人已经派到其他项目,只有 6 人可以安排在本项目工作,在完工前不会追加工人,资源条件无法改变,项目经理只有重新安排施工计划以保证每个任务都有资源支持。

资源受限型项目进行资源均衡的原则如下:

(1)在同时开始的活动中先确定时差最小的活动,保证这些活动的资源需求。时差小意味着该活动时间弹性差,延误的风险可能性高。最小的时差是 0,即关键活动,要优先保证关键活动的资源需求。

(2)如果具有相同的时差,则先确定活动工期最短的活动。

(3)如果具有相同的时差和工期,则先确定活动编号最小的活动。

根据上述原则对进度计划做出调整,修改后的进度计划和工人需求数量见表 6.8。从调整后的结果看,每一天工人的需求均未超过 6 人,这个计划是可以得到资源支持的可行性计划。平衡后的不利之处是各个活动的时差减少了,关键路径活动增加,工期从 12

日延长为14日。工期增加是项目资源不足造成的,而非项目经理主观不努力的结果。现实中困难的是,没有充足的资源保障而要求达到既定的完工目标,此时,项目经理只能采取延长资源工作时间来解决了。

表6.8 会议室装修项目进度计划优化后的资源负荷

序号	工人	历时	ES	LF	时差	1	2	3	4	5	6	7	8	9	10	11	12	13	14
A	4	2	0	2	0	4	4												
B	4	6	2	10	2			×	×	×	×	4	4	4	4	4	4		
C	4	4	2	6	0			4	4	4	4								
D	2	2	2	10	6			2	2										
E	2	2	6	10	2							×	×	×	×	2	2		
F	2	4	6	10	0							2	2	2	2				
G	2	2	10	12	0											×	×	2	2
总资源负荷						4	4	6	6	4	4	6	6	6	6	6	6	2	2
资源限制						6													

6.7.2 项目工期压缩

按照进度计划实施项目,项目经理可以相对从容地调配各种人力与资源,有利于实现项目进度、质量和成本的平衡,最大限度地减少质量事故和安全事故等。但在实际中,人们普遍存在抢工期的冲动,尤其是政府投资的项目有很多因素导致项目工期被压缩,这对进度计划产生了巨大影响,项目经理被迫安排赶工,对成本带来较大的冲击,项目质量也受到了严峻挑战。

1. 压缩工期的原因

压缩工期的常见原因有以下几个:

(1)市场促使项目提前结束。如通信公司计划12月采购一批新型通信设备,多家设备制造企业投入力量研发该设备,争取在12月前完成产品的测试,参加通信公司的招标。通信公司为了早日占领市场,将采购时间提前到10月,这就迫使制造商提前完成产品研发与测试,否则就会失去参加投标的机会。对于没有明确客户的产品研发项目,如果一家公司发现竞争对手的产品能够提前上市,必然也要调整计划争取早日或同步上市,以保持均衡的竞争优势。有时在一个新产品的研发过程中,企业市场部门便开始了产品宣传,客户对产品有很高的期望,企业就必须不惜成本按时完成项目,延迟将使公司声誉扫地。

(2)激励性契约促使早日交付。客户为了促使项目早日完工,在项目合同中确定了激励性条款,根据提前完工情况对承包商予以奖励,承包商将尽可能提前交付。如某公司承担了钢铁公司高炉技术改造项目,钢铁公司希望早日改造完毕投产,合同规定在原定1年工期的基础上,提前完工将从投产后产生的利润中拿出30%进行奖励。项目团队精心安排计划合理分配资源,提前了20天。甲方按照合同为乙方分配了提前投产的奖励,甲、乙方实现了双赢。

(3)前期工作延误导致后期赶工。项目早期阶段浪费了大量时间,使得实施阶段所剩时间不足,施工单位只能安排高强度的进度计划。这种现象在工程项目中表现较为突出,因为前期项目设计、规划、审批、征地、拆迁、融资等事项涉及部门众多,完成的时间无法控制,一个环节被卡住就拖延很久,原来估算的时间被延长,待各种手续办理完毕,开工时离交付时间已经不多了。如某石油公司投资建设一座四星级宾馆,原计划 2 年时间完成,尽管规划、征地、审批等手续较顺利,但在基坑挖掘时发现了价值连城的唐代皇家铜器,考古部门立即介入,施工队伍撤离现场,经过半年多的文物发掘后才恢复施工,后面的时间就非常紧张了。在道路建设中,由于征地拆迁谈判浪费大量工期的现象更多,为了在政府下达的完工日期前通车,项目组赶工是相当普通的。

(4)关键设备和人力调离。由于项目组的关键设备和人员被抽调到其他项目,剩余资源正常作业的话无法按时完成工作量,在项目结束日期不变的情况下,项目组只能安排赶工。

(5)管理费用非常高,即使项目在时间安排上比较充裕,但是按部就班地进行会发生大量的管理费,项目团队为了节约成本有赶工的积极性。

2. 加快项目进度的技术

缩短项目进度的技术主要有两种:赶工和快速跟进。两者要达到的目的是一样的,都是加快项目进度、缩短项目工期,但是它们采用的方法和可能产生的影响是不同的。

(1)赶工。赶工(Crashing)是指对成本和进度进行权衡,确定如何以最小的成本取得最大的历时压缩。赶工的目的在于缩短工期,应当首先压缩关键路径上关键活动的历时。赶工通常会以增加成本为代价。赶工通常需要额外的资源来压缩活动历时,主要有如下三种形式:①增加设备。②增加人员(比如借调工作人员或雇用更多的临时工)。③延长工作时间(比如晚上或周末加班)。

赶工虽然能加快进度,但事实上,效果很可能并不理想。因为绝大多数活动的历时估计都是基于这样的假设:正常的工作水平;项目团队成员正常的工作负荷;正常的工作时间,即工作日每天 8 小时。如果让现有资源延长工作时间,将会因为员工加班而降低工作效率,增加成本。

此外,尽管通过延长工作时间,可以加快项目活动的进度,但实际上,延长工作时间所带来的边际收益可能并不能补偿加班所增加的成本。有研究表明,需要员工增加的工作时间越多,那么企业从员工那里得到的边际效益越少。例如,在工程类项目中,在每周工作时间只超时 4 小时的情况下,最佳绩效才被实现;如果工程师每周超时工作 10 小时,那么公司能实现的真正边际收益就降到了 0。

此外,赶工还会对其他项目产生负面影响,比如加班会降低员工的士气。更严重的是,由于时间压力,员工的疲惫作业,很可能会降低产品/服务的质量,无法保证项目成果的质量。

(2)快速跟进。快速跟进(Fast Tracking)是指将正常情况下按顺序实施的多项活动或阶段改为并行进行,只适用于能够通过并行活动来缩短工期的情况。快速跟进应当首先在关键路径上进行且可能增加返工的风险。采用快速跟进虽然能有效缩短项目总周期,但它并不是一种可靠的缩短项目周期的方法。因为正常情况下,顺序执行的活动之间往往存在逻辑上的依赖关系,而快速跟进恰恰破坏了这种依赖关系。下面举例说明。

某项目最初网络图如图 6.40 所示,为了压缩进度,项目经理根据实际情况使用了快速跟进方法:在任务 A 已经开始 1 天后,开始实施任务 C,从而使任务 C 与 A 并行了 3 天。根据项目网络图,关键路径是 ACE,项目工期为 20 天。使用快速跟进方法压缩后,项目关键路径改为 BDF,项目工期为 18 天,项目完工提前了 2 天。

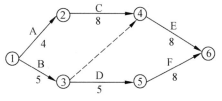

图 6.40 某项目网络图

快速跟进在建筑项目中应用得比较多,比如将项目的设计和建造阶段重叠起来。因为设计工作通常是在开工之前就完成的,所以重叠两个阶段将会导致项目工期的缩短。但是,在设计工作完成前就开始建造,会导致变更增多,随后导致生产率降低、成本上升,最后带来时间的损耗。

不管是赶工还是快速跟进,缩短项目工期都是以增加成本为代价的,那么用多少成本换取多长时间的压缩才值得? 这就需要考虑时间—成本平衡的问题。

6.7.3 时间与成本的平衡

1. 时间—成本平衡相关概念

时间—成本平衡(Time &. Cost Trade-off)是以最低的成本实现最大限度的进度压缩。时间—成本平衡可以回答如下问题:用多少成本换取压缩的时间才值得? 如何用尽可能少的成本压缩一定的时间? 最多可压缩多长时间?

最常见的时间—成本平衡方法是边际成本法。首先了解如下概念:

正常时间:在正常情况下完成某项活动需要的估计时间。

正常成本:在正常时间内完成某项活动的预计成本。

赶工时间:完成某项活动的最短估计时间。

赶工成本:在赶工时间内完成某项活动的预计成本。

边际成本:指每个活动压缩一个单位的历时所需要耗费的成本。

正常时间、正常成本、赶工时间、赶工成本之间的关系如图 6.41 所示。

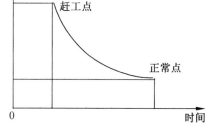

图 6.41 正常时间、正常成本、赶工时间、赶工成本之间的关系

假设每压缩一个单位的时间所用的成本是相同的,则边际成本的计算公式为

$$边际成本 = \frac{赶工成本 - 正常成本}{正常时间 - 赶工时间}$$

2. 时间—成本平衡的步骤

用边际成本法进行时间—成本平衡分析可以分为以下三个步骤:

(1) 列出网络图中所有路径。
(2) 计算网络图中每个活动的边际成本。
(3) 从关键路径开始压缩活动历时,直至达到既定的时间要求。

3. 时间—成本平衡的应用

下面以图 6.31 的计算结果为例,说明如何使用边际成本法来进行时间—成本的平衡。

【例 6.9】 假设图 6.31 中,项目中各活动的边际成本以及每个活动允许的最大压缩量见表 6.9。表中用"*"标识的活动是关键活动。

表 6.9 某项目各项活动的计划时间及边际成本

活动	计划时间/周	允许最大压缩量/周	边际成本/万美元
A*	5	1	8
B*	2	2	5
C	5	3	8
D*	11	2	4
E*	7	1	2
F	5	2	3.7
G*	3	3	5
H*	2	3	6
I	6	2	2.5
J*	10	2	3

该项目按照原进度,需要 40 周完工,假设客户为使新产品快速投入市场,在合同中做了如下规定:如果项目能在 36 周以内(包括 36 周)完成就可以获得 15 万美元的奖金。接下来需要考虑的是如何用最小的成本把时间压缩到 36 周呢?

解 首先列出所有的路径,并计算各路径的长度,结果见表 6.10,表中用"*"标识的数字是关键路径的长度。

表 6.10 网络图中路径及其长度

路径	ABCFGHJ	ABCFGI	ABCEGHJ	ABCEGI	ABDEGHJ	ABDEGI
长度	32	26	34	28	40*	34

列出了所有的路径之后,从关键路径开始,选择边际成本最小的活动在时间最大压缩量的范围内进行压缩,每压缩一个单位都需要重新调整其他路径的时间长度,因为有可能压缩关键路径后,就不再是最长的路径了,即关键路径发生了变化。这样就需要再从新的关键路径上选择边际成本最低的活动进行压缩,再重新调整其他路径的长度,如此反复进行下去,直至关键路径的时间长度达到既定的要求。

该项目按照原进度,需要 40 周完工,但是如果 36 周完工就可以获得 15 万美元的奖金,那么如何用最小的成本把时间压缩到 36 周呢?根据上面的步骤,可得如下压缩过程:

① 关键路径为 A—B—D—E—G—H—J,关键路径上的活动 E 具有最小的边际成本,压缩 E 一周,压缩所需成本为 2 万美元。

②压缩 E 一周后,关键路径没有发生变化,仍然是 A—B—D—E—G—H—J;由于活动 E 的最大时间压缩量为 1 周,无法再压缩,只能选择边际成本次小的活动 J,边际成本 3 万美元。这里,虽然活动 I 的边际成本只有 2.5 万美元,比活动 J 的边际成本要小,但是 I 不在关键路径上,所以压缩 I 不能减少整个项目的工期。也就是说,只有压缩关键路径上的活动才有意义。

③压缩 J 一周后,关键路径依然不变,而活动 J 的最大时间压缩量为 2 周,于是继续压缩 J,成本 3 万美元。

④关键路径仍然是 A—B—D—E—G—H—J,由于活动 J 的最大时间压缩量为 2 周,无法再继续压缩,只能选择此时边际成本最小的活动 D,边际成本 4 万美元。这里,虽然活动 F 的边际成本只有 3.7 万美元,比活动 D 的边际成本要小,但是 F 不在关键路径上,所以压缩 F 不能减少整个项目的工期。

⑤压缩 D 一周后,关键路径依然没有变化。

至此,整个项目的工期压缩到了 36 周,由于压缩增加的成本为(2+3+3+4)即 12 万美元,小于奖金 15 万美元,因此用 12 万美元成本换取 4 周时间还是值得的。如果继续压缩下去,成本将远远大于收益,当然就没有压缩的意义了。具体计算见表 6.11。表中用"*"标识的数字是关键路径的长度。

表 6.11 边际成本法分析的过程

压缩的活动	成本增加	路径及其长度					
		ABCFGHJ	ABCFGI	ABCEGHJ	ABCEGI	ABDEGHJ	ABDEGI
		32	26	34	28	40*	34
压缩 E 一周	2	32	26	33	27	39*	33
压缩 J 一周	3	31	26	32	27	38*	33
压缩 J 一周	3	30	26	31	27	37*	33
压缩 D 一周	4	30	26	31	27	36*	32

请思考:如果继续压缩到 35 周,需要压缩哪个活动?此时总成本增加了多少?是否值得?

对于比较简单的网络,还可以用边际成本法来进行时间—成本均衡,但是如果是一个比较复杂的网络,使用边际成本法就变得非常烦琐了。因此,对于大型网络而言,一般采取建立线性规划数学模型,然后求解数学模型的方法来进行时间—成本均衡。

【例 6.10】 (续第 5 章例 5.3)为保证新型圆柱立柜式空调项目的工期目标得以实现,需要采用网络计划技术对进度进行动态管理。经过分析得到了一张表明工作先后关系及每项工作初步时间估计的工作列表,如表 6.12 所示。

(1)绘制该项目双代号网络图。

(2)图 6.42 给出了根据表 6.12 绘制的该项目的单代号网络计划图,但是经过对初步计划的分析后发现,项目工作之间需要补充下述搭接关系:

"E 辅助材料采购"工作在开始 10 天之后"H 零部件加工"工作便可开始。

请在图 6.42 已经给出的单代号网络计划图的基础上补充上述搭接关系。

表 6.12 新型圆柱立柜式空调建设项目工作列表

工作代号	工作名称	工作时间/天 正常工时	工作时间/天 最短工时	边际成本/(千元·天⁻¹)	紧后工作
A	产品总体设计	60	50	0.5	B、C
B	产品结构设计	60	45	0.3	D、M
C	控制系统设计	80	70	0.2	D、M
D	生产车间设计	40	30	1.0	K
E	辅助材料采购	30	25	0.8	H
F	压缩机外协	30	25	0.5	I
G	负离子发生器外协	30	25	0.5	I
H	零部件加工	30	25	0.2	I
I	整机装配	20	16	0.3	J
J	整机调试	20	14	0.3	N
K	车间土建施工	90	80	1.3	L
L	车间设备安装	80	70	1.5	N
M	工艺文件编制	20	15	0.1	E、F、G
N	项目验收	20	20	∞	—

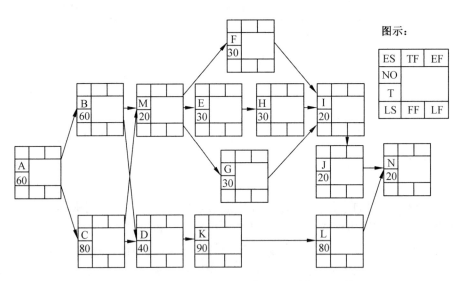

图 6.42 新型圆柱立柜式空调建设项目单代号网络图

(3) 根据图 6.42 所示的单代号网络计划图,计算该项目各项工作的最早开始时间和最早结束时间,最迟开始时间和最迟结束时间,总时差和自由时差,并标注在图中(注:不进行日历转换)。

(4) 确定该项目的总工期,并在图中用双线条或粗线条标出该项目的关键路径。

(5) 本项目的工期目标是 1 年(365 天),如果计算所得的总工期不能满足工期目标要求,则按增加费用最小的原则进行工期优化。

①选择_____工作,调整其工作时间;
②将该工作的工作时间从_____天调整为_____天;
③通过调整,项目计算工期变为_____天;需增加费用_____千元。

解 （1）根据表 6.12 绘制该项目双代号网络图,如图 6.43 所示。

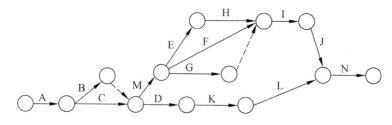

图 6.43　新型圆柱立柜式空调建设项目双代号网络计划图

（2）图 6.44 给出了补充搭接关系的单代号网络计划图。

（3）根据图 6.42 计算的各项工作六个参数结果标注在图 6.45 中。

（4）该项目的总工期为 370 天,关键线路为 A—C—D—K—L—N 并在图 6.45 中用粗线标出。

（5）本项目的工期目标是 1 年(365 天),计算的总工期是 370 天,不能满足工期目标要求,按增加费用最小的原则进行工期优化,结果如下：

图 6.44　补充搭接关系

①由于 C 工作的边际成本为 0.2,是所有关键工作中边际成本最小的,因此选择调整 C 工作。

②将 C 工作的工作时间从 80 天调整为 75 天。

③通过调整,项目计算工期变为 365 天;需增加费用 1 千元。

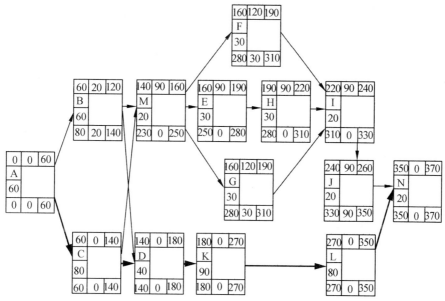

图 6.45　新型圆柱立柜式空调建设项目单代号网络时间参数计算

【例6.11】 通过对初始计划的分析,新型圆柱立柜式空调生产建设项目工期超过了原定的目标,为此需要对制订的项目进度计划进行调整。综合考虑资源、费用、质量、效益等因素后,公司总经理要求在满足工期目标的前提下缩短工期。于是对该项目计划进行了调整,调整后各项工作的工作时间、所需要的人力资源类型及其相应的工作量估计见表6.13。

表6.13 新型圆柱立柜式空调生产建设项目计划调整后的工作时间及工作量估计表

工作代号	工作名称	工作时间/天	人力资源种类	工作量估计/工日	每天安排人数
A	产品总体设计	50	工程师	250	
B	产品结构设计	60	工程师	300	
C	控制系统设计	70	工程师	700	
D	生产车间设计	30	工程师	300	
E	辅助材料采购	30	工人	180	
F	压缩机外协	30	工人	150	
G	负离子发生器外协	30	工人	180	
H	零部件加工	30	工人	600	
I	整机装配	20	工人	200	
J	整机调试	20	工程师	100	
K	车间土建施工	80	工人	3 200	
L	车间设备安装	70	工人	1 400	
M	工艺文件编制	20	工程师	100	
N	项目验收	20	工程师	100	

(1)根据表6.13计算每项工作每天需要安排的人力资源数量。

(2)根据表6.13调整后的时间安排,编制出新型圆柱立柜式空调生产建设项目的甘特图计划,如图6.46所示。请根据甘特图,绘制该项目实施期间的人力资源数量负荷表和人力资源数量负荷图,时间单位为旬(10天)。

(3)该项目的人力资源是有限的,每天最多只能安排65人。现在需要对项目的进度计划进行调整,以适应人力资源限量要求。为此你需要做以下工作:

①依据图6.46所示进度计划,本项目在第_____旬到第_____旬之间人力资源需求超出限量要求,每旬最多需要_____人。

②在不影响总工期的前提下,对项目的进度安排进行调整,提出一个使人力资源需求量得以削减的进度计划调整方案,可以调整的工作有_____,要使资源高峰得到最大降低应将工作推迟_____旬。

③通过上述调整,项目的人力资源需要量最高峰由原来的_____人减少为_____人。

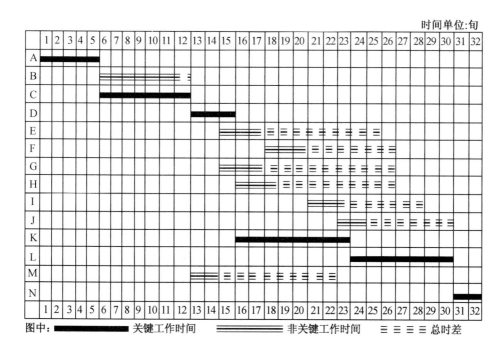

图 6.46　新型圆柱立柜式空调进度计划甘特图

解　(1)根据表 6.13 计算每项工作每天需要安排的人力资源数量,见表 6.14。

表 6.14　每项工作每天需要安排的人力资源数量

工作代号	A	B	C	D	E	F	G	H	I	J	K	L	M	N
每天安排人数	5	5	10	10	6	5	6	20	10	5	40	20	5	5

(2)根据甘特图,绘制出项目实施期间的人力资源数量负荷表(表 6.15)和人力资源数量负荷图(图 6.47),单位为旬(10 天)。

表 6.15　项目实施期间的人力资源数量负荷表

旬	1	2	3	4	5	6	7	8	9	10	11	12	13	14	15	16
人力资源数量	5	5	5	5	5	15	15	15	15	15	10	15	15	22	72
旬	17	18	19	20	21	22	23	24	25	26	27	28	29	30	31	32
人力资源数量	72	65	45	45	50	50	45	25	20	20	20	20	20	20	5	5

(3)由于该项目的人力资源有限,每天最多只能安排 65 人,因此对项目的进度计划进行如下调整:

①在第 16 旬到 17 旬之间人力资源需求超出限量要求,每旬最多需要 72 人。

②可以调整的工作有:E、G、H,要使资源高峰得到最大限度的降低应将 H 工作推迟 2 旬。

③通过上述调整,项目的人力资源需要量最高峰由原来的 72 人减少为 65 人。

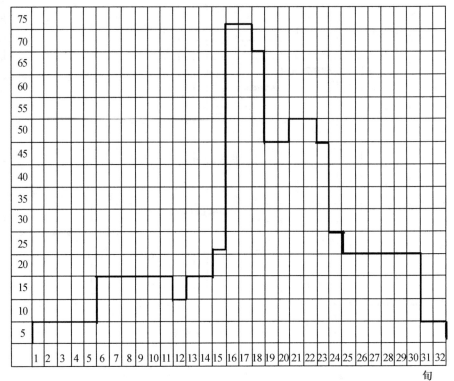

图 6.47　人力资源负荷图

6.8　控制进度

编制项目进度计划的目的是指导项目的实施,以保证实现项目的工期目标。但在项目进度计划实施过程中,可能面临许多因素的干扰,比如项目实施人员未能认识到计划的必要性,认为计划仅是形式而并不完全按计划执行或完全不按计划执行,从而造成项目进度实施与计划脱节;再如项目资源(材料、设备、劳力、资金等)不能按计划提供,或提供资源的数量、质量不能满足要求;受不良的气候、不可预见的地质条件等不利的环境因素的影响等都会使项目进度计划受阻。因此,在项目进行过程中,必须不断监控项目的进程,以确保每项工作都能按进度计划进行;同时,必须不断掌握项目进度计划的实施状况,并将实际情况与计划进行对比分析,必要时采取有效的对策,使项目按照预定的进度目标进行,避免工期的拖延。这一过程称之为项目进度控制。控制进度的过程如图 6.48 所示。

6.8.1　项目进度动态监测

项目进度动态监测就是在项目实施过程中,收集反映项目进度实际状况的信息,对项目进度情况进行分析,掌握项目进展状况,对项目进度状态进行监控。通常采用日常监控和定期监控的方法进行,并将观测的结果用项目进度报告的形式加以描述。

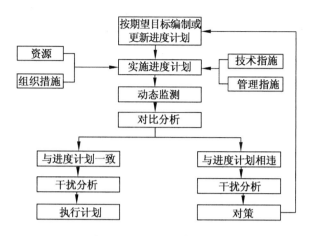

图 6.48 项目进度控制过程

1. 日常监测

随着项目的进度,不断监测进度计划中所包含的每一项工作的实际开始时间、实际完成时间、实际持续时间、目前状况等内容,并加以记录,以此作为进度控制的依据。

2. 定期监测

定期监测是指每隔一定时间对项目进度计划执行情况进行一次较为全面、系统的观测、检查。间隔的时间因项目的类型、规模、特点和对进度计划执行要求程度的不同而异,可以是一日、双日、五日、周、旬、半月、月、季、半年等为一个观测周期。定期监控的内容主要有以下几个方面:关键工作的进度和关键路径的变化情况;非关键工作的进度;检查工作之间的逻辑关系变化情况;有关项目范围、进度计划和预算变更的信息。

3. 项目进度报告

项目进度监控的结果通过项目进度报告的形式向有关部门和人员报告。项目进度报告是记录观测检查的结果、项目进度现状和发展趋势等有关内容的最简单的书面形式报告。

项目进度报告根据报告的对象不同,确定不同的编制范围和内容,一般分为项目概要级进度控制报告、项目管理级进度控制报告和业务管理级进度控制报告。项目概要级进度控制报告是以整个项目为对象说明进度计划执行情况的报告;项目管理级进度控制报告是以分项目为对象说明进度计划执行情况的报告;业务管理级进度控制报告是以某重点部位或重点问题为对象所编写的报告。

项目进度报告的内容主要包括项目实施概况、管理概况、进度概要;项目实际进度及其说明;资源供应进度;项目近期趋势,包括从现在到下次报告期之间将可能发生的事件做出的预测等内容;项目成本费用发生情况;项目存在的困难与危机,困难是指项目实施中所遇到的障碍,危机是指对项目可能会造成重大风险的事件。

项目进度报告的形式可分为日常报告、例外报告和特别分析报告。日常报告是根据日常监测和定期监测的结果所编制的进度报告,是项目进度报告的常用形式。例外报告是为项目进度计划执行中的例外情况进行分析所产生的报告。特别分析报告,是就某个特殊问题所形成的分析报告。

项目进度报告的报告期应根据项目的复杂程度和时间期限以及项目的动态监测方式

等因素确定,一般可考虑与定期观测的间隔周期相一致。一般来说,报告期越短,及早发现问题并采取纠正措施的机会就越多。如果一个项目远远偏离了控制,就很难在不影响项目范围、预算、进度或质量的情况下实现项目目标。

6.8.2 项目进度比较与分析

在项目进展中,由于各种因素的影响,项目进度计划的变化是绝对的,不变是相对的。项目管理者将项目的实际进度与计划进度进行比较分析,确定实际进度与计划不相符合的原因,进而找出对策,这是进度控制的重要环节之一。通过比较分析,为项目管理者明确了实际进度与计划进度之间的偏差,为采取调整措施提出了明确任务。进行比较分析的方法主要有以下几种:

1. 甘特图比较法

甘特图比较法又称横道图比较法,是将在项目进展中通过观测、检查、搜集到的信息,经整理后直接用横道线并列标于原计划的横道线一起,进行直观比较的方法。例如,将某混凝土基础工程的施工实际进度与计划进度比较,结果见表6.16。

表6.16 某钢筋混凝土基础施工实际进度与计划进度比较表

工作编号	工作名称	工作时间/天	项目进度 1	2	3	4	5	6	7	8	9	10
1	挖土	3	■	■	■							
2	立模	3			─	─	─					
3	绑扎钢筋	4				■	■	─	─			
4	浇混凝土	5						─	─	─	─	─
5	回填土	3								─	─	─

△
检查日期

表6.16中细实线表示计划进度,粗实线表示实际进度。在第5天末检查时,挖土已按计划完成;立模比进度计划拖后1天;绑扎钢筋的实际进度与计划进度一致;浇筑混凝土工作尚未开始,比进度计划拖后1天。

通过上述比较,为项目管理者明确了实际进度与计划进度之间的偏差,为采取调整措施提出了明确任务。这是进度控制中最简单的方法。但是,这种方法仅适用于项目中各项工作都是按均匀的速度进行,即每项工作在单位时间内所完成的任务量是各自相等的。

项目完成的任务量可以用实物工程量、劳动消耗量和工作量三种物理量表示。为了方便比较,一般用实际完成量的累计百分数与计划应完成量的累计百分数进行比较。

2. 实际进度前锋线比较法

实际进度前锋线,是一种在时间坐标网络中记录实际进度情况的曲线,简称为前锋线。它表达了网络计划执行过程中,某一时刻正在进行的各工作的实际进度前锋的连线,如图6.49所示。前锋线比较法是按照项目实际进度绘制其前锋线,根据前锋线与工作箭线交点的位置判断项目实际进度与计划进度的偏差,以分析判断项目相关工作的进度状况和项目整体进度状况的方法。

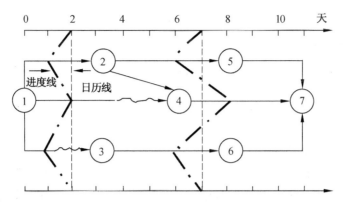

图 6.49 实际进度前锋线

由图 6.49 可知,在第 7 天进行检查时,工作 2—5 和 3—6 比原计划拖后 1 天,工作 4—7 比原计划提前 1 天。工作 2—5 是关键工作,其提前或拖后将会对项目工期产生影响,所以该工作拖后 1 天,将会使项目工期拖后 1 天。

根据实际进度前锋线的比较分析可以判断项目进度状况对项目的影响。关键工作提前或拖后将会对项目工期产生提前或拖后影响;而非关键工作的影响,则应根据其总时差的大小加以分析判断。一般来说,非关键工作的提前不会造成项目工期的提前;非关键工作如果拖后,且拖后的量在其总时差范围之内,则不会影响总工期;但若超出总时差的范围,则会对总工期产生影响,若单独考虑该工作的影响,其超出总时差的数值,就是工期拖延量。需要注意的是,在某个检查日期,往往并不是一项工作的提前或拖后,而是多项工作均未按计划进行,这时则应考虑其交互作用。

3. S 形曲线比较法

S 形曲线比较法是在计划实施前绘制出计划 S 形曲线,在项目进行过程中,将成本实际执行情况绘制在与计划 S 形曲线同一张图中,与计划进度相比较的一种方法。如图 6.50 所示。

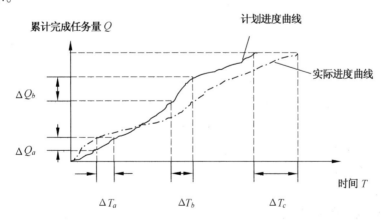

图 6.50 S 形曲线比较图

运用该方法可得到以下信息:

(1)项目实际进度状况。当实际进展点落在计划 S 形曲线左侧时,表明实际进度超前;若在右侧,则表示拖后;若正好落在计划曲线上,则表明实际与计划一致。

(2) 项目实际进度偏差。如图 6.50 所示，ΔT_a 表示 T_a 时刻实际进度超前的时间；ΔT_b 表示 T_b 时刻实际进度拖后的时间。

(3) 项目实际完成任务量偏差。如图 6.50 所示，ΔQ_a 表示 T_a 时刻超额完成的任务量；ΔQ_b 表示在 T_b 时刻少完成的任务量。

(4) 项目进度预测。如图 6.50 所示，项目后期若按原计划速度进行，则工期拖延预测值为 ΔT_c。

4."香蕉"形曲线比较法

"香蕉"形曲线是两条 S 形曲线组合而成的闭合曲线。它根据网络计划中的最早和最迟两种开始和完成时间分别绘制出相应的 S 形曲线，前者称为 ES 曲线，后者称为 LS 曲线。在项目实施过程中，根据每次检查的各项工作实际完成的任务量，计算出不同时间实际完成任务量的百分比，并在"香蕉"形曲线的平面内绘出实际进度曲线，即可进行实际进度与计划进度的比较。如图 6.51 所示。

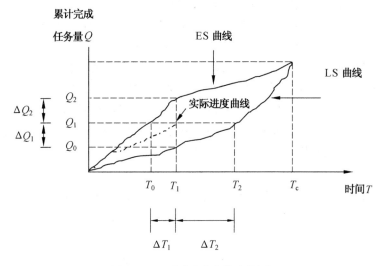

图 6.51 "香蕉"形曲线比较图

"香蕉"形曲线的比较主要有如下两个方面：

(1) 时间一定，比较完成的任务量。当项目进展到 T_1 时，实际完成的累计任务量为 Q_1，若按最早时间计划，则应完成 Q_2，可见，实际比计划少完成：$\Delta Q_2 = Q_1 - Q_2 < 0$；若按最迟时间计划，则应完成 Q_0，实际比计划多完成：$\Delta Q_1 = Q_1 - Q_0 > 0$。由此可以判断，实际进度在计划范围之内，不会影响项目工期。

(2) 任务量一定，比较所需时间。当项目进展到 T_1 时，实际完成累计任务量 Q_1，若按最早时间计划，则应在 T_0 时完成同样的任务量，所以，实际比计划拖延，其拖延的时间是 $\Delta T_1 = T_1 - T_0 > 0$；若按最迟时间计划，则应在 T_2 时完成同样的任务量，所以，实际比计划提前，其提前量是：$\Delta T_2 = T_1 - T_2 < 0$。可以判断：实际进度未超出计划范围，进展正常。

6.8.3 更新项目进度

根据实际进度与计划进度比较分析结果,以保持项目工期不变、保证项目质量和所耗费用最少为目标,做出有效对策,进行项目进度更新,这是进行进度控制和进度管理的宗旨。项目进度更新主要包括两方面工作,即分析进度偏差的影响和进行项目进度计划的调整。

1. 分析进度偏差的影响

通过前述进度比较方法,当出现进度偏差时,应分析该偏差对后续工作及总工期的影响。主要从以下几方面进行分析:

(1)分析产生进度偏差的工作是否为关键工作,若出现偏差的工作是关键工作,则无论其偏差大小,对后续工作及总工期都会产生影响,必须进行进度计划更新;若出现偏差的工作为非关键工作,则需根据偏差值与总时差和自由时差的大小关系,确定其对后续工作和总工期的影响程度。

(2)分析进度偏差是否大于总时差。如果工作的进度偏差大于总时差,则必将影响后续工作和总工期,应采取相应的调整措施;若工作的进度偏差小于或等于该工作的总时差,表明对总工期无影响,但其对后续工作的影响,需要将其偏差与其自由时差相比较才能做出判断。

(3)分析进度偏差是否大于自由时差。如果工作的进度偏差大于该工作的自由时差,则会对后续工作产生影响,应根据后续工作允许影响的程度而定;若工作的进度偏差小于或等于该工作的自由时差,则对后续工作无影响,进度计划可不做调整更新。

2. 项目进度计划的调整

项目进度计划的调整,一般有以下几种方法:

(1)关键工作的调整。关键工作无机动时间,其中任一工作持续时间的缩短或延长都会对整个项目工期产生影响。因此,关键工作的调整是项目进度更新的重点。有以下两种情况:

第一种:关键工作的实际进度较计划进度提前时的调整方法。若仅要求按计划工期执行,则可利用该机会降低资源强度及费用,即选择后续关键工作中资源消耗量大或直接费用高的予以适当延长,延长的时间不应超过已完成的关键工作提前的量;若要求缩短工期,则应将计划的未完成部分作为一个新的计划,重新计算与调整,按新的计划执行,并保证新的关键工作按新计算的时间完成。

第二种:关键工作的实际进度较计划进度落后时的调整方法。调整的目标就是采取措施将耽误的时间补回来,保证项目按期完成。调整的方法主要是缩短后续关键工作的持续时间。

(2)改变某些工作的逻辑关系。若项目进度产生的偏差影响了总工期,则在工作之间的逻辑关系允许改变的条件下,改变关键路径和超过计划工期的非关键路径上有关工作之间的逻辑关系,如将依次进行的工作变为平行或互相搭接的关系,以达到缩短工期的目的。需要注意的是这种调整应以不影响原定计划工期和其他工作之间的顺序为前提,调整的结果不能形成对原计划的否定。

(3)重新编制计划。当采用其他方法仍不能奏效时,则应根据工期要求,将剩余工作重新编制网络计划,使其满足工期要求。

(4)非关键工作的调整。当非关键路径工作时间延长但未超过其时差范围时,因其不会影响项目工期,一般不必调整,但有时,为更充分地利用资源,也可对其进行调整,但不得超出总时差,且每次调整均需进行时间参数计算,以观察每次调整对计划的影响;当非关键路径上某些工作的持续时间延长而超出总时差范围时,则必然影响整个项目工期,关键路径就会转移。这时,其调整方法与关键路径的调整方法相同。

(5)增减工作项目。由于编制计划时考虑不周,或因某些原因需要增加或取消某些工作,则需重新调整网络计划,计算网络参数。增加工作项目,只是对原遗漏或不具体的逻辑关系进行补充;减少工作项目,只是对提前完成的工作项目或原不应设置的工作项目予以删除。增减工作项目不应影响原计划总的逻辑关系和原计划工期,若有影响,应采取措施使之保持不变,以便使原计划得以实施。

(6)资源调整。当资源供应发生异常时,应进行资源调整:资源供应发生异常是指因供应满足不了需要,如资源强度降低或中断,影响到计划工期的实现。资源调整的前提是保证工期不变或使工期更加合理,资源调整的方法是进行资源优化。

【思考与练习】

1. 什么是项目进度管理?讨论项目进度管理中涉及的主要问题。
2. 何为关键路径?项目经理为什么非常关注它?
3. 关键路径法的何种特性使其具有关键性?关键路径是如何确定的?
4. 假设一个项目有这样的活动顺序:B、C只有在A完成后才能进行,D在B、C完成后可以立即开始,E在D完成后才能开始。试分别绘制该项目的单代号网络图和双代号网络图。
5. 某新产品研制项目的各项活动及相互关系见表6.17。请绘制该项目的单代号网络图和双代号网络图。

表6.17 某新产品研制项目的活动关系列表

活动代号	A	B	C	D	E	F
紧后活动	B,C,D,E	L	F	G,H	H	L

6. 根据表6.18的资料,绘制该项目的单代号网络图和双代号网络图,并找出关键路径,计算总工期。

表6.18 各项活动的相关资料

活动	紧前活动	紧后活动	持续时间/天
A	—	B、C、D	5
B	A	E	8
C	A	E、F	9
D	A	F	10
E	B、C	G	7
F	C、D	G	8
G	E、F	—	6

【模拟练习】

1. 假设，经过几年的交往之后，你和你的恋人最终决定结婚。你的伴侣希望有一个非常隆重的婚礼，你意识到有许多计划和工作需要做。注意到你的紧张，你的朋友和家人纷纷安慰你说，一切都会令人满意的，他们甚至帮助你安排婚礼。作为一个完美主义者，你想确保一切尽可能顺利进行。

问题：
(1) 列出你的假设。
(2) 选择一个全部项目时间跨度。
(3) 做一个工作分解结构。
(4) 列出完成项目所必需的活动。
(5) 画一个网络图，使用本章中讨论的任何一种形式。

2. 经过工作分解后，CG 产品研制项目的工作范围已经明确，但是为了更好地对 CG 产品研制过程进行有效监控，保证 CG 产品项目按期、保质完成，你作为项目经理，需要采用网络计划技术对进度进行动态管理。经过分析得到了一张表明工作先后关系及每项工作初步时间估计的工作列表，见表 6.19。

表 6.19　CG 产品研制项目工作列表

代号	工作名称	工作时间/天	紧前工作
A	总体设计	15	—
B	单元定义	20	A
C	机体设计	15	B
D	传动装置试制	30	C
E	滚筒试制	20	D
F	壳体试制	10	E
G	电脑控制系统设计	30	B
H	电脑控制系统试制	30	G
I	电脑控制系统测试	30	H
J	电动机设计	20	B
K	电动机试制	40	J
L	电动机测试	10	K,D
M	总装	20	F,I,L
N	测试	15	M

问题：
(1) 绘制 CG 产品研制项目单代号和双代号网络图。
(2) 在单代号网络图上，需要补充下述两个约束关系：
① "A. 总体设计"工作在开始了 10 天之后"B. 单元定义"工作便可开始。

②"I. 电脑控制系统测试"工作完成 10 天之后"M. 总装"工作才可以完成。

(3)计算该项目各项工作的最早开始时间和最早结束时间、最迟开始时间和最迟结束时间、总时差及自由时差,并标注在单代号网络图上。(注:不进行日历转换)

(4)计算该项目的总工期,并用双线或粗线标注该项目的关键路径。

【案例讨论】

利原公司项目进度管理

利原公司是一家专门从事系统集成和应用软件的开发公司,公司目前有员工 50 多人,公司有销售部、软件开发部、系统网络部等业务部门,其中销售部主要负责进行公司服务和产品的销售工作,他们会将公司现有的产品推销给客户,同时也会根据客户的具体需要,承接应用软件的研发项目,然后将此项目移交给软件开发部,进行软件的研发工作。软件开发部共有开发人员 18 人,主要是进行软件产品的研发及客户应用软件的开发。

经过近半年的跟踪后,2010 年元旦,销售部门与某银行签订了一个银行前置机的软件系统的项目。合同规定,5 月 1 日之前系统必须完成,并且进行试运行。在合同签订后,销售部门将此合同移交给了软件开发部,进行项目的实施。王伟被指定为这个项目的项目经理。王伟做过 5 年的金融系统的应用软件研发工作,有较丰富的经验,可以做系统分析员、系统设计等工作,但作为项目经理还是第一次。项目组还有另外 4 名成员:1 名系统分析员(含项目经理),2 名有 1 年工作经验的程序员,1 名技术专家(不太熟悉业务)。项目组的成员均全程参加项目。

在被指定负责这个项目后,王伟制订了项目的进度计划,简单描述如下:

1 月 10 日—2 月 1 日:需求分析;2 月 1—25 日:系统设计,包括概要设计和详细设计;2 月 26 日—4 月 1 日:编码;4 月 2—30 日:系统测试;5 月 1 日试运行。

但在 2 月 17 日王伟检查工作时发现详细设计刚刚开始,2 月 25 日肯定完不成系统设计的阶段任务。

问题:

(1)请问此网络图的 WBS 的编制是否存在不足?

(2)项目在实施过程中出现实际进度与计划进度不符是否正常,王伟在这个项目进度的管理中存在问题吗?

(3)试分析导致详细设计 2 月 17 日才开始进行的原因有哪些。

(4)请问王伟应该采取哪些措施才能保证此项目的整体进度不被拖延?

第7章 项目成本管理

【学习目标】

1. 了解项目成本及其影响因素;
2. 掌握项目成本管理的概念与过程;
3. 掌握估算成本的含义与方法;
4. 掌握制定项目预算的步骤与方法;
5. 掌握挣值法的应用。

7.1 项目成本管理概述

7.1.1 项目成本的含义及其影响因素

1. 项目成本的含义

企业开展日常生产经营活动就必须要消耗一定的资源,如人工、材料燃料动力,这些资源的货币表现就体现为企业成本。项目成本(Project Cost)是指为实现项目目标而开展各项活动所耗用资源的货币总和,也称项目费用。成本按不同的标准可以分成不同类别,详见表7.1。

表7.1 成本类别

名　　称	含　　义	举　　例
直接成本	可以从项目上找到直接出处	技术人员工资
间接成本	多个项目分摊	水费、房租、管理费用
固定成本	不会随着产品生产数量而增加	计算机
可变成本	随着生产产品的数量增加而增加	原材料
可控成本	项目经理可以控制	直接成本、可变成本
不可控成本	项目经理不能直接控制	间接成本、固定成本、其他
生命周期成本	考虑整个产品生命周期成本	设计、生产、运维、处置成本

2. 项目成本的影响因素

影响项目成本的因素有很多,最重要的影响因素包括以下几个方面:

(1)质量对成本的影响。质量总成本由质量故障成本和质量保证成本组成。质量越差,引起的质量不合格损失就越大,即故障成本越高;反之,则故障成本越低。质量保证成本是指保证和提高质量而采取相关的保证措施而耗用的开支,如购置设备改善检测手段等。这类开支越大,质量保证程度越高;反之,质量就越差。

(2)工期对成本的影响。每个项目都有一种最佳施工组织,若工期紧急需要加大施工力量的投放,采用一定的赶工措施,如加班、高价进料、高价雇用劳务和去租用设备,势必加大工程的成本,进度安排少于必要工期时成本将明显增加。反过来进度安排长于最佳安排时成本也要增加。这种最佳工期是最低成本下持续工作的时间,在计算最低成本时,一定要确定出实际的持续时间分布状态和最接近可以实现的最低成本。这一点如不限定,成本会随着工期变动而增加。

(3)价格对成本的影响。在设计阶段价格对成本的影响主要反映在施工图预算上。而预算要取决于设计方案的价格,价格直接影响到工程造价。因此,在做施工图预算时,应做好价格预测,特别是准确估计由于通货膨胀建材、设备及人工费的涨价率,以便较准确地把握成本水平。

(4)管理水平对成本的影响。主要表现为:①对预算成本估算偏低,如征地费用或拆迁费用大大超出计划而影响成本;②由于资金供应紧张或材料、设备供应发生问题,从而影响工程进度,延长工期,造成建设成本增加;③业主方决策失误造成的损失;④更改设计可能增加或减少成本开支,又往往会影响施工进度,给成本控制带来不利影响。

7.1.2 项目成本管理的含义及过程

1. 项目成本管理的含义

项目成本管理(Project Cost Management)是指为保证项目实际发生的成本不超过项目预算成本所进行的成本规划、成本估算、成本预算和成本控制等方面的管理过程和活动。项目成本管理、项目进度管理和项目质量管理并称为项目管理的"三大管理"。在项目实施过程中,要检查实际成本与预算是否一致。项目预算没有估算精确,以成本换进度的普遍性等因素,使得项目成本管理弱于进度和质量管理。

2. 项目成本管理的主要过程

项目成本管理包括规划成本管理、估算成本、制定预算和控制成本四个过程,如图7.1所示。

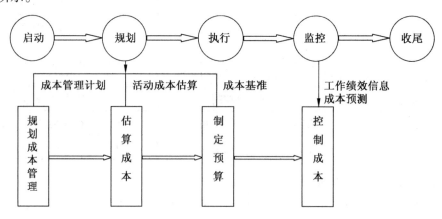

图7.1 项目成本管理过程

(1)规划成本管理。规划成本管理是指确定如何开展项目成本管理工作的过程,是项目成本管理的工作过程的第一步。

(2)估算成本。估算成本是估计完成项目各项活动所需的各种资源的成本近似值。

(3)制定预算。制定预算是指将批准后的估计总成本分配到各项具体工作上,确定成本基准的过程。

(4)控制成本。控制成本是控制项目预算的改变。

7.2 规划成本管理

7.2.1 规划成本管理的含义及依据

规划成本管理(Plan Cost Management)是为规划、管理、消耗和控制项目成本而制定相关政策、程序和文档的过程。规划成本管理是项目成本管理的工作过程的第一步,目的是为开展项目成本管理工作提供指南和方向。

规划成本管理主要是依据项目管理计划、项目章程、事业环境因素、组织过程资产等信息,采用专家判断或通过举行规划会议等方法制定项目成本管理计划。规划会议参会人员可能包括项目经理、项目发起人、选定的项目团队成员、选定的项目干系人、项目成本负责人,以及其他必要人员。此时,项目经理和团队需要确定如何开展项目成本管理工作,包括规定所采用的相关政策、程序、工具和技术,以及相应的文件内容、格式等事宜,为其后续的项目成本管理制定大致的框架。

7.2.2 规划成本管理的结果

项目成本管理计划是规划成本管理的重要成果,是项目管理计划的一部分。作为项目管理计划的子计划,其可以是正式或非正式的,既可以非常详细,也可以高度概括,具体可依据项目的实际情况来定。其内容主要介绍如何规划、安排和控制项目成本。成本管理过程及其工具与技术应记录在成本管理计划中。成本管理计划中主要规定以下内容:

(1)计量单位。需要规定每种资源的计量单位,例如用于测量时间的人时数、人天数或周数,用于计量数量的米、升、千米或立方米,或者用货币表示的总价。

(2)精确度。根据活动范围和项目规模,设定成本估算向上或向下取整的程度(例如:100.49 美元取整为 100 美元,995.59 美元取整为 1 000 美元)。

(3)准确度。为活动成本估算规定一个可接受的区间(如±10%),其中可能包括一定数量的应急储备。

(4)组织程序链接。工作分解结构(WBS)为成本管理计划提供了框架,以便据此规范地开展成本估算、预算和控制。在项目成本核算中使用的 WBS 组件,称为控制账户(CA)。每个控制账户都有唯一的编码或账号,直接与执行组织的会计制度相联系。

(5)控制临界值。可能需要规定偏差临界值,用于监督成本绩效。它是在需要采取某种措施前允许出现的最大偏差,通常用偏离基准计划的百分数来表示。

(6)绩效测量规划。需要规定用于绩效测量的挣值管理(EVM)规则。例如,成本管理计划应该:①定义 WBS 中用于绩效测量的控制账户;②确定拟用的挣值测量技术(如加权里程碑法、固定公式法、完成百分比法等);③规定跟踪方法,以及用于计算项目完工估算(EAC)的挣值管理方式,该公式计算出的结果可用于验证通过自下而上方法得出的完工估算。

(7) 报告格式。需要规定各种成本报告的格式和编制频率。

(8) 过程描述。对其他每个成本管理过程进行书面描述。

(9) 其他细节。关于成本管理活动的其他细节包括：①对战略筹资方案的说明；②处理汇率波动的程序；记录项目成本的程序。

7.3 估算成本

7.3.1 估算成本的含义

估算成本（Estimated Costs）是指为实现项目的目标，根据项目资源计划中所确定的资源需求以及市场上各种资源的价格信息，对完成项目所必需的各种资源成本做出近似估算。项目的成本必然与项目所要求的完工时间和质量标准相关联，一般来讲，时间长、质量要求高的项目成本往往也较高。

当根据合同进行项目成本估算时，应当区分成本估算与报价。成本估算是项目实施组织为了对外提供产品或劳务所要付出的成本费用总和，而报价是一种经营决策，即项目实施组织向客户收取它所提供的产品或劳务的费用总和，项目报价中不仅包括项目成本，还包括项目实施组织应获取的报酬，项目成本仅是项目实施组织进行项目报价所需考虑的重要因素之一。

7.3.2 估算成本的方法

进行项目成本估算时主要依据项目工作分解结构、资源需求计划、资源的单价、活动历时估算、历史信息、会计科目表等信息，可根据实际情况或采用粗略的经验性方法，或采用较精确的定量方法。比如对于成本要求精度高的项目成本，成本估算人员必须采取适当的方法给出可靠的估算结果。常用的成本估算的方法主要有以下几种：

1. 专家判断法

专家判断法是以专家为索取信息的对象，组织专家运用其项目管理理论及经验对项目成本进行估算的方法。该方法适用于项目成本估算精度要求不高的情况，常用于项目概念阶段或定义不明确的项目，如某市要建一个绿化广场，政府要知道大体投资数额，此时可以由项目专家粗略估算一个成本。在创新强而没有类似项目经验可供借鉴时，也可以邀请专家进行粗略估算，如大飞机开发项目。通常，专家判断法有两种组织形式，一是成立项目专家小组共同探讨估算；二是专家们互不见面、互不知名而由一名协调者汇集专家意见并整理、编制项目成本估算。它通常比其他技术和方法花费要少一些，但是其准确性也较低。当历史项目与当前的项目不仅在形式上，而且在实质上都相同时，专家判断法可能提供更可靠和实用的项目成本估算结果。

2. 类比估算法

类比估算法也称自上而下估算法，是将以前类似项目成本数据作为依据估算新项目的成本，根据新旧项目之间的差异对估算进行调整，该方法也可以用于工作包成本的估算。类比估算法实质上也是专家判断法，通常在项目初期或是信息不足的时候采用。项目经理要尽量多地使用各个指标的值:项目类型、产品功能、设计特征、项目规模等。如果用于比较的项目是几年前完成的,应根据物价变化情况加以修正。

【例 7.1】 某公司拟在其分公司甲地建一座办公楼。该公司 3 年前曾在公司总部乙地建成相似办公楼一座。乙地办公楼实际造价为 8 800 万元。两座办公楼除室内地面装饰地砖不同外,建筑结构、面积和建筑材料均相同。甲地拟建办公楼的建筑面积为 10 000 平方米,地面全部铺 500 mm×500 mm 豪华型防滑瓷砖,每平方米 300 元。乙地办公楼室内地面铺的是印度红大理石地面砖,每平方米 420 元。另外,3 年来人工平均工资率上涨 15%,其他资源的价格和费率均未变。在乙地办公楼的全部实际造价中,人工费占 20%。根据上述资料,用类比估算法估算甲地拟建办公楼的费用。

解 甲地拟建办公楼的费用 = 类似项目实际成本 + 价格调整修正值 + 交付成果差异修正值
$$= 8\ 800 + 8\ 800 \times 20\% \times 15\% + 10\ 000 \times (0.03 - 0.042)$$
$$= 8\ 944(万元)$$

3. 参数估算法

参数估算法又称参数模型法,是根据项目成本重要影响因素的特性参数建立数学模型来估算项目成本的方法。通常是将项目的特征参数(如表示物理特征的面积、体积、重量或者容量,也可以是表示性能特征的速度、产出率、强度等)作为预测项目费用数学模型的基本参数,模型可能是简单的,也可能是复杂的。比如普通仓库建设项目成本的模型以建筑面积、储存容量来估算就可以,而新产品开发成本的模型通常需要十几个因素,每个因素又有好几个方面。如果模型是依赖于历史信息,模型参数容易数量化。实践中可以利用统计软件建立成本与参数之间的多元回归模型。如果方程经过检验是成立的,就可以进行新项目成本的预测。如某公司作为专业的仓库承建商已经为客户建设了上百个仓库,均采用大体相同的建筑风格、质量标准和材料,根据这些数据,建立了一个普通仓库成本估算模型,项目建设成本(y)与建设面积(x_1)、储存容量(x_2)的回归模型:$y = 32\ 890 + 44\ 839x_1 + 28\ 620x_2$ 经检验接受该模型,当新仓库建设面积和容量确定后,就可以运用该模型快速地估算出成本。

参数估算法的准确性依赖于可以计量的参数和模型的可测量性,因此,为了保证参数模型估算法的实用性和可靠性,在建立模型时,必须注意以下几点:用来建模所参考的历史数据的精确性程度;用来建模的参数是否容易进行定量化处理;模型是否具有通用性,也就是说,模型可以通过适当的调整而使用不同规模的项目,一般是将大型项目的模型调整后用于小项目。

4. 基于工作包估算法

基于工作包估算法也称"自下而上估算法",是通过汇总工作分解结构底层部分估算值来估算项目成本的方法。这种方法首先估算 WBS 底层各工作包的成本,然后逐层汇总,最后得到项目总成本估算值。在估算各工作包的成本时,要先估算各项目活动的资源消耗量,再用各项目活动的资源消耗量乘以相应的资源单位成本(或价格)得到各种资源消耗成本,然后再汇总到工作包的总成本,最后再按照 WBS 将工作包的成本逐层汇总到项目的总成本估算值。

基于工作包估算法是最详细、最耗时、最精确的一种估算方法。许多项目最终都使用这种方法作为估算目标成本和控制项目成本的基础。项目经理在使用这种方法时,需要保证项目工作的每项内容都包括在内,没有包括在内的工作内容的成本不会被估算,这会对项目成本的估算产生直接影响。基于工作包估算方法是一种参与式管理方法,一线项目人员对资源的需求状况有着更为准确的了解,他们参与估算工作不仅使估算结果更可靠,也有助于成本预算被业主接受,有利于提高工作效率。一线人员估算成本的最大缺陷是出于自我保护倾向而增加估算的水分,他们担心项目经理会削减他们的预算,不希望因实际成本超过预算成本而受惩罚,而是希望节约预算而获得奖励。

实际操作时可采用成本估算表,见表7.2,在工作分解结构基础上对每一个工作包的人工、物资、设备、差旅费等直接成本进行估算,根据公司规定确定分摊的间接成本,考虑风险因素确定一个合理的管理储备数量,将这些结果加总得出该工作包成本估算值,将所有工作包成本估算合计即得到项目总成本估算。

表7.2 基于工作包估算法的成本估算工作表

项目名称:_____ 准备日期:___年___月___日

任务名称	时间/天	人工单价/(元·天⁻¹)	人工成本/元	物资 市场价/元	设备 市场价/元	差旅 根据报价/元	间接成本 根据公司规定/元	管理储备 近似值/元	成本估算 合计/元
合计									

5. 估算成本方法的比较与选择

不同的估算方法在使用时所需要的信息量和时间不同,成本估算的准确性也不一样,见表7.3。

表7.3 估算成本方法比较

项目	估算方法			
	专家判断法	类比估算法	参数估算法	基于工作包估算法
需要的信息量	较少	较少	中等	较多
需要的时间	较少	较少	中等	较多
获得的准确性	较低	较低	中等	较高

项目经理在选择估算成本方法时应综合考虑项目所属行业、公司预算管理的要求、项目管理历史经验、过去完成的类似项目、项目成本管理人员的能力、对待成本的容错程度、要求给出估算结果的时间等多种因素来确定选择一种或多种估算方法。如在创新性的研发项目中不确定因素很多,准确估算成本的难度大,可以采用粗略的方法,把过多的时间和资金花费在成本估算工作上是一种浪费。有的企业认为成本差不多就行,详细估算成

本太浪费时间。有的项目成本估算是在企业内部进行的,或者规模很小,一般不用为估算精度而花费太大的精力。政府主导的工程项目进度优先,往往不太考虑成本估算的精度问题。

6. 储备分析

在整个估算过程中,都应该在估算结果中加入不可预见费,用于弥补估算错误、遗漏和不确定性发生的需要。一般来说,情况越不明确或复杂,意外费用就越多,规模和数量取决于项目的新颖度、时间和成本估算精度、技术复杂性、范围变动大小以及未预见问题等。不可预见费用可具体计入某项活动、工作包或整个项目成本中。

通过储备分析,可以计算出所需的应急储备与管理储备。应急储备是为未规划但可能发生的变更提供的补贴,这些变更由风险登记册中所列的已知风险(如设计风险、天气原因引起延误等)引起。管理储备则是针对未规划的未知风险事件(如供应商破产、市场或竞争环境变化等)引起的范围变更与成本变更而预留的预算。项目经理在使用或支出管理储备前,可能需要获得批准。管理储备不是项目成本基准的一部分,是否包含在项目总预算中,由管理层决定。值得注意的是管理储备通常不纳入挣值计算。

7.4 制定预算

制定预算是一项确定项目各项活动的成本定额,并确定项目应急准备金的标准和使用规则,从而为测量项目实际绩效提供标准和依据的管理工作。制定预算是进行项目成本控制的基础,也是项目成功的关键因素,其中心任务是制定项目成本预算。项目成本预算提供的成本基准计划是按时间分布的、用于测量和监控成本实施情况的计划。

7.4.1 项目成本预算的含义

项目成本预算(Project Cost Budget)是指将项目成本估算的结果在各个具体的活动上进行分配的过程。项目成本预算是在项目成本估算的基础上,更精确地估算项目总成本,并将其分摊到项目的各项具体活动和各个具体项目阶段上,为项目成本控制制订基准计划的项目成本管理活动。项目成本预算又称为项目成本计划。

需要指出的是,成本估算和成本预算既有区别、又有联系。成本估算的目的是估计项目的总成本和误差范围,而成本预算是将项目的总成本分配到各工作项和各阶段上。成本估算的输出结果是成本预算的基础与依据,成本预算则是将已批准的估算(有时因为资金的原因需要砍掉一些工作来满足总预算要求,或因为追求经济利益而缩减成本额)进行分摊。尽管成本估算与成本预算的目的和任务不同,但两者都以工作分解结构为依据,所运用的工具与方法相同,两者均是项目成本管理中不可或缺的组成部分。

7.4.2 项目成本预算的编制过程

1. 确定项目总预算

已批准的项目成本总估算可以成为项目成本预算总额。在确定项目成本预算总额时可以将目标成本管理与项目成本过程控制管理相结合,即在项目成本管理过程中采用目标成本管理的方法设置目标成本,并以此作为成本预算。目标成本的确定方法主要有目标利润法、技术进步法、按实计算法等。

(1)目标利润法。目标利润法是根据项目产品的销售价格扣减目标利润后得到目标成本的方法。在承包商获得了承包合同后,公司从中标价中减去预期利润、税金、应上缴的管理费用等,剩下的就是在施工过程中所能够支出的最大限额,即基本的总目标成本。承包商在投标前进行成本估算,确定投标报价的基础,并结合竞争情况、自身优势与项目难度等因素确定最后报价数字。如某烟草公司 ERP 招标时,BH 软件公司成本估算的结果为 1 000 万元,考虑烟草公司支付能力强,实施环境良好,竞争非常激烈,BH 公司采取了低价策略,投标价格为 950 万元并且中标。BH 公司扣除了合同价格总额 10% 后,其余 855 万元成为项目目标成本,即项目经理可以支配的预算总额。项目团队节约成本则公司可以获得更多的利润,成本超支则会侵蚀公司的利润甚至导致项目亏损。

(2)技术进步法。技术进步法是指以项目计划采取的技术组织措施和节约措施所能取得的经济效果作为项目成本降低额,计算项目的目标成本的方法。

项目目标成本 = 项目成本估算值 - 技术节约措施计划节约额

例如,MBA 多功能厅装修项目,按照施工计划工程量,估算总成本为 15 万元,采取新技术、新工艺后可以节约 1.5 万元,则项目的目标成本为 13.5 万元。采取技术进步法能够为企业节约成本或创造更多的项目利润,为了鼓励项目团队采取新技术的积极性,可以提取部分节余量作为奖励。

(3)按实计算法。按实计算法是以项目的实际资源消耗为基础,根据资源的价格详细计算各项活动的目标成本。人工费的目标成本、材料费的目标成本、机械使用费的目标成本分别由劳资人员、材料人员、机管人员计算,其他直接费用的目标成本可由生产和材料人员共同计算。间接费用的目标成本由财务人员根据项目部职工平均人数、按历史成本的间接费用、压缩费用的措施和人均支出数进行测算。确定目标成本的步骤如下:

①根据已有的投标、预算资料,确定中标合同价与施工图计划的总价格差。

②根据技术组织措施预测项目节约数。

③对施工计划未包括的有关活动和管理费用,参照定额加以估算。

④对实际成本可能明显超出或低于定额的主要子项,按实际支出水平估算出与定额水平之差。

⑤考虑不可预见因素、工期制约、风险、价格波动等因素的影响,得出综合影响系数。

⑥计算项目目标成本。目标成本确定以后要分解落实到各职能组或个人。

例如彩电公司实施一项 3D 电视机研发项目,估算研发成本为 1 000 万元,该实施方案经过反复论证与修改,成本估算结果修订为 800 万元,公司最后批准了这个成本计划,成为项目目标成本。

2. 确定项目各工作包及各项活动预算

项目成本预算总额确定之后,通常可以按成本构成要素、项目构成的层次、项目进度计划或上述标准的组合进行分解。基本分解方法是自上而下、由粗到细,将项目成本依次分解、归类,形成相互联系的分解结构。

具有丰富项目经验的项目团队,通常采用自上而下分解法,因为他们能正确地估算项目风险,他们估算出项目总成本和主要工作包的成本后,按照层级分解到下一级职能组,这些小组能够收集到更具体的信息,继续分解到每个工作包或任务,使项目成员清楚每个活动的具体成本。按成本构成要素分解是指将总预算分解为直接费、间接费,进一步分解为人工费、材料费、机械费、管理费等内容。按项目组成分解是指将总预算分解到子项目、主要交付物、最低级交付物、工作包或工作单元上。按进度计划分解是指将项目预算分解到年、季、月、周或日,便于将资金的应用和筹集配合起来,减少资金占用和利息支出。这几种预算分解方式可以独立使用也可以综合使用。

例如:某学院拟装修一间 MBA 多功能厅,其面积为 180 平方米。根据装修质量、功能、设备等要求,公司确定该项目的目标成本为 10 万元。项目交付物分为方案设计、采购、施工、检测四部分,项目经理根据工作量和资源消耗程度,分别安排了 12 000 元、65 000 元、20 000 元、3 000 元,这一层分解是按照项目组成进行的。如图 7.2 所示,四个主要交付物组长进行二次预算分配,如采购组长安排材料采购 35 000 元,家具、电器采购 30 000 元。

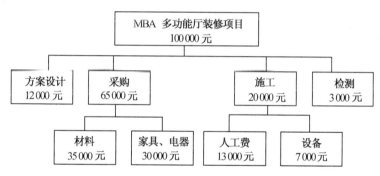

图 7.2　自上而下的成本预算分解

总成本按照工作分解结构逐级向下分配时,一线项目人员可能会认为成本不足、难以完成相应任务,此时,需要与管理人员进行有效沟通,任何阻碍团队成员间有效沟通的行为都有可能导致整个项目进度变慢甚至失败,同时,也可能会在组织内部产生摩擦,高层经理与基层管理者或者部门之间为了争夺预算而产生不满和冲突。

3. 结合进度计划编制项目预算表

在总成本分解到交付物、活动或任务后,必须根据进度计划继续分解,做出与时间对应的项目预算表。在图 7.2 这个例子中,假定该项目要求总工期为 15 天,其中,方案设计 3 天,采购 4 天,施工 11 天,检测 3 天。按照进度计划将各项预算分解到每一天,见表 7.4。

表 7.4 中合计是当日各项活动预算之和,累计是从第 1 日起预算的累加,到第 15 天项目结束时,累计额就是项目的总预算。按照时间分解后,既界定了每个交付物的成本又确定了每天的成本,方便成本的筹集与使用控制。

项目预算表是一种简单的成本预算表现形式,将人员成本、分包商和顾问成本、专用设备和工具成本、原材料成本等信息在一张表中综合展示出来,明确每个资源使用的起止时间、数量及预算成本,便于管理者进行资源和成本的分配以及跟踪控制。

表 7.4 项目预算表　　　　　　　　　　　　　　　　　单位:千元

活动	预算	日期														
		1	2	3	4	5	6	7	8	9	10	11	12	13	14	15
方案设计	12	5	5	2												
采购	65				10	15	20	20								
施工	20				2	2	2	2	2	2	2	2	2	1	1	
检测	3													1	1	1
合计		5	5	2	12	17	22	22	2	2	2	2	2	2	2	1
累计		5	10	12	24	41	63	85	87	89	91	93	95	97	99	100

4. 确定项目成本预算的"S"形曲线

将按进度计划编制的项目成本预算绘制成本预算负荷图及时间—成本累计曲线（S形曲线），直观地将成本预算展示出来。

时间—成本累计曲线编制步骤是：首先，建立直角坐标系，横轴表示项目工期，纵轴表示项目成本（预算累计额）；其次，按照一定的时间间隔累加各时间段内的支出，在坐标中确定出各时间点对应的预算累计额，用一条平滑的曲线依次连接各点即可得到时间—成本累计曲线。利用 Excel 或项目管理软件可以轻松完成这个工作。根据表 7.4"合计"值和"累计"值可分别绘制出项目的成本预算负荷图和时间—成本累计曲线，如图 7.3 和图 7.4 所示。

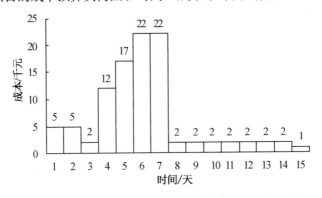

图 7.3 MBA 多功能厅装修项目成本预算负荷图

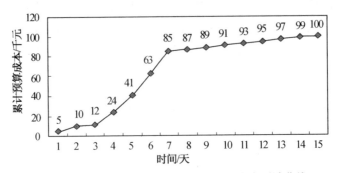

图 7.4 MBA 多功能厅装修项目时间—成本累计曲线

时间—成本累计曲线又称项目成本基线、项目成本基准计划,说明了项目的累计预算成本与项目进度之间的对应关系,它可以用来度量和监督项目的实际成本。随着时间的推移,项目累计预算成本一般呈 S 形,称为 S 形曲线,以此作为项目实施的比较基准,用来测量和监控项目的成本绩效。

【例 7.2】 已知某施工项目的数据资料见表 7.5,根据表中资料,完成以下问题:
(1)绘制甘特图;
(2)根据甘特图按时间绘制项目的成本预算负荷图;
(3)绘制项目的时间—成本累计曲线(S 形曲线)。

表 7.5 工程数据资料

编码	项目名称	最早开始时间/月份	工期/月	成本强度/(万元·月$^{-1}$)
11	场地平整	1	1	20
12	基础施工	2	3	15
13	主体工程施工	4	5	30
14	砌筑工程施工	8	3	20
15	屋面工程施工	10	2	30
16	楼地面施工	11	2	20
17	室内设施安装	11	1	30
18	室内装饰	12	1	20
19	室外装饰	12	1	10
20	其他工程		1	10

解 (1)绘制甘特图,如图 7.5 所示。

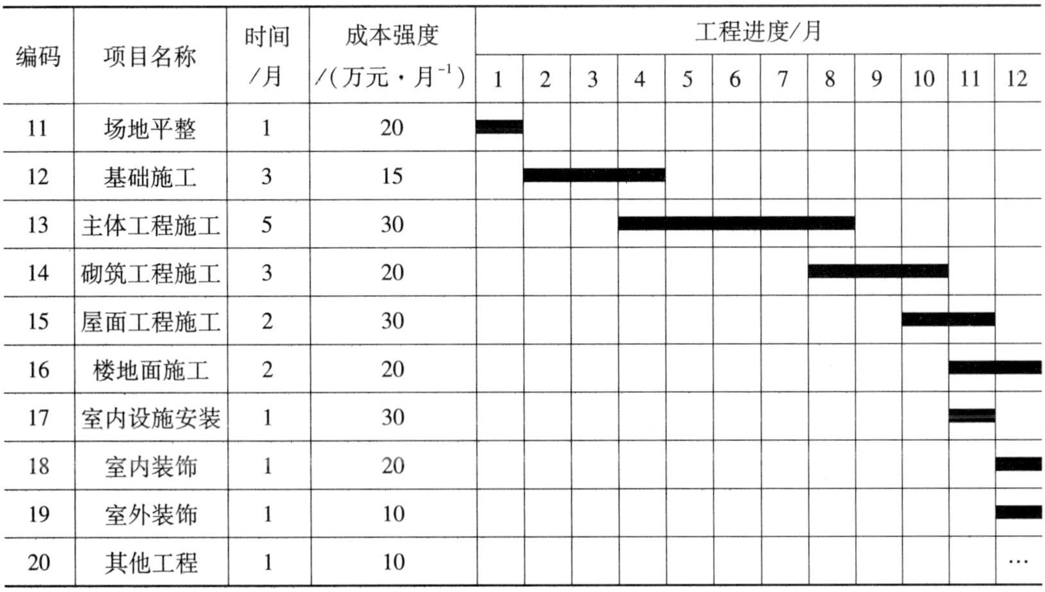

编码	项目名称	时间/月	成本强度/(万元·月$^{-1}$)	工程进度/月											
				1	2	3	4	5	6	7	8	9	10	11	12
11	场地平整	1	20	■											
12	基础施工	3	15		■	■	■								
13	主体工程施工	5	30				■	■	■	■	■				
14	砌筑工程施工	3	20								■	■	■		
15	屋面工程施工	2	30										■	■	
16	楼地面施工	2	20											■	■
17	室内设施安装	1	30											■	
18	室内装饰	1	20												■
19	室外装饰	1	10												■
20	其他工程	1	10												…

图 7.5 甘特图

（2）根据甘特图，编制与时间对应的项目成本预算表，见表7.6。

表7.6 项目预算表

编码	任务名称	预算	日期											
			1	2	3	4	5	6	7	8	9	10	11	12
11	场地平整	20	20											
12	基础施工	45		15	15	15								
13	主体工程施工	150				30	30	30	30	30				
14	砌筑工程施工	60								20	20	20		
15	屋面工程施工	60										30	30	
16	楼地面施工	40											20	20
17	室内设施安装	30											30	
18	室内装饰	20												20
19	室外装饰	10												10
20	其他工程	10												…
	预算合计值		20	15	15	45	30	30	30	50	20	50	80	50
	预算累计值		20	35	50	95	125	155	185	235	255	305	385	435

根据表7.6中预算合计值可绘制成本预算负荷图，如图7.6所示。

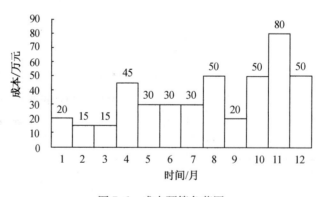

图7.6 成本预算负荷图

（3）根据表7.6中预算累计值可绘制项目的时间—成本累计曲线（S形曲线），如图7.7所示。

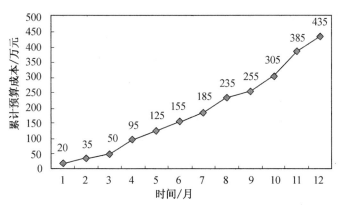

图 7.7 时间—成本累计曲线(S 形曲线)

7.5 控制成本

7.5.1 控制成本的含义及内容

控制成本(Control Costs)是按照事先确定的项目成本基准计划,通过运用多种恰当的方法,对项目实施过程中所消耗的成本费用进行管理控制,以确保项目的实际成本限定在项目成本预算范围内的过程。控制成本需遵循成本最低化、全面成本控制和动态控制三个基本原则。

控制成本的主要目的是对造成实际成本偏离成本基准计划的因素施加影响,保证其向有利的方向发展,同时对已经存在偏差和正在发生偏差的各项成本进行管理,以确保项目的顺利进行。控制成本主要包括如下几方面的内容:

(1)检查成本实际发生情况。
(2)找出实际成本与计划成本的偏差。
(3)确保所有正确的、合理的、已核准的变更都包括在修订后的项目成本基准计划中,并把变更后的项目成本基准计划通知相关的项目干系人。
(4)分析成本绩效从而确定哪些活动需要采取纠正措施,并且确定采取哪些有效的纠正措施。

需要强调的是,控制成本的过程必须和项目的其他控制过程(如项目范围的变更、进度计划变更和项目质量控制等)紧密结合,防止单纯控制项目成本而出现项目范围、进度、质量等方面的问题。

有效的成本控制的关键是要经常及时地分析项目成本的状况,尽早地发现项目成本出现的偏差问题,以便在项目成本失控之前能够及时采取纠正措施。发现问题越早,处理得越及时,就越有利于项目成本的有效控制,而且对项目范围、质量和进度等方面的冲击就会越小,越有利于项目目标的实现,相反,项目成本一旦失控,在项目成本预算的范围内完成项目就会非常困难。

7.5.2 控制成本的方法

控制成本是一个复杂的系统工程,它包括很多方法,在此我们主要介绍其中的三种方法,即项目成本分析表法、项目费用变更控制法和挣值法。

1. 项目成本分析表法

项目成本分析表法是利用项目中的各种表格进行成本分析和成本控制的一种方法。应用成本分析表法可以很清晰地进行成本比较研究。常见的成本分析有月成本分析表、成本日报或周报表、月成本计算及最终成本预测报告表。

每月编制月成本计算及最终成本预测报告表，是项目成本控制的重要内容之一。该报告主要事项包括项目名称、已支出金额、已竣工尚需的预计金额、盈亏预计等。月成本计算及最终成本预测报告要在月末会计账簿截止的同时完成，并随时间推移使精确性不断增加。其格式见表7.7。

表7.7　月成本计算及最终成本预测报告表

序号	科目编号	名称	支出金额	调整		备注	现在的成本			序号	到竣工尚需资金			最终预算工程成本			合同预算金额			预算比较	
				金额增	金额减		金额	单价	数量		金额	单价	数量	金额	单价	数量	金额	单价	数量	亏	盈

2. 项目费用变更控制法

项目费用变更控制法规定了改变成本基准计划的步骤，它主要包括一些书面工作、跟踪系统和经许可可以改变的成本水平，从而对项目的成本进行有效的控制。

运用项目费用变更控制法进行成本控制的步骤如下：

(1)由项目干系人提出项目成本费用变更申请。

(2)核准成本费用变更申请。项目的管理者对变更申请进行评估，然后提交项目业主，由他们核准是否变更成本基准计划。

(3)变更项目成本费用预算。成本费用变更申请批准后，就必须对成本基准计划进行相应的修改，同时调整相关活动的成本费用预算。

在采用项目费用变更控制法时，必须要注意如下两点，即项目成本变更系统应该和整体变更控制系统相协调，项目成本变更的结果也要和其他的变更结果相协调。

3. 挣值法

有效的成本控制的关键是要经常及时地分析项目成本的状况，尽早地发现项目成本出现的偏差问题，以便在项目成本失控之前能够及时采取纠正措施。挣值法(Earned Value Analysis,EVA)，也常被称为偏差分析法，就是实现这一目标的重要方法。

挣值法通过测量和计算已完成工作的预算费用与已完成工作的实际费用和计划工作的预算费用得到有关计划实施的进度和费用偏差，达到判断项目执行情况的目的。它的独特之处在于以预算和费用来衡量项目的进度。挣值法取名正是因为这种分析方法中用到的一个关键数值——挣值(即已完成工作的预算费用)。

(1)挣值法的三个基本参数。

①计划工作量的预算费用(Budgeted Cost for Work Scheduled,BCWS)。BCWS是指项

目实施过程中某阶段计划要求完成的工作量所需的预算费用。一般来说,除非合同有变更,BCWS 在工程实施过程中应保持不变。BCWS 计算公式为

$$BCWS = 计划工作量 \times 预算定额$$

②已完成工作量的实际费用(Actual Cost for Work Performed,ACWP)。ACWP 是指项目实施过程中某阶段实际完成的工作量所消耗的费用。ACWP 主要反映项目执行的实际消耗指标。

③已完成工作量的预算费用(Budgeted Cost for Work Performed,BCWP)。BCWP 是指项目实施过程中某阶段实际完成工作量按预算定额计算出来的费用,即挣值(Earned Value,EV)。BCWP 的计算公式为

$$BCWP = 已完成工作量 \times 预算定额$$

(2)挣值法的四个评价指标。

①费用偏差(Cost Variance,CV)。CV 是指检查期间 BCWP 与 ACWP 之间的差异,计算公式为

$$CV = BCWP - ACWP$$

当 CV>0 时,表示实际费用低于预算值,即有节余或效率高。

当 CV<0 时,表示执行效果不佳,实际费用超过预算值,即超支。

当 CV=0 时,表示实际费用等于预算值。

②进度偏差 SV(Schedule Variance)。SV 是指检查日期 BCWP 与 BCWS 之间的差异。计算公式为

$$SV = BCWP - BCWS$$

当 SV>0 时,表示进度提前。

当 SV<0 时,表示进度延误。

当 SV=0 时,表示实际进度与计划进度一致。

③费用执行指数(Cost Performed Index,CPI)。CPI 是指挣值与实际费用值之比。计算公式为

$$CPI = \frac{BCWP}{ACWP}$$

当 CPI>1 时,表示实际费用低于预算。

当 CPI<1 时,表示实际费用超出预算。

当 CPI=1 时,表示实际费用与预算费用吻合。

④进度执行指数(Schedule Performed Index,SPI)。SPI 是指挣值与计划值之比。计算公式为

$$SPI = \frac{BCWP}{BCWS}$$

当 SPI>1 时,表示进度提前

当 SPI<1 时,表示进度延误

当 SPI=1 时,表示实际进度和计划进度相符。

费用(进度)偏差反映的是绝对偏差,结果很直观,有助于费用管理人员了解项目费用出现偏差的绝对数额,并依此采取一定措施,制定或调整费用支出计划和资金筹措计划。但

是,绝对偏差有其不容忽视的局限性。如同样是 10 万元的费用偏差,对于总费用1 000万元的项目和总费用 1 亿元的项目而言,其严重性显然是不同的。因此,费用(进度)偏差仅适合于对同一项目做偏差分析。费用(进度)执行指数反映的是相对偏差,它不受项目层次的限制,也不受项目实施时间的限制,因而在同一项目和不同项目比较中均可采用。

(3)挣值法的一个预测值。

运用挣值法还可以预测项目完成时的费用。所谓项目完成费用估计(Estimate At Completion,EAC)是指在检查时刻估算的项目范围规定的工作全部完成时的项目总费用。有以下三种情况:

①当目前的变化可以反映未来的变化时,即认为项目当前已完成工作的费用偏差幅度就是项目全部费用的偏差幅度时

$$EAC = 实际费用 + 按照实施情况对剩余预算所做的修改$$

即

$$EAC = ACWP + (总预算成本 - BCWP) \times (ACWP/BCWP)$$

或

$$EAC = ACWP + (总预算成本 - BCWP)/CPI$$

或

$$EAC = 总预算费用/CPI$$

②当过去的执行情况显示所有的估计假设条件基本失效,或者由于条件的改变原有的假设不再适用时

$$EAC = ACWP + 对未来所有剩余工作的新估计值$$

③当现有的偏差被认为是不正常的(由偶然因素引起),或者项目管理小组认为类似偏差不会再发生时

$$EAC = ACWP + 剩余工作的原预算$$

(4)挣值评价曲线。

在项目实施过程中,以上三个参数可以形成三条 S 形曲线,即计划工作预算费用(BCWS)、已完工作预算费用(BCWP)、已完工作实际费用(ACWP)曲线,如图 7.8 所示。图中 CV<0,SV<0,表示项目执行效果不佳,即费用超支,进度延误,应分析偏差原因并采取相应的补救措施。

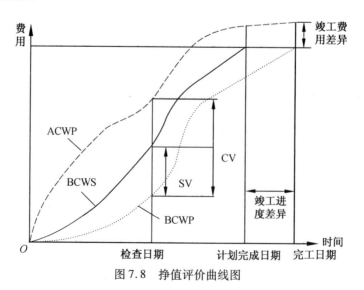

图 7.8 挣值评价曲线图

在实际执行过程中,最理想的状态是 ACWP、BCWS、BCWP 三条曲线靠得很近且平稳上升,表示项目按预定计划目标前进。相反,如果三条曲线离散度不断增加,则预示可能发生关系到项目成败的重大问题。

经过对比分析,如果发现项目某一方面已经出现费用超支,或预计最终将会出现费用超支,则应对其做进一步的原因分析。原因分析是费用责任分析和提出费用控制措施的基础,费用超支的原因是多方面的,宏观因素、微观因素、内部原因、外部原因,其他技术、经济、管理、合同等方面的原因。

对于工程项目而言,导致不同工程项目费用超支的原因具有一定共性,因而可以通过对已建项目的费用超支原因进行归纳、总结,为该项目采用预防措施提供依据。一般来说,工程项目产生费用超支的原因主要有以下几种,如图7.9所示。

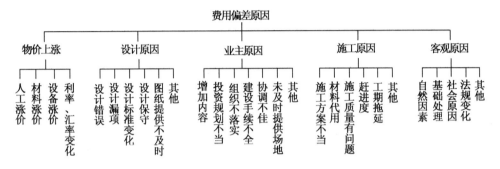

图7.9 工程项目费用超支原因

当发现费用超支时,人们提出的建议通常是压缩已经超支的费用,但要做到不损害其他目标,这常常是十分困难的,如重新选择供应商会产生供应风险,而且选择需要时间;删去工作包,这可能会降低质量、提高风险。因此,只有当给出的措施比原计划已选定的措施更为有利,或使工程范围减少,或生产效率提高,成本才能降低,例如:寻找新的、更好更省的、效率更高的设计方案;购买部分产品,而不是采用完全由自己生产的产品;改变项目实施过程;变更工程范围;索赔,例如向业主、承(分)包商、供应商索赔以弥补费用超支等。

(5)挣值法应用案例。

【例7.3】 某项目由 A、B、C、D 四个任务构成,该项目目前执行到了第6周末,各项工作在其工期内的每周计划成本、每周实际成本和计划工作量完成情况见表7.8。

表7.8 项目每周计划成本及截至第6周末每周实际成本和计划工作量完成情况 单位:万元

周次	1	2	3	4	5	6	7	8	9	10
任务 A 预算成本/周	9	16	5							
任务 B 预算成本/周		8	12	10	20	10	10			
任务 C 预算成本/周				1	4	5	25	5		
任务 D 预算成本/周									10	20
任务 A 实际成本/周	10	16	8							
任务 B 实际成本/周		10	10	12	24	12				
任务 C 实际成本/周					5	5				

续表7.8

周次	1	2	3	4	5	6	7	8	9	10
任务 D 实际成本/周										
任务 A 完工比	25%	75%	100%							
任务 B 完工比		6%	19%	35%	55%	65%				
任务 C 完工比					9%	20%				
任务 D 完工比										

问题：

(1)根据表7.8中提供的信息，计算截至第6周末，该项目的 BCWS、ACWP 和 BCWP 参数。

(2)计算截至第6周末的成本偏差 CV、进度偏差 SV，说明结果的实际含义。

(3)如果预计完成剩余的工作，仍然会延续目前（第6周末）的偏差情况，预测该项目的完工时间和完工费用。（写出计算过程）

解 (1)该项目的 BCWS、ACWP 和 BCWP 参数计算过程见表7.9。

表7.9 BCWS、ACWP 和 BCWP 参数计算过程   单位：万元

任务名称	状态	BCWS	ACWP	BCWP
A	完成	30	34	30×100% = 30
B	开始	60	68	70×65% = 45.5
C	开始	10	10	40×20% = 8
D	未开始	0	0	30×0% = 0
总计	—	100	112	83.5

(2)第6周末的成本偏差 CV = BCWP−ACWP = 83.5−112 = −28.5（万元）表明项目成本超支。

第6周末的进度偏差 SV = BCWP−BCWS = 83.5−100 = −16.5（万元）表明项目进度延误。

(3)预计完工费用 = $\dfrac{总预算成本}{CPI}$ = $\dfrac{总预算成本}{BCWP/ACWP}$ = $\dfrac{170}{83.5/112}$ = 228.02（万元）

预计完工时间 = $\dfrac{计划工期}{SPI}$ = $\dfrac{计划工期}{BCWP/BCWS}$ = $\dfrac{10}{83.5/100}$ = 11.98（周）

【例7.4】 （续第6章例6.11）在新型圆柱立柜式空调生产建设项目中，为了进行费用管理与控制，需要制定一份项目的费用预算安排，每项工作的费用都包括人力资源费用和其他费用（材料、设备等）两个部分。每项工作的其他费用的估计值已经列于表7.10中，各类人员的日工作量成本为：工程师500元/天；工人200元/天。

问题：

(1)请计算各项工作的人力资源费用及总费用。

(2)新型圆柱立柜式空调生产建设项目的总成本。

(3)假设费用在时间上是均匀支付的,请计算每项工作每旬需要支付的平均费用。

(4)根据项目进度计划图(见第6章图6.46),计算该项目在不同的时间所需要的费用及累计费用,并填入表7.11中。

表7.10 新型圆柱立柜式空调生产建设项目的费用估计　　　　　　单位:千元

工作代号	工作名称	人力资源费用	其他费用	总费用	每旬平均费用
A	产品总体设计		100		
B	产品结构设计		90		
C	控制系统设计		70		
D	生产车间设计		120		
E	辅助材料采购		294		
F	压缩机外协		510		
G	负离子发生器外协		810		
H	零部件加工		480		
I	整机装配		200		
J	整机调试		100		
K	车间土建施工		1 200		
L	车间设备安装		1 750		
M	工艺文件编制		50		
N	项目验收		10		
	合计		5 784		

表7.11 项目费用计划表

时间/旬	1	2	3	4	5	6	7	8	9	10	11	12	13	14	15	16
费用/千元																
累计费用/千元																
时间/旬	17	18	19	20	21	22	23	24	25	26	27	28	29	30	31	32
费用/千元																
累计费用/千元																

解 (1)各项工作的人力资源费用及总费用的计算结果见表7.12。

(2)新型圆柱立柜式空调生产建设项目的总费用为7 891千元。

(3)每项工作每旬需要支付的平均费用的计算结果见表7.12。

(4)根据项目进度计划图(见第6章图6.46),该项目在不同的时间所需要的费用及累计费用的计算结果标在表7.13中。

表7.12 新型圆柱立柜式空调生产建设项目的费用估计结果　　　　单位:千元

工作代号	工作名称	人力资源费用	其他费用	总费用	每旬平均费用
A	产品总体设计	125	100	225	45
B	产品结构设计	150	90	240	40
C	控制系统设计	350	70	420	60
D	生产车间设计	150	120	270	90
E	辅助材料采购	36	294	330	110
F	压缩机外协	30	510	540	180
G	负离子发生器外协	36	810	846	282
H	零部件加工	120	480	600	200
I	整机装配	40	200	240	120
J	整机调试	50	100	150	75
K	车间土建施工	640	1 200	1 840	230
L	车间设备安装	280	1 750	2 030	290
M	工艺文件编制	50	50	100	50
N	项目验收	50	10	60	30
合计		2 107	5 784	7 891	

表7.13 项目费用计划表

时间/旬	1	2	3	4	5	6	7	8	9	10	11	12	13	14	15	16
费用/千元	45	45	45	45	45	100	100	100	100	100	100	60	140	140	482	822
累计费用/千元	45	90	135	180	225	325	425	525	625	725	825	885	1 025	1 165	1 647	2 469
时间/旬	17	18	19	20	21	22	23	24	25	26	27	28	29	30	31	32
费用/千元	822	610	410	410	350	350	305	365	290	290	290	290	290	290	30	30
累计费用/千元	3 291	3 901	4 311	4 721	5 071	5 421	5 726	6 091	6 381	6 671	6 961	7 251	7 441	7 831	7 861	7 891

【例7.5】 在认真分析新型圆柱立柜式空调生产建设项目各项费用的基础上,最终制定的各项工作的费用预算修正结果见表7.14。假设该项目已进展到第21旬,对项目前20旬的实施情况进行了总结,有关执行情况汇总于表7.14中。

问题:

(1)计算前20旬每项工作的挣得值。

(2)计算该项目到第20旬末的挣得值(BCWP)。

(3)根据项目进度计划甘特图(见第6章图6.46),计算项目在第20旬结束时的计划工作量预算成本(BCWS)。

(4)计算该项目前20旬的已完成工作量的实际成本(ACWP)。

(5)根据以上结果分析项目的费用执行情况和进度执行情况。

(6)假设该项目目前的执行情况不会影响到未来,未来将按计划执行,请估计项目完成时的总成本(EAC)。

表7.14 项目各项工作费用预算及前20旬计划与执行情况统计

工作代号	工作名称	预算费用/千元	已完工作量/%	实际发生费用/千元	挣得值/千元
A	产品总体设计	200	100	210	
B	产品结构设计	220	100	220	
C	控制系统设计	400	100	430	
D	生产车间设计	250	100	250	
E	辅助材料采购	300	100	310	
F	压缩机外协	540	50	400	
G	负离子发生器外协	840	100	800	
H	零部件加工	600	100	600	
I	整机装配	240	0	0	
J	整机调试	150	0	0	
K	车间土建施工	1 600	40	800	
L	车间设备安装	2 000	0	0	
M	工艺文件编制	100	100	90	
N	项目验收	60	0	0	

解 (1)前20旬每项工作的挣得值的计算结果见表7.15。

(2)该项目到第20旬末的挣得值

BCWP=200+220+400+250+300+270+840+600+0+0+640+0+100+0=3 820(千元)

(3)根据甘特图,在第20旬结束时,I、J、L、N工作尚未开始,K工作应完成5旬(共8旬)的工作量,其他工作均应完成。所以,第20旬结束时的BCWS应为计划应完成的各项工作的预算费用之和,即

BCWS=200+220+400+250+300+540+840+600+(1 600/8)×5+100=4 450(千元)

(4)根据题意,该项目前20旬的已完成工作量的实际成本,即ACWP=4 110(千元)

(5)项目的费用执行情况和进度执行情况分析如下:

CV=3 820-4 110=-290(千元),表明项目费用超支。

SV=3 820-4 450=-630(千元),表明项目进度延误。

(6)项目总预算:7 500 千元。

根据题意,估算的项目完成时的总成本为

$$EAC=4\ 110+(7\ 500-3\ 820)=7\ 790(千元)$$

预计项目将会超支290千元。

表 7.15　项目各项工作费用预算及前 20 旬计划与执行情况统计

工作代号	工作名称	预算费用/千元	已完工作量/%	实际发生费/千元	挣得值/千元
A	产品总体设计	200	100	210	200
B	产品结构设计	220	100	220	220
C	控制系统设计	400	100	430	400
D	生产车间设计	250	100	250	250
E	辅助材料采购	300	100	310	300
F	压缩机外协	540	50	400	270
G	负离子发生器外协	840	100	800	840
H	零部件加工	600	100	600	600
I	整机装配	240	0	0	0
J	整机调试	150	0	0	0
K	车间土建施工	1 600	40	800	640
L	车间设备安装	2 000	0	0	0
M	工艺文件编制	100	100	90	100
N	项目验收	60	0	0	0

【思考与练习】

1. 项目成本的影响因素有哪些?
2. 简述成本估算与成本预算的区别与联系。
3. 常用的估算成本的方法有哪些?
4. 简述制定项目预算的步骤。
5. 简述挣值法的基本原理。

【模拟练习】

1. 对 CG 产品研制项目各项费用进行仔细分析后,最终制定的各项工作费用预算修正结果见表 7.16。CG 产品研制项目经过一段时间的实施之后,现在到了第 15 周,在 15 周初你对项目前 14 周的实施情况进行了总结,项目各项工作在前 14 周的执行情况也汇总在表 7.16 中。

问题:

(1)计算前 14 周每项工作的挣得值并填入表 7.16 中。

(2)计算 CG 产品研制项目到第 14 周末的挣得值(BCWP)。

(3)假设前 14 周计划完成项目总工作量的 65%,请计算项目 14 周结束时的计划成本(BCWS)。

(4) 计算该项目前 14 周的已完成工作量的实际成本(ACWP)。

(5) 根据以上结果分析项目的进度执行情况。

(6) 假设项目目前的执行情况,可以反映项目未来的变化,请估计项目完成时的总成本(EAC)与完工时间。

(7) 接下来对项目的费用支出情况进行了分析,发现工作 I 仅执行了一半,但是全部的固定费用已经支付;另外一项工作 M 还未开始,但已经事先支付了一笔 50 千元的设备费用。根据这一情况重新分析项目的执行情况。

表 7.16 项目各项工作费用预算及前 14 周计划与执行情况统计

代号	工作名称	预算费用 /千元	实际完成的百分比	实际消耗费用 /千元	挣得值 /千元
A	总体设计	250	100%	280	
B	单元定义	300	100%	300	
C	机体设计	150	100%	140	
D	传动装置试制	300	100%	340	
E	滚筒试制	150	100%	180	
F	壳体试制	350	0%	0	
G	电脑控制系统设计	900	100%	920	
H	电脑控制系统试制	250	100%	250	
I	电脑控制系统测试	700	50%	400	
J	电动机设计	550	100%	550	
K	电动机试制	350	100%	340	
L	电动机测试	400	20%	100	
M	总装	200	0%		
N	测试	450	0%		
	总费用				

【案例讨论】

国内 B 银行信贷业务系统的开发项目的成本估算

信管信息技术有限公司(CNITPM)凭借丰富的行业经验和精湛的技术优势,坚持沿着产品技术专业化道路,为银行、证券、保险等领域提供完整全面的解决方案。李工是 CNITPM 证券事业部的高级项目经理,目前正负责国内 B 银行信贷业务系统的开发项目。李工想通过制订高质量的项目管理计划,以有效实现范围、进度、成本和质量等项目管理目标。

项目正式立项后,李工制订了一份初步的项目成本计划。李工估计出了每项工作的工期及所需要的工作量,见表7.17。此外,表7.17也给出了每项工作除人力资源费用外的其他固定费用(如硬件设备和网络设备等)。

表7.17 项目工时及费用数据

编码	任务名称	资源名称	工期/日	工作量/工时	人力资源/人	固定费用/元	总费用	平均每周费用/元
1000	软件开发项目							
1100	方案设计	系统分析师	10	160		3 400		
1200	用户需求访谈							
1210	高层用户访谈	系统分析师	10	80		5 400		
1220	销售人员调研	系统分析师	10	160		2 800		
1300	软件开发							
1310	功能框架设计							
1311	概要设计	软件设计师	10	80		3 200		
1312	详细设计	软件设计师	10	160		6 400		
1320	程序代码编制							
1321	用户输入功能	程序员	50	1 200		6 000		
1322	用户查询功能	程序员	50	1 200		6 000		
1323	用户数据功能	程序员	75	3 000		30 000		
1324	主界面	程序员	50	1 600		9 000		
1325	安全登录界面	程序员	50	800		6 000		
1326	界面美化	程序员	25	600		5 000		
1400	测试	测试员	20	480		5 000		
小计						88 200		

问题:

(1)计算表7.17中每项工作所需安排的人力资源数量(每天8小时工作制)。

(2)假设每种人力资源的成本如下:测试员30元/小时,程序员40元/小时,软件设计师60元/小时,系统分析师100元/小时。计算每项工作所需的总费用(每周按5个工作日计算)。

(3)计算每项工作每周的平均费用(每周按照5个工作日计算)。

第8章 项目沟通管理

【学习目标】
1. 掌握项目沟通的含义及方式;
2. 了解沟通的类型;
3. 掌握项目沟通管理的含义及过程;
4. 了解规划项目沟通管理、管理沟通和控制沟通的过程。

8.1 项目沟通管理概述

8.1.1 项目沟通的含义及作用

1. 项目沟通的含义

所谓沟通(Communication),是借助于一定的信息符号系统进行信息发布、信息接收的一种信息交换行为,是人们彼此交换信息、获取信息的主要方式。沟通行为包括两个方面:信息发布者说的方面和信息接收者听的方面,二者缺一不可。如果发布者的信息没有被传递到接收者,则不能断定沟通行为的发生。更进一步讲,要想使沟通行为成功有效,发布者所发布的信息不仅需要传递给接收者,而且要使接收者正确地理解所收到的信息。完美的沟通应该是在信息经过传递之后,接收者感知的信息同发送者发出的信息完全一致。

项目沟通是指项目实施过程中为实现项目目标而进行的各种不同方式和不同内容的信息交流活动,包括确保信息及时、恰当地生成、收集、分发、存储、检索以及最终处置所必需的各个过程。

2. 项目沟通的作用

(1)项目沟通是项目计划的基础。项目团队要想制订科学的计划,必须以准确、完整、及时的信息为基础。通过项目团队内部及团队与外部环境之间的信息沟通,就可以获得所需要的信息,为科学计划及正确决策提供依据。

(2)项目沟通是项目管理的依据。在项目团队内部,没有良好的信息沟通,就无法实施科学的管理。只有通过信息沟通,掌握项目团队内的各方面情况,才能为科学管理提供依据,才能有效地提高项目团队的工作效率。

(3)项目沟通是项目经理成功领导的重要措施。项目经理是通过各种途径将信息传递给团队成员并使之理解和执行的。如果沟通不畅,团队成员就不能正确理解项目经理的意图,从而无法使项目顺利地进行下去,最终导致项目混乱甚至失败。因此,提高项目经理的沟通能力,才能保证其领导的成功。

(4)项目沟通是协调团队成员关系的必需条件。通过信息沟通、意见交流,将所有团队成员联系起来,成为一个整体。信息沟通是人的一种重要的心理需要,是人们用以表达思想、感情与态度,寻求同情与友谊、理解与支持的重要手段。畅通的信息沟通,可以减少人与人之间不必要的误会,改善人与人、人与组织之间的关系。

3. 项目沟通模型

与其他任何沟通一样,项目沟通包括沟通主体、沟通过程和沟通环境三个部分,这三个部分内容的有机结合实现了项目中信息的交流。项目沟通的一般模型如图8.1所示。

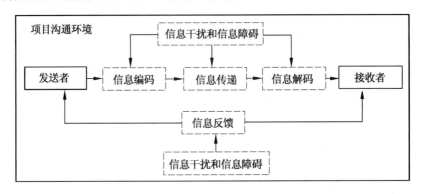

图8.1 项目沟通的一般模型

由图8.1可知,项目沟通的效果受到多种因素的影响,主要包括以下几个方面:

(1)发送者的信息编码能力。沟通过程中的信息发送者,首先要确定沟通的信息内容,并根据信息接收者的个性、知识水平和理解能力等多种因素,努力设法找到并使用信息接收者能够理解的语言、方法和表达方式,将自己要发送的信息或想法进行加工处理,这一过程称之为信息编码。在项目沟通中,编码能力主要是指信息发送者的有效的信息表达能力。

(2)信息传递过程。信息传递过程包括了信息传递的方式、渠道、时机等内容,不同的信息传递过程会对项目沟通的效果产生不同的影响。

(3)接收者的信息解码能力。信息经过传递到达接收者后,信息的接收者对接收到的信息从初始的形式转化为自己可以理解的形式的信息加工工作称之为信息解码。例如,将外语翻译成中文的过程,将方言或者暗语、手势转化成能够理解的语言的过程,通过他人的语言或文字领悟其真实想法和意图等都属于解码过程。在项目沟通中,解码能力主要是指信息接收者有效的信息接收和理解能力。

(4)信息反馈。信息反馈是指信息接收者在对信息发送者提供的信息有疑问、有不清楚的地方或者是为了回应对方所做出的回馈,这是一种反向的信息沟通过程。反馈有助于沟通主体之间的相互理解,是项目沟通过程中必不可少的一个环节。

(5)信息干扰和信息障碍。在任何一个项目沟通过程中,由于客观沟通环境的存在,信息干扰和信息障碍是不可避免的。显然,信息干扰和信息障碍的存在会扭曲、延迟甚至阻止项目信息的传递。所以,要保证高效率的项目沟通,就必须有效地屏蔽和消除信息干扰和信息障碍。

4. 几种重要的项目沟通关系

在项目实施过程中,项目经理是整个项目组织沟通的中心。围绕着项目经理有几种重要的沟通关系。

(1)项目经理与业主的沟通。业主代表项目的所有者,对项目具有特殊的权力,而项目经理为业主管理项目,必须服从业主的决策、指令和对项目的干预,项目经理最重要的职责是保证业主满意。要取得项目的成功,必须获得业主的支持。

(2)项目管理者与承包商的沟通。这里的承包商是指项目的承包商、设计单位、供应商。他们与项目经理没有直接的合同关系,但他们必须接受项目管理者的领导、组织、协调和监督。

(3)项目部内部的沟通。项目经理所领导的项目部是项目组织的领导核心。通常项目经理不直接控制资源和具体工作,而是由项目部中的职能人员具体实施控制,因此项目经理和职能人员之间及各职能人员之间就有分工和协调。他们之间应有良好的工作关系,应当经常协商。

在项目部内部的沟通中,项目经理起着核心作用,如何协调各职能工作,激励项目部成员,是项目经理的重要课题。

(4)项目经理与职能部门的沟通。项目经理与企业职能部门经理之间的沟通是十分重要的,特别是在矩阵型组织中。职能部门必须对项目提供持续的资源和管理工作支持,他们之间有高度的相互依存性。

8.1.2 沟通的类型

1. 正式沟通与非正式沟通

正式沟通与非正式沟通的沟通渠道如图 8.2 所示。

图 8.2 正式与非正式沟通的沟通渠道

(1)正式沟通。正式沟通是组织内部明确的规章制度所规定的沟通方式,它和组织的结构息息相关,主要包括按正式组织系统发布的命令、指示、文件,组织召开的正式会议,组织正式颁布的法令规章、手册、简报通知公告,项目内部上下级之间和同事之间因工作需要进行的正式接触。正式沟通的优点是沟通效果好,比较严肃而且约束力强,易于保密,可以使信息沟通保持权威性。缺点是沟通速度慢。

(2)非正式沟通。非正式沟通指在正式沟通渠道之外进行的信息传递和交流,它不受组织监督,自由选择沟通渠道。如员工之间的私下交谈、朋友聚会、小道消息等,这是一类以社会关系为基础、与组织内部的规章制度无关的沟通方式。它的沟通对象时间及内容等各方面都未事先计划且难以辨别。因为非正式沟通是由于组织成员的感情和动机上的需要而形成的,所以其沟通渠道是通过组织内的各种社会关系,这种社会关系超越了部门、单位及层次。这种沟通的优点是沟通形式不拘,直接明了,沟通方便,速度快,且能提供一些正式沟通中难以获得的信息。缺点是难以控制,传递的信息不确切,易于失真、曲解,而且,它可能导致小集团、小圈子,影响人心稳定和团体的凝聚力。

在很多情况下来自非正式沟通的信息反而易于获得接受者的重视。因为这种沟通一般是采取口头方式,不留证据、不负责任,有许多在正式沟通中不便于传递的信息却可以在非正式沟通中透露。

非正式沟通往往具有如下一些特征:①非正式沟通的信息往往是不完整的,有些是牵强附会的因此无规律可循;②非正式沟通主要是有关感情和情绪的问题,虽然有些也和工作有关,但常常也会带上感情的色彩;③非正式沟通的表现形式具有多变性和动态性,因此它传递的信息不但随个体的差异而变化,而且随环境的变化而变化;④非正式沟通不需要遵循组织结构原则,因此传递有时较快,而且一旦这种信息与其本人或亲朋好友有关,则传递得更快;⑤非正式沟通大多数在无意中进行,其传递信息的内容也无限定,在任何时间和任何地点都可能发生。

2. 上行沟通、下行沟通和平行沟通

(1)上行沟通。上行沟通是指下级的意见向上级反映,即自下而上的沟通。项目经理应采取某些措施以鼓励向上沟通,例如态度调查、征求意见座谈会、意见箱等。只有上行沟通渠道顺畅,项目经理才能掌握全面情况,做出符合实际的决策。上行沟通有两种形式:一是层层传递,即依据一定的组织原则和组织程序逐级向上反映;二是越级反映,它是指减少中间层次,让项目最高决策者与一般员工直接沟通,信息技术的发展为越级反映提供了条件。

(2)下行沟通。下行沟通是指领导者对员工进行的自上而下的信息沟通,一般以命令方式传达上级组织所决定的政策、计划之类的信息。例如,生产副总经理可能指示车间经理加紧制造一种新产品批次,车间经理向主管发出详细的指示,主管以此为根据指示工人生产。下行沟通是领导者向被领导者发布命令和指示的过程。这种沟通方式的目的是明确项目的目标,传达工作方面的指示,提供项目进展的情况,反馈其本身工作的绩效。

(3)平行沟通。平行沟通是指组织中各平行部门之间的信息交流。而所谓斜向沟通,是指信息在不同层次之间的不同部门之间流动时的沟通。这两种沟通跨越了不同部门,脱离了正式的指挥系统,但只要在进行沟通前得到直接领导者的允许,并在沟通后把任何值得肯定的结果及时向领导汇报,这种沟通更值得提倡。

上行沟通、下行沟通与平行沟通的沟通渠道如图8.3所示。

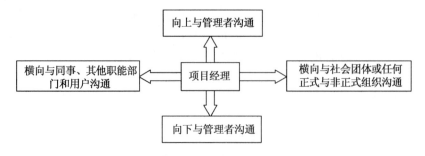

图8.3 上行、下行与平行沟通的沟通渠道

3. 单向沟通与双向沟通

(1)单向沟通。单向沟通是指接收者和发送者二者之间的地位不变(单向传递),一方只发送信息,另一方只接收信息。双方无论是在情感上还是在言语上都不需要信息反馈,如做报告、发布指令等。这种沟通的速度快、信息发送者的压力小。但是接收者没有反馈意见的机会,不会产生平等的参与感,不利于增加接收者的自信心和责任心,不利于建立双方的感情。

(2)双向沟通。双向沟通与单向沟通相对应,在双向沟通中,发送者和接收者二者之间的位置不断发生交换,且发送者是以协调和讨论的姿态面对接收者,信息发出以后还须及时听取反馈意见,必要时大家可以进行多次重复商谈,直到双方共同明确和满意为止。如交谈、谈判等。双向沟通的优点是沟通信息准确性较高,接收者有反馈意见的机会,产生平等的参与感,增加了自信心和责任心,有助于建立双方的感情。但是,沟通的速度较慢。

8.1.3 项目沟通的方式

组织在沟通的过程中,可选择的方式有许多种,即使在同一过程中,也可以组合多种方法或者不断变换方式方法。组织对外沟通可采用的方式有广告、谈判、游说、公关等多种方法。在组织内部的沟通中,也有书面与口头、指示与汇报、会议与个别交流、语言与体语沟通等多种方式。

1. 组织内部沟通方式

(1)书面沟通与口头沟通。书面沟通是指使用如通知、文件、报刊、备忘录等书面形式所进行的信息传递和交流。其优点是可以作为资料长期保存,反复查阅,沟通显得正式和严肃。口头沟通就是运用口头表达,如谈话、游说、演讲等进行信息交流活动。其优点是传递信息较为准确,沟通比较灵活,速度快,双方可以自由交换意见。

(2)指示与汇报。指示与汇报是组织内部沟通中最常见的形式,作为下行沟通方式的指示主要用在上级指导下级工作或用来传达上级决策。而汇报则是下级在总结工作、反映情况、提出建议等时所进行的一种上行的沟通方式。

(3)会议与个别交流。指导与领导工作的实质是处理人际关系,而人与人之间的沟通是人们思想、情感的交流,采取开会的方法,就是提供交流的场所和机会。会议的作用表现在:会议可以集思广益,与会者在意见的交流过程中可以获得一种满足,在意见交流后,也会产生一种共同的见解、价值观念和行动指南,而且可以密切相互之间的关系。会议可以使人们了解决策的过程,从而更加竭尽全力地去执行会议的决议。通过会议,可能发现人们所未曾注意到的问题并加以认真研究和解决。

(4)语言沟通与体语沟通。语言沟通是利用语言、文字、图画、表格等形式进行,可细分为书面沟通和口头沟通。体语沟通是通过动态无声性的目光、表情、手势语言等身体运动或者是静态无声的身体姿势、空间距离及衣着打扮等形式来实现沟通。

除了以上所列的几种常见的沟通方式外,组织的沟通方式还有许多种,如内部刊物、公告栏、意见箱、座谈会、联谊会、聚餐等。值得一提的是随着社会的发展,组织领导者越来越重视与部下的沟通,听取他们的意见、建议,不断采用非正式的沟通渠道,为双方沟通创造良好的气氛。

2. 组织之间的沟通方式

组织项目的完成是在一定的环境之中进行的,除了要进行内部沟通以外,还必须处理好与其周围的公众、同业者、政府以及供应者和消费者的关系。有效地同其他组织进行业务往来和合作,必须要进行沟通,组织对外沟通的方式与内部沟通方式有很大的不同,大致可以分为公关、商务谈判、形象策划等几种沟通方式。

8.1.4 项目沟通管理的含义及过程

1. 项目沟通管理的含义

项目沟通管理是指为了确保项目信息的合理收集和传递,对项目信息的内容、信息传递的方式、信息传递的过程等所进行的全面管理活动。项目沟通管理是解决项目实施过程中的沟通障碍和冲突问题,并保证项目最终顺利完成的重要前提。

在项目管理中,项目沟通管理是其他各方面管理的纽带。项目沟通管理是项目管理的一个重要组成部分,也是影响项目成败的重要因素。在项目的整个生命期中,项目团队与客户的沟通,保证了项目团队能够得到最大的支持;项目团队与供应商之间的沟通,使得项目团队和供应商之间保持着良好的关系;项目团队内部的沟通,使得项目团队成员保持较高的士气。所有这些沟通,将贯穿着项目生命期的始终。

2. 项目沟通管理的主要过程

项目沟通管理包括规划沟通管理、管理沟通和控制沟通三个过程,如图8.4所示。

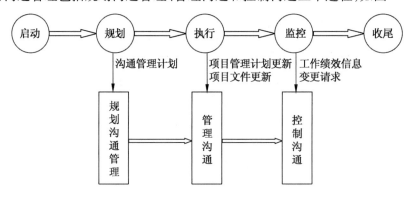

图 8.4 项目沟通管理过程

(1)规划沟通管理。规划沟通管理是指针对项目干系人的沟通需求及组织过程资产进行分析,从而确定项目沟通管理计划的过程。

(2)管理沟通。管理沟通是指根据沟通管理计划,生成、收集、分发、储存、检索及最终处置项目信息的过程。

(3)控制沟通。控制沟通是指项目整个生命期内对项目干系人沟通进行监督和控制的过程,随时确保所有沟通参与者之间信息传递的最优化。

8.2 规划沟通管理

规划沟通管理(Plan Communications Management)是项目沟通管理的第一步,是制订项目沟通管理计划的过程。

规划沟通管理的过程是确定利益相关者的信息与沟通需求,包括谁需要何种信息,何时需要以及如何向他们传递。虽然所有项目都有交流项目信息的需要,但信息的需求及其传播方式却彼此大相径庭。认清利益相关者的信息需求,确定满足这些需求的恰当手段,是项目成功的重要因素。制订沟通管理计划是项目沟通管理中的第一个过程,其核心是项目利益相关者分析,主要搞清楚 3W1H 的问题(Who、What、When、How),即谁,需要什么信息,何时需要,怎样传递。在 PMBOK 中,除了上述问题,还有如下问题需要考虑:信息需求者是否有权接触信息、信息应该以什么方式储存在什么地方、信息如何被检索以及时差、语言障碍、跨文化等因素。

在多数项目中,规划沟通管理大都在项目早期阶段进行。但在项目的整个过程中,都应对其结果定期进行检查,并根据需要进行修改,以保证其继续适用性。

8.2.1 规划沟通管理的依据

规划沟通管理的依据包括项目管理计划、干系人登记册、事业环境因素、组织过程资产等。需要注意的是规划沟通管理与事业环境因素和组织结构密切相关,因为项目的组织结构对项目的沟通要求有重大影响。其他内容已在前面章节介绍过,这里不再赘述。

8.2.2 规划沟通管理的工具与技术

1. 沟通需求分析

通过沟通需求分析,可得出项目各利益相关者信息需求的总和。信息需求的界定是通过所需信息的类型与格式,以及该信息价值的分析这两者相结合来完成的。项目资源只应用于沟通有利于成功的信息,或者缺乏沟通会造成失败的信息。这并不是说不用发布坏消息,而是说,沟通需求分析的本意旨在防止项目利益相关者因过多的细节内容而应接不暇。

项目经理应考虑到,潜在沟通渠道或沟通路径的数量可反映项目沟通的复杂程度。在项目规划沟通管理中,一项极为关键的内容是,确定并限制谁与谁沟通,以及谁是信息接收人。确定项目沟通要求通常需要的信息包括以下几方面:①组织结构图;②项目组织和利益相关者职责关系;③项目中涉及的学科、部门和专业;④多少人参与项目、在何地参与项目等后勤物流因素;⑤内部信息需求(如跨越组织的沟通);⑥外部信息需求(如与媒体、公众或承包商的沟通);⑦来自利益相关者登记册的利益相关者信息。

2. 沟通技术

项目利益相关者之间传递信息的技术和方法有可能大相径庭,包括:从简短的谈话到长时间的会议,从简单的书面文件到即时在线所查询的资料(如进度表和数据库)等。

可以影响项目的沟通技术因素包括以下几方面:①对信息需求的紧迫性。确定项目的成功取决于能否立即调出不断更新的信息,还是只要定期发布书面报告就可以。需要考虑信息传递的紧迫性、频率和形式,它们可能因项目而异也可能因项目阶段而异。②技术的可用性。它包括已有的系统能否满足要求,项目需求是否足以证明有改进的必要。需要确保沟通技术在整个项目生命周期中,对所有利益相关者都具有兼容性、有效性和开放性。③易用性。需要确保沟通技术适合项目参与者,并制订合理的培训计划(如果必要)。④项目环境。需要确认团队将面对面工作或在虚拟环境下工作,成员将处于一个或多个时区,他们是否使用多种语言,以及是否存在影响沟通的其他环境因素(如文化)。⑤信息的敏感性和保密性。需要确定相关信息是否属于敏感或机密信息,是否需要采取特别的安全措施,并在此基础上选择最合适的沟通技术。

8.2.3 规划沟通管理的结果

1. 沟通管理计划

规划沟通管理的结果之一是项目沟通管理计划。它一般包括如下内容:信息收集和归档格式的要求,信息发布格式和权限要求,对所发布信息的描述、更新和修订项目沟通管理计划的方法,以及约束条件和假设前提等。沟通管理计划所反映的内容包括项目利益相关者、项目沟通需求、信息搜集的方式、信息记录的方式、信息发送的方式和信息发送频度。

沟通管理计划包含在项目管理计划内或作为项目管理计划的从属计划,可提供以下内容:利益相关者的沟通需求;需要沟通的信息,包括语言、格式、内容、详细程度;发布信息的原因;发布信息及告知收悉或做出回应(如适用)的时限和频率;负责沟通相关信息的人员;负责授权保密信息发布的人员;将要接收信息的个人或组织;传递信息的技术或方法,如备忘录、电子邮件或新闻稿等;为沟通活动分配的资源,包括时间和预算;问题升级程序,用于规定下层员工无法解决问题时的上报时限和上报路径;随项目进展,对沟通管理计划进行更新与优化的方法;通用术语表;项目信息流向图、工作流程(兼有授权顺序)、报告清单、会议计划等;沟通制约因素,通常来自特定的法律法规、技术要求和组织政策等。

沟通管理计划也可包括项目状态会议、项目团队会议、网络会议和电子邮件信息等的指向和模板。沟通管理计划中也应包含对项目所用网站和项目管理软件的使用说明。根据项目需要,沟通管理计划可以是正式的、非正式的,极其详细的或者十分简洁的。沟通管理计划的属性包括:沟通项目——它是指将向利益相关者发布的信息;目的——它是指发布信息的原因;频率——它是指发布信息的频繁程度;起始/终结日期——它是指发布信息的时间安排;格式/媒介——它是指信息布局和传输的方法;责任——它是指负责信息发布团队成员的责任。

规划沟通管理通常会形成额外的可交付成果,因此,相应地需要额外的时间和精力,项目工作分解结构、项目进度计划和项目预算需要相应更新。

2. 项目文件更新

可能需要更新的项目文件包括(但不限于)项目进度计划、干系人登记册等。

8.3 管理沟通

管理沟通(Manage Communications)是根据沟通管理计划,生成、收集、分发、储存、检索及最终处置项目信息的过程。该过程的主要作用是,促进项目利益相关者之间实现有效率且有效果的沟通。

管理沟通过程不局限于发布相关信息,还要设法确保信息被正确地生成、接收和理解,并为利益相关者获取更多信息、展开澄清和讨论创造机会。但是信息发布是比较重要的一个环节。有效的沟通管理需要借助相关技术,考虑相关事宜,包括(但不限于):①发送—接收模型。其中也包括反馈回路,为互动和参与提供机会,有助于清除沟通障碍。②媒介选择。根据情形确定:何时使用书面沟通或口头交流,何时准备非正式备忘录、正式报告,何时进行面对面沟通或通过电子邮件沟通。③写作风格。合理使用主动或被动语态、句子结构,以及合理选择词汇。④会议管理技术。主要有准备议程和处理冲突。⑤演示技术。这就需要知晓形体语言和视觉辅助设计的作用。⑥引导技术。要建立共识和克服障碍。⑦倾听技术。要主动倾听(告知收悉、主动澄清和确认理解),消除妨碍理解的因素。

8.3.1 管理沟通的依据

1. 沟通管理计划

沟通管理计划描述将如何对项目沟通进行规划、结构化和监控。

2. 工作绩效报告

工作绩效报告汇集了项目绩效和状态信息,可用于促进讨论和建立沟通。报告的全面性、准确性和及时性对有效开展该过程非常重要。

3. 事业环境因素和组织过程资产

能够影响管理沟通过程的事业环境因素包括(但不限于):①组织文化和结构;②政府或行业标准及规定;③项目管理信息系统。

能够影响管理沟通过程的组织过程资产包括(但不限于):①有关沟通管理的政策、程序、过程和指南;②相关模板;③历史信息和经验教训。

8.3.2 管理沟通的工具与技术

1. 信息管理系统

信息管理系统是指对项目信息的管理与分发。小组成员可通过各种方法共享信息,这样的方法包括手工案卷系统(Manual Filing Systems)、电子文本数据库(Electronic Text Databases)、项目管理软件,以及可以检索技术文件资料的系统(例如工程制图)。

项目信息可使用多种方法分发,包括项目会议、复印文件分发、共享的网络电子数据库、传真、电子邮件、声音邮件,以及电视会议。

2. 报告绩效

报告绩效包括收集和发布绩效信息,从而向项目涉及人提供为达到项目目标如何使用资源的信息。这样的过程有:

(1)状况报告。描述项目当前的状况。例如,在描述与进度计划和预算指标有关的状态时,可以从以下两方面进行描述:

①项目状况报告会遇到的问题,如时间问题、准确性问题等。

②克服状况报告会遇到的问题,可能包括说明信息的使用者和用途;清除自己需要的信息的内容和用途;提出正当要求;明确要进一步了解的问题;在必要的情况下运用管理手段等。

(2)进展报告。描述项目小组已完成的工作。例如,进度计划完成百分比,或者完成的任务有哪些,没有完成的任务有哪些。

(3)预测。对未来项目的状况和进展做出预计。绩效报告一般应提供关于范围、进度计划、成本和质量等信息。许多项目还要求提供风险和采购的信息。绩效报告可以是综合性,也可以是针对某一特例。预测是从量化的角度对项目进行评估,要注意预测不是财务策略或报价。

8.3.3 管理沟通的结果

1. 项目沟通

管理沟通过程包括创建、分发、接收、告知收悉和理解信息所需的活动。项目沟通可包括(但不限于)绩效报告、可交付成果状态、进度进展情况和已发生的成本。受相关因素的影响,项目沟通可能会有很大变动。这些因素包括(但不限于)信息的紧急性和影响、信息传递方法、信息机密程度。

2. 项目管理计划更新

项目管理计划中包括项目基准及与沟通管理、利益相关者管理有关的信息。可能需要基于项目当前绩效与绩效测量基准(PMB)的对比情况,更新这些内容。绩效测量基准是经过批准的项目工作计划,用来与项目执行情况相比较,以测量偏差,采取管理控制。绩效测量基准通常是项目的范围、进度和成本参数的综合,有时还会包含技术和质量参数。

3. 项目文件更新

可能需要更新的项目文件包括(但不限于):①问题日志;②项目进度计划;③项目资金需求。

4. 组织过程资产更新

可能需要更新的组织过程资产包括(但不限于):①给利益相关者的通知。可向利益相关者提供有关已解决的问题、已批准的变更和项目总体状态的信息。②项目报告。采用正式和非正式的项目报告来描述项目状态。项目报告包括经验教训总结、问题日志、项目收尾报告和出自其他知识领域的相关报告。③项目演示资料。项目团队正式或非正式地向任一或全部利益相关者提供信息。所提供的信息和演示方式应该符合受众的需要。④项目记录。项目记录包括往来函件、备忘录、会议纪要及描述项目情况的其他文件。应该尽可能整理好项目记录。项目团队成员也会在项目笔记本或记录本(纸质或电子)中记录项目情况。⑤利益相关者的反馈意见。可以分发利益相关者对项目工作的意见,用于调整或提高项目的未来绩效。⑥经验教训文档。文档内容包括问题的起因、选择特定纠正措施的理由,以及有关沟通管理的其他经验教训。应该记录和发布经验教训,并在该项目和执行组织的历史数据库中收录。

8.4 控制沟通

控制沟通(Control Communications)是在整个项目生命周期中对沟通进行监督和控制的过程,以确保满足项目利益相关者对信息的需求。该过程的主要作用是随时确保所有沟通参与者之间信息流动的最优化。

控制沟通过程可能引发重新开展规划沟通管理和/或管理沟通过程。这种重复体现了项目沟通管理各过程的持续性质。对某些特定信息的沟通,如问题或关键绩效指标(如实际进度、成本和质量绩效与计划要求的比较结果),可能立即引发修正措施,而对其他信息的沟通则不会。应该仔细评估和控制项目沟通的影响和对影响的反应,以确保在正确的时间把正确的信息传递给正确的受众。

8.4.1 控制沟通的依据

1. 项目管理计划

项目管理计划描述了项目将如何被执行、监督、控制和收尾。它为控制沟通过程提供了有价值的信息,包括(但不限于):①利益相关者的沟通需求;②发布信息的原因;③发布所需信息的时限和频率;④负责发布信息的个人或小组;⑤接收信息的个人或小组。

2. 项目沟通

在控制沟通过程中,需要开展活动,来监督沟通情况,采取相应行动,并向利益相关者通知相关情况。项目沟通可有多种来源,可能在形式、详细程度、正式程度和保密等级上有很大的不同。项目沟通可能包括(但不限于):①可交付成果状态;②进度进展情况;③已发生的成本。

3. 问题日志

问题日志用于记录和监督问题的解决情况。它可用来促进沟通,确保对问题的共同理解。书面日志记录了由谁负责在目标日期前解决某特定问题,这有助于对该问题的监督。应该解决那些妨碍团队实现目标的问题。问题日志中的信息对控制沟通过程十分重要,因为它记录了已经发生的问题,并为后续沟通提供了平台。

4. 工作绩效数据

工作绩效数据是对收集到的信息的组织和总结,并展示与绩效测量基准的比较结果。

5. 组织过程资产

可能影响控制沟通过程的组织过程资产包括(但不限于):①报告模板;②定义沟通的政策、标准和程序;③可用的特定沟通技术;④允许的沟通媒介;⑤记录保存政策;⑥安全要求。

8.4.2 控制沟通的工具与技术

1. 信息管理系统

信息管理系统为项目经理获取、储存和向利益相关者发布有关项目成本、进度和绩效等方面的信息提供了标准工具项目经理可借助软件包来整合来自多个系统的报告,并向项目利益相关者分发报告。例如,可以用报表、电子表格和演示资料的形式分发报告,也可以借助图表把项目绩效信息可视化。

2. 专家判断

项目团队经常依靠专家判断来评估项目沟通的影响、采取行动或进行干预的必要性、应该采取的行动、对这些行动的责任分配,以及行动时间安排。可能需要针对各种技术和/或管理细节使用专家判断。专家判断可以来自拥有特定知识或受过特定培训的小组或个人,例如:①组织中的其他部门;②顾问;③利益相关者,包括客户或发起人;④专业和技术协会;⑤行业团体;⑥主题专家;⑦项目管理办公室(PMO)。之后,项目经理在项目团队的协作下,决定所需要采取的行动,以便确保在正确的时间把正确的信息传递给正确的受众。

3. 会议

在该过程中,需要与项目团队展开讨论和对话,以便确定最合适的方法,用于更新和沟通项目绩效,以及回应各利益相关者对项目信息的请求。这些讨论和对话通常以会议的形式进行。会议可在不同的地点举行,如项目现场或客户现场,可以是面对面的会议或在线会议。项目会议也包括与供应商、卖方和其他项目利益相关者的讨论与对话。

8.4.3 控制沟通的结果

1. 工作绩效信息

工作绩效信息是对收集到的绩效数据的组织和总结。这些绩效数据通常根据利益相关者所要求的详细程度展示项目状况和进展信息。之后,需要向相关的利益相关者传达工作绩效信息。

2. 变更请求

控制沟通过程经常导致需要进行调整、采取行动和开展干预,因此,就会生成变更请求这个输出。变更请求需通过实施整体变更控制过程来处理,并可能导致:①新的或修订的成本估算、活动排序、进度日期、资源需求和风险应对方案分析;②对项目管理计划和文件的调整;③提出纠正措施,以使项目预期的未来绩效重新与项目管理计划保持一致;④提出预防措施,降低未来出现不良项目绩效的可能性。

3. 项目管理计划更新

控制沟通过程可能引起对沟通管理计划及项目管理计划(如利益相关者管理计划和人力资源管理计划)其他组成部分的更新。

4. 项目文件更新

作为控制沟通过程的结果,有些项目文件可能需要更新。需要更新的项目文件可能包括(但不限于):①预测;②绩效报告;③问题日志。

5. 组织过程资产更新

可能需要更新的组织过程资产包括(但不限于)报告格式和经验教训文档。这些文档可成为项目和执行组织历史数据库的一部分,可能包括问题成因、采取特定纠正措施的理由和项目期间的其他经验教训。

【思考与练习】

1. 简述项目沟通管理的含义及作用。
2. 简述项目沟通的类型。
3. 简述形成规范的项目沟通管理计划应该遵循的步骤。

【模拟练习】

1. 从身边的例子中找出一两个项目的例子,谈谈在项目实施过程中沟通管理的重要性,并从失败的例子中分析出在沟通管理上是哪个环节出了问题,应该怎样纠正。
2. 语言在沟通过程中是用得最普遍的方式,因此,在项目沟通管理这样特别的沟通过程中恰当地使用语言是非常关键的,请结合自己的体会谈谈这一点。

【案例讨论】

泰利斯塔尔国际项目

1978年11月15日,能源部授予泰利斯塔尔(公司)一个475 000美元的合同,内容是开发和测试两套废物处理设备。泰利斯塔尔在过去两年中花费了大部分时间,在自己的研究与开发活动中开发废物处理技术。这个新的合同给了泰利斯塔尔一次进入废物处理这个新领域的机会。合同严格按固定的总价签订,任何费用超支都要由泰利斯塔尔承担。最初的报价定为847 000美元,而泰利斯塔尔的管理层想要得到这个项目,因此决定以475 000美元"买进"该项目,这样他们至少可以涉足这个新市场。

到1979年2月15日,项目成本就增加到了提前超支的程度。现在估算的完成成本是943 000美元。项目经理决定停止某些职能部门的一切活动,其中包括结构分析部门。结构分析部门的经理强烈反对在第一套设备的高压气胎控制和电气系统测试之前中止工作任务。

结构经理说:"如果你们中止这项工作任务,那么你们正在冒险。你们怎么知道硬件是否经受得住测试过程中将被强加的压力?毕竟,测试被安排在下个月,我可以保证到那时完成分析。"

项目经理说:"我理解你的担心,但我不能冒险超支,我的上司希望我在成本之内做这项工作。这套设备的设计与我们以前已经测试的那套类似,没有发现任何结构上的问题。据此我认为你们的分析是不必要的。"

结构经理说:"两台设备相似并不意味着它们的性能是完全相同的,可能会有重大的结构缺陷。"

项目经理说:"我认为风险是我的。"

结构经理说:"是的,但我担心项目的失败会影响我们部门的声誉。你知道,我们在按进度计划工作并且符合工期与预算要求。没有正当的理由就砍掉我们的预算资金,你正在造成不良影响。"

项目经理说:"我明白你的担忧,但是当成本超支不可避免时,我们必须全力以赴。"

结构经理说:"我坚持这项分析应该被完成,但是我不打算动用我的经费预算去完成它。明天我将重新安排我的那班人马。顺便说一句,你最好仔细点儿,我的人不太愿意为一个可能被立即取消的项目工作。下次我可能找不到志愿者了。"

项目经理说:"好了,我相信你会很好地处理将来的工作。我将报告我的上司,我已经给你的部门签发了工作停止令。"

在接下来的那个月的测试中,设备爆炸了,分析表明,失败原因是结构缺陷。

问题:

(1)从以上谈话中可以看出,该项目可能采用了何种组织形式?

(2)过失是谁造成的?结构经理和项目经理有没有进行有效的沟通?简述你的理由。

第9章 项目采购管理

【学习目标】
1. 掌握项目采购管理的含义、活动主体、类型及原则;
2. 了解项目规划采购管理的工具和技术;
3. 了解项目采购供应商选择的依据和方法;
4. 掌握项目合同的类型及主要内容;
5. 了解项目合同的履行和违约责任。

9.1 项目采购管理概述

9.1.1 项目采购管理的含义

1. 项目采购管理的含义及主要过程

采购就是从组织系统外部或项目系统外部获得产品或服务的完整的购买过程。这种行为在企业和政府大部分领域都称为"购买"(Procurement or Purchasing),而在信息技术行业,通常使用外购(Outsourcing)这一术语。不论何种术语,其基本过程都是一样的。

美国项目管理协会的 PMBOK 2013 中对项目采购管理的定义是:项目采购管理(Project Procurement Management)是为实现项目范围而从执行组织外部获取货物或服务所需的过程。

项目采购管理需要考虑买卖双方之间的关系,本章主要从买方(项目经理)的角度进行讨论,而卖方是指那些为买方提供产品或服务的厂商或承包商。买卖双方关系可存在项目的许多层次上,在不同的阶段和层次,买方可能被称为委托人、公司、被提供人、甲方或关键项目干系人,而卖方可能被称为合同方、卖方、承包商、分包商、厂商或供应商。

项目采购管理包括规划采购管理、实施采购、控制采购和结束采购四个过程,如图9.1所示。

(1)规划采购管理。规划采购管理是指记录项目采购决策、明确采购方法、识别潜在卖方的过程。

(2)实施采购。实施采购是指获取卖方应答、选择卖方并授予合同的过程。

(3)控制采购。控制采购是指管理采购关系、监督合同执行情况,并根据需要实施变更和采取纠正措施的过程。

(4)结束采购。结束采购是指完结单次项目采购的过程。

2. 项目采购活动的主体

项目采购活动主要涉及四个方面的利益主体,即项目客户、项目实施组织、供应商、项目分包商和专家,他们分别是采购活动中的买主和卖主。

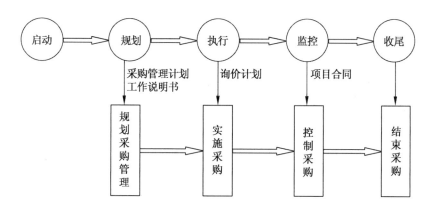

图 9.1 项目采购管理过程

(1) 项目发起人/业主/客户。项目发起人是项目的出资者,业主是项目的所有者,客户是项目的使用者。无论他们自己承担采购工作,还是委托承包商或项目团队进行采购,严格地讲,他们是所采购的各种资源的真正购买者。

(2) 项目实施组织。项目实施组织是指承包商或项目团队,他们是项目业主或客户的代理人和劳务提供者。他们可以受业主或客户委托为其采购商品和劳务(如 BOT 项目中的承包商一般都负责设备和材料的采购),也可以直接作为卖主出售劳务(如 IT 项目中的软件公司向企业用户出售软件)。

(3) 供应商。供应商是为项目提供所需的各种商品和劳务的卖主。他们可以直接将商品和劳务卖给项目发起人/业主/客户,也可以将商品和劳务卖给承包商或项目团队。

(4) 项目分包商和专家。项目分包商和专家是专门从事某方面专业服务的组织或个人。他们可以直接向承包商或项目团队提供服务,也可以为项目业主/客户提供职务。

9.1.2 项目采购的类型

从不同的角度可将项目采购分为不同的类型。常见的项目采购分类方式有以下几种。

1. 按采购的内容划分

(1) 货物采购。货物采购属于有形采购,是指购买项目所得的各项投入物,如机器、设备、建筑材料、办公用品、仪器仪表、能源等。

(2) 土建工程采购。土建工程采购也属于有形采购,是指选择合格的承包商承担项目施工工程及其相关的服务。在建设项目中,土建工程采购占有相当大的比例,如房屋建设工程、机场、地铁、高速公路的修建工程,大型水利项目的土建工程等。

(3) 咨询服务采购。咨询服务采购不同于前两种采购,它属于无形采购。咨询服务采购是指针对项目中的技术、经济、法律、政策等问题,通过有偿方式获得咨询公司或专家咨询服务的过程。咨询服务大致可以分为以下几类:项目投资前期准备工作的咨询服务,如项目可行性研究、项目评估、法律咨询等。主要为项目决策提供依据;工程设计和招标文件的编制;项目管理、项目监理等执行性服务;技术协助和培训项目;项目验收、鉴定和后评价服务;咨询服务的办理程序可参照《世界银行借款人选择和聘用咨询人指南》中的有关规定。

2. 按采购的方式划分

(1)招标采购。招标采购是指由采购方(项目业主或承包商)向社会提出采购的内容和条件,符合条件的供应商在规定的时间、地点,按一定的程序竞争采购合同的采购方式。招标采购又可分为公开竞争性招标和有限竞争性招标。

(2)非招标采购。对于需要紧急采购的,或者采购来源单一的,或者在招标限额以下的采购活动,需要采用非招标的方式采购。非招标采购主要包括询价采购、直接采购和自营工程等。

9.1.3 项目采购的原则

为了能够完成项目采购的目标,为项目提供所需的各种有形的商品和无形的劳务,并合理利用项目的资金,在进行项目采购时,应遵循以下原则。

1. 适时原则

项目采购规划的制定要非常准确。采购活动过早或过迟都会给项目带来不利后果。以货物采购为例,如果采购活动迟于项目资源计划书,则会由于资源供给的不足而导致项目停工,影响进度;反之,如果采购活动相对于项目资源计划书实施得过早,则又会增加货物的库存量,造成资金的积压。因此,在制定项目采购规划时,要参考工期计划、费用计划和项目资源计划书等文件,按照适时原则,对采购活动进行合理的计划和安排。

2. 适价原则

项目所需各种资源的价格在项目成本中占有很大的比重,是构成项目成本的主要因素。较低的采购价格可以降低项目的成本,提高项目的经济性。但采购价格并非越低越好。如果价格过低,供应商(承包商)为了保证其自身的利益,就会偷工减料,有时因价格过低而拖延交货时间,反而给买方造成更大的损失。所以在采购时应当遵循适价原则。

3. 适质原则

采购的各种资源(包括有形的商品和无形的劳务)的质量是决定项目质量的重要因素。劣质的资源会导致低劣的项目质量,给业主带来损失。例如,1998年我国南方发生洪水灾害,一些地区的防洪工程项目由于在建设时偷工减料而达不到质量要求,给国家和人民的生命财产造成了巨大损失。因而质量是采购时需要考虑的一个重要因素。但如果对所采购资源的质量要求过高,又会导致成本上升。所以,应该综合考虑资源的适用性、可取用性和成本,按照适质原则进行采购。

4. 适量原则

采购量过大会造成过高的存货储备,令资金积压,成本上升。采购量过小又会导致采购成本的提高。所以,适当的采购量(即适量)是非常必要的。

5. 竞争原则

为了能够采购到价格合理、品质优良的商品和劳务,必须在完善的市场环境中,通过公平竞争选择合适的供应商。

9.2 规划采购管理

规划采购管理(Plan Procurement Management)主要确定项目的哪些需求可以通过采用组织外部的产品或服务得到更好的满足。它包括:决定是否要采购,如何去采购,采购什么,采购多少,以及何时去采购。

9.2.1 规划采购管理的依据

充分理解为什么想要采购产品和服务,以及规划采购需要哪些输入,这是非常重要的。

1. 事业环境因素

所考虑的事业环境因素应包括市场条件,即从市场获得的产品、服务和成果可以按照何种条件和条款从何处获得。

2. 组织过程资产

组织过程资产可以提供在制定采购管理计划和选择合同类型过程中需要考虑的正式或非正式的与采购相关的政策、程序、指导原则和管理体系。组织政策常常会限制采购决策。这些政策制约因素包括:限制采用简单的采购订单,要求超过一定金额的采购使用正式合同,要求使用特定格式的合同,限制制定自制或外购决策的能力,限制或要求使用特定类型或规模的卖方。

3. 项目范围说明书

项目范围说明书说明项目目前的界限范围。范围说明书应当包括对项目的描述、定义以及详细说明需要采购的商品和劳务类目的参考图表与其他信息,具体包括项目的设计说明书、执行说明书和功能说明书。它为采购规划提供了必须考虑的有关项目需求和策略的重要信息。

4. 工作分解结构

工作分解结构阐明了项目各组件之间及其与项目可交付成果之间的关系。

5. 项目管理计划

项目管理计划提供了项目管理的总体计划,包含相关的从属计划,如范围管理计划、采购管理计划、质量管理计划和合同管理计划。

9.2.2 规划采购管理的工具和技术

规划采购管理的工具和技术包括自制—外购分析、专家判断和合同类型选择。

1. 自制—外购分析

自制—外购分析(male-or-buy analysis)用于决定是在组织内部制造某些产品或进行某种服务,还是从组织外部购买这些产品或服务的一种管理技术。该技术利用平衡点分析法进行决策。

【例9.1】 某项目需要使用商品 A,如果自制,需要购买一台价值 1 万元的专用设备,另外,生产单件商品的变动成本为 20 元;如果购买,当购买量小于 1 500 件时,购价为

28元/件,当购买量大于1 500件时,购价为25元/件。请问项目组织应该选择自制方式还是购买方式获得商品A?

解 根据已知条件,如图9.2所示,有三条成本曲线。即

自制成本曲线 $L_1 : y = 10\ 000 + 20x$;

当购买量小于1 500件时的成本曲线 $L_2 : y = 28x$;

当购买量大于1 500件时的成本曲线 $L_3 : y = 25x$。

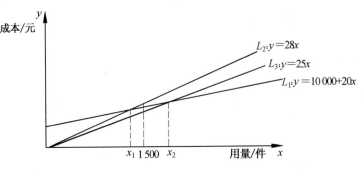

图9.2 平衡点分析图

根据本题的特点宜用平衡点分析法进行决策。

曲线 L_1 与 L_2 交点的横坐标为 x_1,与 L_3 交点的横坐标为 x_2。令 $L_1 = L_2$,$L_1 = L_3$,根据成本曲线函数,可求得

平衡点 $x_1 : 10\ 000 + 20x_1 = 28x_1$,$x_1 = 1\ 250$ 件

平衡点 $x_2 : 10\ 000 + 20x_2 = 25x_2$,$x_2 = 2\ 000$ 件

由平衡点分析,可知

当用量在 0~1 250 件时,外购为宜;

当用量在 1 250~1 500 件时,自制为宜;

当用量在 1 500~2 000 件时,外购为宜;

当用量大于 2 000 件时,自制为宜。

2. 短期租赁或长期租赁分析

租赁是项目获得外部资源(如机器、设备)的一种常用方式。至于进行长期租赁还是短期租赁,通常取决于财务上的考虑。应该根据项目对租赁品的预计使用时间、租金大小求得长期租赁与短期租赁的成本平衡点,进而决定选用哪种租赁方式。

【例9.2】 一个项目需要租用某项设备,如果短期租赁,租金为150元/天;如果长期租赁,租金为50元/天,但必须在开始时交纳固定手续费1 000元。如果项目需要该设备长达20天,请问项目组织应该选择短期租赁还是长期租赁?

解 设 x 为使用该设备的天数,则短期租赁的租金为 $150x$,长期租赁的租金为 $1\ 000 + 50x$。

如果长期租赁和短期租赁的费用相等,则可得

$$150x = 1\ 000 + 50x$$

解得:$x = 10$ 天。

所以,当使用该设备的时间不超过 10 天时,应该选择短期租赁;当使用该设备的时间超过 10 天时,应该选择长期租赁。该项目需要该设备长达 20 天,应该选择长期租赁。

3. 专家判断

采购专家是具有某项专业知识或经过专业训练的团体或个人。咨询公司、行业团队、有发展前景的承包商以及企业内部的其他单位(例如合同部)都可能具备用于采购的专业知识。组织可以聘请专家作为顾问,包括咨询内部专家和外部专家(如潜在的供应商等),或者邀请他们直接参加采购。他们的判断对制定采购决策能提供有益的参考。

4. 经济采购订货模型

如果一个项目所需资源的类型、数量和供应商都已经确定,剩下的问题就是决定采购进货时间 T 和进货批量 Q 了。按照采购管理的目的,需要通过安排合理的进货批量,使存货的总成本最低,这个批量称为经济订货量或经济批量。确定了经济订货量之后,就可以很容易地找出最适宜的进货时间。

货物采购总成本为

$$TC = TC_a + TC_c + TC_s$$

式中,TC_a 为取得成本;TC_c 为存储成本;TC_s 为缺货成本。

而

$$TC_a = F_1 + \frac{D}{Q}K + DU$$

$$TC_c = F_2 + K_c \frac{Q}{2}$$

式中,F_1 为采购固定成本(采购机构的基本开支),与订货次数无关;D 为商品年需要量;Q 为每次进货批量;K 为每次采购变动成本(差旅费、邮资等);U 为产品进货单价;F_2 为存储固定成本(包括折旧、仓库职工工资等);K_c 为单位产品存储成本。

由此可得

$$TC = F_1 + \frac{D}{Q}K + DU + F_2 + K_c \frac{Q}{2} + TC_s$$

在项目采购管理中,可以根据需要,灵活选用合同类型。

9.2.3 规划采购管理的结果

规划采购管理的主要输出为采购管理计划和工作说明书。

1. 采购管理计划

采购管理计划描述如何管理剩余的采购管理过程(从询价计划编制到合同收尾)。

项目采购管理计划是项目总体计划的分项。根据项目需要,可以是正式的或非正式的,详细的或简要的。项目采购管理计划要素见表 9.1。

2. 工作说明书

很多合同都包括工作说明书,而且应当清楚、简洁、完整,它应描述所要求的全部服务,而且包括绩效报告。图 9.3 为一份工作说明书(Statement of Work,SOW),它是对采购所需完成的工作的描述。

表 9.1　项目采购管理计划要素

文档要素		描　　述
采购职权		描述项目经理的决策权和所受到的限制,至少包括预算、签字的权限、合同变更、技术监督
角色和职责		项目经理:定义项目经理和他的团队的责任
		采购部门:描述采购与合同代表和部门的责任
标准采购文件		列出所有标准采购表格、文件、政策和与采购相关的程序
合同类型		识别合同类型、激励或奖金,以及这些费用的标准
担保和保险需求		定义投标方必须满足的担保和保险需求
选择标准		权重标准识别,选择标准和相应的权重
采购假设条件和制约因素		识别和记录与采购过程有关的假设条件和制约因素
整合需求	WBS	定义合同方的 WBS 如何与项目 WBS 整合
	进度	定义合同方的进度计划如何与项目进度计划整合,包括里程碑和时间提前量等内容
	文档	明确来自合同方所有的文件以及这些文件如何与项目文档整合
	风险	定义风险的识别、分析和跟踪如何与项目风险管理整合
	绩效报告	定义合同方的绩效报告如何与项目状态报告整合,包括范围、进度和成本状态报告
绩效测量指标		记录所有用于评估供货方在合同上的绩效的测量指标,包括成本、进度和质量指标

工作说明书的主要内容

1. 工作范围:详细描述所要完成的工作。详细说明所用的硬件和软件以及工作的确切性质。
2. 工作地点:详细描述工作进行的具体地点。详细说明硬件和软件所在的地方,以及员工必须在哪里工作。
3. 执行期限:详细说明工作预计何时开始、何时结束、工作时间、每周收费的工作时间、工作必须在哪里完成,以及相关进度的信息。
4. 可交付成果时间表:列出具体的可交付成果,详细地描述它们,并详细说明他们何时能到位。
5. 适用标准:详细说明与执行该工作有关的任何特定公司或特定行业的标准。
6. 验收标准:详细描述买方组织如何确定工作是否能被接受。
7. 特殊要求:详细说明任何特殊要求,比如硬件、软件产品的质量保证书、人员最低学历或工作经验、差旅费要求等。

图 9.3　SOW 的主要内容

9.3　实施采购

9.3.1　项目询价计划编制

项目询价计划编制包括拟订询价所需产品的相关文件,称为采购单证文件及确定合同签订的评判标准。

1. 采购单证文件

项目采购文件用于向可能的供应商征集建议书。最常见的两种询价文件是邀请提交建议书(Request for Proposal,RFP)和报价邀请书(Request for Quotation,RFQ)。

RFP 是一种用于征求潜在卖方建议书的文件,通常用于复杂、非标准的高价值商品。接下来的工作包括进一步澄清与谈判。在招投标概念中,RFP 很大程度上可以等同于招标文件,而建议书则相当于标书。撰写一份好的 RFP 是项目采购管理的关键工作之一。为获得一份好的建议书,买方应该为卖方着想,确保在 RFP 中包括了所需的足够信息。图9.4 是一个信息技术系统 RFP 的基本框架。

```
1. RFP 的目的
2. 组织背景
3. 基本要求
4. 硬件与软件环境
5. RFP 过程的具体描述
6. 工作说明书和工作进度信息
7. 可能的附录
    a. 当前系统概览
    b. 系统要求
    c. 规模与大小数据
    d. 承包商答复 RFP 的要求内容
    e. 合同样本
```

图9.4　信息技术系统 RFP 的基本框架

RFQ 是一种依据价格选择供应商时用于征求潜在卖方报价或投标的文件。RFQ 通常用于寻找常规项目最合适的价格,一般不需谈判,越低的报价越容易获胜。RFQ 的准备时间不像 RFP 那么长,对方可以不做反应。

除了上述两个文件外,还有投标邀请函(Invitation for Bid)、谈判邀请函(Invitation for Negotiation)等。这些文件都应该足够严格,以保证能获得一致的、可比较的反馈,而且有足够的灵活性,以便能评判出卖方提供的满足买方要求的最佳方案。

2. 评价标准

为了公正客观地评价供应商提交的建议书,项目组织往往需要在发出正式采购单证文件之前准备一些评价标准,用于给建议书评级或打分。这些评价标准需要考虑到卖方对需求的理解、卖方的历史绩效、卖方是否拥有确保项目成功的技术水平和管理程序、卖方的成本是否最低且合理、卖方是否拥有所需的资金等,标准定得要具体明确、客观公正,如果落选的投标方认为买方没有执行公平合理、标准一致的评价程序,那么它就可以追究买方的法律责任。买方过去的经营绩效是项目组织(买方)在评价投标方时考虑的一个非常关键的因素,一般来说,为了降低选择记录不良卖方的风险,在撰写 RFP 时应当要求投标者列出他们曾做过的其他类似项目,并附上这些项目的客户,这样买方就可以通过了解卖方历史绩效记录及其客户的意见来对卖方做进一步的了解,同时也要求卖方向买方展示他们对买方需求的了解,展示他们的技术水平和资金实力、他们的项目管理方法以及他们交付的所需求产品和服务价格。

9.3.2 项目询价

询价就是买方从潜在的卖方获得建议书或标书的整个过程,包括获得报价、标书、出价及合适的建议书或标书。该过程通常包括采购文件的最后形成、广告、投标会的召开以及获得工作建议书或标书。

询价的依据是采购单证文件与合格卖方名单。作为买方一般需付出很大的努力通过各种可能的渠道来获得有关卖方相关经验和其他特点的信息,从而拥有一组合格卖方信息名单,这样就有利于将采购单证文件发送给全部或一部分或个别的潜在合格卖方。

询价采用的常用方法有广告和投标者会议。项目组织可以通过多种途径为采购产品和服务做广告,从而使现有的潜在卖方信息名单得到扩充,这意味着买方将会从更多符合条件的卖方收到提供产品和服务的标书,形成一种更为激烈的竞争性环境,采用这种竞标战略的结果就是买方以更低的价格获得更好的产品和服务。投标者会议,也被称为供应商大会,就是在提出建议前召集潜在供应商召开的会议,投标者会议有助于确保所有潜在卖方对采购的技术要求,合同要求等有一个清晰、共同的理解,买方会把会前、会中、会后卖方对问题的反映作为修正条款综合到采购单证文件里去。

询价的结果就是最终由卖方准备的建议书,在建议书中说明卖方提供所需产品的能力和意愿。建议书应该同买方发送的采购单证文件一致。

9.3.3 项目供方选择

供应商选择包括建议书或标书的接收以及使用评价标准公正客观地评价建议书,从而在潜在的供应商中选择一个技术合适、报价合理、服务优惠、质量和进度都有保证的最佳投标者并进行合同谈判及合同签订。这是一个很费时、很繁琐的过程,所有项目干系人均应参加。

1. 供应商选择的依据

供应商选择的依据是建议书(标书)、评估标准和组织政策。

建议书可分为成本部分、管理部分和技术部分。买方应组织成本控制小组、管理小组及技术小组对建议书中的相应部分进行独立评估。

价格可能是供应商选择的主要决定因素,然而单以报价定标会导致许多风险和后患,影响项目的顺利实施,因此在进行供应商选择中需要选出报价既低又合理的供应商。利用评估标准给建议书评级或打分,这是进行供应商选择的一项非常重要的内容,在具体操作时项目组织常常会给每一项标准加上一定的权重,来表示该项标准的重要程度。如将供应商技术手段的权重定为30%,将管理方法的权重定为30%,将历史绩效的权重定为20%,将价格的权重定为20%。并以此制订一个简短的建议书评价表,从而产生排位靠前的几名供应商,以减少供方选择过程的工作量。项目组织在得出可能的供应商名单后,还要进行更细致的建议书评价过程,如具体评价每一位供应商的项目管理能力,评价标准包括供应商项目经理的教育背景和工作经验、PMP 认证、组织的项目管理方法介绍。每一项标准都有一定的分值,进行评价的项目干系人对每一个供应商的每一项标准打分,得出每位供应商的总分值,同理,对各供应商进行选择的其他标准也可以进行类似的打分,最后进行加权求和,获得最高分的供应商应当得到签订合同的权利,具体内容见表9.2。

表 9.2　项目供方选择标准

文档要素		描　述
标　准	1	描述对于标准而言，1 意味着什么，以经验为例，它可以意味着投标方以前没有经验
	2	描述对于标准而言，2 意味着什么，以经验为例，它可以意味着投标方曾经做过 1 项类似的工作
	3	描述对于标准而言，3 意味着什么，以经验为例，它可以意味着投标方曾经做过 3~5 项类似的工作
	4	描述对于标准而言，4 意味着什么，以经验为例，它可以意味着投标方曾经做过 5~10 项类似的工作
	5	描述对于标准而言，4 意味着什么，以经验为例，它可以意味着这种工作是投标方的核心能力
权　重		对每个标准输入权重，所有标准的权重之和必须等于 100%
候选人等级		输入每个标准的等级
候选人得分		权重乘以等级
总　分		每个候选人的分数之和

根据惯例，合同谈判在供方选择过程中进行，包括对合同结构和要求的澄清及协议过程。在合同谈判中，经常会要求入选到名单的供方准备一份最终的报价。合同谈判一般由专业人员协同律师进行。

2. 供应商选择的工具和方法

常用的供应商选择的工具和方法有合同磋商、加权分析法和独立评估法，这些方法可以单独使用也可以合并使用。

（1）合同磋商。合同签订前的步骤，包括对合同结构和要求的澄清及最终一致意见的达成。合同的内容涵盖责任和权利，适用的条款和法律、技术及商业管理方案等。

（2）加权分析法。为减小供应商选择中的人为偏见影响而对供应商的定性数据所做的定量分析方法。具体做法是：给每一评估标准设定权重，按每一标准为供应商打分，加权求和得到一个总分数。

（3）独立评估法。常被称为应该成本估计。对很多采购项目，采购组织要自己评估价格。如果评估结果与供应商的报价有明显的差别，则可能意味着卖方对采购单证文件有误解或者没有能够完整地答复采购单证文件。

3. 供应商选择的结果

在通过供应商选择程序选择出最佳供应商后，下一步的工作就是进行合同谈判。供方选择的最终结果就是一份规定了卖方有提供特定产品或服务的义务以及买方有到期付款义务的合同。对于由谁代表组织签订合同，大多数组织都有成文的政策和程序。

9.4　控制采购——项目合同管理

9.4.1　项目合同概述

合同是平等主体的自然人、法人、其他经济组织（包括中国的和外国的）之间建立、变更、终止民事法律关系的协议。在人们的社会生活中,合同是普遍存在的。没有合同,整个社会的生产和生活就不可能有效和正常地进行。

项目合同是项目买卖双方为了实现项目特定目的而签订的确定相互之间权利和义务关系的协议。双方签订合同之后,项目采购管理便进入合同管理阶段。项目合同管理是确保供应商或承包商兑现合同要求、提供合格的商品与劳务的过程。

合同管理作为项目管理的核心,不仅是全面控制工程实施全过程的依据,还是保证业主目标和项目目标最终实现的工具。以 BJ 地铁 1、2 号线更新改造项目为例,在地铁改造项目中,业主通过建立和运行有效的合同管理体系(图 9.5),对协调工程众多利益相关者之间有效合作、保证地铁改造项目的顺利实施发挥了关键作用。

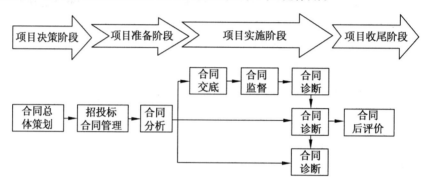

图 9.5　地铁改造项目合同管理过程

9.4.2　项目合同类型

项目合同按项目的规模、复杂程度、项目承包方式及范围的不同可分为不同的类型。

1. 按签约各方的关系分类

(1) 项目总承包合同。指项目公司与施工承包人之间签订的合同,其范围包括项目执行的全过程。

(2) 项目分包合同。指总承包商可将中标项目的一部分内容包给分包商,由此在总承包商与分承包商之间签订的合同。一般不允许将项目的全部内容分包出去,对于允许分包的内容,在合同条件中应有规定,在签订分包合同后,总承包商仍应全部履行与项目组织签订的合同中所规定的责任和义务。

(3) 转包合同。指在承包商之间签订,是一种承包权的转让。在合同中明确原承包商与项目组织签订的合同所规定的权利、义务和风险由另一承包商来承担,而原承包商则在转包合同中获取一定的报酬。

(4) 融资合同。指项目公司与银行、金融机构等进行的资金借贷运行的合同。内容包括借贷额度、利息、抵押、担保和时间等,明确双方的责任和义务,确保项目资金供应的安全性。

(5) 营运合同。指项目公司与营运商之间签订的合同,内容包括项目交付后对项目营运活动的要求。

(6) 劳务分包合同。即包工不包料合同或包清工合同。分包商在合同实施过程中,不承担材料涨价的风险。

(7)劳务合同。指施工承包人或分承包商雇佣劳务所签订的合同。提供劳务一方不承担任何风险,但也难获得较大的利润。

(8)联合承包合同。指两个或两个以上合作单位之间,以承包人的名义,为共同承担项目的全部工作而签订的合同。

(9)采购合同。指项目组织为从组织外部获得产品或服务而与供应商签订的合同。

2. 按费用支付方式分类

费用支付方式合同类型按不同的要求有三种:固定价格合同或固定总价合同、成本补偿合同和单价合同。不管哪一种类型的合同,都必须符合有关合同法与其他法律的规定。

(1)固定价格合同或固定总价合同。固定价格合同或固定总价合同(Firm Fixed Price or Lump Sum)是对一个明确定义的产品或服务采用一个固定的总价格。在这种情况下,买方承担的风险很小,而卖方风险最大。当采购的标的物比较清晰时,往往采用这种形式的合同。但是,如果该产品没有明确定义,买方和卖方可能都面临一定的风险:买方可能得不到想要的产品,卖方为了提供产品可能花费额外的成本。固定价格合同有时包括对达到或超过既定项目目标的奖励,见表9.3。

表9.3 固定总价加奖励费合同举例

	合 同	实 际		备 注
		第一种情况	第二种情况	
目标成本	100万元	80万元	130万元	最高价是买方能够支付的最大金额。在第一种情况下,卖方获得目标利润10万元和奖励6万元;在第二种情况下,卖方承受负利润10万元
目标利润	10万元	10万元	0	
分担比率	70:30	6万元	0	
最高价	120万元	—	120万元	
总 价	—	96万元	120万元	
利 润	—	16万元	-10万元	

(2)成本补偿合同。成本补偿合同(Cost Reimbursable)是指买方按实际成本(通常分为直接成本和间接成本)向卖方支付费用。直接成本是指为项目直接收益发生的成本(例如项目全体人员的工资)。间接成本也称管理成本,是由项目执行组织分报到该项目的业务成本(例如公司工作人员的工资),通常按占直接成本的百分比计算。成本补偿合同通常还包括对达到或超过既定的项目目标的奖励。根据奖励情况的不同,成本补偿合同还可以分为成本加成本百分比合同(Cost Plus Percentage of Cost,CPPC)、成本加固定费用合同(Cost Plus Fixed Fee,CPFF)、成本加奖励合同(Cost Plus Incentive Fee,CPIF)。

①成本加成本百分比合同(CPPC):补偿生产/服务的成本,再加上事先规定的成本百分比作为利润(表9.4)。在这种合同方式中,合同总价随实际成本的增加而增加,显然对买方不利,而卖方的风险是很低的。这种合同在实际工作中很少采用。

表 9.4　成本加成本百分比合同举例

	合　　同	实　　际	备　　注
估计成本	100 万元	110 万元	假定事先规定的费用是实际成本的 10%
费用(10%)	10 万元	11 万元	
总　价	110 万元(估计价)	121 万元(实际价)	

②成本加固定费用合同(CPFF)：这是成本补偿合同中最常见的形式。不论实际成本如何,费用总是固定的(表 9.5)。这种合同方式虽然不能督促卖方降低成本,但可以鼓励卖方缩短工期,以尽早获得酬金。

表 9.5　成本加固定费用合同举例

	合　　同	实　　际	备　　注
估计成本	100 万元	110 万元	费用是以估计成本的 10% 为基础的固定费
费用(10%)	10 万元	10 万元(实际费)	
总　价	110 万元(估计价)	120 万元(实际价)	

③成本加奖励合同(CPIF)：买方支付所有成本以及事先规定的功用加奖励(表 9.6)。

表 9.6　成本加奖励合同举例

	合　同	实　际		备　　注
		第一种情况	第二种情况	
估计成本	100 万元	80 万元	120 万元	费用是以估计成本的 10% 为基础的固定费。奖励以估计值为基础,在第一种情况下奖励是节省费用 20 万元的 30%；在第二种情况下,卖方分担超出费用 20 万元的 30%
费用(10%)	10 万元	10 万元	10 万元	
分担比率	85∶15	3 万元	-3 万元	
总　价	—	93 万元	127 万元	

(3) 单价合同。单价合同(Unit Price)要求买方向卖方按预设的单价支付一定金额,合同总价就是完成该项工作所需工作量的函数。这类合同可以是外购服务,如根据咨询人员每天的费用,然后按实际签证的咨询人员服务天数按月付款；也可以是外购物品的,如外购 PC 机可预先约定一个批量折扣价,然后按实际购买的数量享受其优惠。

图 9.6 比较了不同合同方式对卖方和卖方所带来的不同风险。

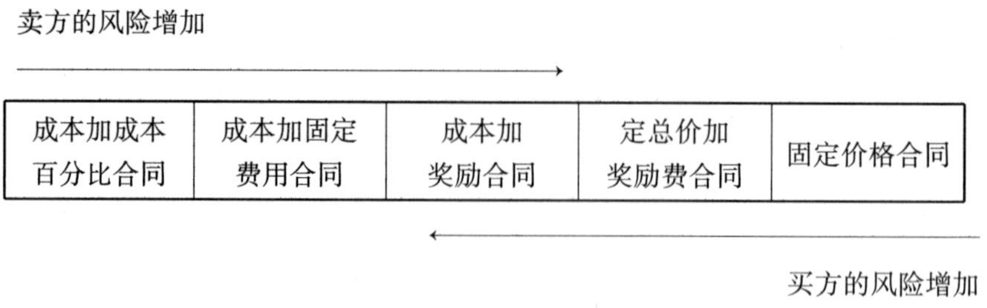

卖方的风险增加 →

成本加成本百分比合同	成本加固定费用合同	成本加奖励合同	定总价加奖励费合同	固定价格合同

← 买方的风险增加

图 9.6　合同类型与相应的风险

3. 按合同范围大小

（1）一体化合同。这一类合同要求承包商递交一份项目最终结果的文件，依据这一文件及买方对文件的认可，合同被执行并完成，最后由买方给卖方支付合同价款。买方希望由具有综合产品或服务提供能力的大型承包商统包项目，这样可以依靠总承包商的综合管理优势，使项目的实施纳入统一的项目管理系统，有效防止松散管理状态。

（2）技术服务合同。当买方需要从卖方引进其拥有的某种专有技术或先进生产手段时，往往采用这种合同方式。卖方负责提供技术服务，并对其技术水平、使用效果负责。在项目实施过程中，卖方要对新技术的应用给予培训和指导。

（3）咨询服务合同。买方针对项目在技术和管理等方面存在的问题而需要聘请相关专家做咨询顾问时，往往采用这种合同方式。这种合同借助国内外有关专家的智力、技术、管理等方面的优势，由他们负责为项目的技术或管理提供咨询、建议或指导，或对项目经理及其团队成员进行培训。

（4）分期式合同。要求承包商递交项目的阶段或部分结果的文件，而不是项目的最终结果。当最终合同约定的产品或服务的提交得以完成，承包商便不再承担其他义务。

9.4.3　项目合同的订立

合同的签订过程也就是合同的形成过程、合同的协商过程。合同订立应遵循以下原则，即不能违反法律的原则，由合格的法人在协商基础上达成协议原则，公平合理、等价交换原则、诚信原则等。

订立合同的具体方式多种多样，有的是通过口头或者书面往来协商谈判，有的是采取拍卖、招标投标等方式。但不管采取什么具体方式，都必然经过两个步骤，即要约和承诺。合同法规定，当事人订立合同，采取要约、承诺方式。

1. 项目要约

项目要约在项目活动中又称为发盘、出盘、发价、出价、报价等。

项目要约是当事人一方向另一方提出订立合同的愿望。提出订立合同建议的当事人被称为"要约人"，接受要约的一方则称为"受要约人"。要约的内容必须具体明确，表明只要接受要约人承诺，要约人即接受要约的法律约束力。

2. 项目承诺

项目承诺即接受项目要约，是项目受要约人同意要约的意思表示。项目承诺也是一种法律行为，"要约"一经"承诺"，就被认为当事人双方已协商一致，达成协议，合同即告成立。承诺有两个条件：项目承诺人要按照项目要约所指定的方式，无条件地完全同意要约（或新要约）的内容，如果受要约人对要约的内容做了实质性变更，则要约失效；项目承诺应在项目要约规定的期限内到达项目要约人，并符合要约所规定的其他各种要求。

承诺生效的地点为合同成立的地点。如果当事人以合同书的形式签订合同，则双方当事人签字或盖章的地点为合同成立的地点。

9.4.4　项目合同的效力

项目合同效力是指合同所具有的法律约束力法律保护。只有有效的合同才受到法律保护。

项目合同生效,即项目合同发生法律约束力。合同生效后,业主和承包商须按约定履行合同,以实现其追求的法律后果。

合同法规定,依法成立的合同,自成立时生效。但是,也有以下两种特殊的情况:

按照法律或行政法规规定,有些合同应当在办理批准、登记等手续后生效。例如担保法规定,以土地使用权、城市房地产等抵押的,应当办理抵押物登记,抵押合同自登记之日起生效。

当事人对合同效力可以约定附条件或者附期限,那么自然条件成立或期限截止时生效。

9.4.5 项目合同的履行与违约责任

1. 项目合同的履行

项目合同的履行是指合同生效后,当事人双方按照合同约定的标的、数量、质量、价款、履行期限、履行地点和履行方式等完成各自应承担的全部义务的行为。严格履行合同是双方当事人的义务,因此,合同当事人必须共同按计划履行合同,实现合同所要达到的各类预定的目标。

项目合同的履行有实际履行和适当履行两种。

(1) 项目合同的实际履行。即要求按照合同规定的标的来履行。实际履行,已经成为我国合同法规的一个基本原则。采用该原则对项目合同的履行具有十分重大的意义。由于项目合同的标的物大都为指定物,因此不得以支付违约金或赔偿损失来免除一方当事人继续履行合同规定的义务。如果允许合同当事人的一方可用货币代偿合同中规定的义务,那么合同当事人的另一方可能在经济上蒙受更大的损失或无法计算的间接损失。此外,即使当事人一方在经济上损失得到一部分补偿,但是对于预定的项目目标或任务,甚至国家计划的完成,某些涉及国计民生、社会公益项目不能得到实现,实际上会有更大的损失。所以,实际履行的正确含义只能是按照项目合同规定的标的履行。当然,在贯彻以上原则时,还应从实际出发。在某些情况下,过于强调实际履行,不仅在客观上不可能,而且会给对方和社会利益造成更大的损失。这样,应当允许用支付违约金和赔偿损失的办法,代替合同的履行。

(2) 项目合同的适当履行。即当事人按照法律和项目合同规定的标的按质、按量地履行。义务人不得以次充好,以假乱真,否则,权利人有权拒绝接受。所以在签订合同时,必须对标的物的规格、数量、质量做具体规定,以便按规定履行义务,权利人按规定验收。

2. 违约责任的确定

违约责任的确定也是合同管理程序中非常重要的一部分。若合同当事人中的某一方没有按照合同规定中的内容履行自己的责任和义务,按合同法中规定必须承担相应的违约责任。具体规定如下:当一方当事人不履行合同时,另一方当事人有权请求他方履行合同。对于不履行合同的行为,法律只要求行为人对其故意和过失行为造成不履行合同负赔偿责任;而对于无法预知或防止的事故(如不可抗力)致使合同不能履行的,则不能要求合同当事人承担责任。对违约惩罚的方式主要有以下几种:①违约金;②罚款;③终止合同;④重新招标;⑤取消承包资格。

9.4.6 项目合同的变更、解除与终止

1. 项目合同的变更

项目合同的变更通常是指由于一定的法律事实而改变合同的内容和标的的法律行为。当项目工作内容有增减、项目实施条件有变化时,就会引发项目合同的内容或范围的变更;当事人双方协商一致,就可以变更合同。合同变更应符合合同签订的原则和程序。大部分项目均涉及变更,而这些变更必须根据合同的条款适当地加以控制,这是项目管理过程的一个重要部分。

2. 项目合同的解除

项目合同的解除是指消灭既存的合同效力的法律行为,即消灭原合同关系,不再建立新的法律关系。对于合同的解除,合同当事人必须协调一致。项目合同解除需要有相应的条件。一般发生下列情况之一,就可解除项目合同。

(1) 由于不可抗力致使项目合同的全部义务不能履行。

(2) 当事人双方经协商同意,且不会损害国家利益和社会公共利益。

(3) 由于合同一方在合同约定的期限内没有履行合同,且在被允许推迟履行的合同期限内仍未履行。

(4) 由于一方违约,以致严重影响订立项目合同时所期望实现的目标或致使项目合同的履行成为不必要。

(5) 项目合同约定的解除合同的条件已经出现。

项目合同的解除与变更属于两种法律行为,但也有共同之处,即都是经合同当事人双方协商一致,改变原合同法律关系。所不同的是,后者产生新的法律关系,前者只是消灭原合同关系,并不再产生新的法律关系。

3. 项目合同的终止

当事人双方依照项目合同的规定,履行其全部义务后,项目合同即行终止。项目合同签订以后,是不允许随意终止的。根据我国的现行法律和有关司法实践,项目合同的法律关系可因下列原因而终止。

(1) 合同因履行而终止。合同的履行就意味着合同规定的义务已经完成,权利已经实现,因而合同的法律关系自行消灭。所以,履行是实现合同、终止合同的法律关系的最基本方式,也是合同终止的最通常原因。

(2) 合同因当事人双方混同为一人而终止。法律上对权利人和义务人合为一人的现象,称为混同。既然发生合同当事人混同为一人的情况,那么原有的合同已无履行的必要,因而自行终止。

(3) 合同因不可抗力的原因而终止。不是由于当事人的过错而是由于不可抗力的原因致使合同义务不能履行的,应当终止合同。

(4) 合同因当事人协商同意而终止。当事人双方通过协议解除或者免除义务人的义务,也是合同终止的方式之一。

(5) 仲裁机构裁决或者法院判决终止合同。

但是如果发现以下的情况,则合同的法律关系可以终止:①因当事人已履行合同规定的全部义务而自行终止合同;②当事人双方混同为一人,使原有的合同已无履行的必要,

因而自行终止合同;③因不可抗力致使合同义务不能履行而终止合同;④因当事人双方协商同意而终止合同;⑤仲裁机构裁决或者法院判决终止合同。

9.4.7 项目合同纠纷的处理

合同纠纷通常表现为合同当事人双方对合同规定的义务和权利理解不一致,或是合同当事人一方故意不按合同约定履约,或是由于其他原因,最终导致对合同的履行或不履行的后果和责任分担产生争议。项目合同纠纷的处理通常有以下四个途径:

1. 协商

当事人双方在自愿、互谅的基础上,通过双方谈判达成解决纠纷的协议。这是解决合同争执的最好办法,具有简单易行、不伤和气的优点。

2. 调解

在第三方(如上级主管部门、合同管理机关等)的参与下,以事实、合同条款和法律为依据,通过对当事人的说服,使合同当事人双方自愿、平等、合理地达成纠纷解决协议。如果双方经调解后达成协议,由合同双方和调解人共同签订调解协议书。调解可以在交付仲裁和诉讼前进行,也可以在仲裁和诉讼中进行。调解成功后,即可不再求助于仲裁和诉讼。

3. 仲裁

对于通过友好协商与调解不能有效解决的纠纷可求助于仲裁和诉讼来解决。仲裁是由仲裁委员会对合同纠纷进行裁决。我国实行一裁终局制,在裁决做出后,合同当事人若不能达成纠纷解决协议,则不再裁决。双方必须在规定的期限内履行仲裁机构的裁决,若一方不履行,另一方可以申请法院强制执行。

4. 诉讼

指司法机关和项目合同当事人在其他诉讼参与人的陪同下,为解决合同争议或纠纷依法定诉讼程序所进行的全部活动。项目合同中的诉讼一般分为民事诉讼和经济诉讼,由各级法院的经济审判庭受理提起的诉讼并判决。

9.5 结束采购——项目合同收尾

项目采购管理的最后一个过程是合同收尾。合同收尾时对项目合同约定的产品或服务进行审核,以验证所有工作是否较正确地实现合同预期目标的完成,一旦合同买卖双方依据合同的规定履行其全部义务,合同便可以终止。除了产品核实以外,合同收尾阶段的活动还包括管理收尾。合同收尾的输入是有关合同文件资料,输出包括合同文件、正式验收和收尾。这一阶段所用的主要方法是采购审计。

项目采购审计是项目审计的一部分,是从采购计划到合同管理的采购过程的一种结构化审查。项目采购审计的目标是确认成功或失败,以确保向本工程其他采购项目的转移或向项目执行组织内的其他项目的转移。

【思考与练习】

1. 什么是项目采购管理?常用的项目采购方式有哪些?

2. 描述项目采购管理的主要过程,项目采购需要做的准备工作有哪些?
3. 说明供应商选择的依据、方法及结果。
4. 项目采购应遵循的原则有哪些?

【模拟练习】

1. 试举例说明如何用自制或外购分析进行采购规划。
2. 找一个项目采购合同的例子,分析该合同的关键特征,审查该合同的措辞和条款,列出你认为该合同存在的问题,并设法找到答案。
3. 简述不同类型的合同和各种合同存在的风险。假设你是一个独立的信息技术咨询师,你提供服务时喜欢采用哪种类型的合同?为什么?

【案例讨论】

某工程项目采购纠纷案

某市食品公司因建造一栋大楼急需水泥,其基建处遂向本省的清峰水泥厂、新华水泥厂及原告建设水泥厂发出函电。函电中称:"我公司急需标号为150型号的水泥100吨,如贵厂有货,请速来函电,我公司愿派人前往购买。"三家水泥厂在收到函电后,都先后向食品公司回复了函电,在函电中告知各有现货,注明了水泥价格。而建设水泥厂在发出函电的同时,派车给食品公司送去了50吨水泥。在该批水泥送达之前,食品公司得知新华水泥厂所产的水泥质量较好,且价格合理,于是向新华水泥厂发去函电:"我公司愿购买贵厂100吨150型号水泥,盼速发货,运费由我公司自担。"在发出函电后的第二天上午,新华水泥厂发函称已准备发货。下午,建设水泥厂将50吨水泥送到,食品公司告之已决定购买新华水泥厂的水泥,因此不能接受建设水泥厂送来的水泥。建设水泥厂认为食品公司拒收货物构成违约,双方协商不成,建设水泥厂遂向法院起诉。

问题:
(1) 建设水泥厂与食品公司之间的买卖合同是否成立?
(2) 食品公司有无义务接受建设水泥厂发来的货物?
(3) 本案中建设水泥厂的损失应由谁承担?

第 10 章　项目质量管理

【学习目标】

1. 掌握项目质量及项目质量管理的含义；
2. 掌握项目质量管理的主要内容；
3. 掌握规划质量管理的主要工具和方法；
4. 了解实施质量保证的依据、工具及结果；
5. 了解质量保证与质量控制的区别；
6. 掌握实施质量控制的过程、工具及结果。

10.1　项目质量管理概述

10.1.1　质量与项目质量

1. 质量的含义

在了解什么是项目质量管理之前，应先弄清楚"质量"的含义。

国际标准化组织（International Standard Organization, ISO）在其《质量管理与质量保障术语》中提出："质量是反映客体（产品、过程或活动等）能够满足主体明确和隐含需要的能力的特性总和。"为进一步理解质量的含义，需要明确以下相关概念。

（1）"主体"和"客体"。"主体"就是指客户。"客体"又称为"实体"，是指承载质量属性的具体事物，主要包括三种：一是能够为客户提供各种享用功能的有形产品。其质量主要指产品能满足客户使用要求所具备的功能和特征，一般包括产品的性能、寿命、可靠性、安全性、经济性、外观等特性。二是为客户带来某种享受的过程或服务。其质量主要指服务能满足客户期望的程度，因为服务质量取决于客户对于服务的期望与客户对服务的实际体验二者的匹配程度。三是在生产产品或提供服务中所展开的活动或工作。其质量一般是由工作的结果来衡量的，工作的结果既可以是工作所形成的产品，也可以是通过工作而提供的服务，所以工作质量也可以用产品或服务质量来量度。反过来说，实际上是工作质量决定了工作产出物即产品和服务的质量，因此，质量管理基础就是对于工作质量的管理。

（2）"明确需要"。"明确需要"一般是指在标准、规范、图样、技术要求或其他相关的文件（如合同）中明确标示的需要。

（3）"隐含需要"。"隐含需要"一般是指被人们公认的、不言而喻的、不必明确的需要，如空调必须具备制冷和低噪声的基本功能。这类需要通常是通过市场调查或用户调查来加以识别和确定的。

(4)"特性"是指客体特有的性质,它反映客体满足主体需要的能力。主要包括:内在质量特性,主要指在产品的持续使用中体现出来的产品的性能、强度、精度等方面的质量特性。外在质量特性,主要指产品外在表现方面的特性,比如产品外形、包装、装潢、色泽、味道等方面的特性。经济质量特性,主要指与产品的购买和使用成本相关的特性,比如产品的寿命、成本、价格、运营维护费用等方面的特性。商业质量特性,主要指与产品生产企业承担的商业责任有关的特性,比如产品的保质期、保修期、售后服务水平等方面的特性。环保质量特性,主要指与产品对环境的影响有关的特性,比如产品对于环境保护的贡献或对于环境的污染等方面的特性。

2. 项目质量的含义

项目质量是指项目的可交付成果能够满足客户需求的程度。项目质量表现在两个方面:一是项目产品质量;二是项目工作质量。如果未能满足两个方面中的任何一个,均会对项目产品、部分或全部项目干系人造成消极后果,项目质量的"明确需求和隐含需要"在项目需求分析中输入,项目范围管理计划的一个重要方面是把隐含需要转变为明确需求,不能明确的需求会给质量管理带来风险。项目质量的实现是管理者的职责,要求参与项目组织的各级人员都对质量做出承诺,并要对各自相应过程和产品负责。

10.1.2 项目质量管理的含义及过程

1. 项目质量管理的含义

国际标准化组织(International Standard Organization,ISO)在其《质量管理与质量保障术语》中提出:"质量管理是确定质量方针、目标和职责,并在质量体系中通过诸如质量策划、质量控制和质量改进,使质量得以实现的全部活动。"从这个定义可以看出,质量管理是一项具有广泛含义的企业管理活动。项目质量管理是指为了保证项目的可交付成果能够满足客户的需求,围绕项目的质量而进行的计划、协调和控制等活动。它包括如下几方面的内容:

(1)项目质量管理贯穿从企业质量方针政策的制定到用户对项目产品质量的最终检验的全过程,它是专门针对保障和提高项目质量而进行的管理活动。

(2)项目质量管理需要所有项目干系人的共同努力,它包括三个方面:一是项目客户、项目所属的公司和项目经理等关于质量目标、方针和职责的制定。二是项目管理人员根据上面所制定的质量目标、方针,制订项目质量计划。三是项目团队关于项目质量计划的具体实施方案。

(3)项目质量管理不仅包括项目产品的质量管理,而且包括制造项目产品过程中工作质量的管理,因为项目最终产品的质量是由产品生产过程来保证的,只有保证高质量水平的生产过程,才能生产出高质量的产品。

项目质量管理的主要目的是确保项目的可交付成果满足客户的需求。项目团队必须与客户建立良好的关系,理解他们明确的以及隐含的需求,因为客户是项目质量是否达到要求的最终裁判者。

2. 项目质量管理的主要过程

项目质量管理包括规划质量管理、实施质量保证和实施质量控制三个过程,如图10.1所示。

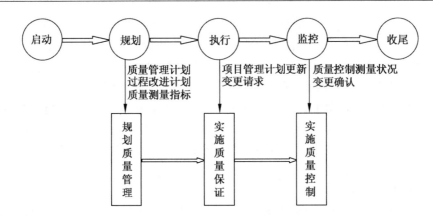

图 10.1　项目质量管理过程

（1）规划质量管理。规划质量管理是指识别项目及其可交付成果的质量要求或标准，并书面描述项目将如何证明符合质量要求的工作过程。

（2）实施质量保证。实施质量保证是指核对质量要求和质量控制测量结果，并确保采用合理的质量标准和操作性规章的工作过程。

（3）实施质量控制。实施质量控制是指监督并记录质量活动执行结果，并提出必要的变更建议的工作过程。

10.2　规划质量管理

规划质量管理（Plan Quality Management）是为实现项目的目标，确定项目所要达到的质量标准，以及如何达到该质量标准所进行的编制项目质量管理计划的工作，它包括制定项目质量的目标、确定采用的质量体系及其所要求的活动等。

在项目质量的计划编制中，重要的是确定每个独特项目的相关质量标准，把质量规划到项目的产品和管理项目所涉及的过程中去。

10.2.1　规划质量管理的依据

规划质量管理的依据是项目管理计划、项目干系人登记表、项目需求文件、风险登记表、项目制约因素、组织积累的相关资源。项目管理计划有关于质量管理计划的相关内容，特别是关于质量基准的确定。另外，在进行质量规划过程中还需注意质量与成本、进度、风险、管理等方面的计划和协调。项目干系人登记表有助于识别对质量有特别兴趣或影响的那些项目干系人。风险登记表包含可能影响质量要求的各种威胁和机会的信息。其他内容在前面都已经加以分析，这里不再赘述。

10.2.2　规划质量管理的工具和方法

规划质量管理的工具和方法较多，主要有以下几种：

1. 成本收益分析法

成本收益分析法是要求在制订项目计划时必须同时考虑项目质量的经济性。项目质量成本就是开展项目质量管理活动所需要的开支；项目质量收益就是开展质量活动带来的好处。在项目管理中，质量与经济成本和效益是相互依存、相互制约的。降低返工率是在使得客户满意的质量要求条件下减少质量成本支出、增加利润的主要方式。使得客户满意的质量要求包括两个方面：一是要达到客户的质量要求，满足客户"适用性"愿望，否则，势必造成需求与生产脱节，最终失去客户和市场，经济效益也就无从谈起；二是不能片面追求质量，擅自过分提高质量标准，要满足客户的"经济性"愿望，否则客户不堪承受额外的质量成本。因此，有必要以客户满意为标准，开展成本—收益分析。成本—收益分析法的实质就是通过运用这种方法编制出能够保证项目质量收益超过项目成本的项目质量管理计划。

例如，建筑工程项目质量成本主要由内部故障成本、外部故障成本、鉴别成本和预防成本四部分构成。

①内部故障成本是指产品形成过程中，由于自身的缺陷而造成的损失费用与处理缺陷所发生的费用总和。在项目核算体系中一般包括：返工损失费、停工减产费、事故分析处理费、复检费、质量超标支出、技术超前支出、废品损失和其他费用。

②外部故障成本是指工程交付后发现的质量缺陷而造成的一切损失。主要包括：保修费用、索赔费用等。

③鉴别成本是指保证产品质量一次验收合格即达到合同规定的标准而发生的一切鉴定费用。主要包括：进料检验费、工序检验费、竣工检验费和设备试验维修校核费等。

④预防成本是指防止工程质量低于合同规定要求而进行审核的费用。主要包括：质量计划与工作费用、评审费、质量数据收集与分析费、工序能力研究费等质量管理活动费。

其中，内外部故障成本基本上属于可避免成本，而鉴别成本与预防成本则属于必须发生的成本，增加一定的鉴别与预防成本可以大大减少故障成本。随产品或服务的质量的提高，内外故障成本是逐渐减少的，但是鉴别成本和预防成本却是增加的；因此，质量总成本先是随产品或服务的质量的提高而减少，但降到中间某一点时，又开始增加，使总成本增加。所以说，并不是产品质量越低或越高就越好，而应该综合考虑，达到中间合适的质量点，从而使总成本降到最低点。

成本收益分析法就是一种合理安排和计划项目各种成本，使项目的质量总成本相对最低，而质量收益相对最高的一种项目质量计划方法。

2. 质量标杆法

质量标杆法是为了开发、改进和提供用于测量执行情况的标准，作为新项目的质量参照体系和比照目标，通过比较制订出新项目质量计划的方法。这里所说的"标杆项目"可以是本项目组织以前完成的项目，也可以是其他项目组织以前完成的或者正在进行的项目，但最好是同一类型的项目。

通常，项目质量标杆法的主要做法是以标杆项目的质量方针、质量标准与规范、质量管理计划、质量核检清单、质量工作说明文件、质量改进记录和原始质量凭证等文件为蓝本，结合新项目的特点，制定出新项目的质量计划文件。使用这一方法时，应充分注意"标杆项目"质量管理中实际发生的各种质量问题，在制定新项目质量计划时要考虑采取相应的防范和应急措施，尽可能避免类似项目质量事故的发生。

3. 质量功能展开

质量功能展开(Quality Function Development, QFD)20 世纪 70 年代首创于日本，其核心思想是注重产品以市场需求为驱动，强调将客户需求转变为产品管理者、设计者、制造工艺部门和生产计划部门等人员均能理解的具体信息,从而保证能生产出符合市场需求的产品。QFD采用质量屋形式实现需求转换。质量屋是QFD的图示技术,是研究如何将顾客信息转化为供方生产信息的方法。

4. 系统流程图法

流程是一个由箭头与连线联结的若干因素关系图。流程图用于考察并理解过程或项目中的关系,适用于持续改进的过程。流程图是揭示和掌握封闭系统运动状况的有效方式。作为诊断工具,它能够辅助决策制定,让管理者清楚地知道问题可能出在什么地方,从而确定出可供选择的行动方案。

使用流程图的优点是形象直观,各种操作一目了然,便于理解,并可以直接转化为程序。其缺点是所占篇幅较大,不利于结构化程序的设计。图10.2是一个方案执行流程图。

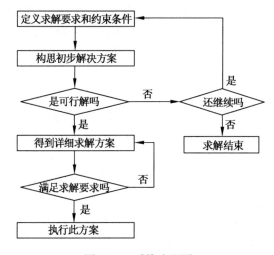

图10.2 系统流程图

5. 试验设计法

实验设计(Design of Experiment,DOE)是一种计划安排的分析技术,通过实验可以帮助鉴别哪些因素会对正在开发的流程或产品的特定变量产生影响。使用DOE来确定测试的类别、数量以及这些测试对质量成本的影响。DOE有助于产品或过程的优化,通过对实验数据的分析,可以了解产品或流程的最优状态,找到显著影响产品或流程状态的因素,揭示因素之间的相互影响和协调作用。如汽车工程师通过实验设计,确定悬架与轮胎如何搭配才能获得最理想的行驶性能和合理成本;服装设计师通过实验设计,确定哪种衣服与纽扣的组合能具有最令人满意的特性,而成本又比较合理。

6. 统计抽样

抽取的样本应能够代表目标总体特征,抽样的频率和规模应在质量规划时确定,以便在质量成本中考虑测试数量和预期废料。

10.2.3 规划质量管理的结果

1. 质量管理计划

质量管理计划是项目管理计划的组成部分,描述了项目管理团队将如何执行组织的质量方针,说明项目质量体系、实施质量管理的组织结构、责任、过程和资源。质量管理计划是质量规划的重要成果,是质量管理工作的核心指导文件。项目质量管理计划为项目总体计划提出了依据。项目质量管理计划格式见表10.1。

表10.1 项目质量管理计划

(1)概述。

提供项目名称、客户名称、项目经理与项目发起人姓名等与项目相关的一般信息。

项目名称:_____ 客户名称:_____

项目经理:_____ 计划起草人:_____

项目发起人:_____ 日期:_____

(2)项目范围。

按照项目范围说明书的要求描述项目的工作范围、主要交付结果、项目总体目标、客户需求等方面的信息。

(3)项目的交付结果。

描述项目的主要交付结果,包括合同规定的交付结果以及重大里程碑事件。

(4)交付结果的接受标准。

描述交付结果的接受标准或者产品测试的验收标准,详细列出客户提出的相关质量标准。

(5)质量保证计划。

确定项目质量保证活动,包括项目质量责任人、工作程序、作业指导书、里程碑检查清单、测试标准和流程、质量事故报告及沟通渠道,以及持续改进措施等。

(6)质量监督及控制措施。

提供有关质量监督与质量控制的措施。

(7)质量责任。

确定与项目质量相关的责任人,包括产品测试、过程评审、质量检查等。

2. 质量核对表

质量核对表是一种结构化工具,具体列出各项内容,用来检查和核对一系列步骤是否已经实施。基于项目的不同要求,质量核对表可繁可简。质量核对表用于质量控制过程。许多组织都有标准化的核对表,用来规范地执行经常性任务。项目管理质量核对表常用形式见表10.2。

表10.2 项目管理质量核对表

项目计划阶段	谁负责制订项目计划？其职责是什么？ 项目计划应该包括哪些内容？ 制订项目计划需要哪些信息？这些信息从哪里获取？ 项目计划的输出文档是什么？谁应该得到这些文档？ 项目管理过程将会用到哪些方法？ 哪些部门将受到项目的影响？这些部门的职责是什么？
项目实施、跟踪和控制阶段	如何进行沟通和交流？如何激励员工？ 如何获取项目进展数据？需要哪些数据？ 什么时候召开项目会议？如何确定会议议题？ 项目文档如何归类？由谁负责保管？ 如何评估项目变更？由谁批准？ 如何汇报项目执行情况？由谁负责？向谁汇报？如何处理各种冲突？

3. 过程改进计划

过程改进计划是项目管理计划的组成部分,其详细说明对项目管理过程和产品开发过程进行分析的各个步骤,以识别增值活动,区分并消除非增值活动,提高投入产出效率。当项目经理在考虑过程改进时,供应商和顾客作为伙伴关系加以考虑。项目经理要预测工作环境、技术和顾客需求可能发生的变化,只有综合权衡长期改善结果和近期改善结果的组织,其内部才有可能形成项目过程改善繁荣的文化。表 10.3 是一个过程改进计划表的格式。

表 10.3 改进计划表

阶 段	工作任务	责任人	实施进度
第一阶段			
第二阶段			

4. 质量测量指标

质量测量指标是质量规划过程的输出,用非常具体的语言描述项目或产品属性及在质量控制过程中将如何对其进行测量。质量测量指标不是一个固定不变的"值",而是一个"范围",如果实测数据或结果在范围内,即被认为是符合要求的。这个范围称为"公差"。质量保证和质量控制过程都将用到质量测量指标。质量测量指标可以是准时性、缺陷频率、故障率、可用性、可靠性和试验范围合格等。

5. 更新的项目文档

质量规划时需要更新的项目文件包括项目干系人登记表、风险登记表、责任分配矩阵、WBS 和 WBS 词典等其他相关质量管理文件。

10.3 实施质量保证

质量保证(Quality Assurance)包括与满足一个项目相关的质量标准有关的所有活动。质量保证是为了确保项目质量计划顺利实施、经常性地对项目质量计划的执行情况进行评估、核查和改进,使项目质量能够满足客户的要求。质量保证相当于疾病预防,其目的是防止缺陷的发生,以确保项目一次性成功。质量保证包括项目内部质量保证和外部质量保证。内部质量保证是向项目团队提供的质量保证;外部质量保证是向客户和其他项目干系人提供的质量保证。

质量保证主要包括以下内容:

(1)制定科学、合理、可行的质量标准。在评估项目质量计划的执行情况时,制定科学合理的质量标准是非常必要的。项目质量标准可以根据以前的项目经验、国家或地区的质量标准来制定。

(2)建立质量保证体系。质量保证体系是指实施项目质量管理所需的组织结构和质量管理程序。为了使项目顺利实施,保证各项质量要求达到预期的目标,项目要建立完善的质量保证体系。

(3)开展有计划的质量改进活动。质量改进是为了提交符合客户质量要求的项目可交付成果,在项目组织内部开展的旨在提高项目质量的各项活动。实际上,质量改进活动是一种持续的、不断完善的项目活动,它包括对项目产品、项目活动、项目作业、项目管理等各方面质量的不断完善。

10.3.1 实施质量保证的依据

1. 质量管理计划

质量管理计划是质量保证的依据,为整体项目计划提供依据,同时考虑了项目质量保证和过程的持续改进问题。

2. 过程改进计划

过程改进计划详细说明了对项目管理过程和产品开发过程进行分析的各个步骤,质量保证活动应该参照并遵守组织的过程改进计划。

3. 质量测量指标

质量测量指标说明在质量控制过程中如何测量项目或产品属性,并给出了符合要求的"公差"范围。

4. 批准变更文件

项目文件(包括已批准变更文件)可能影响项目质量保证活动,因此组织应把项目文件作为影响因素纳入质量保证体系。

10.3.2 实施质量保证的工具和方法

实施质量保证的工具与方法包括质量管理和控制工具、质量审计和过程分析。

1. 质量管理和控制工具

实施质量保证过程使用规划质量管理和质量控制的工具和技术。除此之外,还经常用到下述工具:

(1)亲和图。亲和图又称 KJ 图,它通过把大量收集到的事实、意见或构思等语言资料,按其相互亲和性(相近性)归纳整理,使问题进一步明确,求得统一认识和协调工作,以利于问题解决的一种方法。亲和图与心智图相似。针对某个问题,构成具有建设性的各种创意,其实施步骤一般包括:①明确目的及语言资料来源;②记录收集到的语言资料;③将语言资料进行整理;④依据语言的亲和性归类,分成若干组;⑤将不同组的内容加以归纳,并以关键术语表达。

(2)过程决策程序图(PDPC)。PDPC 图的核心思想是,在制订计划阶段或进行系统设计时,事先预测可能发生的障碍(不理想事态或结果),从而设计出一系列对策措施以最大的可能实现最终目标。它可用于防止重大事故的发生,因此也称之为重大事故预测图。过程决策程序可以帮助理解目标与实现此目标的步骤之间的关系。PDPC 可用于制订应急计划,因为它能帮助团队识别那些可能阻碍目标实现的中间环节。

(3)关联图。关联图是一种由文字框和线条构成的示意图,它能够简要概括出事物之间的逻辑关系和因果关系,进而实现有效处理关系复杂、因果复杂的问题。关联图把现象和与问题有关系的各种因素串联起来,通过关联图可以找出此问题有关的要素,从而可以进一步抓住重点问题并寻求解决方案,即在较为复杂的情形中,根据逻辑关系厘清复杂问题,在所归纳整理的相应资料基础上绘制出关联图,实现创新性解决问题的目的。此外,也可以使用其他工具(诸如亲和图、树形图或鱼骨图)产生的数据来绘制关联图。

(4)优先矩阵。优先矩阵用来识别关键事项和合适的备选方案,并通过一系列决策,排列出备选方案优先顺序。先对标准排序和加权,再应用于所有备选方案,计算出数学得分,对备选方案排序。

(5)树形图。树形图也称系统图,可用于表现诸如 WBS、RBS(风险分解结构)和 OBS(组织分解结构)的层次分解结构。在项目管理中,树形图依据定义嵌套关系的一套系统规则,用层次分解形式直观地展示父子关系。树形图可以是横向(如风险分解结构)或纵向(如团队层级图或 OBS)的。因为树形图中的各嵌套分支都终止于单一的决策点,就可以像决策树一样为已系统图解的、数量有限的依赖关系确立预期值。

(6)矩阵图。它是一种质量管理和控制工具,使用矩阵结构对数据进行分析,在行列交叉的位置展示因素、原因和目标之间的关系强弱。

2. 质量审计

质量审计是指按照审计程序对特定的质量管理活动进行的结构化的审查。通过质量审计,可以获得质量管理过程中的经验教训,从而提高项目的实施水平。质量审计可以是定期的,也可以是随时的,可由公司内部人员或有特定领域专门知识的第三方执行。

3. 过程分析

过程分析是指按照过程改进计划中列明的步骤,从组织和技术角度识别所需的改进。其中也包括对遇到的问题、约束条件和无价值活动进行检查。过程分析包括根源分析,即分析问题和情况,确定促成该问题或情况产生的根本原因,并为类似问题制定纠正措施。

10.3.3 实施质量保证的结果

实施质量保证的结果包括变更请求、更新的项目管理计划、更新的项目文档、更新的组织积累的相关资源。

1. 变更请求

关于质量请求的变更将使质量得到改进。质量改进包括采取措施以提高项目实施组织的质量政策、过程和程序的效率和效力,可以为所有项目干系人带来增值。这项请求的变更也包括在整体变更控制过程中。变更请求可以是采取正确的行动或进行缺点补救。

2. 更新的项目管理计划

项目管理计划将根据质量保证过程产生的质量管理计划变更进行更新,包括质量管理计划、进度管理计划及费用管理计划等的更新。这些更新包括纳入已经完成过程持续改进循环须从头开始的过程,以及已识别、确定并准备就绪有待实施的过程改进。申请的项目管理计划及其从属计划的变更,通过整体变更控制过程进行审查和处理。

3. 更新的项目文档

上述各项质量保证结果的更新将使相关的项目文件随之更新,包括质量审计报告、培训计划以及过程文件等。

4. 更新的组织积累的相关资源

更新的组织积累的相关资源包括更新的质量标准等,更新后的质量标准为项目实施组织的质量过程和相关要求及其实施效率进行验证,在质量控制过程中也将用到质量标准。

10.4 实施质量控制

10.4.1 实施质量控制的含义

质量控制(Quality Control)是监督项目实施情况,确定项目结果与质量标准是否相符,并确定消除造成不满意绩效影响因素的方法。

虽然质量控制的一个目标也是提高质量,但这个过程的主要依据是接受决策、返工和过程。接受决策决定作为项目一部分而生产的产品或服务是否被接受或拒绝。如果项目干系人拒绝接受作为项目一部分而生产的产品或服务,则一定要返工。返工指采取行动,使拒收事项达到和满足产品需求或规范或干系人的其他期望。返工费用非常昂贵,所以项目经理必须努力做好质量规划编制和质量保证工作以避免返工。过程调整是在质量控制度量的基础上,纠正或防止进一步质量问题的发生。

质量控制是为了使项目的产品质量符合要求,在项目的实施过程中,对项目质量的实际情况进行监督,判断其是否符合相关的质量标准,并分析产生质量问题的原因,从而制定出相应的措施来消除导致不符合质量标准的因素,确保项目质量得以持续不断地改进。由此可见,质量控制相当于疾病治疗,其目的是采取一定的措施消除质量偏差,弥补项目质量保证遗留下来的缺憾,追求质量零缺陷。质量控制贯穿于项目质量管理的全过程。

质量控制与质量保证既有联系又有区别。两者的目标都是使项目质量达到规定的要求,因此,在项目质量管理的过程中,它们是互相交叉、相互重叠的。但是,质量控制是一种纠偏性和把关性的过程,它直接对项目质量进行监控,并对项目存在的质量问题进行纠正;而质量保证是一种预防性的、保障性的过程,它只是从项目质量管理组织、程序、方法等方面做一些辅助性的工作。

【例 10.1】 XY 公路项目部采取的工程质量措施

XY 公路项目部为了确保工程质量,采取了以下措施:

①分解质量目标,按单位工程、分项工程签订质量目标责任书,从经理到职工,落实全员质量责任。

②开展劳动竞赛。项目部在随机抽查的基础上,每月组织一次有施工单位经理、总工、监理及项目部参加的工程质量、进度、文明工地、安全生产、履约表现劳动竞赛活动,进行检查评比和奖优罚差,有力地促进了工程质量、进度和安全文明施工,保障了整个工程

健康顺利进行。

③严格控制原材料质量,从源头消除隐患,对每一种进场材料进行检测,特别防止"瘦身钢筋"等主要建材进场。

④发挥实验室的检测职能,以检测数据为评判质量结果的依据。项目部规定:砂砾路基质量检测增加逐层弯沉检测,结构层厚度控制坚持钻芯取样,结构物内在质量和尺寸坚持破坏性试验检测,桥涵台背组织专门队伍,固定机械组合,落实专职监理工程师,实施一处一表检查制。

⑤实行质量检查通知单制度,项目部检查人员在工地发现质量问题后立即签发通知单,一份通知施工标段,限期返工纠正;一份通知监理机构,按通知单认真检查,加强旁站;一份项目部存档,累计到当月劳动竞赛评比中扣分。

⑥项目部对质量管理不善的参建单位及时召开评差现场会,责令返工。

思考:哪些做法是质量保证措施,哪些是质量控制措施?

质量保证措施:①②③

质量控制措施:④⑤⑥

10.4.2 实施质量控制的依据与过程

实施质量控制的依据包括质量管理计划、质量测量指标、质量核对表、工作绩效状况、批准的变更请求、可交付成果、组织积累的相关资源等。

实施质量控制过程就是监控项目的实施状态,将实际状态与事先制定的质量标准做比较,分析存在的偏差及产生偏差的原因,并采取相应对策。这个过程是循环往复的,一般来讲,任一控制都可按这一过程进行。该控制过程主要步骤如下:

①选择控制对象。项目进展的不同时期、不同阶段,质量控制的对象和重点也不相同,这需要在项目实施过程中加以识别和选择。质量控制的对象可以是某个因素,某个环节,某项工作或工序,某项阶段成果等一切与项目质量有关的要素。

②为控制对象确定标准和目标。

③制订实施计划,确定保证措施。

④按计划执行。

⑤跟踪观测、检查。

⑥发现分析偏差。

⑦根据偏差采取对策。

上述步骤可归纳为四个阶段:计划(plan)、实施(do)、检查(check)和处理(action)。在项目质量控制中,这四个阶段循环往复,形成 PDCA 循环。

计划阶段的主要工作任务是确定质量目标、活动计划和管理项目的具体实施措施。本阶段的具体工作是分析现状,找出质量问题及控制对象;分析产生质量问题的原因和影响因素;从各种原因和因素中确定影响质量的主要原因或影响因素,针对质量问题及影响质量的主要因素制订改善质量的措施及实施计划,并预计效果。在制订计划时,要反复分析思考,明确回答以下问题:

① 为什么要提出该计划,采取哪些措施? 回答采取措施的原因。
② 改进后要达到什么目的? 有何效果?
③ 改进措施在何处(哪道工序、哪个环节、哪个过程)执行?
④ 计划和措施在何时执行和完成?
⑤ 计划由谁执行?
⑥ 用什么方法完成?

实施阶段的主要工作任务是根据计划阶段制订的计划措施,组织贯彻执行。本阶段要做好计划措施的交底和组织落实、技术落实和物资落实。

检查阶段的主要工作任务是检查实际执行情况,并将实施效果与预期目标对比,进一步找出存在的问题。

处理阶段的主要工作任务是对检查的结果进行总结和处理。其具体工作包括:总结经验,纳入标准。即通过对实施情况的检查,明确有效果的措施,制定相应的工作文件、工艺规程、作业标准以及各种质量管理的规章制度,总结好的经验,防止问题再次发生。

将遗留问题转入下一个控制循环。通过检查,找出效果仍不显著或效果仍不符合要求的措施,作为遗留问题,进入下一个循环,为下一期计划提供数据资料和依据。

10.4.3 实施质量控制需考虑的因素

影响项目质量的因素主要有人、材料、设备工具、方法和环境五个方面。对这五方面因素的控制,是保证项目质量的关键。

1. 人的因素

人是直接参与施工的组织者、指挥者和操作者。作为控制对象,要避免产生失误,作为控制动力,要充分调动人的积极性,发挥人的主导作用。

2. 材料的因素

材料主要包括原材料、成品、半成品、构配件等。对材料的控制、主要通过严格检查验收,正确合理地使用,进行收、发、储、运的技术管理,杜绝使用不合格的材料等环节来进行控制。

3. 设备工具的因素

对设备工具的控制,应根据项目的不同特点,合理选择、正确使用、管理和保养。

4. 方法的因素

方法包括项目实施方案、工艺、组织设计、技术措施等。对方法的控制,主要通过合理选择、动态管理等环节加以实现。合理选择就是根据项目特点选择技术可行、经济合理、有利于保证项目质量、加快项目进度、降低项目费用的实施方法。动态管理就是在项目进行过程中正确应用,并随着条件的变化不断进行调整。

5. 环境的因素

环境因素主要有项目地理环境,如地质、水文、气象等;劳动环境,如劳动组合、作业场所等。根据项目特点和具体条件,应采取有效措施对影响质量的环境因素进行控制。

10.4.4 实施质量控制的工具与方法

对项目质量进行控制的工具与技术主要有七种基本质量工具、检查、统计抽样、趋势图、审查已批准的变更请求。

1. 七种基本质量工具

七种基本质量工具,也称7QC工具,用于在PDCA循环的框架内解决与质量相关的问题,包括核查表、因果分析图、控制图、帕累托图、散点图、直方图和流程图。

(1)核查表。核查表又称为计数表、数据分析方法或者统计分析表等,是主要用来系统地收集资料和积累数据,确认事实并对数据进行粗略整理和分析的统计图表。质量控制活动多数情况下运用数据分析方法来对缺陷做出统计归纳和初步分析。表10.4为一个关于质量控制的核查表示例。

表10.4 关于质量控制的核查表示例

	需求阶段	设计阶段	实现阶段	测试阶段	交付后	合 计
需求缺陷	15	2	0	2	1	20
设计缺陷	—	15	5	12	2	34
实现缺陷	—	—	117	46	13	176
合计	15	17	122	60	16	230

(2)因果分析图(又称鱼骨图)。这种图直观地反映了潜在问题或结果与各种因素之间的联系。它主要用于分析产生质量问题或缺陷的可能原因,然后确定其中最主要原因,进行有的放矢的处置和管理。图10.3分析了混凝土强度不合格的原因,首先把混凝土施工的生产要素,即人、机械、材料、施工方法和施工环境作为第一层面的因素进行分析;然后对第一层面的各个因素,再进行第二层面的可能原因的深入分析。以此类推,直至把所有可能的原因,分层次地罗列出来。

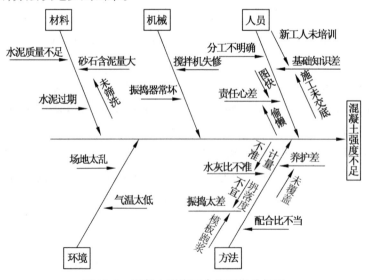

图10.3 混凝土强度不合格因果分析图

(3)控制图。控制图又称管理图。它是在直角坐标系内画有控制界限,描述生产过程中产品质量波动状态的图形,利用控制图区分质量波动原因判明生产过程是否处于稳定状态,提醒人们不失时机地采取措施,使质量始终处于受控状态。

①控制图的基本形式。控制图的基本形式如图10.4所示。横坐标为样本(子样)序号或抽样时间,纵坐标为被控制对象,即被控制的质量特性值。控制图上一般有三条线:在上面的一条虚线称为上控制界限,用符号 UCL 表示;在下面的一条虚线称下控制界限,用符号 LCL 表示;中间的一条实线称为中心线,用符号 CL 表示。中心线标志着质量特性值分布的中心位置,上下控制界限标志着质量特性值允许的波动范围。

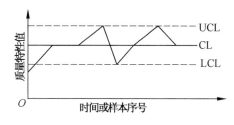

图 10.4 控制图基本形式

在生产过程中通过抽样取得数据,把样本统计量描在图上来分析判断生产过程状态。如果点子随机地落在上、下控制界限内,则表明生产过程正常,处于稳定状态,不会产生不合格品;如果点子超出控制界限,或点子排列有缺陷,则表明生产条件发生了异常变化,生产过程处于失控状态。

②控制图的用途。控制图是用样本数据来分析判断生产过程是否处于稳定状态的有效工具。它的用途主要有以下两个:一是过程分析,即分析生产过程是否稳。为此,应随机连续收集数据,绘出控制图,观察数据点分布情况并判定生产过程状态;二是过程控制,即控制生产过程质量状态。为此,要定时抽样取得数据,将其变为点子描在图上,发现并及时消除生产过程中的失调现象,预防不合格品的产生。

(4)帕累托图。帕累托图又称排列图或主次图,可以用来分析质量问题,确定产生质量问题的主要因素。帕累托图,是根据意大利经济学家帕累托(Pareto)提出的"关键的少数和次要的多数"原理,由美国质量管理学家朱兰(J. M. Juran)发明的一种质量管理图形,它由两个纵坐标、一个横坐标、几个连起来的直方形和一条曲线所组成,如图10.5所示。左纵坐标表示频数,右纵坐标表示频率,横坐标表示影响项目质量的各个因素,按影响质量程度的大小(即出现频数的多少),从左到右依次排列,通过对帕累托图的观察分析可以抓住影响质量的主要因素。

(5)散点图。散点图显示两个变量之间的关系和规律。通过该工具,质量团队可以研究并确定两个变量的变更之间可能存在的潜在关系。将独立变量和非独立变量以圆点绘制成图形。两个点越接近对角线,两者的关系就越紧密。

(6)直方图。直方图是一种特殊形式的条形图。用于描述集中形式、分散程度和统计分布形状。与控制图不同,直方图不考虑时间对分部内的变化的影响。直方图的每一栏代表一个问题或情况的一个特征或属性,每个栏的高度代表该种特征或属性出现的相对频率。

（7）流程图。流程图既可用于项目质量计划的编制，也可用于项目质量控制，在项目质量控制中，流程图用于规定项目质量控制的程序和步骤。

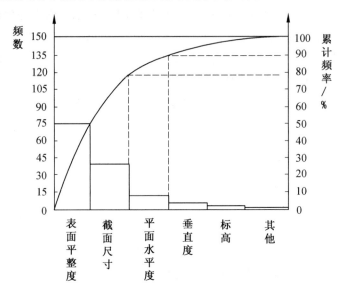

图 10.5 影响某模板施工精度质量的帕累托图

2. 检查

检查包括度量、检验和测试等活动，目的是确定结果是否符合质量标准要求。检查可在任何层次上进行，如可检查单项活动的结果，也可检查项目的最终产品。检查有各种不同的名称，例如，审查、产品审查、审计和实地查看等。在某些应用领域，这些术语的含义虽然较窄，但很具体。

3. 统计抽样

统计抽样指从感兴趣的群体中选取一部分进行检查（例如，从总数为 100 张工程图纸目录中随机选取 15 张）。样本若抽取恰当，常常可以降低质量控制的费用。关于统计抽样已经形成了一个完整的知识体系。在某些行业，项目管理团队必须熟悉多种不同的抽样技术。

4. 趋势图

趋势图可反映偏差的历史和规律。它是一种线形图，按照数据发生的先后顺序将数据以圆点形式绘制成图形。趋势图可反映一个过程在一定时间段的趋势、一定时间段的偏差情况以及过程的改进或恶化。趋势分析是借助趋势图来进行的。趋势分析指根据过去的结果用数学工具预测未来的成果。趋势分析往往用于监测技术绩效——多少错误或缺陷已被确认，其中多少尚未纠正；资源与费用和进度绩效——每个时期有多少活动在活动完成时出现了明显偏差。

5. 审查已批准的变更请求

对于所有已批准的变更请求进行审查，以核实他们是否已按标准的方式得到实施。

10.4.5 实施质量控制的结果

1. 质量控制测量状况

质量控制测量状况是执行质量控制活动的输出结果之一,是按照项目质量管理计划中的格式,对质量控制活动结果的书面记录。

2. 确认的变更

任何变更或补救措施都必须进行检验,并在做出决策通知之前决定接受或拒绝这些变更措施,而被拒绝的变更措施可能还需要进一步的修改。

3. 确认的可交付成果

执行质量控制的目标就是要确保可交付成果的正确性。实施质量控制过程的结果是可交付成果得以验证。

4. 工作绩效状况

工作绩效信息是从各控制过程收集,并结合相关背景和跨领域关系进行整合分析而得到的绩效数据。例如,关于项目需求实现情况的信息:拒绝的原因、要求的返工,或必需的过程调整。

5. 变更请求

如果根据推荐的纠正措施或预防措施,需要对项目进行变更,则应按照既定的整体变更控制过程启动变更请求。

6. 更新的项目管理计划

对项目管理计划进行更新,有助于反映实施质量控制过程产生的质量管理计划变更。申请的项目管理计划及其从属计划的变更需要通过整体变更控制过程进行审查和处理。

7. 更新的组织积累的相关资源

需要更新的组织积累的相关资源包括:①完成的核对表,如果使用了核对表,则完成的核对表应成为项目记录的一部分;②经验教训文档,偏差成因、采取纠正措施的理由以及从质量控制中得到的其他经验教训都应记录下来,成为项目和项目组织历史数据库的一部分。

8. 更新的项目文档

需要更新的项目文档可能涉及变更请求、项目管理计划、组织积累的相关资源的有关文档等。

【思考与练习】

1. 项目质量管理的工作内容有哪些?
2. 七种基本质量工具各是什么?
3. 实施质量保证都包括哪些内容?
4. 以建筑工程项目为例,说明项目的质量成本的主要内容。
5. 实施质量控制需考虑哪些因素?
6. 实施质量控制的过程包括哪些内容?

【模拟练习】

请你选择一个具体的项目,结合项目质量管理的相关知识,完成以下内容:
1. 制定该项目的质量技术规范。
2. 制订该项目的质量管理计划。
3. 阐述你的项目质量控制手段。

【案例讨论】

某建筑工程公司 2018 年度质量成本分析

某建筑工程公司 2018 年完成产值约 25 亿元人民币。在 2018 年度,公司由于质量管理原因产生了近 530 万元的损失。公司管理层认为,这些由于质量问题而产生的损失,较大程度上影响了公司的经济效益,于是决定成立一个由财务部、质量管理部、项目管理办公室、质量检验部门相关人员组成的调查小组,对公司质量成本的构成情况进行分析,找出造成损失的原因,便于采取改进措施,进一步提高公司的生产、技术和经营管理水平,获得更高的经济效益。调查小组首先对公司进行质量管理的各种成本和费用进行收集、归类和统计,编制了该公司 2018 年的成本/费用统计表,见表 10.5。

调查小组通过分析得出,公司由于质量而产生的损失包括:内部返修损失;内部返工损失;内部停工损失;质量事故分析处理费用;材料降级损失;加固成本;外部返修损失;外部返工损失;外部停工损失;保修费用;索赔费用;质量罚金等。

问题:

(1) 根据该公司 2018 年的质量成本/费用统计表,分析该公司项目质量损失产生的主要原因。

(2) 根据数据,绘制质量损失成本的"柱状图"。

(3) 分析该公司项目质量成本构成存在的主要问题,假如你是该公司的领导,你会采取什么措施来减少损失,提高经济效益?

表 10.5 某建筑工程公司 2018 年的质量成本/费用统计表

科目	明细科目	金额/元	占质量总成本的比例/%
预防成本	质量管理部人工费用	285 852	6.64
	质量认证评审费	14 200	
	质量验收费用	75 000	
		75 000	
	质量宣传费用	1 440	
	质量培训费用	5 125	
	质量奖励费用	31 500	
	质量改进费用	4 250	
	供应商调查费用	5 900	
	合计	423 267	

续表 10.5

科　目	明细科目	金额/元	占质量总成本的比例/%
评估/鉴定成本	质检部人工费用	453 180	10.16
	质检部办公费	23 400	
	试验检验费	129 250	
	检测设备维修校检费	8 500	
	检测设备折旧费	34 000	
	合计	648 330	
内部损失成本	内部返修损失	796 875	39.81
	内部返工损失	1 406 250	
	内部停工损失	292 500	
	质量事故分析处理费用	8 500	
	材料降级损失	6 500	
	加固成本	28 750	
	合计	2 539 375	
外部损失成本	外部返修损失	625 000	43.39
	外部返工损失	300 000	
	外部停工损失	1 820 000	
	保修费用	7 500	
	索赔费用	4 250	
	质量罚金	11 250	
	合计	2 768 000	
总计		6 378 972	100.00

第11章　项目风险管理

【学习目标】
1. 掌握项目风险的含义及分类；
2. 掌握项目风险管理的含义及过程；
3. 了解识别风险、实施风险分析、规划风险应对及控制风险的方法。

11.1　项目风险管理概述

11.1.1　项目风险的含义及分类

1. 项目风险的含义

风险指的是损失的不确定性。一般来说，风险应包括以下四个要素：事件即不希望发生的变化；可能性即事件发生的概率有多大；后果即事件发生后的影响有多大；原因即事件发生的原因是什么。

项目风险指的是在项目全过程中不期望发生事件的客观不确定性，是所有影响项目目标实现的不确定性因素的集合。一种不确定事件或状况一旦发生，就会对一个或者多个项目目标（如时间、费用、范围或质量目标）产生积极或消极影响。例如，风险起因之一可能是项目需要申请环境许可证，或者是分配给项目的设计人员有限。而风险事件则是许可证颁发机构颁发许可证需要的时间比原计划长，或者所分配的设计人员不足无法完成任务。这两个不确定事件无论哪一个发生，都会对项目的费用、进度或者绩效产生影响。

2. 项目风险的类型

根据不同的分类标准，项目风险可以分成不同的类型。

（1）按照项目风险的来源，可将其分为政治风险、法律风险、经济风险、技术风险、行为风险、组织风险和自然风险。

①政治风险是指由于政局变化、政权更迭、战争等政治背景变化引起社会动荡而造成的财产损失和人员伤亡的风险。

②法律风险是指由于法律变动给工程项目带来的风险，如在一些项目中由于法律变动而改变对项目各参与方的约束，进而改变各参与方的地位和相互之间的关系，而使项目面临的风险。

③经济风险是指由于国家或社会经济因素变化带来的风险，如供求关系变化、通货膨胀、汇率变动等所导致的经济损失。汇率变动对项目的直接影响是进口费用和出口收益的改变，其间接影响则十分广泛，例如，人民币汇率上升将会使有关产品进口数量减少，从

而降低了来自国外的竞争,这将有利于国内项目的扩展。由于汇率波动带来的风险被称为汇率风险。

④技术风险是指因科学技术发展带来的风险,如采用新技术过程中的失误等,也包括一些技术条件的不确定性可能带来的风险。

⑤行为风险是指由于个人或组织的过失、疏忽、侥幸、恶意等行为引发的风险。如企业的利润目标可能因为某些人贪污或者私下交易等败德行为而受损;高新技术企业的研发活动也有可能因某研究人员泄密或从中破坏而告失败。

⑥组织风险是指项目各参与方之间关系的不确定性或不协调,以及态度和行动的不一致而产生的风险。

⑦自然风险是指由于自然力的作用或自然因素的变化带来的风险,如洪水、暴雨、地震等带来的财产损害和人员伤亡等。

其中政治风险、法律风险、经济风险、技术风险、行为风险、组织风险是由于人们的活动所带来的风险,又称为人为风险,是相对于自然风险而言的。

(2)按照项目风险的后果,可将其分为纯粹风险和投机风险。

纯粹风险是指只会造成损失,而不会带来机会或收益的风险,如自然灾害等。纯粹风险造成的损失是绝对损失,没有哪个人、哪一方可以获利。投机风险是指既可能带来机会、获得收益,又可能造成损失、隐含威胁的风险。

(3)按照项目风险的影响范围,可将其分为局部风险和总体风险。

①局部风险是指对工程项目影响范围较小,后果不至于影响项目总体目标实现的风险。

②总体风险是指对工程项目影响范围大,后果比较严重,可能影响整个项目目标实现的风险。

(4)其他分类。项目风险还可分为可管理的风险与不可管理的风险、自然风险与人为风险、不同承担者的风险等。

11.1.2 项目风险管理的含义与过程

1. 项目风险管理的含义

项目风险管理(Project Risk Management)是以规划风险管理为前提,通过识别风险、风险分析活动去认识项目的风险,并以此为基础合理地使用各种管理方法、技术和手段,对项目风险实行有效的应对和监控,妥善处理风险事件所造成的不利后果,以最少的成本保证项目总体目标的实现的方法。项目组织应在整个生命周期积极、持续地开展风险管理,否则,实际发生的风险就可能给项目造成严重影响,甚至导致项目失败。项目风险管理的目标在于提高项目中积极事件的概率和影响,降低项目中消极事件的概率和影响。

2. 项目风险管理的主要过程

项目风险管理包括规划风险管理、识别风险,实施风险分析、规划风险应对和控制风险六个过程,如图11.1所示。

(1)规划风险管理。规划风险管理是指规划和设计如何进行项目风险管理活动的工作过程,是进行项目风险管理的第一步。

(2)识别风险。识别风险是指识别哪些风险可能影响项目并记录这些风险属性的工作过程。

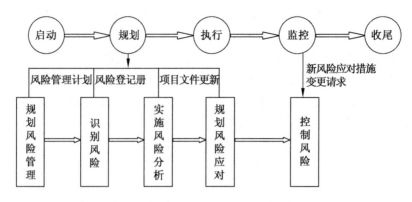

图 11.1　项目风险管理的过程

(3) 实施风险分析。实施风险分析包括风险定性分析与风险定量分析两项内容。风险定性分析是按风险对项目目标可能产生的影响对风险进行排序,可以明确特定风险的重要程度,从而指导风险应对计划的制订,并帮助管理者修正项目计划中经常出现的偏差。风险定量分析的目标是量化分析每种风险的概率及其对项目目标造成的后果,同时也分析项目总体风险的程度。

(4) 规划风险应对。规划风险应对是根据项目风险识别和项目风险分析的结果,为了提高实现项目目标的机会、降低风险对项目目标的威胁,而制定风险应对策略和技术手段的过程。

(5) 控制风险。控制风险就是跟踪已识别的风险,监测剩余风险,并不断识别新的风险,修订风险管理计划并保证其切实执行,以及评估这些计划降低风险的效果。控制风险是项目整个生命周期中一种持续进行的活动。

11.2　规划风险管理

11.2.1　规划风险管理的含义

规划风险管理(Plan Risk Management)是规划和设计如何进行项目风险管理的过程。该过程应该包括定义项目组织及成员风险管理的行动方案及方式,选择合适的风险管理方法,确定风险判断的依据等。规划风险管理对于能否成功进行项目风险管理、完成项目目标至关重要。

规划风险管理可以为风险管理安排充足的资源和时间,为风险评估奠定一个共同认可的基础,目的是强化风险管理的思路和途径,以预防、减轻、遏制或消除不良事件的发生及影响。

11.2.2　规划风险管理的基本程序

规划风险管理一般通过规划会议的形式制定,参加人员应包括项目经理、项目团队领导及任何与风险管理规划和实施相关者。规划会议将针对整个项目生命周期制订如何组织和进行风险识别、风险分析、风险应对计划及风险控制的规划。

规划风险管理应在项目构思阶段开始,在项目规划阶段的早期完成。分为以下几个步骤:

(1) 分析项目目标、项目计划、外部环境、项目资源等资料,从风险的角度分析项目的主要特点。

(2) 建立风险管理机构,指派负责人员,明确其职责和权限。

(3) 确定项目风险分析采用的技术和工具。

(4) 定义项目风险的类型、级别及判断某些事件为风险的标准。

(5) 确定主要风险应对措施及其需要的资源。

(6) 确定项目风险监控的起止时间、跟踪手段。

(7) 编写项目风险管理计划。

在具体规划过程中,还要考虑风险管理策略是否正确可行,判断实施管理策略的措施和手段是否符合项目总目标,分析其他客观条件对风险管理有什么影响。

11.2.3 规划风险管理的结果

项目风险管理计划是规划风险管理的主要结果,它可为项目的风险管理提供完整的行动纲领。项目团队通常采取规划会议的方式制订或审议风险管理计划,参会人应包括项目经理、项目管理团队以及相关的责任者与实施者等。会议上制订实施风险管理活动的总体计划,确定风险管理的成本,将其纳入项目成本预算和进度计划。根据项目需要确定风险类别和等级,确定每个岗位承担的风险管理职责,最后编制出项目风险管理计划文件。

项目风险管理计划的要素,见表11.1。

表11.1 风险管理计划的要素

文档要素	描 述
方法	描述风险管理的方法,提供每个风险管理过程如何实施的信息,包括是否进行风险分析,以及在什么环境下进行 指出用于每个过程的工具(如风险分解结构)和技术(如访谈法、德尔菲法等) 指出所有在项目中执行风险管理的必要数据资源
角色和职责	记录不同风险管理活动的角色和职责
风险的分类	识别用于归类和组织风险的分类方法,它可以将风险分类,用于风险登记册和风险结构(如果有的话)
风险管理资金	记录实施各种风险管理活动所需的资金,如使用专家建议,或把风险转移给第三方
应急储备议定书	描述建立、衡量和配备预算应急储备及进度应急储备的指南
概率和时间	确定实施常规风险管理活动的频度和其他特别活动的时间
干系人的风险承受力	识别项目组织和关键干系人对风险的承受水平,应该考虑到每个目标,至少涵盖范围、质量、进度和成本指标
风险跟踪与审计	确定风险管理活动,如风险定量分析和应急管理如何被记录和跟踪 描述每隔多久审计风险管理活动,审计哪些方面以及如何表述偏差

续表 11.1

文档要素	描述
概率的定义	记录如何测量和定义概率,包括引入几个级别以及定义每个级别的概率范围,例如: 非常高——事件发生概率在 80% 或以上 高——事件发生概率在 60% ~80% 中——事件发生概率在 40% ~60% 低——事件发生概率在 20% ~40% 非常低——事件发生概率在 1% ~20%
对目标影响的定义	记录如何影响测量影响,并为项目确定整体定义或目标定义,包括引入几个级别的影响跨度,例如对于成本影响: 非常高——预算在控制账户上超支 20% 高——预算在控制账户上超支 15% ~20% 中——预算在控制账户上超支 10% ~15% 低——预算在控制账户上超值 5% ~10% 非常低——预算在控制账户上超支少于 5%
概率和影响矩阵	描述表示高风险、中风险以及低风险的概率和影响的组合

11.3 识别风险

11.3.1 识别风险的含义

识别风险(Identify Risk)是判断哪些风险会影响项目并记录其特征的过程,包括确定风险来源、风险产生的条件及风险特征等,主要成果是形成初步的风险登记册。识别风险首先要弄清楚项目的组成、各种不确定因素的性质及其相互关系、项目与环境之间的关系等,在此基础上使用结构化的方法和步骤,查明对项目可能形成风险的各种事件。识别项目风险是一个持续反复进行的过程,随着项目进展,某些原来可能发生的风险得以消除而新的风险产生,识别活动反复的频率及每一轮参与者应根据项目情况而异。如产品开发项目需求分析工作结束后,则需求调研风险不会再发生,设计风险将可能出现。识别项目风险过程中应采取统一的风险描述文档格式,便于比较一个风险事件与其他事件的影响。

识别项目风险活动的关键参与者是项目经理、项目团队成员、风险管理人员、客户、最终用户、其他项目经理、干系人和风险管理专家等,除此之外,应鼓励尽可能多的人员参与风险识别工作。在不确定性因素复杂的项目中,项目成员广泛参与有利于识别出各类潜在的风险,员工参与可以提高对风险及其应对措施的掌握程度及责任感。

11.3.2 识别风险的依据

识别风险的依据是项目风险管理计划、活动成本估算、活动持续时间估算、项目范围基准、成本管理计划、进度管理计划、质量管理计划、干系人信息、项目文件和环境因素等。

识别风险的过程首先是收集上述资料和历史上同类项目的风险管理资料,其次,经过比较分析将所有风险识别出来,按照规范形式编写初步的风险登记册,在后续风险管理过程中细化。

11.3.3 识别风险的工具和方法

识别风险常用工具和方法有头脑风暴会议、鱼刺图法、SWOT 分析法、专家判断法及环境分析法、风险核对表、假设分析等。通过头脑风暴会议,项目成员、高层经理和客户可以列出潜在风险因素的清单;利用鱼刺图法可以用于识别风险的起因;利用 SWOT 分析法是从项目组织或更大范围识别组织的优势和劣势,发现组织优势创造的各种机会及劣势带来的威胁,识别出产生于内部的所有风险。专家判断法是邀请有类似项目经验的专家,根据以往经验和专业知识指出可能的风险。环境分析法是通过分析内外部环境(包括顾客、供应商、竞争者、政府四个部分)的相互关系及其稳定程度来分析潜在的风险。这里重点介绍风险核对表和假设分析两种方法。

1. 风险核对表

核对表是基于以前类似项目信息及其他渠道积累的信息与知识而编制的,也可以用风险分解结构的底层作为风险核对表,表中风险一般按照来源排列,见表 11.2,风险识别人员可依此表检查核对,判别某项目是否存在表中所列或类似的风险。利用核对表识别项目风险的方法简单快捷,但应注意项目的可比性。核对表方法的缺点是,人们无法编制出一个穷尽所有可能因素的核对表。一个项目收尾时,应根据经验和教训改进核对表,供未来的项目使用。

表 11.2 某工程项目风险核对表

序号	风险类别	风险事件	可能引起的后果
1	安全风险	行为风险	工具或工程产品遭破坏
2		个人安全意识	不按规定操作,易受人身伤害
3		现场安全管理	员工安全意识不强
4		特殊工种	易造成质量或安全事故
5		起重伤害	造成人员伤亡
6		触电	造成人员伤亡
7		高处坠落	造成人员伤亡
8		食物中毒	造成人员伤亡
9		物体击打	造成人员伤亡
10	经济风险	要素市场价格变动	影响进度及成本
11		金融市场因素	影响工程成本
12		招标文件	影响工程成本或易遭索赔
13		资金、材料、设备供应	对进度及造价产生影响
14		国家政策调整	对造价或进度产生影响

续表 11.2

序号	风险类别	风险事件	可能引起的后果
15	技术风险	地质地基条件	对技术或成本产生影响
16	技术风险	水文气象条件	对技术或成本产生影响
17	技术风险	施工准备	对成本产生影响
18	技术风险	设计变更或图纸供应不及时	对技术或成本产生影响
19	技术风险	技术规范	对技术或成本产生影响
20	技术风险	施工技术协调	对进度或成本产生影响
21	合同风险	发包方的不公平合同	造成索赔或减少工程利润
22	合同风险	发包人信资因素	造成窝工,增加工程成本
23	合同风险	分包合同	索赔及增加管理或工程成本
24	合同风险	履约方面	索赔及增加管理或工程成本
25	管理风险	技术人员流动	对进度及质量有影响
26	管理风险	劳动力的流动	对进度、成本及质量有影响
27	管理风险	关键人物的责任心	对进度、造价、质量产生影响
28	管理风险	管理流程	加大管理成本或达不到高效管理
29	管理风险	各种文件的备案是否完备	对竣工结算有影响
30	管理风险	进度风险	提高工程造价,易遭索赔

2. 假设分析

每个项目和已识别的风险都是基于一套特定的假想、设想或假设的,当这些假设不成立时,项目活动将难以按照项目计划顺利推进,项目目标会受到影响。假设分析就是通过检验各种条件在项目中的有效性,识别因其中的错误、变化、矛盾或片面性所导致的风险。通常采取风险说明文档对风险进行识别。风险说明文档见表 11.3,它是根据历史相似项目的不确定性编制的问题列表,在使用时还需根据实际情况进行必要的修改。

表 11.3 项目风险说明文档

1. 人员方面	成员到位了吗?经验或技术胜任项目要求吗?分工明确吗?关键人员变动或离开怎么办?员工能够跨职能部门合作吗?
2. 技术方面	项目技术稳定吗?使用过吗?可靠吗?哪里能得到该技术?设计是基于不现实的或乐观的假设吗?测试设备能够在需要的时间内有效工作吗?开发过程拥有程序、方法和工具的支持吗?
3. 管理方面	有明确的授权吗?得到管理层和其他各方支持了吗?项目计划充分吗?利益相关者清楚吗?激励机制健全吗?
4. 资金方面	资金能到位吗?万一不到位怎么办?成本估算可靠吗?有健全的控制成本措施吗?
5. 质量方面	质量在设计阶段充分考虑了吗?出现质量事故有补救措施吗?
6. 物资供应	项目所需物资都具备吗?
7. 合同方面	合同合法吗?权利与义务表述清楚吗?
8. 环境方面	天气对项目有何影响?地理因素对项目有何影响?

11.3.4 识别风险的结果

识别风险的主要输出是建立风险登记册,列出已识别的各个风险。随着风险管理过程的推进,风险登记册的内容会逐步丰富,关于风险发生概率、损失大小和应对措施等信息更加详细。项目团队掌握的有关风险信息增加后,应对风险登记册进行补充和修正。登记册应对已识别的风险尽可能详细地描述,可以采用结构化的方式来描述,例如这样的格式——如果出现某些原因,某事件就可能发生,从而造成什么影响。如某项目中客户需求分析工作正在进行,需求分析师与公司签订的劳动合同期满了,准备离开公司,需求分析工作无人可以接替,将被迫停止一段时间,对项目进度产生很大的负面影响,见表 11.4。

表 11.4 AB 集团 ERP 开发项目初步风险登记册

序号	风险名称	风险描述	风险后果
1	客户项目决策风险	客户决策缓慢,实施中遇到问题无人决策并承担责任	工期拖延
2	网络环境风险	网络环境不稳定导致一段时间内业务不能正常开展	进度拖延
3	网络平台风险	网络平台设计和配置有缺陷,系统在使用过程中出现故障	质量不稳定
4	硬件基础准备不足	计算机、打印机等购置不及时或软硬件配置不能满足系统运行要求	不能正常运行
5	职能部门不配合	职能部门和业务部门没有充分参与	决策周期长
6	组织风险	组织架构发生调整,对系统业务流程造成极大影响	功能不适应需求
7	人员不足风险	客户参与项目的人员被安排其他工作,软件方经常更换顾问,甚至更换项目经理	延期
8	沟通不足	客户与软件商项目小组沟通不充分,需求理解不一致使实施方案有分歧	延期或失败
9	数据准备不到位	客户提供的数据不完整,造成系统初始化不成功或系统运行结果出错	项目延期
10	资金预算	客户预算不足,配套设备采购资金、培训费等不到位	项目停滞

识别风险过程要注意以下几个要点:

(1)关注风险产生的原因而不要局限于风险产生的后果。项目成员知道工期延误是一个重要风险,因为客户会索赔,项目成员应尽快找出导致进度延误的原因,是恶劣天气、运输延迟还是估算进度错误? 只有找出原因才能有效控制风险。

(2)识别风险工作开始时关注对整个项目有影响的风险,主要风险确定后再去识别对某个特定部分有影响的小风险。

(3)项目组织对待风险的态度是决定识别风险成功的重要因素,必须营造风险管理的浓厚氛围,鼓励大家努力找出潜在风险事件,可以设立奖励来激励主动识别风险的人员。

(4) 咨询风险管理以外的部门或专家。
(5) 识别风险应持续进行,并及时更新项目风险登记册。
(6) 关注风险管理的效率与效益,争取以最少的风险管理投入获得最大的回报。

11.4 实施风险分析

风险管理需要消耗一定资源,但项目资源是有限的,项目组织不可能监控和应对每一个风险,而是要选择对项目目标影响大的少数风险作为重点管理对象。这就需要在风险登记册基础上,综合分析各个风险发生的概率和影响,对风险进行优先级排序,去掉那些无关紧要或多余的风险,找出值得关注的风险。一般来看,过程已知的常规项目中,其风险往往容易理解和评估,而在创新性或复杂性项目中不确定性大得多,对风险发生的概率及影响的评估也困难得多。

风险分析包括风险定性分析和风险定量分析。风险定性分析是指通过考虑风险发生的概率,风险发生后对项目目标的影响和其他因素(即费用、进度、范围和质量风险承受度水平),对已识别风险的优先级进行排序的工作。风险定量风险分析是指在风险定性分析以后,再对排序在前面的、具有潜在重大影响的风险进行量化分析的工作,并就风险分配一个数值。

11.4.1 风险定性分析

1. 风险定性分析的程序

风险定性分析(Risk Qualitative Analysis)是按风险对项目目标可能产生的影响对风险进行排序,可以明确特定风险的重要程度,从而指导风险应对计划的制定,并帮助管理者修正项目计划中经常出现的偏差。风险定性分析的程序如下:

(1) 系统研究项目风险背景信息。
(2) 详细研究已辨识项目中的关键风险。
(3) 确定风险的发生概率及其后果。
(4) 做出主观判断。
(5) 排列风险优先顺序。

2. 风险定性分析的方法

风险定性分析的方法主要有风险概率与影响评估、概率影响矩阵、风险数据质量评估、风险分类、风险紧迫性评估、专家判断法。

(1) 风险概率与影响评估。风险概率与影响评估包括风险概率评估和风险影响评估两部分内容。风险概率评估旨在调查每项具体风险发生的可能性。风险影响评估旨在调查风险对项目目标(如进度、成本、范围或质量)的潜在影响,既包括威胁所造成的消极影响,也包括机会所产生的积极影响。对已识别的每个风险都要进行风险概率与影响评估。这项工作可通过挑选对风险类别熟悉的人员(包括项目团队创业和项目外部经验丰富人员),采用召开会议或进行访谈等方式对风险进行评估。

(2)概率影响矩阵。概率影响矩阵是将风险发生概率与风险影响程度两个标度综合考虑的一种方法。该方法通过矩阵的形式表示,并以此为依据评定项目的风险等级,如很低、低、中、高、很高等风险级别。

风险发生概率标度取值范围在 0~1 之间,既可以采用序数标度,如从可能性极低到几乎确定无疑的相对概率值来表示的风险发生概率标度,也可以采用普通标度,如 0.1、0.3、0.5 等,为具体的风险发生概率赋值。

可以用风险影响标度反映某项风险发生后所造成的消极影响,风险影响标度的取值范围在 0~1 之间,取值为 0 表示没有风险损失,取值为 1 表示风险损失最大。同时,风险影响标度(衡量消极影响程度的水平)还可用相对比例来描述,如"很低""低""中等""高""很高",也可采用数字比例为风险影响标度赋值。这些数值可以是线性值,如 0.1、0.3、0.5、0.7、0.9;或非线性值,如 0.05、0.1、0.2、0.4、0.8,非线性值反映了项目组织拒绝高影响风险的愿望。具体标度形式项目风险管理团队可以根据项目实际需要来选择。项目风险影响标度的示例,见表 11.5。表 11.5 示范性地定义了风险对项目四个目标的影响,在风险规划过程中,根据项目具体情况及组织的风险临界值,可以对这些数值进行调整。

表 11.5 项目风险影响标度示例

标度类别 目标	很低 0.05	低 0.10	中等 0.20	高 0.40	很高 0.80
成本	成本增加 不显著	成本增加 小于 10%	成本增加 10%~20%	成本增加 20%~40%	成本增加 大于 40%
进度	进度拖延 不显著	进度拖延 小于 5%	进度拖延 5%~10%	进度拖延 10%~20%	进度拖延 大于 20%
范围	范围缩减 不显著	范围次要 方面缩减	范围主要 方面缩减	范围缩减无法 被发起人接受	项目最终结果 无法使用
质量	质量下降 不显著	仅有个别 质量下降	质量下降需要 发起人审批	质量下降到发起人 不能接受的程度	项目最终结果 无法使用

判断项目的风险影响程度可以从四个方面考虑:①风险影响程度的大小和分布,即风险影响程度的严重程度及其变化幅度,可用数学期望值和方差来表示。②风险影响程度的性质,即风险的影响程度是属于技术性的,还是经济性的或其他类型。③风险的影响程度,即风险会对哪些项目干系人造成损失。④风险影响程度的时间性,即风险是突发的,还是随时间渐进的,以及风险发生持续的时间等。

根据项目的具体情况,由对风险类别熟悉的人员,依据已经确定的风险发生概率和风险影响程度标度,采用召开会议或进行访谈等方式,针对前面识别工作得到的每项风险,首先估算出每项风险发生概率和风险影响程度,然后将两者相乘,得到一个风险值。然后采用风险概率影响程度矩阵的形式,对每项风险的等级进行评定,最终得出每项风险的重要性。表 11.6 为一个典型的概率影响矩阵,深灰色(风险值最大的区域)代表高风险,浅灰色(风险值最小)代表低风险,而白色区域(数值介于最大和最小值之间)代表中等程度风险。通常,由组织在项目开展之前提前界定风险等级评定程序。

表 11.6 概率影响矩阵

概率 \ 影响值	0.05	0.10	0.20	0.40	0.80
0.1	0.005	0.010	0.020	0.040	0.080
0.3	0.015	0.030	0.060	0.120	0.240
0.5	0.025	0.050	0.100	0.200	0.400
0.7	0.035	0.070	0.140	0.280	0.560
0.9	0.045	0.090	0.180	0.360	0.720

风险值可以为风险管理者提供指导,如果风险发生概率较高,且一旦发生会对项目目标产生不利影响,即处于风险概率影响程度矩阵的深灰色区域,可能需要项目组织采取重点措施,并采取积极的风险应对措施;对于处于低风险(浅灰色)区域的风险事件,则只需对其进行观察,并准备额外的应急储备,而无须采取任何其他的积极管理措施。

根据项目组织的偏好,也可以采用如表 11.7 所示的更为简化的概率影响矩阵。

表 11.7 简化的概率影响矩阵

概率 \ 风险级别 影响	低	中	高
低	3	3	2
中	3	2	1
高	2	1	1

标有 1、2、3 的网格分别代表拥有最高、中间和最低的风险级别。此种方法的缺陷是没有揭示风险来源之间的相互关系,但可以作为对次要的和重要的风险进行简单分类的一种改进。

(3) 风险数据质量评估。为了确保风险数据的质量与可信度,需要运用风险数据质量评估方法。作为风险管理效度的技术之一,该方法可以考查项目风险管理团队对项目风险的理解程度,以及风险数据的准确性、质量、可靠性和完整性。如果风险数据质量无法满足项目风险管理团队的使用要求,则需要重新收集质量较高的数据。

(4) 风险分类。项目风险管理团队可按照风险来源、受影响的项目活动或其他分类标准(如项目阶段)对项目风险进行分类,以确定受不确定性影响最大的项目区域。其中,风险来源可使用风险分解结构来识别,受影响的项目活动可使用工作分解结构来确认。根据共同的诱因对风险进行分类有助于集中制定有效的风险应对措施。如按风险因素对投资项目影响程度和风险发生的可能性大小进行划分,风险可分为一般风险、较大风险、严重风险和灾难性风险。

其中,风险分解结构是常采用的简单有效的工具,按照风险类别和子类别来排列已识别的风险,建立一个层级结构,直观地显示潜在风险的所属领域和产生原因。图 11.2 是项目风险分解结构示例,通常已完成项目的风险分解结构可以被同一类新项目在识别风险时作为参考。

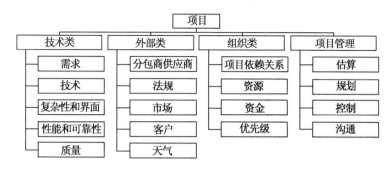

图 11.2 项目风险分解结构示例

(5)风险紧迫性评估。风险紧迫性评估方法主要用于确认那些近期需要采取应对措施的风险,即用于专注近期风险。风险征兆、预警信号和风险等级等均可作为确定风险优先级或紧迫性的指标。通过综合考虑风险紧迫性与风险等级水平(由概率影响矩阵确定)可以得到最终的风险严重性级别。

(6)专家判断法。专家判断法可以利用专家的经验等隐性知识,直观地将项目每一单个风险判断出来,并且给这些单个风险赋予相应的权重(如 0~10 之间的数值,0 代表不存在风险,10 代表风险最大),然后把各个风险进行加权求和,再将结果与风险评价基准进行分析比较。专家判断法常被作为以上的项目风险定性分析技术的替代或补充。

【例 11.1】 假设某项目要经过 5 个工序。表 11.8 的横栏是项目识别出来的前 5 个风险,表的竖栏是项目的 5 个工序。假定项目整体风险评价基准为 0.7。

表 11.8 专家判断法

权重风险工序	费用风险	工期风险	质量风险	组织风险	技术风险	各工序风险权值和
可行性研究	5	7	4	7	8	31
设计	4	6	6	2	7	25
试验	7	3	3	3	8	24
施工	9	7	5	2	2	25
试运行	3	2	2	1	4	12
合计	28	25	20	15	29	117

从表 11.8 可以看出,该项目的实际全部风险权值和是 117,而最大风险权值和就是用表的行数乘以列数,再乘以表中的最大风险权值,上表最大风险权值和为 $5 \times 5 \times 9 = 225$。

因而该项目整体风险水平为:$117/225 = 0.52$。由于 $0.52 < 0.7$,所以该项目整体风险水平可以接受,可以继续下去。

3. 风险定性分析的结果

风险定性分析的工作结果是更新的项目文档主要包括更新的风险登记册和更新的假设条件日志。

(1)更新的风险登记册。风险登记册中主要包括以下内容:

①项目风险的相对排序或优先级清单。

②经过分类处理的风险。
③需在近期采取应对措施的风险清单。
④需进一步分析与应对的风险清单。对那些划归中高级别的风险应作为风险定量分析及采取风险管理活动的主要对象,而对那些潜在风险则应作为进一步监控的对象。
⑤定性分析得出的风险变化趋势。通过循环往复的定性风险分析来判断风险可能呈现的趋势。

风险定性分析后可得出的风险记录模板见表11.9。

表11.9 风险记录模板

风险描述	优先排序	风险类别	近期应对措施	进一步分析	观察清单	变化趋势

(2)更新的假设条件日志。随着定性风险分析产生新信息,假设条件可能发生变化,需要根据这些信息来调整假设条件日志。假设条件可包含在项目范围说明书中,也可记录在独立的假设条件日志中。

11.4.2 风险定量分析

1. 风险定量分析的程序

风险定量分析(Risk Quantitative Analysis)是在不确定情况下进行决策的一种量化的方法。风险定量分析的目标是量化分析每种风险的概率及其对项目目标造成的后果,同时也分析项目总体风险的程度。风险定量分析的程序如下:

(1)系统研究项目风险背景信息。
(2)确定风险评价基准。风险评价基准是针对项目主体每一种风险后果确定的可接受水平。风险的可接受水平是绝对的,也是相对的。
(3)使用风险评价方法确定项目整体风险水平。项目风险整体水平是综合了所有单个风险之后确定的。
(4)使用风险评价工具挖掘项目各风险因素之间因果联系,确定关键因素。
(5)做出项目风险的综合评价,确定项目风险状态及风险管理策略。

2. 风险定量分析的方法

定量风险分析的技术主要有盈亏平衡分析、敏感性分析、概率分析、决策树法、层次分析法和模拟法等,具体如下:

(1)盈亏平衡分析。各种不确定因素的变化会引起评价指标的改变。当这些因素的变化达到某一临界值时,就会引起质的变化,从而影响到方案的取舍。盈亏平衡点正是这样的临界点,盈亏平衡分析的目的也正是要找出这种临界值,为决策提供依据。

(2)敏感性分析。在建设项目中,敏感性分析主要用于评估确定型风险变量对项目目标的影响,敏感程度或敏感性是指由于特定因素或变量(比如某一材料价格变动)的变化而引起的评估目标(比如项目成本、工期或质量标准)的变动幅度。如果这一因素在一定范围内变动但不对评估目标造成变化,这一因素就可以被认为对评估目标是弱敏感性因素,反之为强敏感性因素。例如,工程建设项目中,建筑材料的价格、人工成本等风险因素将会对项目成本和工期等产生影响,但上述风险因素的变化对项目成本、工期的影响幅度是不同的。敏感性分析可以帮助人们确定评估对象对哪个变量或因素的变化最为敏感,哪个其次,从而可以排出各种因素对项目目标的敏感性顺序,敏感性强的因素将给项目带来更大的风险。

一般在项目决策阶段的可行性研究中使用敏感性分析较为常见。使用这种方法,能向决策者简要的提供可能影响项目目标变化的主要因素及其影响的重要程度,使决策者可以优先考虑某种最敏感因素对项目的影响。

(3)概率分析。所谓概率分析,是指用概率来分析、研究不确定因素对指标效果影响的一种不确定性分析。具体而言,是指通过分析各种不确定因素在一定范围内随机变动的概率分布及其对指标的影响,从而对风险情况做出比较准确的判断,为决策提供更准确的依据。

(4)决策树法。决策树法是一种直观运用概率分析的图解方法,它具有层次清晰、不遗漏、不易错的优点。一个工程项目可能会发生各种各样的情况,在已知各种情况发生概率的条件下,通过构成决策树来评估项目风险、判断项目的可行性是十分有效的。决策树法还被广泛应用于不同方案的决策,它不仅可以用来解决单阶段的决策问题,而且可以解决多阶段的决策问题。

决策树的结构比较简单,一般由决策点、机会点、方案枝和概率枝组成。以方块表示决策点,然后由决策点后引出若干条直线代表各种不同的情况或备选方案,通常称之为方案枝;方案枝后连接一个圆圈,称之为机会点;机会点后引出若干直线,称之为概率枝,代表不同的状态;在概率分支的末端列出各方案在不同状态下的损益值。如此连接而形成的一种树状结构就是决策树。利用决策树将不同的风险因素分解开来,逐项计算其概率和期望值,就可以容易地进行风险评估和不同方案的比选。

(5)层次分析法。层次分析法(Analytic Hierarchy Process,AHP)是美国数学家 T. L. Saaty 教授于 1980 年在他的《层次分析法 AHP》一书中第一次提出来的。它是一种灵活、实用的多目标决策方法,能把主、客观因素有机地结合起来。这种方法也可有效地应用在风险分析和评估方面。

层次分析法的理论核心是将一个复杂的系统(如项目风险管理目标)分解为若干个组成部分或因素(比如各种施工活动、项目风险因素)。这些因素按属性不同分成若干组,每个因素又受到一系列子因素的影响。根据目标、因素及子因素相互间的支配关系构成一个递阶层次结构。这种递阶层次结构可以清楚地揭示各个因素性质及相互之间的关系,对于综合评估目标有重大意义。如果这些子因素是各种风险因素,这个层次结构图便成为一个风险层次结构图。在层次模型中,自上而下通常包括目标层、准则层、指标层和方案层等。目标层反映的是最终需要完成的目标,如需要完成不同施工方案风险程度的评估或者是在几个方案中选择最好的方案等,都可以作为层次分析的目标;准则层是用以判别目标结果的标准;指标层反映的是参与评估的各种风险因素等。除了常见的几个层次外,层次尚可以进一步划分,一般情况下,上一个层次可以作为下一个层次的准则层,而下一个层次均可作为上一个层次的指标层。在层次分析法中,风险层次递阶模型构造的是否合理准确,是分析能否成功的关键。

(6)模拟法。模拟法是一种通过模仿实际运行情况,对复杂系统进行研究的一种手段。模拟法一般通过多次改变参数得到项目风险模拟结果,分析模拟结果的统计分布特征,并以此作为项目风险的估算。

项目模拟时一般采用蒙特卡洛模拟法进行。蒙特卡洛模拟法又称统计试验法,是通过对随机变量进行统计试验和随机模拟的一种方法。蒙特卡洛模拟法是用随机抽样的方法抽取一组满足输入变量的概率分布特征的数值,输入这组变量计算项目风险范围的可能性,通过多次抽样计算可获得项目目标的概率分布,计算项目整体风险的程度,从而估计项目所承担的风险。应用蒙特卡洛模拟法的优点是:只要能正确地用数学式描述项目风险发生的概率,原则上都可以找到相应的解,通过计算机的多次模拟试验,最终将会取得满意的结果。蒙特卡洛模拟的一般步骤如下:

①通过敏感性分析,确定风险变量。
②构造风险变量的概率分布模型。
③抽取随机数作为输入变量。
④将抽样的随机数作为输入变量的抽样值。
⑤将抽样值作为项目整体风险的基础数据。
⑥根据基础数据计算出目标值。
⑦整理模拟结果,确定最大值、最小值、平均值、标准差、方差、偏度等,通过分析这些信息,为决策提供依据。

3. 风险定量分析的结果

实施定量风险分析后,项目风险登记册仍需进行更新,其中可能会更新的内容包括:

(1)不确定性条件下的项目储备分析。按基于风险概率的项目潜在进度与成本的预算结果,列出可能的项目工期与成本及相应的置信水平,并结合项目干系人的风险承受水平来量化应急储备金。

(2)项目目标实现的概率。

(3)量化的风险优先级清单。通过风险定量分析得到的项目的风险清单包括对项目造成重大威胁的风险、需要分配最高额度应急储备金的风险、最可能影响关键路径的风险等。

(4)项目风险变化趋势。通过循环往复的定量风险评估来判断项目风险可能呈现的趋势。

11.5 规划风险应对

11.5.1 规划风险应对的含义

规划风险应对(Plan Risk Responses)是依据识别风险、项目风险分析的工作结果,提出项目风险的处理意见和办法的过程。即针对项目目标制定提高机会降低威胁的方案和措施,根据风险的优先级制定切实可行的应对措施,减少风险事件发生的概率及降低损失程度。应对措施应指定责任人具体负责,并把风险管理所需资源和活动纳入项目成本预算、进度计划和项目管理计划。风险应对措施必须与风险的重要性匹配,既能有效地应对挑战又切实可行,并得到主要干系人的认可。在条件允许的情况下,尽可能制定多个备选方案,以便及时选择最佳的应对措施。在项目开始之前投入风险应对的努力越多,就越有可能让项目意外降到最少。

11.5.2 规划风险应对的依据及过程

规划风险应对的主要依据是项目风险管理计划、项目风险优先级、项目组织抵抗风险的能力、可供选择的项目风险应对措施及项目风险的责任归属等。操作过程包括以下主要环节：

(1) 确认风险识别和风险评价结果。
(2) 分析项目内外部各种条件。
(3) 分析可用于处理各种风险的资源和能力。
(4) 设定风险处理后应达到的目标。
(5) 针对不同风险拟定多种应对策略备选方案。
(6) 比较各种方案代价与效果并做出选择。
(7) 执行风险应对方案。

11.5.3 规划风险应对的处理策略

规划风险应对中针对风险的处理策略有四种，即规避、减轻、转移和接受。

1. 风险规避

风险规避是指项目团队采取行动来消除威胁，或保护项目免受风险的应对策略。通常包括改变项目管理计划，以完全消除威胁。项目经理也可以把项目目标从风险的影响中分离出来，或者改变受到威胁的目标，如延长进度、改变策略或缩小范围等。最极端的规避策略是关闭整个项目。在项目早期出现的某些风险，可以通过澄清需求、获取信息、改善沟通或取得专有技能来加以规避。

2. 风险减轻

风险减轻是指项目团队采取行动降低风险发生的概率或造成的影响的风险应对策略。它意味着把不利风险的概率或影响降低到可接受的临界值范围内。提前采取行动来降低风险发生的概率和可能给项目造成的影响，比风险发生后再设法补救，往往会更加有效。减轻措施包括采用不太复杂的流程，进行更多的测试，或者选用更可靠的供应商等。它可能需要开发原型，以降低从实验台模型放大到实际工艺或产品过程中的风险。如果无法降低风险概率，也可以从决定风险严重性的关联点入手采取减轻措施。例如，在一个系统中加入冗余部件，可以减轻主部件故障所造成的影响。

3. 风险转移

风险转移是指项目团队把威胁造成的影响连同应对责任一起转移给第三方的风险应对策略。转移风险是把风险管理责任简单地推给另一方，而并非消除风险。转移并不是把风险推给后续的项目，也不是未经他人知晓或同意就把风险推给他人。采用风险转移策略，几乎总是需要向风险承担者支付风险费用。风险转移策略对处理风险的财务后果最有效。风险转移可采用多种工具，包括(但不限于)保险、履约保函、担保书和保证书等。可以利用合同或协议把某些具体风险转移给另一方。例如，如果买方具备卖方所不具备的某种能力，为谨慎起见，可通过合同规定把部分工作及其风险转移给买方。在许多情况下，成本补偿合同可把成本风险转移给买方，而总价合同可把风险转移给卖方。

4. 风险接受

风险接受是指项目团队决定接受风险的存在，而不采取任何措施（除非风险真的发生）的风险应对策略。这一策略在不可能用其他方法时使用，或者其他方法不具经济有效性时使用。该策略表明，项目团队已决定不为处理某风险而变更项目管理计划，或者无法找到其他合理的应对策略。该策略可以是被动的，也可以是主动的。被动地接受风险，只需要记录本策略，而无须采取任何其他行动，待风险发生时再由项目团队处理。不过，需要定期复查，以确保威胁没有发生太大的变化。最常见的主动接受策略是建立应急储备，安排一定的时间、资金或资源来应对风险。

上述四种应对策略，每种风险应对策略，对风险状况都有不同且独特的影响，要根据风险的发生概率和项目总体目标的影响选择不同的策略。规避和减轻策略通常适用于影响较大的严重风险，而转移和接受则更适用于影响较小的低风险。通常用规避、减轻、转移这三种策略来应对威胁，或可能给项目目标带来消极影响的风险。第四种策略即接受，既可用来应对消极风险或威胁，也可用来应对积极风险或机会。

11.6 控制风险

项目的风险是发展和变化的，在人们对其进行控制的过程中，这种发展与变化会随着人们的控制活动而改变。就算最彻底和最复杂的分析也不可能准确识别所有风险以及其发生概率，理解这一点是很重要的。应该在项目生命周期中，实施项目管理计划中所列的风险应对措施，还应该持续监督项目工作，以便发现新风险、风险变化以及过时的风险。

11.6.1 控制风险的含义

控制风险（Control Risk）是指根据项目的风险管理计划，对整个项目进程中的风险事件实施的控制活动。其目标是最大限度地降低风险事故发生的概率和减少风险损失。控制风险的流程如图11.3所示。

1. 建立项目风险控制体系

在实施项目风险控制之前，要根据项目风险识别和项目风险评估在的结果，制定出项目风险控制的体系，从而使项目风险控制更加程序化。项目风险控制体系包括项目风险控制的目标、项目风险控制的程序、项目风险信息报告制度、项目风险控制决策制度以及项目风险控制的计划和方案。

2. 确定项目要控制的风险事件

在项目风险中，不是所有的风险都要加以控制。通常根据项目风险事件发生的概率、风险后果的严重性以及项目团队风险控制的资源来确定在要控制的风险事件。

3. 落实项目风险控制的责任

需要实施控制的项目风险应该落实到具体的负责人员身上，这些人员必须对自己控制的风险负相关的责任。

4. 实施和跟踪项目风险的控制

根据项目控制的目标和计划对项目风险实施控制，通过跟踪项目风险活动来反馈项目控制的成效，从而进一步指导项目控制方案的具体实施。

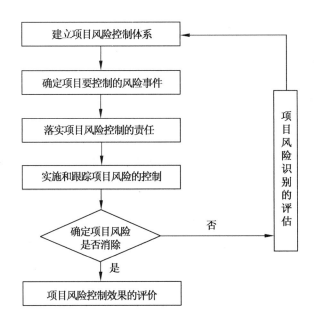

图 11.3 项目风险控制流程图

5. 确定项目风险是否消除

根据项目风险控制的目标来确定项目风险是否已经消除。如果项目的风险已经消除,则风险控制工作结束;如果项目的风险没有消除,则需要对该风险实施新一轮的控制。

6. 项目风险控制效果的评价

项目风险控制效果的评价是对项目风险控制的效果进行的科学评价,主要对项目风险控制技术的实用性以及项目风险控制收益的分析和评价。

11.6.2 控制风险的依据

1. 项目风险管理计划

它是项目管理计划中的一项重要计划。其为控制风险工作提供指南。

2. 工作绩效信息

风险管理工作相关的工作绩效信息,包括可交付成果的状态,进度,进展情况,已经发生的成本等。要将工作绩效信息随时与项目管理计划进行对比分析,产生的偏差是最常见的风险征兆。

3. 批准的变更申请

工作方法、合同条款、成本或工期、质量标准等方面的变更,又可能引起新的风险,或者引起已经识别风险的变化,因此需要对这些变更进行分析,评估其引起连锁反应的风险因素。

4. 风险登记册

风险登记册中包括已识别的风险、风险责任人、商定的风险应对措施、具体的实施行动、风险征兆和预警信号、残余风险和次生风险、低优先级风险观察清单以及时间和成本应急储备。

11.6.3 控制风险的工具和技术

控制风险的工具和技术有以下几种：

1. 核对表

在项目风险的控制过程当中，运用核对表可以明确地显示出项目的进展情况和项目风险的预计情况。从而更有效地进行项目风险控制。

2. 定期项目评估

风险等级和优先级可能会随项目生命周期而发生变化，而风险的变化可能需要新的评估或量化，因此，项目风险评估应定期进行。实际上项目风险应作为每次项目团队会议的议程。

3. 挣值分析

挣值分析是按基准计划费用来监控整体项目的分析工具。此方法将计划的工作与实际已完成的工作比较，确定是否符合计划的费用和进度要求。如果偏差较大，则需要进一步进行项目的风险识别、评估和量化。

4. 附加风险应对计划

如果新的风险事件出现，或者项目风险事件后果比预期的严重，则事先计划好的应对措施可能不足以应对，因此有必要重新研究应对措施。

5. 独立风险分析

项目办公室之外的风险管理团队比来自项目组织的风险管理团队对风险的评估更独立，公正。

11.6.4 控制风险的结果

1. 新的项目风险应对措施

在项目风险的控制过程中，可能会采用事先没有计划好的应对措施，这些风险应对措施，应编制到项目风险管理计划中，为管理以后可能出现的风险提供参考。

2. 变更请求

实施应急计划时，常会导致项目风险管理计划的变更，此时就要提交变更请求。

3. 控制风险活动

控制风险活动是指按照事先做好的风险管理计划，风险应对计划等对项目的风险活动进行控制管理。

【思考与练习】

1. 什么是风险？风险的特点有哪些？
2. 什么是项目风险？项目风险管理包括哪些过程？
3. 识别风险的方法有哪些？
4. 项目风险应对措施有哪些？如何加以应用？
5. 简述控制风险的依据和步骤。

【模拟练习】

1. 结合项目的实例背景，设计一份风险调查表，用来识别项目的潜在风险。

2. 利用课余时间,考察 IT 行业,分析什么是 IT 项目失败的原因,哪些是主要的风险因素? 写一份有关 IT 项目的风险来源和应对措施的报告。

【案例讨论】

如何识别 IT 项目中的风险

最近,小王承担了他们单位地理信息系统。Web 平台的开发工作,公司新聘了五人,组成了一个开发团队来开发,小王担任了该团队的项目经理。该地理信息系统平台是为行业定制的,整个架构采用目前流行的 B/S 架构,主要由界面层、图形层和数据层组成。这是一个专业性很强的项目,可能要用到专门的开发技术。用户认为这是一个行业软件,对他们的业务需求描述得很模糊,能满足日常工作需要即可,其他特定的功能,可以在开发过程中进行补充。项目组新增了两名这方面的技术高手,但是这两人现在仍在外地实施别的项目,还没确定何时能到本项目组,小王对此感到很苦恼。另外,由于数据采集和系统测试的设备和配套软件,也需要在公司的另一个项目结束后才能使用。小王知道在项目实施时必须进行风险管理,研究了其他类似项目的实施材料,制定出了一系列的风险应对措施。

问题:
(1) 如何识别 IT 项目中的风险?
(2) 针对项目开发中存在的技术风险应该如何应对?

第 12 章　项目收尾与项目后评价

【学习目标】

1. 掌握项目收尾的含义及方法；
2. 了解项目验收含义及内容；
3. 掌握项目清算与项目交接的关系；
4. 掌握项目后评价的含义及内容；
5. 掌握项目后评价与可行性研究的关系；
6. 了解项目后评价报告的主要内容。

12.1　项目收尾

12.1.1　项目收尾的含义

中国有一句农业谚语，"编筐编篓，贵在收口"。在项目管理实践中，项目收尾就好像编箩筐中收口的意义，它是项目生命周期的最后一个阶段。当项目的所有目标工作均已完成，或者虽未完成，但由于某种原因而必须终止时，项目就进入了收尾阶段。项目收尾阶段的工作主要目的是确认本次项目实施的结果，实现项目的各方利益，总结本项目中的经验教训，以期改善未来项目的工作绩效。此阶段工作任务是采取各种适当措施以保证项目妥善结束。

12.1.2　项目收尾工作的重要性

项目的成功结束标志着项目计划任务的完成和预期成果的实现。没有项目结束阶段的工作，项目成果就不能正式投入使用，不能生产出预期的产品或服务；项目干系人也不能终止他们为完成项目所承担的责任和义务，也无法从项目中获益。因此做好项目结束阶段的工作对项目的各参与方都是非常重要的，项目参与各方的利益在这一阶段相对也存在较大的冲突。项目进入收尾期后项目成员的注意力常常已开始转移，加上这一阶段的工作往往又是烦琐零碎、费时费力的，容易被轻视和忽略，所以更需要特别强调其重要性。

成功的项目应当以某种类型的庆祝活动作为结束，这种庆祝活动可以是非正式的，如工作完成后项目成员内部的庆祝晚宴；也可以是比较正式的活动，如有客户代表参加的庆功酒会等；如果是重要的大型项目，还可以举办有领导出席的隆重的庆典仪式和颁奖会，在会上为项目的执行者授予奖品和颁发荣誉证书，并可通过新闻媒介进一步扩大项目的社会影响，对项目各方都能起到很好的宣传和广告作用。

12.1.3 项目收尾的主要方法

由于项目进入收尾阶段后的工作往往十分烦琐细碎而使人缺乏兴趣,同时一部分项目成员的注意力可能已经转移到新的项目中去,一部分项目成员则可能由于任务的结束而面临不确定的未来,产生失落或恐慌情绪,或者不愿意终止由此建立的个人地位和职业关系,因而不希望项目结束。这些情况可能使项目的结束工作遇到很多困难,因此,需要一些行之有效的做法来保障项目的妥善结束。

1. 完成计划内任务

结束一个项目首先要求做到完成所有列入目标计划的工作,获得所有必需的认可和批准,并对工作成果符合预期要求的程度做出评价。按部就班地完成项目进度计划表上的所有任务,及时评价工作效果的满意度,对发生的各种偏差做出修正,是对项目进入结束阶段时一切工作能够井然有序顺利收尾的保证。

2. 为项目收尾做详细计划

项目的收尾在某种意义上应当以一个独立进行的子项目来执行。所有未被调离的项目成员应当被召集起来共同拟定一份详细的项目终止计划,对目标、活动及相关资源分配等做出合理的计划和安排,以顺利完成结束项目的任务。建议制订一份列出所有已完成和应当完成的工作的项目结束备忘录,以便对照检查为结束项目而需要的一切事项是否准备就绪。这些检查项应当包括:①必须交付的产品或成果;②必须通过的验收或测试;③必须获得的认可或批准;④必须编写的报表、报告或存档的其他书面材料;⑤必须重新分配的项目资源;⑥必须处理的其他行政事务。

项目结束备忘录上所开列的每一个检查项的工作都应当被明确分配给具体的责任人员,以确保该项工作得到落实。

3. 保持团队稳定

项目进入结束阶段后,更需要采取措施保持项目团队情绪的稳定和精神的振作。可行的办法如下:

(1) 召集团队开会,重申成功完成整个项目的目标与使命,以及当前阶段工作的重要意义;重新明确每个人的任务,有针对性地做好团队成员的思想工作。

(2) 不断使团队的注意力集中于最终成果的价值和重要性上。

(3) 密切监控结束阶段工作的执行情况,并向每位团队成员提供相关的反馈信息;加强成员间的及时沟通和交流。

(4) 尽可能为每位项目成员做一份书面的员工绩效评估书,说明个人对于项目执行成果的获得做出了怎样的贡献,如何扩展自己的经验和知识,还有哪些方面尚需改进和提高。这份评估书应当归档并给当事人的直接上级主管提供备份。

(5) 组织一些鼓舞人心的小型庆祝活动。

4. 做好保障工作

在开始着手结束项目之前,应当确保作为前提条件的各项先行工作都已就绪。事实上,在准备和执行项目计划时就应当为项目的结束预先奠定基础。在一开始的项目计划中就必须完整清楚地描述项目目标,并规定好所有相关的目标度量标准和规范。在项目的运行过程中,应当随时跟踪记录各项工作的进展以及内外部条件的变化情况,并保存好这些资料,以备在项目结束时作为收尾工作的参照依据和比较基数。同时,项目计划中应当包括项目的终止计划,为结束项目必须完成的所有工作都要明确地列入项目工作明细表中,并分配合理充分的时间、人力和资源。总之,周密制订并得到良好执行的计划是做好项目结束工作的保障条件。

5. 处理行政问题

为了结束项目,必须处理许多程序上或者法律上要求的行政问题。包括:①获得所有必需的认可和批准;②调解矛盾冲突;③整理好有关的档案资料。

6. 做好人员管理工作

项目的所有工作都要靠人来完成,项目成员的工作态度和工作效率是决定项目执行成效的关键。因此,在项目结束阶段,必须使得每一个团队成员都明确当前的目标与任务,自己的责任和权限,并帮助他们保持团结一致的工作和热情。建议考虑以下做法:感谢与表扬和妥善安排人事变动。

7. 项目结束

当项目目标已经实现,项目全部计划任务都已经完成后,向整个团队正式宣布项目结束(例如,可以采用庆祝活动的方式)是非常重要的,这可以让项目成员明确意识到自己的努力终于获得了成果,从而享受到成功的愉悦感,并可以从中受到激励,增长自信。在一个小项目中,可能每个成员都很清楚项目何时结束以及所取得的成果,但相对于一个大型、长期、涉及面广和结构复杂的项目来说,许多项目早期和中期的参与人员可能没有机会看到他们工作最后产生的实际成果,所以,请务必花费一些时间让人们能够了解到自己付出的努力的实际意义,没有比这更能激发人的积极性的事情了,人们将因此得到持续的和高品质的支持。

12.2 项目验收

在项目合同到期时,组织项目验收。项目验收是全面考核项目各项成果的一个重要环节。通过项目验收工作可以检查项目是否合乎规划计划(方案)中的各项要求,项目的目标是否达成,项目地各项成果是否满足标准。验收通过是项目成果转入运转使用阶段或能够发挥有效作用的一个重要标志。

12.2.1 项目验收的含义及分类

1. 项目验收的含义

项目验收又称项目范围确认或移文,是指项目结束或项目某一阶段结束时,项目团队将其成果交付给接收方以前,项目接受方会同项目团队、项目监理等有关方面对项目的成果进行审查,查核项目计划或合同规定范围内的各项工作成活动是否已经完成,应交付的成果是否令人满意。项目验收情况应记录在案,并经过验收各方的签字确认,形成文件。

2. 项目验收的分类

按项目验收的目的、范围和内容等不同,项目验收有以下几种分类:

(1)按项目的目的,可分为合同期验收、中间验收和竣工验收。

①合同期验收。项目团队根据项目目标、范围、资源等编制出项目进度、质量、预算等

计划文件,由项目业主对这些计划文件进行验收,再签订具有法律效力的合同,以此作为项目启动的依据和项目完成后进行评价的标准。

②中间验收。它是指在项目实施的过程中,由项目业主、项目团队、监理部门等根据项目的进度情况进行跟踪检查,以保证项目在规定的时间和预算内达到项目目标。

③竣工验收。它是指项目基本完成,在正式交付使用前,项目有关各方对项目工作成果进行审查和验收,也是项目的总体验收。

(2)按项目验收的范围,可分为部分验收和全部验收,对于工程项目又可分为单项验收和整体验收。

①部分验收。它是指项目取得阶段性成果后,由项目接收方对这一阶段性成果进行检验。部分验收可以为总体验收奠定基础。一般由项目承担方向验收方发出验收申请,整理文件与技术资料,由验收单位按合同和各种相关标准进行验收。

②全部验收。它是指项目全部完成后,对取得的成果进行全面、综合的考核,以便为项目的终结做出合理的结论。所有的项目都要经过全部验收的环节。

(3)按项目的类型,可分为投资建设项目验收、生产性项目验收、R&D 项目验收、系统开发项目验收和服务性项目验收等。

(4)按项目验收的内容,可分为质量验收和文件验收。

12.2.2 项目验收的范围及结果

1. 项目验收范围

项目验收范围是指项目验收的对象中所包含的内容以及涉及的方面,即项目验收时,对验收对象的各个构成部分,相关的内容以及形成的无形成果进行验收。项目验收的范围依据项目合同标准以及项目成果的实际状况确定。

2. 项目验收的方法

根据项目的类型、特征,项目验收方法主要有观测法、试生产法、试运行法、性能指标检验法以及技术指标、经济效益与社会效益的考核等多种验收方法。

3. 项目验收的结果

在项目验收完成后,对于符合合同条款及法律法规和项目目标规定的有关标准的项目,项目承担方与项目接收方需在标准的文字上签字确认。对于投资建设项目,一般在验收合格时要签署竣工验收鉴定书。竣工验收鉴定书表示项目已经竣工,是交付使用的依据。其内容一般包括项目名称,地点、验收委员会成员、项目总说明、设计文件、成果鉴定(包括质量成本与进度)、验收记录、验收结论等。

12.2.3 项目验收的组织与程序

1. 项目验收的组织

项目验收的组织是指对项目成果进行验收的组织成员及其组织,一般由项目承担方、项目接收方和项目监理人员构成,也可以邀请有关专家参加。对于一般的小型项目,可以只由项目接收方验收,对于内部项目也可以由项目负责人或者其上级部门验收。

2. 项目验收的程序

项目验收工作,根据项目类型、大小,其验收程序也会有所不同。但是一般应由以下几个过程组成：

（1）项目验收的前期准备。主要包括细致的收尾工作、项目验收材料的准备、自检和提出验收申请几个过程。

（2）验收方的正式验收工作。主要包括成立验收组织、材料验收、现场实际验收、正式验收。若验收通过则签发验收合格证书，办理项目成果移交。

12.2.4 项目验收的内容

项目验收的内容包括项目质量验收和项目文件验收。

1. 项目质量验收

质量验收是依据质量计划中的范围划分、指标要求和采购合同中的质量条款，遵循相关的质量检验评定标准，对项目的质量进行质量认可和办理验收交接手续的过程。质量验收是项目接收方控制项目成果最终质量的手段，也是项目实体验收的最重要内容。质量验收不仅在项目收尾时发生，在项目的每一个阶段都可以有质量验收的活动。即质量验收是质量的全过程验收，贯穿项目生命周期全过程。

项目概念阶段的质量验收主要是检查项目进行可行性研究和机会研究时是否收集到足够多的和准确的信息；使用的方法是否合理；项目评估是否科学；评估的内容是否全面；是否考虑了项目的进度、成本与质量三者之间的制约关系；对客户的需求是否有科学、可行、量化的描述；对项目的质量目标与要求是否做出整体性、原则性的规定和决策。

项目规划阶段的质量验收主要是检验项目目标定位是否准确、描述是否清晰；范围规划是否全面，使用的工具和技术是否科学；工作分解是否细致、工作排序是否符合逻辑性和最优化思想、工作延续时间估计是否准确；进度安排是否合理；资源计划涉及的内容是否考虑全面、费用估计的依据是否可信、费用预算是否精确；质量计划的标准和规划是否实际可行、质量保证是否完善。

项目实施阶段的质量验收要根据范围规划、工作分解和质量规划对每一道工序进行单个评定和验收，包括采购规划、招标采购的实施、合同管理基础、合同履行和收尾、实施计划、安全计划、项目进展报告、进度控制、费用控制、质量控制、安全控制、范围变更控制、生产要素管理及现场管理与环境保护等。

项目收尾阶段的质量验收，也即项目终结阶段的质量的验收，是项目质量的最后把关，关系到项目能否顺利交接及能否进入正常使用阶段。这个时期的质量验收如果不严格检验，将有可能使不合格的成果进入到后期使用中，会造成许多麻烦和不良影响。因而这阶段的质量验收，无论对项目团队还是对项目接受方都是非常重要的。收尾阶段的质量验收要以项目规划阶段制定的"项目竣工质量验收评定的范围、标准与依据"为准。收尾阶段项目验收的结果将产生质量验收评定报告。

项目质量验收的方法根据项目阶段的不同、项目类型的不同而不同，如在项目概念、规划等阶段，质量验收多采用审阅的方法，主要是对项目的文件进行审阅。对于一般项目通常采用文件审阅、实物观测、性能测试或进行特殊试验等方法。对于大型投资建设项目，除采用一般项目的验收方法外，还要进行试生产等验收。

2. 项目文件验收

项目文件是项目整个生命周期的详细记录，是项目成果的重要展示形式，项目文件既作为项目评价和验收的标准,也是项目交接、维护和后评价的重要原始凭证。因而,项目文件在项目验收工作中起着十分重要的作用。在项目验收过程中,项目验收方只有在对资料验收合格后,才能开始项目竣工验收工作。由此可见,项目资料验收是项目竣工验收的前提。

项目的不同阶段,形成文件的内容也不同,项目管理者应根据合同中有关资料的条款要求,结合国家关于项目资料档案的法规、政策性规定及国际惯例等做好各阶段项目文件的形成及归档工作,以便在项目终结时提供真实、全面、规范的项目文件档案。

项目文件验收应移交、归档的资料包括以下内容:项目背景概况;项目目标文件;项目可行性及项目方案论证报告;项目工作结构分解图;项目范围、进度、质量、费用、采购规划;项目采购合同的招投标书及合格供应商资料;项目进度报告、质量记录、会议记录、备忘录、各类通知等;项目各种变更控制申请及签证;项目竣工报告及竣工图;项目验收报告;项目评审报告;项目交接报告;项目后评价资料。

项目文件验收的程序如下:项目团队依据项目进行的不同时期,按合同条款有关资料验收的范围及清单,准备完整的项目文件。文件准备完毕后,由项目经理组织项目团队进行自检和预验收。合格后将文件装订成册,按文档管理方式妥善保管,并在项目终结阶段送交项目验收方进行验收。

项目验收班子在收到项目团队送交的验收申请报告和所有相关的项目文件后,应组织人员按合同资料清单或档案法规的要求,对项目文件进行验收、清点。对验收合格的项目文件立卷、归档;对验收不合格或有缺损的文件,要通知项目团队采取措施进行修改或补充。只有项目文件验收完全合格后,才能进行项目的整体验收。

当所有的项目文件全部验收合格时,项目团队与项目接收方对项目文件验收报告进行确认和签证,形成项目文件验收结果。

12.2.5 项目清算与项目交接

1. 项目清算

项目清算是非正常的项目终止过程。尽管项目各参与方无不希望项目能够成功实现目标,但仍应清醒地认识到项目确实存在失败的可能。由于种种原因,某些项目可能在未完成时就被迫终止,这种情况下就要以清算方式来结束项目。项目清算是项目结束的另一种结果和方式,是对失败的、无果而终的项目的终止程序,相对于正常的项目结束而言是非正常的项目终止过程。

导致项目清算的原因与条件包括但不仅限于以下内容:

(1)项目概念阶段决策失误。

(2)项目规划阶段设计中出现技术方向性错误。

(3)项目实施中出现重大质量事故,项目继续运作的经济或社会价值基础已经不复存在。

(4)项目实施管理中存在严重问题导致项目任务无法完成或目标价值无法有效实现。

(5)虽然项目顺利地进行了交接,但在项目试运行过程中发现项目的技术性能指标或经济效益指标无法达到项目概念设计时的标准,项目的经济或社会价值无法实现。

(6)因为资金近期无法到位并且无法确定可能到位的具体期限,项目出现烂尾。

项目清算主要以合同为依据。对于中途清算的项目,项目业主应该依据合同中的有关条款,成立由各项目参与方联合参加的项目清算工作小组,依合同条件进行责任确认、损失估算、索赔方案拟定等事宜的协商。协商达成协议后形成项目清算报告,由合同各方联合签证生效。协商不成则按合同约定将问题提交仲裁解决,或考虑向有管辖权的法院提起诉讼。

2. 项目交接

项目交接又称为项目移交,是指在项目完成和通过验收之后,项目业主与项目承揽方之间进行项目成果所有权移交的过程。

项目能否顺利移交取决于项目是否顺利通过了竣工验收。在项目收尾阶段,主要工作由项目竣工、项目竣工验收和项目交接等三项组成。他们三者之间紧密联系,但三者又是不同的概念和过程。项目竣工是对项目团队而言的,它表示项目团队按合同完成了任务并对项目的有关质量和资料等内容进行了自检;项目的工期、进度、质量、费用等均已满足合同的要求。只有当项目质量和资料等项目成果完全符合项目验收标准,达到要求,才能通过验收。当项目通过验收后,项目团队将项目成果的所有权交给项目接收方,这个过程就是项目交接或项目移交。项目交接完毕,项目接收方有责任对整个项目进行管理,有权力对项目成果进行使用。这时,项目团队与项目业主的项目合同关系基本结束,项目团队的任务转入对项目的保修阶段。由此可见,项目竣工验收是项目交接的前提,项目交接是项目收尾的最后工作内容,是项目管理的完结。项目竣工、项目竣工验收与项目交接三者的关系如图12.1所示。

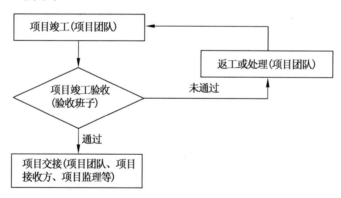

图12.1 项目竣工、项目竣工验收、项目交接关系图

12.3 项目后评价

项目后评价于19世纪30年代产生于美国,对项目进行后评价是为了确定项目预期目标是否达到,主要效益指标是否实现;查找项目成败的原因,总结经验教训,及时有效地反馈信息,提高未来新项目的管理水平,为项目投入运营中出现的问题提出改进意见和建议,达到提高投资效益的目的。后评价具有透明性和公开性,能客观、公正地评价项目活动成绩和失误的主客观原因,比较公正地、客观地确定项目决策者、管理者和项目成员的工作业绩和存在的问题,从而进一步提高他们的责任心和工作水平。

12.3.1 项目后评价的概念及作用

1. 项目后评价的概念

项目后评价是指在项目建成运行并达到设计能力后,通过对项目前期工作、项目实施、项目运营情况的综合研究,衡量和分析项目的实际情况及与预测情况的差距,确定有关项目预测和判断是否正确并分析其原因,从项目完成过程中吸取经验教训,为今后改进项目准备、决策、管理、监督等工作创造条件,并为提高项目投资效益提出切实可行的对策措施。

2. 项目后评价的作用

项目后评价的作用主要表现在以下几个方面:

(1) 总结项目管理的经验教训,提高项目管理的水平。

(2) 提高项目决策科学化的水平。

(3) 为国家投资计划、政策的制订提供依据。

(4) 为银行部门及时调整信贷政策提供依据。

(5) 可以对企业经营管理进行"诊断",促使项目运营状态的正常化。

通过投资项目后评价可以达到肯定成绩、总结经验、发现问题、吸取教训,提出建议、改进工作的目的,对不断提高项目管理决策水平和投资效果具有重大意义。

12.3.2 项目后评价与可行性研究的比较

1. 相同点

(1) 性质相同,都是对项目生命周期全过程进行技术、经济论证。

(2) 目的相间,都是为了提高项目的效益,实现经济、社会和环境效益的统一。

2. 不同点

(1) 评价的主体不同。项目后评价是由单独设立的后评价机构或上级决策机构进行,以确保后评价的公正性和客观性;可行性研究主要是由投资主体(企业、部门或银行)或投资计划部门组织实施。

(2) 在项目管理过程中所处的阶段不同。项目后评价是在项目竣工投产后,对项目建设全过程和运营情况及产生的效益进行评价;可行性研究则属于项目前期工作,为投资决策提供依据。

(3) 评价的依据不同。项目可行性研究的重要判别标准是投资者要求获得的收益率或基准收益率(社会折现率),而项目后评价的判别标准侧重点是对比项目评估的结论,即主要采用对比的方法,这是项目后评价与项目评估的主要区别,如图 12.2 所示。

项目后评价是项目实施后或实施中的评价,所依据的数据是实际记录的数据和实际发生的情况,以及根据已经发生的数据与情况预测的未来数据;可行性研究全部运用预测的数据,因此项目后评价比可行性研究具有更高的现实性和可靠性。

(4) 评价的内容不同。项目后评价主要是针对可行性研究的内容进行再评价,而且对项目决策、项目实施效率进行评价,以及对项目建设全过程和运行情况及产生的效益进行评价;可行性研究的内容主要是项目建设条件、工程设计方案、项目的实施计划及经济社会效益的评价和预测,从而决定是否立项实施。

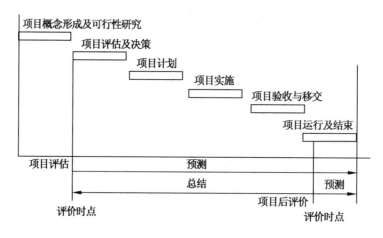

图 12.2　项目后评价与项目评估的区别

(5) 在决策中的作用不同。项目后评价是对项目选择决策的各种信息的反馈,对项目实施结果进行鉴定,鉴定结论间接作用于未来项目的选择决策,从而提高未来项目决策的科学化水平;可行性研究直接作用于项目选择决策,其结论作为项目取舍的依据。

12.3.3　项目后评价的内容

一般投资项目后评价的基本内容包括以下五方面:

1. 项目目标后评价

项目目标后评价的目的是评定项目立项时原定目的和目标的实现程度。项目目标后评价要对照原定目标主要指标,检查项目实际完成指标的情况和变化,分析实际指标发生改变的原因,以判断目标的实现程度。项目目标评价的另一项任务是要对项目原定决策目标的正确性、合理性和实践性进行分析评价,对项目实施过程中可能会发生的重大变化(如政策性变化或市场变化等),重新进行分析和评价。

2. 项目实施过程后评价

项目的实施过程后评价应对照比较和分析项目、立项评估或可行性研究时所预计的情况和实际执行的过程,找出差别,分析原因。项目实施过程后评价一般要分析以下几个方面:项目的立项、准备和评估;项目内容和建设规模;项目进度和实施情况;项目配套设施和服务条件;项目干系人范围及其反映;项目的管理和运行机制;项目财务执行情况。

3. 项目效益后评价

项目的效益后评价以项目投产后实际取得的效益为基础,重新测算项目的各项经济数据,并与项目前期评估时预测的相关指标进行对比,以评价和分析其偏差及其原因。项目效益后评价的主要内容与项目前评估无大的差别,主要分析指标还是内部收益率、净现值和贷款偿还期等项目盈利能力和清偿能力的指标,只不过项目效益后评价对已发生的财务现金流量和经济流量采用实际值,并按统计学原理加以处理,而且对后评价时点以后的现金流量需要做出新的预测。

4. 项目影响后评价

项目影响后评价包括经济影响、环境影响和社会影响的后评价。

经济影响后评价主要分析评价项目对所在国家、地区和所属行业所产生的经济方面的影响,它区别于项目效益评价中的经济分析,评价的内容主要包括分配、就业、国内资源成本、技术进步等。环境影响后评价包括项目的污染控制、地区环境质量、自然资源利用和保护、区域生态平衡和环境管理等几个方面。社会影响后评价是对项目在经济、社会和环境方面产生的有形和无形的效益和结果所进行的一种分析,通过评价持续性、机构发展、参与、妇女、平等和贫困等要素,分析项目对国家(或地方)社会发展目标的贡献和影响,包括项目本身和对项目周围地区社会的影响。

5. 项目持续性后评价

项目持续性是指在项目的建设资金投入完成之后,项目既定目标是否还能继续,项目是否还可以持续发展下去,接受投资的项目业主是否愿意并可能依靠自己的力量继续去实现既定目标,项目是否具有可重复性,即是否可在未来以同样的方式建设同类项目。持续性后评价一般可作为项目影响评价的一部分,但是亚洲开发银行等组织把项目的可持续性视为其援助项目成败的关键之一,因此要求援助项目在评估和评价中进行单独的持续性分析和评价。

12.3.4 项目后评价报告

项目后评价报告是评价结果的汇总。该报告应该客观分析问题,真实反映实际情况,报告的文字要准确、简练。

1. 项目后评价报告的编写要求

项目后评价报告具有相对固定的格式,一般应符合以下要求:

(1)报告条理清晰,文字准确,尽可能不用过分生疏的专业词汇。

(2)报告主要包括摘要、项目概况、评价内容、主要变化和问题、原因分析、经验教训、结论和建议、评价方法说明等。

(3)报告的发现和结论要与问题和分析相对应,经验教训和建议要把评价结果同未来规划和政策的制定与修订相联系。

2. 项目后评价报告的内容

项目后评价报告的内容一般包括项目背景、实施过程评价、效果评价、结论和建议等。

(1)项目背景。项目背景主要应说明以下几点:

①项目的目标和目的。简单描述立项时社会和发展对本项目的需求情况和立项的必要性,项目的宏观目标,与国家、部门或地方产业政策、布局规划和发展策略的相关性。建设项目的具体目标和目的,市场前景预测等。

②项目建设内容。项目可行性研究评估报告提出主要产品、运营或服务的规模、品种、内容,项目的主要投入和产出,投资总额,效益测算情况,风险分析等。

③项目工期。项目原计划工期,项目实际的批准、开工、完工、投产、竣工验收、达到设计能力以及项目后评价的时间。

④资金来源与安排。项目批复时所安排的主要资金来源、贷款条件、资本金比例以及项目全投资加权综合贷款利率等。

⑤项目后评价。项目后评价的任务来源和要求,项目自我评价报告完成时间,后评价时间程序,后评价执行者,后评价的依据、方法和评价时点。

（2）项目实施过程评价。项目实施过程评价应简单说明项目实施的基本特点，对照可行性研究评估，找出主要变化，分析变化对项目效益影响的原因，讨论和评价这些因素及影响。世界银行、亚洲开发银行项目还要就变化所引起的对其主要政策可能产生的影响进行分析，如环保、扶贫等。

①设计。评价设计的水平、项目选用的技术装备水平，特别是规模的合理性。对照可行性研究和评估，找出并分析项目涉及重大变更的原因及其影响，提出如何在可行性研究阶段预防这些变更的措施。

②合同。评价项目的招投标、合同签约、合同执行和合同管理方面的实施情况，包括工程承包商、设备和材料供货商、工程咨询专家和监理工程师等。对照合同承诺条款，分析和评价实施中的变化和违约及其对项目的影响。

③组织管理。组织管理的评价包括对项目执行机构、借款单位和投资者三方在项目实施过程中的表现和作用的评价。如果项目执行得不好，评价要认真分析相关的组织机构、运作机制、管理信息系统、决策程序、管理人员能力、监督检查机制等因素。

④投资和融资。分析项目总投资的变化，找出变化的原因，分清内部原因还是外部原因，如是汇率变化、通货膨胀等政策性因素，还是项目管理的问题，以及投资变化对项目效益的影响程度。评价要认真分析项目主要资金来源和融资成本的变化，讨论原因及影响，重新测算项目的全投资加权综合利率，作为项目实际财务效益的对比指标。如果政策性因素占主导，应对这些政策的变化提出意见、对策及建议。

⑤项目进度。对比项目计划工期与实际进度的差别，包括项目准备期、施工建设期和投产达产期。分析工期延误的主要原因及其对项目总投资、财务效益、借款偿还和产品市场占有率的影响，同时还要提出今后避免进度延误的措施建议。

⑥其他。包括银行资金的到位和使用，世界银行、亚洲外发银行安排的技术援助，贷款协议的承诺和违约，借款人和担保者的资信等。

（3）效果评价。效果评价应分析项目所达到和实现的实际结果的效益、作用和影响，评价项目的成果和作用。

①项目运营和管理评价。根据项目评价时的运营情况，预测出未来项目的发展，包括产量、运营量等。对照可行性研究评估的目标，找出差别，分析原因。分析评价项目内部和外部条件的变化及制约条件，如市场变化、体制变化、政策变化、设备设施的维护保养、管理制度、管理者水平、技术人员和熟练工的短缺、原材料供应、产品运输等。

②财务状况分析。根据上述项目运营及预测情况，按照财务程序和财务分析标准，分析项目的财务状况。主要应评价项目债务的偿还能力和维持日常运营的财务能力。在可能的情况下，要分析项目的资本构成、债务比例；需要投资者、政府和其他方面提供的政策和资金，如资本重组、税收优惠、增加流动资金等。

③财务和经济效益的重新评价。一般的项目在后评价阶段都必须对项目的财务效益和经济效益进行重新测算。要用重新测算得出的数据与项目可行性研究评估时的指标进行对比分析，找出差别和原因；还要与项目后评价计算的项目全投资加权综合贷款利率相比，确定其财务清偿能力。同时根据未来市场、价格等条件，进行风险分析和敏感性分析。

④环境和社会效果评价。环境和社会效果及影响评价的内容、指标和方法已在前面的内容中做过介绍。这部分评价的一个关键是项目受益者，即项目对受益者产生了什么

样影响。一般应评价项目的社会经济、文化、环境影响和污染防治等,如人均收入、就业机会、移民安置、社区发展、妇女地位、卫生与健康、扶贫作用、自然资源利用、环境质量、生态平衡、污染治理等。

⑤可持续发展状况。项目可持续性主要是指项目固定资产、人力资源和组织机构在外部投入结束之后持续发展的可能性。评价应考虑以下因素:技术装备与当地条件的适用性;项目与当地受益者及社会文化环境的一致性;项目组织机构、管理水平、受益者参与的充分性;维持项目正常运营、资产折旧等方面的资金来源;政府为实现项目目标所承诺提供的政策措施是否得力;防止环境质量下降的管理措施和控制手段的可靠性;对项目外部地质、经济及其他不利因素防范的对策措施。

(4) 结论和建议。项目后评价报告的最后一部分内容是项目的综合评价与结论、经验教训、建议和措施等。

①项目的综合评价与结论。综合评价应汇总以上报告内容,得出项目实施和成果的定性结论,要做出项目的逻辑框架,评价项目的目标和理性、实现程度以及外部条件。同时还要列出项目主要效益指标,评价项目的投入产出结果。在此评定的基础上,做出成功度的定性评价,一般可分为成功、部分成功和不成功三个等级。

②经验教训。经验教训包括项目具有自身特点的重要收获和教训,以及可供其他项目借鉴的具有共性的经验教训,特别是可供项目决策者、投资者、业主和执行者在项目决策、程序、管理和实施中借鉴的经验教训,目的是为未来项目服务。

③建议和措施。根据项目存在的问题、评价结论和经验教训,提出相应的建议和措施。

【思考与练习】

1. 简述项目收尾的含义及方法。
2. 简述项目验收的含义与内容。
3. 简述项目清算与项目交接的区别与联系。
4. 简述项目后评估与可行性研究的关系。
5. 简述项目后评价的主要内容。

【模拟练习】

请你选择一个具体的工业项目,结合项目后评价的相关知识,设计一份具体工业项目的项目后评价报告。

【案例讨论】

没完没了的项目

某信息技术开发公司是市政府背景很强的股份制企业,机制比较灵活,目前该公司正在进行的一个项目是为政府机关建立 MIS 系统,小李任该项目的项目经理。到目前为止整个项目的开发全部完成,系统已经试运行 2 个月左右,总体来看运行情况比较顺利,但是,项目目前还存在着几个比较大的问题:

(1)由于客户是政府机关,与公司关系特别密切,客户即便不能完全照合同进展要求验收和交接,公司也不便单方面行动。

(2)政府的工作节奏比较慢,在项目实施进程中,严重单方面拖延实施进度,造成项目延期,比如他们很小的项目决定都需要开会讨论。

(3)众多不可预测的项目变更风险,如机关领导一句话,项目经理就要处理变更需求。

(4)客户没有项目生命期的认识,对合同规定的验收不予回应。这个工作需要该公司老总才能协调,而项目经理没有这方面的权利。

小李在项目组中本来负责软件开发设计,由于项目没有按时验收和移交,他不得不应对客户没完没了的需求变更。

问题:

(1)你认为此项目没完没了的原因是什么?

(2)为避免以后再发生类似情况,小李应该采取哪些措施?

附录1　项目管理综合案例

项目管理综合案例——YL矿业大厦

1．项目概况

YL矿业大厦工程项目位于市区，建筑用地面积3 408.67 m²，总建筑面积43 516.89 m²，建筑高度为99.89 m²(屋面高度)。本项目按照建筑使用功能划分为四个部分：一至四层为餐厅及娱乐用房；五至十八层为办公用房；十九至二十六层为员工公寓；二层地下室为设备用房和地下停车场。采用框架—剪力墙结构，采用筏板基础。其中主楼为地上26层、地下2层。

2．项目启动过程

(1)制定项目章程。项目管理合同约定：与政府的协调及财务工作由业主方的人员担任，其余工作由项目管理公司承担。根据合同责任划分及业主对工期、质量、投资和安全管理的要求，项目管理部编制《项目管理实施细则》指导项目管理工作，在招标采购、成本、进度、质量、安全、协调沟通及验收移交等方面，采用组织、管理、合同、经济、技术和风险分析等方法对项目实施全过程管理。

(2)识别重要利益相关者。找出与项目建设有关的干系人，建立干系人登记册，并根据其对项目建设影响程度，对干系人进行分类。政府协调由业主负责，项目管理部识别的重要利益相关者及对其采取的措施如表1所示。

表1　重要的干系人分析

利益相关者	利益相关者在项目中的利益	影响评估	获取支持或减少损失的潜在策略
业主负责人	项目的出资人和项目权益的所有者	大	多口头沟通，定期书面汇报，计划报批后才执行
设计负责人	向业主提供咨询服务	较大	专门检查设计质量及供图计划满足与否
施工项目经理	项目成品优劣的承担者	大	制定规章制度，并以人为本
供货商	材料、设备半成品的承担者	小	制定规章制度，并以人为本

3．项目规划过程

(1)项目范围的确定。YL矿业大厦项目范围包含项目名称、项目目标、交付成果、管理范围、工作规范、所需资源及重大里程碑的确定。

①项目名称：YL矿业大厦项目。

②项目目标：建设有效工期2.5年(不含冬休期)，总投资2.6亿元(其中建安投资1.8亿元)。

③交付成果：建筑高为99.89 m，总建筑面积为43 516.89 m²，具有一流设施的智能化建筑。

④管理范围:主体结构、装饰工程、公用和智能化系统、室外道路、绿化。
⑤工作规范:依据国家及陕西省建筑工程有关规范、项目各项批文。
⑥所需资源:人力、材料、设备的需求预计。
⑦重大里程碑:

◆拆迁及施工准备于2016年2月16日至4月15日完工;
◆基础工程于当年4月16日至7月15日完工;
◆地下室于当年7月16日至11月15日完工;
◆裙楼从2017年2月15日开始,主楼工程到2017年11月15日完工;
◆安装工程于2018年2月16日至6月15日完工;
◆装修工程至2019年3月15日完工;
◆工程验收于2019年3月16日至4月15日完工。

(2)项目工作分解。本项目前期手续办理工作主要由业主方负责,项目管理部负责主要的工作:工程监理、工程勘查、工程设计、工程造价、图样审查、沉降观测及节能检测等。具体工作范围如图1所示。

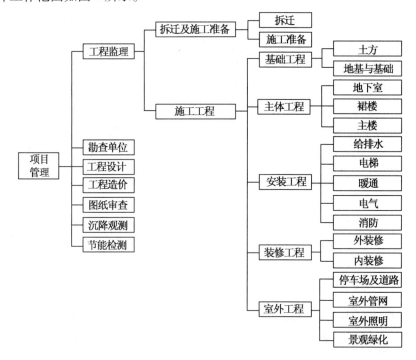

图1 项目工作范围

(3)项目进度计划。编制项目进度计划,确定各项工作的先后关系,估计各项工作的工作量和延续时间。在上述工作的基础上,项目管理部依据项目的工作分解结构和各种限制约束条件等,编制项目实施阶段的网络计划示意图(图2)。

(4)项目成本估算。根据项目管理成本控制目标,综合考虑项目进度、质量和环境等多种因素,运用估算方法,经过认真研究和详细测算确定项目建安预算费用。并结合图2,按最早开始时间计划,绘制项目建安费用累积表(表2)。

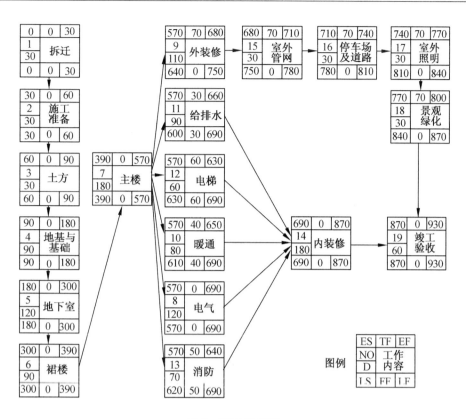

图 2 项目网络图

表 2 项目建安费用累积表

任务名称		工期/天	分月费用/万元						总费用/万元
			第1月	第2月	第3月	第4月	第5月	第6月	
拆迁及施工准备	拆迁	30	140						140
	施工准备	30	40						40
基础工程	土方工程	30	40						40
	地基与基础工程	90	160	190	140				490
主体工程	地下室工程	120	190	280	110	100			680
	裙房工程	90	190	270	170				630
	主楼工程	180	570	1 200	1 200	1 200	1 200	1 200	6 570
安装工程	给排水工程	90	160	80	70				310
	暖通工程	80	430	710	300				1 440
	电梯工程	60	500	300					800
	电气工程	120	400	200	200	400			1 200
	消防工程	70	260	170					430

续表 2

任务名称		工期/天	分月费用/万元						总费用/万元
			第1月	第2月	第3月	第4月	第5月	第6月	
装修工程	外装修（按最迟时间开始）	110	90	70	390	490			1 040
	内装修	180	380	550	550	550	550	500	3 080
室外工程	室外管网	30	130						130
	停车场及道路	30	260						260
	室外照明	30	180						180
	景观绿化工程	30	190						190
竣工验收		60	300	50					350
小计									18 000

（5）项目的质量规划。本项目质量目标为保证工程达标，争创国家优质工程奖。

（6）项目资源规划。按照项目工作进度计划，结合项目管理经验，项目管理部对项目工作分解结构所得的项目单元所需的人力资源进行了详细的计划，同时绘制了项目全周期的人力资源负荷图及人力资源累计图，如图3、图4所示。

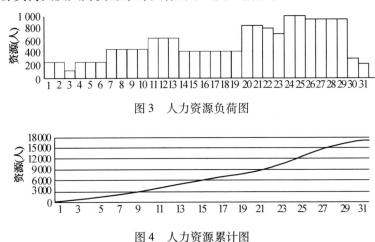

图3 人力资源负荷图

图4 人力资源累计图

（7）项目沟通规划。充分了解项目干系人的需要和期望，并根据利益干系人对项目影响程度的不同，通过采用不同的沟通方法、确定沟通频率等方式制定项目沟通规划，有针对性地满足利益干系人诉求。项目沟通计划见表3。

（8）项目风险计划。为准确评估项目可能存在的风险，由项目建设部负责编制风险评估表格，过程控制小组负责填写。项目建设部汇总整理风险评估表后，根据风险评估表中反映出的问题进行集中讨论并咨询专家，最终确定项目可能存在的风险。针对项目可能存在的风险，采取了一系列的预防和应对措施。其主要有：跟踪识别风险、修改风险管理计划、保证风险计划的实施及评估风险的效果。在召开的项目例会上，参会成员针对风险评估表上列举的风险检查表进行讨论，并确定风险的应对措施。

(9)项目采购计划。为便于项目管理,本项目采用总包管理模式,项目管理部编制了招标采购计划,确定各参建单位进场时间。

表3 项目沟通计划表

项目利益干系人	期望	影响程度	沟通方法	沟通频率	沟通负责人	反馈时间
项目法人代表	概括的进度,成本,质量要求	高	文字报告	每月一次	项目经理	
	存在的问题及行动建议					
业主	详细的进度,成本,质量要求	高	文字报告和会议	每月一次	项目经理	
	问题、行动建议和需要的支持					
施工	详细的进度,成本,质量要求	高	文字报告和会议	每周一次	施工经理	
	问题、行动建议和需要的支持					
勘察设计	详细的进度,成本,质量要求	中	文字报告和会议	每周一次	设计经理	
	问题、行动建议和需要的支持					
周边居民	施工时间安排	中	会议邀请	每月一次	综合办	
	施工资源日历					

4. 项目执行过程

(1)制订项目质量保证计划。针对本项目的特点,项目质量保证计划的内容包括以下几个方面。

①质量的目标是创建优良工程。

②质量管理范围及控制内容。质量管理范围是功能、使用价值的实现程度,项目的安全性和可靠性,自然和社会环境的适应性,项目费用及施工进度的控制状态;质量管理控制内容为基础工程、主体工程、安装工程、装修工程和户外工程。

③质量管理的方法和手段是采用PDCA循环、三全管理和三阶段管理。

④质量管理的成果是出具质量管理报告。

(2)组建项目团队。由于本项目为单体项目,管理相对简单,为确保项目各项内容均有人负责,可采用职能型项目组织机构。项目团队成员来自合同管理部、质量管理部、进度管理部、安全管理部和信息管理部。以基础工程施工为例,项目责任分配矩阵见表4。

表4 责任分配矩阵

任务名称	合同管理部	进度管理部	质量管理部	安全管理部	信息管理部	项目经理
基础工程						★
土方	◆	◆	◆	◆	○	
地基与地基基础工程	◆	◆	◆	◆	○	

符号含义:参与○ 监督◆ 批准★

5. 项目监控过程

(1)项目进度控制。项目进度控制过程分析图如图5所示。

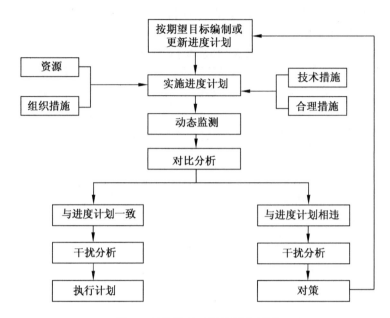

图 5　项目进度过程控制分析图

(2) 项目成本和费用控制。针对本项目的特点,决定每月对项目的进度计划执行情况和费用使用情况进行检查,通过检查,将进度表中的各种数据用挣值法分析。如果出现偏差要查明原因,采取措施,及时调整计划。

(3) 项目的质量控制。主要是对项目质量进行三阶段控制和设置质量控制点,找出影响施工质量的主要因素,对项目关键部位或薄弱环节出现质量问题的原因进行重点分析,并提出相应改进的措施,以便进行预控。项目质量控制过程分为事前控制、事中控制和事后控制三阶段。

① 事前控制:在施工准备阶段,质量控制主要包括质量保证体系审查、施工方法的审查、材料及机械质量控制、现场管理环境检查、图样会审及技术交底等。

② 事中控制:在施工阶段,质量控制主要包括工序质量控制、中间产品及隐蔽工程质量控制、分项分部工程质量评定及设计变更审查等。

③ 事后控制:在竣工阶段,质量控制主要包括竣工验收质量评定和验收文件审核等。

6. 项目收尾过程

项目收尾阶段是本项目管理全过程的最后阶段,包括竣工验收准备、验收、结算、决算、回访保修以及管理考核评价等方面的管理。其主要工作有:

(1) 建立相应的程序对不包括在主合同中的移交后的工作进行监督和管理。

(2) 负责组织工程中间验收、竣工验收;审核竣工申请报告和竣工资料目录;参与竣工验收;定期审查项目进展情况,推动最终检查的实施,颁布最终证书。

(3) 建立项目后评价及合同各方的信息反馈计划,以便最终完成后评价报告。

(4) 项目审计,对费用、进度、人力资源执行情况进行评价。

(5) 项目利益干系人的反馈情况汇总。

7. 结语

通过运用项目管理知识体系(PMBOK)指南指导本项目管理工作,充分认识到:必须熟悉项目审批程序,掌握各个工作环节,按照程序分解工作,做到"凡事有章可循、凡事有人负责、凡事有人监督、凡事有据可查"。通过科学合理安排,最大限度地控制建设周期,减少不必要的变更;充分进行市场调查,计划适当的暂列金额,控制投资;借鉴其他企业经验,通过横向学习,扬长避短,掌握项目的管理重点,对项目各个管理环节、各项控制点预先判断;对风险管理做到规划、识别、分析、应对和监控。

附录2 复利系数表

5%的复利系数表

年限	一次支付		等额系列			
	终值系数	现值系数	终值系数	偿债基金系数	资金回收系数	现值系数
n	$F/P,i,n$	$P/F,i,n$	$F/A,i,n$	$A/F,i,n$	$A/P,i,n$	$P/A,i,n$
1	1.050 0	0.952 4	1.000 0	1.000 0	1.050 0	0.952 4
2	1.102 5	0.907 0	2.050 0	0.487 8	0.537 8	1.859 4
3	1.157 6	0.863 8	3.152 5	0.317 2	0.367 2	2.723 2
4	1.215 5	0.822 7	4.310 1	0.232 0	0.282 0	3.546 0
5	1.276 3	0.783 5	5.525 6	0.181 0	0.231 0	4.329 5
6	1.340 1	0.746 2	6.801 9	0.147 0	0.197 0	5.075 7
7	1.407 1	0.710 7	8.142 0	0.122 8	0.172 8	5.786 4
8	1.477 5	0.676 8	9.549 1	0.104 7	0.154 7	6.463 2
9	1.551 3	0.644 6	11.026 6	0.090 7	0.140 7	7.107 8
10	1.628 9	0.613 9	12.577 9	0.079 5	0.129 5	7.721 7
11	1.710 3	0.584 7	14.206 8	0.070 4	0.120 4	8.306 4
12	1.795 9	0.556 8	15.917 1	0.062 8	0.112 8	8.863 3
13	1.885 6	0.530 3	17.713 0	0.056 5	0.106 5	9.393 6
14	1.979 9	0.505 1	19.598 6	0.051 0	0.101 0	9.898 6
15	2.078 9	0.481 0	21.578 6	0.046 3	0.096 3	10.379 7
16	2.182 9	0.458 1	23.657 5	0.042 3	0.092 3	10.837 8
17	2.292 0	0.436 3	25.840 4	0.038 7	0.088 7	11.274 1
18	2.406 6	0.415 5	28.132 4	0.035 5	0.085 5	11.689 6
19	2.527 0	0.395 7	30.539 0	0.032 7	0.082 7	12.085 3
20	2.653 3	0.376 9	33.066 0	0.030 2	0.080 2	12.462 2
21	2.786 0	0.358 9	35.719 3	0.028 0	0.078 0	12.821 2
22	2.925 3	0.341 8	38.505 2	0.026 0	0.076 0	13.163 0
23	3.071 5	0.325 6	41.430 5	0.024 1	0.074 1	13.488 6
24	3.225 1	0.310 1	44.502 0	0.022 5	0.072 5	13.798 6
25	3.386 4	0.295 3	47.727 1	0.021 0	0.071 0	14.093 9
26	3.555 7	0.281 2	51.113 5	0.019 6	0.069 6	14.375 2
27	3.733 5	0.267 8	54.669 1	0.018 3	0.068 3	14.643 0
28	3.920 1	0.255 1	58.402 6	0.017 1	0.067 1	14.898 1
29	4.116 1	0.242 9	62.322 7	0.016 0	0.066 0	15.141 1
30	4.321 9	0.231 4	66.438 8	0.015 1	0.065 1	15.372 5

10% 的复利系数表

年限	一次支付		等额系列			
	终值系数	现值系数	终值系数	偿债基金系数	资金回收系数	现值系数
n	$F/P,i,n$	$P/F,i,n$	$F/A,i,n$	$A/F,i,n$	$A/P,i,n$	$P/A,i,n$
1	1.1000	0.9091	1.0000	1.0000	1.1000	0.9091
2	1.2100	0.8264	2.1000	0.4762	0.5762	1.7355
3	1.3310	0.7513	3.3100	0.3021	0.4021	2.4869
4	1.4641	0.6830	4.6410	0.2155	0.3155	3.1699
5	1.6105	0.6209	6.1051	0.1638	0.2638	3.7908
6	1.7716	0.5645	7.7156	0.1296	0.2296	4.3553
7	1.9487	0.5132	9.4872	0.1054	0.2054	4.8684
8	2.1436	0.4665	11.4359	0.0874	0.1874	5.3349
9	2.3579	0.4241	13.5795	0.0736	0.1736	5.7590
10	2.5937	0.3855	15.9374	0.0627	0.1627	6.1446
11	2.8531	0.3505	18.5312	0.0540	0.1540	6.4951
12	3.1384	0.3186	21.3843	0.0468	0.1468	6.8137
13	3.4523	0.2897	24.5227	0.0408	0.1408	7.1034
14	3.7975	0.2633	27.9750	0.0357	0.1357	7.3667
15	4.1772	0.2394	31.7725	0.0315	0.1315	7.6061
16	4.5950	0.2176	35.9497	0.0278	0.1278	7.8237
17	5.0545	0.1978	40.5447	0.0247	0.1247	8.0216
18	5.5599	0.1799	45.5992	0.0219	0.1219	8.2014
19	6.1159	0.1635	51.1591	0.0195	0.1195	8.3649
20	6.7275	0.1486	57.2750	0.0175	0.1175	8.5136
21	7.4002	0.1351	64.0025	0.0156	0.1156	8.6487
22	8.1403	0.1228	71.4027	0.0140	0.1140	8.7715
23	8.9543	0.1117	79.5430	0.0126	0.1126	8.8832
24	9.8497	0.1015	88.4973	0.0113	0.1113	8.9847
25	10.8347	0.0923	98.3471	0.0102	0.1102	9.0770
26	11.9182	0.0839	109.1818	0.0092	0.1092	9.1609
27	13.1100	0.0763	121.0999	0.0083	0.1083	9.2372
28	14.4210	0.0693	134.2099	0.0075	0.1075	9.3066
29	15.8631	0.0630	148.6309	0.0067	0.1067	9.3696
30	17.4494	0.0573	164.4940	0.0061	0.1061	9.4269

12% 的复利系数表

年限	一次支付		等额系列			
	终值系数	现值系数	终值系数	偿债基金系数	资金回收系数	现值系数
n	$F/P,i,n$	$P/F,i,n$	$F/A,i,n$	$A/F,i,n$	$A/P,i,n$	$P/A,i,n$
1	1.1200	0.8929	1.0000	1.0000	1.1200	0.8929
2	1.2544	0.7972	2.1200	0.4717	0.5917	1.6901
3	1.4049	0.7118	3.3744	0.2963	0.4163	2.4018
4	1.5735	0.6355	4.7793	0.2092	0.3292	3.0373
5	1.7623	0.5674	6.3528	0.1574	0.2774	3.6048
6	1.9738	0.5066	8.1152	0.1232	0.2432	4.1114
7	2.2107	0.4523	10.0890	0.0991	0.2191	4.5638
8	2.4760	0.4039	12.2997	0.0813	0.2013	4.9676
9	2.7731	0.3606	14.7757	0.0677	0.1877	5.3282
10	3.1058	0.3220	17.5487	0.0570	0.1770	5.6502
11	3.4785	0.2875	20.6546	0.0484	0.1684	5.9377
12	3.8960	0.2567	24.1331	0.0414	0.1614	6.1944
13	4.3635	0.2292	28.0291	0.0357	0.1557	6.4235
14	4.8871	0.2046	32.3926	0.0309	0.1509	6.6282
15	5.4736	0.1827	37.2797	0.0268	0.1468	6.8109
16	6.1304	0.1631	42.7533	0.0234	0.1434	6.9740
17	6.8660	0.1456	48.8837	0.0205	0.1405	7.1196
18	7.6900	0.1300	55.7497	0.0179	0.1379	7.2497
19	8.6128	0.1161	63.4397	0.0158	0.1358	7.3658
20	9.6463	0.1037	72.0524	0.0139	0.1339	7.4694
21	10.8038	0.0926	81.6987	0.0122	0.1322	7.5620
22	12.1003	0.0826	92.5026	0.0108	0.1308	7.6446
23	13.5523	0.0738	104.6029	0.0096	0.1296	7.7184
24	15.1786	0.0659	118.1552	0.0085	0.1285	7.7843
25	17.0001	0.0588	133.3339	0.0075	0.1275	7.8431
26	19.0401	0.0525	150.3339	0.0067	0.1267	7.8957
27	21.3249	0.0469	169.3740	0.0059	0.1259	7.9426
28	23.8839	0.0419	190.6989	0.0052	0.1252	7.9844
29	26.7499	0.0374	214.5828	0.0047	0.1247	8.0218
30	29.9599	0.0334	241.3327	0.0041	0.1241	8.0552

15% 的复利系数表

年限	一次支付		等额系列			
	终值系数	现值系数	终值系数	偿债基金系数	资金回收系数	现值系数
n	$F/P,i,n$	$P/F,i,n$	$F/A,i,n$	$A/F,i,n$	$A/P,i,n$	$P/A,i,n$
1	1.150 0	0.869 6	1.000 0	1.000 0	1.150 0	0.869 6
2	1.322 5	0.756 1	2.150 0	0.465 1	0.615 1	1.625 7
3	1.520 9	0.657 5	3.472 5	0.288 0	0.438 0	2.283 2
4	1.749 0	0.571 8	4.993 4	0.200 3	0.350 3	2.855 0
5	2.011 4	0.497 2	6.742 4	0.148 3	0.298 3	3.352 2
6	2.313 1	0.432 3	8.753 7	0.114 2	0.264 2	3.784 5
7	2.660 0	0.375 9	11.066 8	0.090 4	0.240 4	4.160 4
8	3.059 0	0.326 9	13.726 8	0.072 9	0.222 9	4.487 3
9	3.517 9	0.284 3	16.785 8	0.059 6	0.209 6	4.771 6
10	4.045 6	0.247 2	20.303 7	0.049 3	0.199 3	5.018 8
11	4.652 4	0.214 9	24.349 3	0.041 1	0.191 1	5.233 7
12	5.350 3	0.186 9	29.001 7	0.034 5	0.184 5	5.420 6
13	6.152 8	0.162 5	34.351 9	0.029 1	0.179 1	5.583 1
14	7.075 7	0.141 3	40.504 7	0.024 7	0.174 7	5.724 5
15	8.137 1	0.122 9	47.580 4	0.021 0	0.171 0	5.847 4
16	9.357 6	0.106 9	55.717 5	0.017 9	0.167 9	5.954 2
17	10.761 3	0.092 9	65.075 1	0.015 4	0.165 4	6.047 2
18	12.375 5	0.080 8	75.836 4	0.013 2	0.163 2	6.128 0
19	14.231 8	0.070 3	88.211 8	0.011 3	0.161 3	6.198 2
20	16.366 5	0.061 1	102.443 6	0.009 8	0.159 8	6.259 3
21	18.821 5	0.053 1	118.810 1	0.008 4	0.158 4	6.312 5
22	21.644 7	0.046 2	137.631 6	0.007 3	0.157 3	6.358 7
23	24.891 5	0.040 2	159.276 4	0.006 3	0.156 3	6.398 8
24	28.625 2	0.034 9	184.167 8	0.005 4	0.155 4	6.433 8
25	32.919 0	0.030 4	212.793 0	0.004 7	0.154 7	6.464 1
26	37.856 8	0.026 4	245.712 0	0.004 1	0.154 1	6.490 6
27	43.535 3	0.023 0	283.568 8	0003 5	0.153 5	6.513 5
28	50.065 6	0.020 0	327.104 1	0.003 1	0.153 1	6.533 5
29	57.575 5	0.017 4	377.169 7	0.002 7	0.152 7	6.550 9
30	66.211 8	0.015 1	434.745 1	0.002 3	0.152 3	6.566 0

20% 的复利系数表

年限	一次支付		等额系列			
	终值系数	现值系数	终值系数	偿债基金系数	资金回收系数	现值系数
n	$F/P, i, n$	$P/F, i, n$	$F/A, i, n$	$A/F, i, n$	$A/P, i, n$	$P/A, i, n$
1	1.200 0	0.833 3	1.000 0	1.000 0	1.200 0	0.833 3
2	1.440 0	0.694 4	2.200 0	0.454 5	0.654 5	1.527 8
3	1.728 0	0.578 7	3.640 0	0.274 7	0.474 7	2.106 5
4	2.073 6	0.482 3	5.368 0	0.186 3	0.386 3	2.588 7
5	2.488 3	0.401 9	7.441 6	0.134 4	0.334 4	2.990 6
6	2.986 0	0.334 9	9.929 9	0.100 7	0.300 7	3.325 5
7	3.583 2	0.279 1	12.915 9	0.077 4	0.277 4	3.604 6
8	4.299 8	0.232 6	16.499 1	0.060 6	0.260 6	3.837 2
9	5.159 8	0.193 8	20.798 9	0.048 1	0.248 1	4.031 0
10	6.191 7	0.161 5	25.958 7	0.038 5	0.238 5	4.192 5
11	7.430 1	0.134 6	32.150 4	0.031 1	0.231 1	4.327 1
12	8.916 1	0.112 2	39.580 5	0.025 3	0.225 3	4.439 2
13	10.699 3	0.093 5	48.496 6	0.020 6	0.220 6	4.532 7
14	12.839 2	0.077 9	59.195 9	0.016 9	0.216 9	4.610 6
15	15.407 0	0.064 9	72.035 1	0.013 9	0.213 9	4.675 5
16	18.488 4	0.054 1	87.442 1	0.011 4	0.211 4	4.729 6
17	22.186 1	0.045 1	105.930 6	0.009 4	0.209 4	4.774 6
18	26.623 3	0.037 6	128.116 7	0.007 8	0.207 8	4.812 2
19	31.948 0	0.031 3	154.740 0	0.006 5	0.206 5	4.843 5
20	38.337 6	0.026 1	186.688 0	0.005 4	0.205 4	4.869 6
21	46.005 1	0.021 7	225.025 6	0.004 4	0.204 4	4.891 3
22	55.206 1	0.018 1	271.030 7	0.003 7	0.203 7	4.909 4
23	66.247 4	0.015 1	326.236 9	0.003 1	0.203 1	4.924 5
24	79.496 8	0.012 6	392.484 2	0.002 5	0.202 5	4.937 1
25	95.396 2	0.010 5	471.981 1	0.002 1	0.202 1	4.947 6
26	114.475 5	0.008 7	567.377 3	0.001 8	0.201 8	4.956 3
27	137.370 6	0.007 3	681.852 8	0.001 5	0.201 5	4.963 6
28	164.844 7	0.006 1	819.223 3	0.001 2	0.201 2	4.969 7
29	197.813 6	0.005 1	984.068 0	0.001 0	0.201 0	4.974 7
30	237.376 3	0.004 2	1 181.881 6	0.000 8	0.200 8	4.978 9

25% 的复利系数表

年限	一次支付		等额系列			
	终值系数	现值系数	终值系数	偿债基金系数	资金回收系数	现值系数
n	$F/P,i,n$	$P/F,i,n$	$F/A,i,n$	$A/F,i,n$	$A/P,i,n$	$P/A,i,n$
1	1.250 0	0.800 0	1.000 0	1.000 0	1.250 0	0.800 0
2	1.562 5	0.640 0	2.250 0	0.444 4	0.694 4	1.440 0
3	1.953 1	0.512 0	3.812 5	0.262 3	0.512 3	1.952 0
4	2.441 4	0.409 6	5.765 6	0.173 4	0.423 4	2.361 6
5	3.051 8	0.327 7	8.207 0	0.121 8	0.371 8	2.689 3
6	3.814 7	0.262 1	11.258 8	0.088 8	0.338 8	2.951 4
7	4.768 4	0.209 7	15.073 5	0.066 3	0.316 3	3.161 1
8	5.960 5	0.167 8	19.841 9	0.050 4	0.300 4	3.328 9
9	7.450 6	0.134 2	25.802 3	0.038 8	0.288 8	3.463 1
10	9.313 2	0.107 4	33.252 9	0.030 1	0.280 1	3.570 5
11	11.641 5	0.085 9	42.566 1	0.023 5	0.273 5	3.656 4
12	14.551 9	0.068 7	54.207 7	0.018 4	0.268 4	3.725 1
13	18.189 9	0.055 0	68.759 6	0.014 5	0.264 5	3.780 1
14	22.737 4	0.044 0	86.949 5	0.011 5	0.261 5	3.824 1
15	28.421 7	0.035 2	109.686 8	0.009 1	0.259 1	3.859 3
16	35.527 1	0.028 1	138.108 5	0.007 2	0.257 2	3.887 4
17	44.408 9	0.022 5	173.635 7	0.005 8	0.255 8	3.909 9
18	55.511 2	0.018 0	218.044 6	0.004 6	0.254 6	3.927 9
19	69.388 9	0.014 4	273.555 8	0.003 7	0.253 7	3.942 4
20	86.736 2	0.011 5	342.944 7	0.002 9	0.252 9	3.953 9
21	108.420 2	0.009 2	429.680 9	0.002 3	0.252 3	3.963 1
22	135.525 3	0.007 4	538.101 1	0.001 9	0.251 9	3.970 5
23	169.406 6	0.005 9	673.626 4	0.001 5	0.251 5	3.976 4
24	211.758 2	0.004 7	843.032 9	0.001 2	0.251 2	3.981 1
25	264.697 8	0.003 8	1 054.791 2	0.000 9	0.250 9	3.984 9
26	330.872 2	0.003 0	1 319.489 0	0.000 8	0.250 8	3.987 9
27	413.590 3	0.002 4	1 650.361 2	0.000 6	0.250 6	3.990 3
28	516.987 9	0.001 9	2 063.951 5	0.000 5	0.250 5	3.992 3
29	646.234 9	0.001 5	2 580.939 4	0.000 4	0.250 4	3.993 8
30	807.793 6	0.001 2	3 227.174 3	0.000 3	0.250 3	3.995 0

参考文献

[1] 项目管理协会.项目管理知识体系指南:PMBOK 指南[M].5 版.许江林等,译.北京:电子工业出版社,2013.

[2] HAROLD KERZNER.项目管理:计划、进度和控制的系统方法[M].10 版.杨爱华,杨敏,王丽珍,等译.北京:机械工业出版社,2002.

[3] 王长峰,李建平,纪建悦.现代项目管理概论[M].北京:机械工业出版社,2008.

[4] 白思俊.项目管理案例教程[M].北京:机械工业出版社,2004.

[5] 白思俊.现代项目管理概论[M].北京:电子工业出版社,2015.

[6] 丹尼斯·洛克.项目管理[M].杨爱华,王丽珍,李英侠,译.北京:电子工业出版社,2009.

[7] 傅家骥,仝允恒.工业技术经济学[M].北京:清华大学出版社,1996.

[8] 陈建西,刘纯龙.项目管理学[M].成都:西南财经大学出版社,2005.

[9] 骆珣.项目管理教程[M].北京:机械工业出版社,2010.

[10] 陈文辉.工程项目后评价[M].北京:中国经济出版社,2009.

[11] 卢向南.项目计划与控制[M].2 版.北京:机械工业出版社,2016.

[12] 陈池波,崔元锋.项目管理[M].武汉:武汉大学出版社,2006.

[13] 刘国靖.现代项目管理教程[M].北京:中国人民大学出版社,2005.

[14] 鲁耀斌.项目管理——过程、方法与实务[M].大连:东北财经大学出版社,2008.

[15] 周小桥.项目管理四部法[M].北京:团结出版社,2003.

[16] 杨侃.项目设计与范围管理[M].北京:电子工业出版社,2006.

[17] 陈关聚.项目管理[M].2 版.北京:中国人民大学出版社,2017.

[18] 徐莉.项目管理[M].武汉:武汉大学出版社,2008.

[19] 全国一级建造师执业资格考试用书编写委员会.建设工程项目管理[M].北京:中国建筑工业出版社,2016.

[20] 毕星,翟丽.项目管理[M].上海:复旦大学出版社,2000.

[21] 菲尔德,凯勒.项目管理[M].严勇,贺丽娜,译.沈阳:东北财经大学出版社,2006.

[22] 曾赛星.项目管理[M].北京:北京师范大学出版社,2007.

[23] 郎宏文,王悦,郝红军.技术经济学[M].上海:上海交通大学出版社,2006.

[24] 屠梅曾.项目管理[M].上海:上海人民出版社,2006.
[25] 孙新波.项目管理[M].北京:机械工业出版社,2016.
[26] 段世霞,马歆.项目管理[M].上海:立信会计出版社,2008.
[28] 姚玉玲,马万里.项目管理[M].北京:中国计量出版社,2005.
[29] 池仁勇.项目管理[M].北京:清华大学出版社,2015.
[30] 戚安邦,孙贤伟.项目管理[M].北京:高等教育出版社,2015.
[31] 陈远.项目管理[M].武汉:武汉大学出版社,2002.
[32] 楚岩枫.项目管理[M].北京:电子工业出版社,2015.